中西交流 鉴往知来

——国外及港台学者在社会科学战线发表文章荟萃 哲学卷

主编 马克 刘信君

副主编 于德钧 尚永琪 王永平

本卷主编 张利明

副主编 王永平

吉林出版集团/吉林文史出版社

编 委 会

主 任：马 克

副主任：刘信君

成 员：（按姓氏笔画排序）

于德钧　马　妮　马　颉　王永平

王艳丽　朱志峰　刘　扬　刘　莉

刘雅君　孙艳姝　李　华　张利明

陈家威　尚永琪　高　峰　焦　宝

序 言

实现民族复兴是中华民族近代以来最伟大的梦想。中共十八大报告指出:"文化是民族的血脉,是人民的精神家园。全面建成小康社会,实现中华民族伟大复兴,必须推动社会主义文化大发展大繁荣,兴起社会主义文化建设新高潮,提高国家文化软实力,发挥文化引领风尚、教育人民、服务社会、推动发展的作用。"中华民族的伟大复兴要以中华文化的发展繁荣为条件。历史经验证明,凡是伟大的文明,无不是对其他民族优秀文化兼容并蓄的结果。中华文化的大发展大繁荣,除了要继承发扬本民族的优良文化传统,更要吸纳融会其他民族的文明成果。为此,我们推出了《中西交流 鉴往知来——国外及港台学者在〈社会科学战线〉发表文章荟萃》一书,希望能为社会主义文化大发展大繁荣,为中华民族的伟大复兴贡献绵薄之力。该书收录了《社会科学战线》(以下简称《战线》)自创刊以来刊发的国外及港台地区学者的文章 158 篇,计 4 卷本 195 万字。

中西文化交流源远流长。西汉时张骞"凿空"西域,开通了一条起自长安,经河西走廊直达中亚、西亚,进而连接欧洲的"丝绸之路",开启了中西商贸发展的大门,中华文化和西方文化也开始了接触、碰撞、融合、吸纳、改造的历史。唐宋时，"丝绸之路"仍然是中西方商贸和文化交流的重要通道，加之造船技术和航海技术的提高，新开辟了广州至西亚、欧洲的海上通道。海陆两种交通的空前发展，大大刺激了中西各族人民的交流和交往。元代，蒙古的西征使欧亚之间经济文化交流的壁垒被打破，使东西方文化之间的直接对话成为现实，世界文明史由此进入了新的时代。明清之际，欧洲的耶稣会、多明我会等传教士开始进入中国，在进行传教的同时，把欧洲的科学技术和文学艺术介绍到中国，把中国的文化典籍翻译和介绍到欧洲。

在漫长的中西交流过程中，中国文化深刻影响着西方社会，西方文化也曾对中国社会发挥过积极作用，中西文化相互借鉴、相互促进，共同发展进步。中国的丝绸、瓷器、茶叶等经海陆两途输入欧洲，使西方人受益匪浅；中国的儒家、道家、禅宗等思想理论经传教士介绍传入欧洲，深刻影响了西方的思想界，促使西方产生尊重理性、自由之启蒙运动；中国的科举制度和文官制度被传教士介绍到西方，其公平公正、机会均等的官员选拔和任用制度，对西方现代行政管理制度的形成起到积极的推动作用；中国的火药、指南针、印刷术、造纸术等先后传入欧洲，对于西方资本主义社会的形成和发展，起到了重要的促进作用。文化交流从来都是双向的，文化的影响也往往是双向的。中华文明曾深刻影响着西方世界，西方文化也对中华文明的发展发挥过积极作用。特别是明代以来，西方的传教士大量来华，他们不但把基督教带到中国，而且还把天文学、数学、物理学、舆地学、采矿术、语言学、哲学等介绍到中国，促进了中国科学技术的进步和发展。

遗憾的是，中西文化正常的交流到 18 世纪上半叶因清朝实行闭关锁国政策戛然而止。当时西方国家正在进行资产阶级革命和工业革命，进入了生产力迅速发展的新时代，而清政府盲目排斥外来东西，选择将自己与外界隔绝开来，既看不到世界形势的新变化，也未能适时向西方学习先进的科学知识、生产技术和政治文明，无论是在思想上，还是在经济上，都难以跟上世界的发展步伐。1840年，西方用坚船利炮轰开了中国的大门，使中国遭遇亘古未有之冲击，中华民族面临亡国灭种之困境。

在震惊之余，一些有识之士睁眼看世界，主张向西方学习，从魏源的"师夷长技以制夷"，到康有为等的维新变法，再到孙中山领导的辛亥革命；从学习西方先进的科学技术，到借鉴西方的君主立宪制，再到借鉴西方先进的资产阶级民主政治思想，终于推翻了两千余年的封建专制制度，在中国建立了资产阶级民主共和国。中国共产党更是以源于西方的马克思主义为指导，带领全国人民，建立了人民当家做主的中华人民共和国，使中华民族重新屹立于世界民族之林。20 世纪 70 年代末，中国开始实行改革开放，积极向西方学习，借鉴人类文明的一切优秀成果，使得经济高速持续发展，人民物质文化生活水平和精神文化水平显著提高，国力日益增强，中华文化进入大发展大繁荣的新阶段，中华民族伟大复兴梦想的实现指日可待。

鉴往可以知来，改革开放以来所取得的伟大成就，同积极主动的文化交流是分不开的，今后，我们还要继续秉持兼容并蓄的开放态度，在立足中国传统文化的基础上，吸纳其他民族的优秀文化成果，打造具有中国特色的社会主义文化。同时，积极向其他国家和民族推介中国的优秀文化，使其走向世界，增强中国的文化软实力。

值得自豪的是，在改革开放后的中西文化交流历程中，《战线》作出了自己的贡献。创刊伊始，《战线》就先后接待了以美国社会科学研究理事会主席、芝加哥大学政治学教授肯尼斯·普鲁斯特为团长的"美国社会科学和人文科学规划代表团"，以宫川澄合、三上次男为首的"日本恳说会学者代表团"以及以美国拉特格斯大学哲学教授艾米丽·奥克森伯格·罗蒂维为代表的国外著名学者，在向国外学者介绍中国的社会和学术发展的同时，了解国外学术发展情况和前沿理论。为增进国际学术交流，《战线》1979 年第 3 期刊发了一整版的征稿启事，欢迎台湾、香港、澳门和国外学术界人士直接向本刊投稿。1979 年开始，开设"国外专稿"栏目；1981 年开始，开设"中外文化交流"栏目；2010 年开始，开设"国外社会科学"栏目。截至 2013 年底，先后有来自英国、日本、法国、美国、德国等 18 个国家和地区的 140 多位专家学者在《战线》发表文章158 篇。这其中，既有名家具有理论创新意义的扛鼎之作，如布达佩斯俱乐部的创始人欧文·拉兹洛的《非线性进化模式与未来社会预测——一种"未来史"的诠释》，计量经济学之父、诺贝尔经济学奖获得者劳伦斯·莱因克的《计量经济模型》，诺贝尔经济学奖获得者约瑟夫·斯蒂格利茨的《政府失灵与市场失灵：经济发展战略的两难选择》；也有学者聚焦重大社会现实问题的经典著述，如约斯·德·穆尔和里斯贝思·努尔德格拉夫的《主权债务危机还是苏菲的抉择：论欧洲的悲剧、罪恶与责任》，扎伊格拉耶夫的《俄罗斯走出酗酒困境的策略》，樽本英树的《金融危机和移民政策——日本案例》。既有对中国历史与文化的研究成果，如 M. C. 白尔吉的《中国近代资产阶级的社会结构》，彭慕兰《1500—1949 年中国的环境变迁》，松川健二的《关于阳明学者所谓的异端》；也有对西方历史和文化研究成果，如阿米丽·罗蒂的《略论美国当代哲学》，戴维·佩尔斯的《维特根斯坦关于唯我论和私人语言论述的关系》，阿尔波特·阿斯楚兰的《美国刑事陪审制度简史》；还有中西文化比较研究的成果，如著名科技史专家李约瑟的《东西方长生不老丹的概念与化学药剂》，格拉姆·帕克斯的《〈庄子〉与〈查拉斯图拉〉之比较研究》。时光荏苒，《战线》已走过35年发展历程，经过几代人的耕耘，《战线》已成为展示当代中国学术成果的窗口和中外文化交流的重要平台，正在向国际化的方向阔步前进。35 年来，无数国外和港台学者为《战线》的成长付出了汗水和心血，众多国外读者通过《战线》来了解中国社会和中国学术。在这里，我们要向那些奉献了深刻思想和美文佳作的国外及港台作者道一声感谢，感谢他们为中国社会发展所作出的贡献；向那些多年来支持和关怀《战线》的国外及港台读者到一声感谢，感谢他们的关心与厚爱。今后，在《战线》国际化的进程中，还需要你们的鼎力支持。我们编订这本文集，权作是对各位尊敬的作者和读者的一种回报吧。

2014 年 5 月

目　　录

对胡秋原关于马克思巴黎手稿的批判的批判

〔英国〕 刘惠林*

台北《中华杂志》于 1979 年 9 月号上刊载该刊发行人胡秋原先生两文，论及马克思的 1844 年《经济学—哲学手稿》及其与人权的关系，内中颇有数点与此间观点相迥异，特借此提出，作学术上互相切磋之用。

一、《经济学—哲学手稿》的中译本

由马丁·米利根（Martin Milligan）翻译，迄今为止还是唯一的全英译本，于 1959 年首先在莫斯科出版。但是中国人民出版社却早在 1956 年间开始出版《马克思恩格斯全集》中译本的同时，以单行本出版了马克思的 1844 年巴黎手稿全中译本，并以该中译稿中最后的，且刚已出过单行本的《黑格尔辩证法和哲学一般的批判》一章，几乎全部收入在 1962 年初版、1972 年第 2 版、销路广大的《论德国古典哲学》内。① 该《经济学—哲学手稿》，于"文化大革命"前不久，即在 1963 年，复由原出版社再版。"文革"后，一来为适应四个现代化中的新经济观点，二来为了驳斥"四人帮"在社会主义政治经济

---

* 作者单位：英国爱丁堡大学。

① 马克思：《黑格尔辩证法和哲学一般的批判》，贺麟译，北京：人民出版社，1955 年，第 34 页；山东大学哲学系哲学史组编：《马克思、恩格斯、列宁、斯大林、论德国古典哲学》，北京：商务印书馆，1972 年，第 422–424、115–136 页。Karl Marx, "Economic and Philosophic Manuscripts of 1844," in *Karl Marx*, *Frederick*, *Engels*, *Collected Works*, ⅢⅠ, London: Lawrence & Wishart, 1975, pp. 327–346.

学范畴内所造成的思想混乱①，对马克思早期哲学、经济思想的研究，又大为盛行，而其中引用该手稿的，就有王若水一文②。由此可见，胡文中开头所说的"马克斯（sic）有一部手稿，出世以后引起全世界学术界的讨论，至今还在讨论，使马克斯形象改观，而只有苏俄和中共不大知道或不愿研究和讨论——这便是《一八四四年经济学哲学手稿》"一节③，是颇有商榷余地的。

二、外在化（异化）与疏远化的概念

在黑格尔的《现象学》和马克思的巴黎手稿内，外在化和疏远化都是两个名同实异的哲学名词。在英文的翻译中，现行一般的翻法是将 ENTÄUSSERUNG 译为 alienation，而把 ENTFREMDUNG 则改译为 estrangement（疏远化、外在化、异化）。这是因为马克思在他的 1861—1863 年《剩余价值理论》手稿中，他肯定了英文字的 alienation 相当于德语的 ENTÄUSSERUNG 的原故。④ 米利根的全英译本就是如此将这两个德国哲学名词区别的。但有些英文节译本，则将疏远化劳动（Die Entfremdete Arbeit，estranged labour）译为 alienated labour。⑤ 在胡文中，对"异化"一词的译法表示不满，认为应是"外化"之误。应当指出，大陆译本是将"异化"及"外在化"两词端视其上下文而使用，尽管两者都是 ENTÄUSSERUNG 的相对语，也就是等于在正式

---

① 董辅礽、唐宗焜：《一本为"四人帮"反革命政治纲领制造理论根据的书——评"四人帮"组织编写的社会主义政治经济学》，《人民日报》1977 年 11 月 24 日；胡乃武、王永治：《一本彻头彻尾的反革命政治经济学》，《光明日报》1978 年 1 月 16 日；张朝尊、方生、胡乃武：《"评一本政治经济学"》，《人民日报》1978 年 4 月 5 日；《批判"四人帮"全面篡改马克思主义理论文集》，北京：人民出版社，1978 年，第 116-117、238-253 页。

② 王若水：《关于异化的概念——从黑格尔到马克思》，载中国社会科学院哲学研究所西方哲学史研究室编《外国哲学史研究集刊》第 1 辑，上海：上海人民出版社，1978 年第 1-3、4 页。

③ 胡秋原：《论马克思 1844 年经济学哲学手稿与外化超越论》，《中华杂志》（台北）第 17 卷 9 月号（#194），1979 年。

④ Marx & Engels, Collected Works, Ⅲ, 588, n. 1；Karl Marx, *Economic and Philosophic*, 1974；Karl Marx, *Economic and Philosophic Manuscripts of 1844*, intro. by Dirk J. Struik, tr. Martin Milligan, p. 581. New York：International publishers, 1964, p. 581.

⑤ Ibid., 240 n. 1（Estranged labour）. Karl Marx, *Economic and philosophical Manuscripts*, tr. P. B. Bottomore, in Erich Fromm, Marx'x Concept of Man, 93. New York：Frederick Ungar, 1961；Karl Marx, The Grundrisse, ed. & tr. David Mclellan, New York：Harper & Row, 1971.

英译本中的 alienation 和 externalization。例如：《在巴黎手稿》中谈到了"外在化底历史和外在化底整个收复不外是抽象的绝对的思维"，而在《资本论》第三卷中则指出，"工人实际上把他的劳动的社会性质，把他的劳动和别人的劳动为一个共同目的的结合，看成是一种和自己相异化的权力"等等。① 在另一方面，大陆译本却能将"外在化"（异化）和"疏远化"的区别，分得很清楚。在巴黎手稿中，疏远化的定义是"它形成着外在化底真正的关心和外在化底扬弃"②。胡文却对这两个名词，没有依照德文原文的区别，也没有采用标准英译本的识别用法，更没有像大陆版的细致中译，只是笼统将这两个德文名词在他的最新《一八四四年经济学哲学手稿》的译本中一概翻译为"外在化"。这样做，显然忽视了他所采用，由斯特罗伊克编辑及米利根译注的本子有关德国哲学术语翻译的按语。

三、"荒诞的东西"、"异化"与"俏皮话"

在追溯"异化"一词"误译"的由来时，胡文引用了收在《马克思恩格斯全集》中文版第一卷内的《黑格尔法哲学批判》一译文，看到了"异化"一词，"才知道是承袭俄国人的有意的或无意的错误，甚至于将他看作俏皮话"。他并且特别予以考证："das Befrerndliche 在普通德英字典中译为 strange，并不是什么俏皮话！"③

在《黑格尔法哲学批判》一文中，马克思评论了黑格尔的原子式社会观点。他指出："虽然这种原子式的观点在家庭中就已消逝，而且也可能在市民社会中就已经消逝，但它所以在政治国家中重新出现，正是因为政治国家是脱离家庭和脱离市民社会的一个抽象。反过来说也是如此。黑格尔把这种现象说成奇怪的事情，但这丝毫也不能消除上述两个领域的异化。"④ 在这一段话中，"奇怪的事情"和"异化"两词组，系分别来自原文德语的 BEFREMDLICHE 和 ENTFREMDUNG，也相当于英译本《马克思恩格斯全集》有关一文内的

① 《论德国古典哲学》，载《资本论》第 3 卷上，北京：人民出版社，1976 年，第117 页。

② 《论德国古典哲学》，载《资本论》第 3 卷上，北京：人民出版社，1976 年，第117 页。

③ n. 4 supara cf. 马克思：《黑格尔法哲学批判》，载《马克思恩格斯全集》Ⅰ，北京：人民出版社，1956 年，第 343 页。

④ Ibid。

strangeness 和 estrangement，而且无论在原文或中、英译本上，这两个词（语）均以斜体西字或粗体中文字排印，表示除了加重语气的作用外，尚有其他用意，不可当作字面的一般见解。① 在德文及英文版中，该两词（语）都没有另加注解。这是因为在西文中，一眼看来就可体会到是一对双关语、俏皮话（wortspiel，wordplay）：字面上，BEFREMDLICHE（strangeness）和 ENTFREM-DUNG（estrangement）在某种程度上是同义语（例如，一个"奇怪"的人和一个与人"疏远"的人，在某种程度上都可以说是在团体中一个难以和他相处的人），但在哲学用语上却成了"荒诞的东西"和"异化"的对称名词。由于马克思是一个有文学修养的哲学家，所以能在批判黑格尔法哲学时，用上了这么一对双关语，显示出了他在文学上的功夫。双关语可以是俏皮话，但也可以不是；反之，俏皮话可以是风趣的话，也可以是讽刺话或是歇后语，但却不可能单独地成为双关语。在大陆版中译本脚注的"俏皮话"，是把这两个德国名词作成一对而言，也就捉对成了双关语。不过，假如编者能用"双关语"这个词组来代替这个易生误解且不十分明显的"俏皮话"，当更能将原文传神过来。在胡文中，只是以就字论字，并且只论 BEFREMDLICHE 一个单字，将本来的一对词组拆散开来，就自然而然得出"das Befremdliche 在普通德英字典中译为 strange，并不是什么俏皮话！"的结论来。这样缺乏全面性地来看问题，是否妥当，也确有商榷的余地。

应该在此承认，在人民出版社所出版的《马克思恩格斯全集》中，德文 ENTFREMDUNG 或 SEL BSTENTFREMDUNG 一词，有时候也不按英译翻译成疏远化或自我疏远化的惯例，而改用异化或自我异化一词。这表现在巴黎手稿译文、《黑格尔法哲学批判》、《导言》、以及《资本论》的中译本上。在前者的手稿上，曾一度用"异化"因简就陋地同时代表了原文中的疏远化和异化，如"劳动的实现表现劳动的损害，对象化表现为对象的丧失和束缚，占有表现为异化"就是②。在后者的《资本论》中谈到了"不变资本的节约表现为一个和工人相异化（fremde）和工人绝对不相干的条件，工人和它完全无关"；"这种看法并不令人奇怪，因为事实的外观是和它相符的，因为当资本关系使工人处于和他自己劳动的实现条件，完全无关，相外化（Äuberlichkeit）和相异化（Entfremdung）的状况的时候，它实际上就把内在联系隐藏在这种状祝

---

① Karl Marx，"Kritik des He & elschen Staatsrechts，" in Karl Marx, Friedrich, Werke, I．283. Berlin：Dietz，1964；Marx，"Contribution to the Critique of Hegel's Philosophy of Law，" *Collected Works*，Ⅲ，79.

② 王若水：loc. cit. cf. Marx & Engels. Collected Works. Ⅲ，272。

中了"。① 这种"异化"和"疏远化"混淆不清，与原德文用意相左的状况，也存在别的英译本中。当马克思在其 1857—1858 年《经济学手稿》（草稿）中进一步阐述有关"异化"的问题时，他就提出了从劳动分离出来的性质，产品和财产几个如下的基本概念：fremden Arbeit，Fremdheit，fremdes Produkt，fremdem Eigentum。这几个名词，在英译本中便变成了 alien（alienated）labour，alien quality，alien nature，alien product，alien property。② 可见，不管是"异化"也罢，"疏远化"也罢，或是"外在化"，"自我异化"，其准确意义都应按其上下文来解释。假如我们对刚才列举的有关从劳动分离出来的几个基本范畴能够掌握，那么，不管在译文中写成了异化劳动或疏远化劳动，在了解上都不会离开原文的意思太远。

四、异化和疏远化的辩证唯物主义历史观

在巴黎手稿内有关疏远化劳动一章中，异化和疏远化两个名词往往并列地一起出现。在那里，马克思不仅谈到劳动者在生产上和产品上表现出异化、疏远化，更因此而与自己异化，疏远化，也就是从他的"族类"（Gattungswesen）异化、疏远化中产生了人与人间的异化、疏远化。马克思继而指出："劳动者经过疏远化、异化的劳动产生着一个不劳动的、站在劳动以外的人和这劳动的关系。劳动者和劳动的关系产生着资本家，即所谓雇主和劳动者的关系。从异化劳动，也就是从异化的人，疏远化劳动、疏远化生活、疏远化的人的概念分析结果中得到了私有制。"再由私有制中，马克思又得出了劳动者和不劳动者之间有如下的关系："一切凡在劳动者方面表现为外在化活动、疏远化的活动在非劳动者那里则表现为外在化、疏远化的状态"。③。不言而喻，异化和疏远化两词当并排地一起出现时，在翻译时就必须予以分别表示出来，而不能以一概括其余了。舍开在哲学上及在马克思经济范畴上各具有其特有的定义和

---

① 《资本论》Ⅲ（上），100. cf. Karl Marx, "Das Kapital," Ⅲ, in Karl Marx, Werke Schriften, Briefe, V. 680f. Stuttgart, Cotta, 1963.

② Karl Marx, Grundrisse der Kritik der politischen ökonomie（Rohentwuft），1857–1858；Anhang 1850–1859, ed. Marx–Engels–Lenin Institut, Moskau, pp. 356f, 361 & passim. Berlin：Dietz, 1953. cf；Karl Marx, Grundrisse. Foundations of the Critique of political Economy（Rough draft），tr. Martin Nicolaus, pp. 452f, 458 & passim. Harmondsworth：penguin Books, 1973；Karl Marx, the Grundrisse, ed. & tr. David Mclellan, 98f, 104 & Passim.

③ Marx Economic and Philosophic Manuscripts（Moscow），65–74. cf. 马克思：《经济学—哲学手稿》，62f f passin，北京：人民出版社，1963 年。

用途不谈，异化和疏远化在历史唯物主义上却又是有着显著的识别。

马克思研究黑格尔及费尔巴哈哲学时吸取了异化和疏远化的概念，并把它们运用到劳动异化、疏远化的问题上，再从它们的结果（私有制）来研究资本主义的生产关系。但由于马克思对资本主义生产关系的分析和批判，是从社会学观点的辩证、历史唯物论出发，所以他所说的异化和疏远化除具有在哲学和经济学上的意义外，更有不能容我们忽视的社会学含义和其识别在内。

米利根曾在他的英译本《经济学—哲学手稿》的说明中指出：alienation（异化）一词，除用来专门翻译 Eritäusserung 及 Veräussen 外（或视上下文含义而用 externalise 来强调 entaüssern 的外在化），在一般用法上尚可以在某种程度内代表 Entfremdung，例如仅限于两个人之间的异化或某人的情感的异化。不言而喻，异化和疏远化有它们一定的互通范围。在德国古典哲学里，黑格尔由批判康德的不可知论和费希特的自我主观唯心主义后，建立了自己的客观唯心主义体系。就是在这个体系中，他成为第一个有系统地阐述异化在哲学上应用的哲学家。他的绝对精神自我发展和自我认识的整个过程，就是借外在化（或异化）而经历了三个基本的逻辑阶段，自然阶段和精神阶段，由此最终达到了思维与存在的"真正"同一性。①，但是这种同一性却是建筑在思维是主体、存在是宾词的上下统一的关系上。

费尔巴哈站在唯物主义立场上，批判了这项同一性，也就是不同意黑格尔的精神能外在化为自然界的说法。在另一方面，费尔巴哈也对黑格尔的宗教观提出异议。黑格尔在宗教上也运用了他的异化哲学和辩证统一的方法，首先将"有"看作为"绝对"的定义，或作为上帝的形而上学主义，而形成一个三合一的综合体。他继而指出，作为客体的上帝，并不采取作为一个黑暗的敌意的力量而与主观性相对立。相反地，上帝却包含在主体中成为在他自己里面的一个必不可少的成分。主体和客体因此在上帝内融合为一，克服了两者间的对立。上帝不再是一个客体，也不会变成一个畏惧和恐怖的对象，但却是在基督教内成了爱的象征。黑格尔由宗教和信仰的目的，看到了在于克服主、客体间的对立，并把这项任务推广到科学和哲学上用以借思想的媒介来克服这种对立。在黑格尔的逻辑学中，主观性和客观性这两个相关词是全然辩证的关系，而非是作为一项抽象、永久的对立。此是因为概念在开始时仅是主观的，但在

① G. W. F. Hegel, The Phenomenology of Mind, tr. J. B. Baillie, Ⅱ, C. 6（B1）. London: Swan Sonnenschein, 1910, cf；李泽厚：《批判哲学的批判——康德述评》，北京：人民出版社，1979 年，第 185-190 页。复旦大学哲学系外国哲学史教研组编：《欧洲哲学史讲话》，上海：上海人民出版社，1978 年，第 192-200 页。

未受到外物帮助之下却依循自己的行动前进并自己物化。这般过程在于显示在主观性下自己是什么，并由此促进到理念的演变。①

费尔巴哈在否定黑格尔的思维与存在同一性哲学后，以他的人本学观点来看宗教是怎样从人的本质中异化出来。这也就是他扬弃了黑格尔的异化辩证统一，而竟自以人的本质、人的"类"概念来解释宗教的异化，从而提出了在自然上（但非社会上）含有唯物主义内容的"存在决定意识"哲学范畴。可是，他在另一方面于否定黑格尔的唯心主义时，连其含有合理内核的辩证思想，"比如思维与存在的互相依存、互相转化以及思维的能动性，创造性等等"都很可惜地一起否定掉了。②

他从唯物主义的观点上，并以感性为依据，认为宗教——上帝意识—只不过是人的自我意识，也是人的最早和间接的自我知识形式；这是因为人在他自己里面找到自然之前是最先把他的自然看作为在他自己之外，并把它作为另外一个人的异化。宗教的历史过程因此可以归纳如下："被早期宗教视为客观性的东西现在可被认为主观性；这也就是以往被认为崇拜的上帝，现在看来则是个具有人性的东西。当宗教起初变成偶像时，人则被看到敬慕他自己的自然。人赋予他自己客观性，但却未曾认识到作为他自己自然的客体。后来的宗教则由此更进一步，因此在宗教上每次向前推进时，就等于是一种更深入的自我知识。"费尔巴哈就这种的宗教本质指出："我们的任务就在于显示出神和人的对立是全然虚幻的；这只不过是一般人性和个人间的对立，因此基督教的目的和内容全然是人性的"。③

费尔巴哈将宗教看为人对自己的异化，也就是人将上帝放在自己之前而与自己对立，结果造成了上帝与人相迥异。但是，宗教的神秘性归根到底却是人。人将他的本质突出为客观性，并使他自己的形象异化为主体；继而他又使自己成为对这个主体的一个客体。他因此想象自己是对自己的一个客体，也仅是作为一个客体的客体及作为在他自己之外的另一个本质的客体。总而言之，人就成了一个对上帝而言的客体了。但是，在另一方面，人在他自己中却具有

---

① The Logic of Hegel, The Phenomenology of Mind, tr. from the Encyclopaedia of the Philosophical Sciences With Prolegomena by William Wallace 133, 289, Oxford: Clarendon Press, 1874.

② 余丽嫦:《关于费尔巴哈的认识论》,《外国哲学史研究集刊》第 1 辑, 第 314 页。

③ Ludwig Feuerbach, Gesammelte Werke, herausgegeben von Werner Schuffenhauer, V: Das Wesen des Christentums, 46ff. Berlin: Akademie, 1973.

了他最高的本质，即他的上帝存在于他最基本的本质、他的类中。①

不言而喻，在费尔巴哈的哲学里，人创造了上帝，而上帝也就是自我的最高情感。两者原是同一个人，只是由于人的本质的异化方产生了神。费尔巴哈却是以他的自然辩证法推翻了主、客间的异化和对立，因此具有了唯物主义的内容。但是费尔巴哈以人本学为基础的自然辩证法和异化的理论，在唯物主义的范畴内却又是与注重社会实践的历史辩证法（即辩证唯物主义历史观）有所不同，而不同的最主要分歧点又在有关异化和疏远化两个概念上。

马克思吸取了黑格尔辩证法的精华，确定了在社会实践上、生产关系上存在决定思维的辩证唯物主义历史观。他这种观点，正如黑格尔的绝对精神和费尔巴哈的人的本质一样，都是通过异化的过程而达到辩证的对立统一。同样是在哲学上的异化，其作用及目的则迥异。在黑格尔，人的本质等于自我意识，"因此人的本质之一切异化也只是自我意识的异化"。马克思就此指出黑格尔的异化论存有个双重的缺点：第一，"他把财产、国家权力等认作人的本质之异化的存在时，这只是在他们的思想形式里来加以考察"；第二，他"把人的产物人本化，就在于把自然认作抽象精神的产物，从而就把自然的产物当作精神的环节、思想物。"虽然如此，马克思从"精神现象学乃是潜蕴着的、自身还不明白的和神秘化的批判"中，还是看到了"纵使人只表现为精神的形态，则在他里面便潜伏着批判的一切成分，并且常常就会准备着并发挥出远超过黑格尔观点的方式"②。尽管马克思在异化概念上不同意被黑格尔"认作异化之以建立（肯定）的和应扬弃（否定）的本质的，不是人的本质，使其自身客观化为非人的并相反于自身的东西，而是人的本质使其自身客观化为不同于并相反于抽象思维的东西"③，他也认识到异化的概念可在不同的场合当作分析劳动本质的一种有力工具。因此，在异化的概念上，"黑格尔所认识的并承认的劳动乃是抽象的精神的劳动"，但马克思却发现作为生产使用价值的具体劳动和形成交换价值的抽象劳动二重性，而商品则是这两种价值的统一。同样的，体现在商品中的劳动也是具体劳动与抽象劳动的统一。④。马克思就是这

---

① Ibid. V, 71, 75, 455 & Passim.

② 《黑格尔辩证法和哲学一般的批判》，12f, 16. cf. Fredy perlman, "Introduction：Commodity Fetishism", in Isaak Illich Rubin, Essays on Marx's Theory of Value, tr. Milos Samardzija & Fredy perlman, xiii. Detroit：Black & Red, 1972.

③ 《黑格尔辩证法和哲学一般的批判》，12。

④ Ibid, 15. 陈征，《资本论解说》，I，福州：福建人民出版社，1977年，第53-67页。

样从商品中的劳动二重性，指出了商品的拜物教性质及其秘密，① 更因此而提出了他的商品拜物教原理，也即是资本主义商品经济的生产关系一般理论。②

马克思固然首在他的巴黎手稿内将黑格尔及费尔巴哈两人在宗教、哲学上的异化转用到经济学方面，借此阐述异化（疏远化）劳动和自然，族类及上帝间的异化关系；不言而喻，他这种早期的辩证唯物论是带着浓厚的费尔巴哈人本主义痕迹。可是，他不久就发觉了这点瑕疵，觉悟到费尔巴哈唯物主义的主要缺点在于"对事物、现实、感性只是从客体的或者直观的形式去理解，而不是把它们当作人的感性活动，当作实践去理解，不是从主观方而去理解"。在另一方面，他开始看到了异化如何使得本来渊源于意识、分工的社会力量，由于被个人看来当作"某种异己的、在他们之外的权力"，而变成一个"经历着一系列独特的、不仅不以人们的意志和行为为转移的，反而支配着人们的意志和行为的发展阶段"。③

把意识看作社会的产物，继而由于社会生活的需要而发展为生产的原动力，又根据生产力的要求导致分工和私有制的建立，④，在历史唯物主义范畴上的这个思维演变过程中，确立的社会存在决定社会意识，乃是马克思承袭了黑格尔、费尔巴哈的异化哲学，并予以批判后所获得的哲学—经济学研究成果。他由异化的现象中看到了在经济生产上因分工而带来的私有制，后者是前者活动的产品，而前者则仅系指活动而言，两者实是两个同义语而已。⑤

分工是马克思劳动异化哲学在经济领域中的具体表现，也是马克思批判资本主义生产的一个重要主题。在他的 1844 年巴黎手稿内马克思已初步地由劳动异化看到了"私有制一方面是异化了的劳动的产物，其次它是劳动本身借以异化的手段，是这个异化的实现"⑥。这个由异化出来的私有制概念，在继马克思批判了费尔巴哈的直观唯物主义之后，已变成一个分工的同义语。分工"起初只是性交方面的分工，后来是由于天赋（例如体力）、需要、偶然性等等而自发地或自然地产生的分工。分土只是从物质劳动和精神劳动分离的时候起才开始成为真实的分工"，而"物质劳动和精神劳动的最大的一次分工，就是城市和乡村的分离"。城乡对立的结果，产生了政治，并在以分工和生产工

---

① 《资本论》Ⅰ，上卷，第 87–101 页。

② Rubin, Essays on Marx's Theory of Value, Pt. 1 (Marx's theory of commodity fetishism).

③ 马克思：《关于费尔巴哈的提纲》，《德意志意识形态》，载《马克思恩格斯全集》Ⅲ，3，38f。

④ 《德意志意识形态》，ibid. ，Ⅲ，34ff。

⑤ Ibid. ，Ⅲ，37.

⑥ Marx, Economic and Philosophic Manuscripts of 1844. （Moscow），72.

具划分基础上出现了两大阶级的对立；而这样"城乡之间的对立只有在私有制的范围内才能存在"。①

把在哲学范畴上主、客体的关系和异化现象应用到经济范畴上，从而看到了存在和思维间的唯物主义辩证关系和由劳动异化产生了的分工和私有制，这只是马克思经济学中由哲学过渡到经济学的一个起步基础而已。他接着把资本主义经济的分工、私有制和生产关系联系起来，从而以历史辩证法来考察资本主义生产的全部过程，这方是马克思哲学—经济学的精神所在。马克思这个从辩证唯物主义到历史唯物主义的转变过程又恰是与他从巴黎手稿到《政治经济学批判大纲（草稿)》的过程相适应的。

经过对《黑格尔法哲学批判》、《黑格尔辩证法和哲学一般的批判》以及对费尔巴哈唯物主义分析后，马克思开始从劳动异化中看到了"人们在自己生活的社会生产中发生一定的、必然的，不以他们的意志为转移的关系，即同他们的物质生产力的一定发展阶段相适合的生产关系。这些生产关系的总和构成社会的经济结构，即有法律的和政治的上层建筑竖立其上并有一定的社会意识形式与之相适应的现实基础"。他由此获得了这么一个历史唯物史观的结论："物质生活的生产方式制约着整个社会生活、政治生活和精神生活的过程。不是人们的意识决定人们的存在，相反，是人们的社会存在决定人们的意识。社会物质生产力发展到一定阶段，便同它们一直在其中活动的现存生产关系或财产关系（这只是生产关系的法律用语）发生矛盾。于是这些关系便由生产力的发展形式变成生产力的桎梏。那时社会革命的时代就到来了"②。值得注意的是，马克思这种把社会意识放在社会存在之下，也就是把唯心主义主、客体关系颠倒过来的历史唯物史观，除了提出所有制与生产方式的名异实同的唯物关系外，在一方面固然看到了生产力和生产关系由发生矛盾到社会革命的可能性，但在另一方面也领会到"在资产阶级社会的胎胞里发展的生产力，同时又创造着解决这种对抗的物质条件"③。马克思因此并未全部扬弃在黑格尔唯心主义辩证法中的对立统一规律，也不尽否认费尔巴哈直观唯物主义的市民社会；只是指出前者"把意识看作是有生命的个人"，而后者则为一种历史社会观。④ 他认识到，社会革命仅在于把握生产力和生产关系发生矛盾的适当时机，但这个时机则又须以无产阶级的政治觉悟和组织力量为前提。尽管

① 《德意志意识形态》，op. cit, 35, 56f。

② 马克思：《政治经济学批判序言》，载《马克思恩格斯全集》ⅩⅢ, 8f。

③ Ibid, ⅩⅢ, 9。

④ 《德意志意识形态》，OP. cit. cit, 30, 42f。

在资本主义社会里，生产力和生产关系间的对立和矛盾不断出现，但在工业革命和技术革新下所创造出来的新条件，例如丰富物质的供应日趋于价廉物美，以及生活水准不断提高，都是以适时及适当地解决此种对立和矛盾，并进而导致在资本主义制度下适度地社会改革。这也就是欧美的资本主义制度迄今维持不坠的最大原因。

（《社会科学战线》1980 年第 3 期）

略谈美国当代哲学

〔美国〕 阿米丽·罗蒂*

美国哲学界对于哲学的基本问题都没有一致的意见，更不用说对这些问题的答案了。实际上哲学处于一种自由辩论的状态。大致说来，美国的哲学家对哲学有五种态度。

第一，某些哲学家把哲学看作科学的最高级、最概括的一个分支。他们不仅认为哲学具有系统性和科学性，而且认为哲学就是科学的一部分。他们确认哲学研究的目标是真理。

这些哲学家的前驱是十六七世纪的启蒙主义者和理性主义者。他们把哲学看成反对宗教信仰和传统观念的科学。在当代，美国哲学界的这些科学哲学家感兴趣的问题和领域是：理论物理学、理论语言学和理论心理学。他们对时间与空间、物质结构感兴趣，并且认为形而上学和本体论是抽象科学。在他们看来，科学的真理与形而上学的真理，二者之间没有分界线。这些哲学家的代表人物有弗德、凯茨、乔姆斯基、布洛克。他们对人工智能、认识心理学与语言学之间的关系是感兴趣的。他们认为，近年来所做的有关感性意象、记忆和语法转换的实验，在经验上是可以检验的，在哲学上是很有意义的。他们相信，心理学、语言学和精神哲学将融合成为一个支配思想活动的规律的、统一的科学理论，并对于支配思想的反理性与非理性过程的问题，也感兴趣。当前的哲学心理学往往把注意力过分集中在支配认识过程和理性过程的规律上，希望这些规律能提供理解理性过程的模式。但是，这种处理方法是极端成问题的。我认为，如果我们看不到理性过程、认识过程与非理性过程的关系，我们就无法理解它们。如果我们把非理性过程解释为理性过程的一个变种，那么，我们就不是在描述这些过程，而是在设想这些过程。这是一种冒险。

---

* 作者单位：美国拉特哥斯大学。

第二，某些哲学家认为，哲学是方法论，其目的是为各门科学中的实例提供规律，或者为在实际事物提供处理方法。他们确信，哲学研究的目的是为真实和理性重建规律。

持这种观点的哲学家，把哲学看成思想的建筑计划，认为哲学为确立科学提供指导。这种论点的根源，来自亚里士多德的逻辑著述，来自笛卡儿的《指导理解的规律》。在当代美国哲学中，这些哲学家感兴趣的问题是科学的证据和对科学的证实。托马斯·库恩和卡尔·海泼尔属于这种观点的代表。他们提出："是否存在理论上中立的观察语言？""科学理论中的理论术语的状况如何？""哪些规律支配对理论的证实？""科学是否有所进步？或者仅仅是一种理论代替另一种理论？""解释与预言的区别是什么？"等等。

然而，某些具有方法论倾向的哲学家虽然对科学理论的规律不感兴趣，但对作决定感兴趣。这些哲学家如理查德·杰弗雷、阿兰·吉巴德等人，正在研究如何在政治计划和个人选择中作出合理的决定的规律和方法。他们试图建立一种从事作决定的个人或人们都可以利用的方法，以保证具体的决定与其目标一致，并导致目标的实现，无论这些目标是什么。应该指出，研究合理决定理论方法的哲学家面临着严重的困难，即在合作决定理论中技术上的矛盾。问题是在不确定的条件下，如何找到合理的决定方法，即当一个人的决定会被另一个人的决定所影响，而这个人又无法知道别人会做出怎样的决定，同时他的决定也会被自己的决定所影响。

这些就是决定论试图解决的问题。

第三，某些哲学家认为，哲学是逻辑分析或概念分析，并认为其目的是解释或分析诸如真理、权利、科学这样一类重要概念及其体系以及反映这些概念、体系的定义是如何系统地联系在一起的。

有趣的是，这种观点的鼻祖是柏拉图。美国哲学家研究的范围是很广泛的。有些哲学家在研究认识论，有些正在研究伦理学、经济哲学和政治哲学。研究认识论的哲学家——如阿尔文·戈德曼一直试图确定知识与见解或信仰之间的区别。有些人一直试图确定真理的条件。伦理学中的概念分析是围绕着确定正义、人、自由行动、责任等等的条件的。经济哲学中的概念分析是围绕着确定福利、税收、财产权利的条件的。法哲学中的概念分析是围绕着：是否存在自然权利？权利是否承担义务？在何种程度上法官仅仅是在解释法律，在何种程度上他因为树立先例而制定了新的法律？在制定政策时，法律约束的适当限度是什么？等等。精神哲学中的概念分析同样也是有关定义，诸如各种心理作用——想象、信仰、选择、知觉、思想——是如何区别和相互作用？等等。某些从事概念分析的心理学哲学家，他们愿意混淆经验研究与逻辑分析之间的界限，而不愿对想象、知觉、思想、情绪等所作的哲学分析和心理学的分析截然分开。归根结底，他们认为心理学实验的结果与他们的研究工作有密切的关系。也还有一些从事概念分析的哲学家，主张要严格区别事实与概念、经验研究与逻辑研究的界限。在分析哲学中，这两个学派之间进行着活跃的辩论。这场辩论一开始是在逻辑实证论内部进行的，但是，尽管实证论的观点逐渐消失，而这场辩论仍在继续。

第四，某些哲学家认为，哲学是为人们提供新的世界观，哲学的目的是提供解释和理解隐蔽的人类价值的方法。它犹如寓意深刻的诗歌和文学批评一样，给人以启迪。它与人们很接近，而与科学关系却较远。

哲学史上许多关键性的哲学争论仍未解决，任何一方都无法驳倒对方，所以一些哲学家认为哲学家之间的意见分歧并不是关于真与伪、对与错之间的分歧。在他们看来，小说家与画家给我们开了眼界，他们的观点既不对也不错；一个哲学体系可能丰富或贫乏，风格可能优雅或粗糙，思路可能开阔或狭窄，它能使我们高尚起来或迫使我们变得"现实"。这些分歧都是观点和解释的不同，并不是关于什么是真理等问题的分歧。把哲学看成解释的哲学家，讨论下列问题：解释是否是主观的？解释所使用的概念是否必须来自被解释的事物，还是人们可以引进新的概念？叙述与解释何时是准确和完整的？评价各种解释的标准是什么？各种解释产生的历史、解释一本书或解释一个社会或一种社会实践是否相同等。

第五，某些哲学家认为，哲学是公共计划的指导，它为人们的实践或行动作准备。他们还认为哲学的意义在于获得合理的决定，用以指导实践。他们之中有些人认为哲学是政治的高级形式；这些人中只有少数人我们认为是马克思主义者。这些哲学家一直在讨论下列问题：富国对不发达或穷国的义务是什么？国家在决定教育政策时的适当作用是什么？国家为后代保护自然资源的义务是什么？国家控制私有财产的使用的权限是什么？国家控制科研中使用人做实验对象或为公众健康而控制食品、药物的研制与生产的权限和义务是什么？公民何时、如何才可以反对国家使用税收的政策？持不同政见者和为宗教、道德的原因拒绝服兵役者的权利是什么？在何种情况下，公民有权拒绝服兵役？国家的立法政策是否可以纠正过去对少数民族和妇女的不公正待遇？在职业权利方面，他们提出了下列问题：患者有何种权利来决定他应该接受的治疗方法？法律是否要求医生在决定治疗方案之前与患者协商？患者和法律当事人如何能够在选择医生和律师前了解到他们的能力与做法？企业对它的雇员和公众的义务是什么？一个化工厂为保护雇员的健康所承担的义务是什么？它对周围居民和后代的义务是什么？何种法律能够控制工业界对化学品和危险的副产品的处理？医学界对流产、无痛致死和绝育应采取什么政策？师生之间的权利和义务是什么？学生求知的权利如何得到保障？在大学中是否应该有终身职位？其他职业，如新闻界，是否也应该有终身职位？在大学里，政策应该由谁来制定？公民有哪些不受侵犯的权利？各种法定的公民自由权利是如何得到规定和法律根据的？言论自由的权利是否包括出版色情、暴力和淫秽的书画？政府对公众宣传手段——报纸、电台、广告等应该如何行使控制权？等等。

这派哲学家在讨论所有这些问题和有关制定公共政治中的实质性问题。他们对这些问题的答案，意见纷纭。但可以大致分为三类：一类是功利主义观点，试图在制定公共政策时，考虑到各种可供选择的政策以及这些政策的后果和利弊；一类是有些理论强调基本权利，这些理论往往具有康德主义的倾向；一类是契约理论，试图通过考虑自由接受的合理契约，以及这种契约所包含的条件，提出解决问题的办法。

人们很容易发现，在这些问题上，对立的双方中都有功利主义者、康德主义者和契约论者。哲学并不要求在某个实质性的问题上持同一观点。一个哲学家赞成这些问题上的一个实质性观点，也并不需要什么特别的哲学观点。

下面谈一下我要为之辩护的另一个哲学观点。我认为，哲学还有另一个重要的作用。这个作用，目前在美国尚未占支配地位。提出问题比回答问题更重要，在这一点上，我们应奉苏格拉底和蒙泰纳为楷模。我们认为，哲学的任务是批判和质疑。我们对任何已知的理论和答案提出这样的问题：它的意义是什么？它的假设是什么？它的背后隐藏着什么？有时这种观点被人们误认为是怀疑主义，是有破坏性的。我们对怀疑主义与其他教条主义的观点，同样是持批判和怀疑态度的。认为哲学具有质疑作用的这种观点，往往与把哲学看成智力游戏和即兴创作的一种形式的观点结合在一起的。反语是一个重要的方式，它的作用是经常暴露教条、妄自尊大和矫揉造作的真面目。然而，质疑的哲学有时与解释事物的哲学结成同盟。

下面我想为反语的、批判性的哲学作一下辩白。

首先，让我们区别构成思想和性格的三个组成部分（当然，它们也构成哲学思想）。

1. 我们体格上和遗传学上的遗传特性：刺激阈限，对挫折的忍耐、主动性。这些与其他因素一起影响一个人的思想方式。因为这些特性对思想的影响是多种多样的，所以它们经常互相冲突。

2. 我们的社会遗传性。正如弗洛伊德指出的，我们的父母和儿童时期的朋友的性格和思想方式的内在化，它们不仅形成我们的性格，而且形成我们的思维方式和功能。我们的思想和性格深受早期儿童教育的影响，游戏的影响尤其重要。玩竞争游戏的人与玩合作游戏的人，他们搞哲学就不同，玩计算游戏的人与玩想象游戏的人，他们搞哲学也不同。因为这些游戏在他们的智力和心理生活中起不同的作用。一个人的阅历，深刻地影响着他的思想方式，这一点自不待言。当然，同时也是由社会结构、权力分配和我们所从事的工作造成的。

3. 个人的遗传特性：一个人同样也是由个人的经历的偶然事件造成的。人这种生物是向经验学习的，这既有好处也有害处。如果经验是个人所独有的，我们对世界的期望将会使我们误入歧途。我们对未来的期望，对什么是真实的和什么是必然的感觉，什么是奇异的或不正常的感觉，都是由我们的早期经历形成的，这当然影响我们的思想。

美国哲学家阿尔文·戈德曼等人正在研究信仰或见解的生物基础。他们提出：除了真实之外，哪些条件能使一种信仰在理论建设上充分地发挥作用？一种信仰所具有的普遍性的最高水平是什么？一种信仰与其他信仰的内部联系是什么？他们把信仰的能力看成生存的能力，并且问到：生存的智力条件是什么？

这种研究方法的重大意义，在于它把理性思想置于先于理性的条件的范围之内，并迫使我们思考真理的条件与实用的条件之间的联系。我认为，过去西方哲学的错误在于只强调真理而忽视实用。这种新方法的最大优点就在于试图把两者结合起来。

哲学表现了人们全部心理的与智力上的能力。人们对待哲学的各种态度——或作为一种科学，或作为一种方法论，或作为一种含义，或作为一种解释，或作为一种政治，都表现了社会上和个人的在遗传学上的特性。不仅如此，还有战斗和侵略的哲学、建立竞争与等级制度行为的哲学，有吹嘘炫耀、为自己唱赞歌的哲学，有起社交礼仪作用的哲学。正像人的精神的许多功能能够协调或不协调一样，哲学的多种功能既互相支持，又互相破坏。因为人是复杂的，所以哲学的各种形式与功能可能互相冲突。把哲学看作科学的人，觉得把哲学看作诗歌，这是不负责任的；而把哲学看成诗歌的人，则又觉得把哲学看作科学是对人类理性的力量过于天真幼稚。于是就出现了哲学在这些功能中，究竟哪个应占支配地位？当然，对这个问题不可能有一个统一的答案，它将取决于时代条件和每个哲学家个人的气质。显然，通过法律确定哪个哲学形式应占主导地位，是毫无意义的，不过总会有一种哲学起主导作用的。

（《社会科学战线》1982 年第 2 期）

从一个日本人的眼睛看章太炎思想

〔日本〕近藤邦康*

一、战后日本对中国近代思想史研究的一个侧面

我想把日本和中国的关系分为三个阶段来进行思考。

（1）近代以前

日本（东亚细亚文明的边缘）向中国（东亚细亚文明的中心）学习吸取文化和制度。

（2）近代

日中两国都被拉进西方近代资本主义弱肉强食的世界里去，为了挽救殖民地化的危机而艰苦奋斗。

日本明治维新成功，实现近代化，获得独立，然而跟随强者（欧美）走上侵略弱者（亚洲）的道路，既受到朝鲜、中国等亚洲诸民族的反抗，又跟欧美列强发生了冲突，终于战败。中国近代化运动失败，沦为半殖民地，可是抵抗外国侵略和国内专制，进行更彻底的改革，终于取得革命胜利，创立了新中国。

然而日本人战败以后也对这段近代历史觉悟不够，日本政府仍然步美国后尘袒护美国的敌视中国的政策。

（3）现代

1972 年日中邦交正常化以后，资本主义国家的日本和社会主义国家的中国应该建立友谊、互相理解和平等互惠的新的关系。

自我进入东京大学开始学习中文，首先，我就对中国传统思想很感兴趣，

---

* 作者单位：东京大学社会科学研究所。

因为它对于日本文化和社会的基础有很深的影响。不久，日本侵略、战败和中国抵抗、革命这个当代的现实，强烈地引起了我的注意。我感觉到我思想里旧的问题和新的问题之间有很远的距离，想要把两个问题结合起来，开始研究中国近代思想史。我感觉到1972年以后情况变化得很大，出现了从来没有的更新的问题。然而，我仍想沿着战后思想的思路，坚持下去，来探讨新情况下的新问题。

战后日本有这样一种思想倾向：从日本战败和中国革命胜利这个历史事实出发，深刻地思考两国近代历史的思想意义，用"中国近代"这面镜子对照"日本近代"，来透视"日本近代"被扭曲了的黑暗的一面，自己批评自己，进而反对敌视中国的政策，迫切要求建立日中两国的友谊关系。比如竹内好（Takeuchi Yoshimi，1910—1977）提出："日本由于传统的压力很轻，表面上能顺利地接受西方技术，因此相反地在根基上还保存着旧货（旧思想）。中国由于传统的抵抗力很强烈，落后于近代化，因此能彻底改革，能站在'改革国民心理'这个根本基础上"。① 而且他提出：日本"从上而下的近代化成功了"，然而，那不过是"为了摆脱殖民地的地位，自己侵略外国、变成殖民地的主人"的方向上的"成功"，或"无限地接近先进国家"的方向上的"成功"。相反地，"中国反动势力非常强大，阻碍从上而下的改革，所以却使从下而上的革命高涨起来"。②

竹内的毕生事业是研究这个"日本近代和中国近代"问题。

丸山真男（Maruyama Masao，1910—　）指出：我"从思想史方面来追求过这样的问题：中国近代化失败，沦为半殖民地，日本明治维新成功，建立了东方唯一的而最初出现的近代国家。这个原因在哪里？"然而现在看，"中国的停滞性和日本的相对的先进性这个观点"是有"缺陷"的，"过去日本经历过'近代化'，中国的近代化失败过，然而从群众基础上的近代化这个角度来对比，现在日中两国正在互易地位"③，我以为丸山有与竹内十分相近的认识。

---

① 这原来是竹内所概括的杜威（John Dewy，1859—1952）的看法。竹内好：《日本人的中国观》（1949年9月），《现代中国论》（1951年），载《竹内好全集》第4卷，东京：筑摩书房，1980年。

② 竹内好：《输入文化的方法——日本文学和中国文学二》（1948年1月），载《近代是什么？——日本和中国的场合》（1948年4月）。

③ 竹内好：《日本政治思想史研究》，东京：东京大学出版会，1952年初版，1983年新版第一次印刷。

西顺藏（1914—　）企图把中国革命的研究和日本知识界自我批评的问题结合起来。他以近代欧洲的原理即"人格自由的原理"或者"人的主体性的根据——自我意识"为标准来分析中国思想，得出了这样的结论：既在旧中国思想里也在毛泽东思想里，有和西方原理相反的、否定它的"思想的实践性"（就是说，中国思想里，全体高于个体，身高于心。人首先是身体，是全体事物的一部分、一方面，通过身体的实践，参与全体事物运动过程。思想从实践产生，为实践服务。这个实践的立场是使思想从属于身体的实践，否定西方的把理论绝对化、把主观绝对化的立场）。他把中国近代思想看作从旧中国思想过渡到毛泽东思想的中间环节而进行研究。他以为，旧中国遭受了近代欧洲的侵略而濒于灭亡，然而在中国人抵抗侵略的过程中，进行了从基础（即农村）来的彻底的自我改造，把自己的被动性转化为主动性，终于打倒帝国主义和旧体制。从"天下王朝体制下"的"旧的天下人民"过渡到中国共产党领导的"新的阶级的人民"的中间有一个环节，就是"中国近代思想的人民概念"。他就是从这个角度来研究康有为、谭嗣同、章太炎、孙中山和李大钊的思想里的"人民概念"。①

以竹内好（1934—1943年他主持过中国文学研究会）为首的4个人出版了《中国革命之思想》②以后，1953年组织了中国近代思想史研究会，大家共同进行研究，一直到1968年。1963年以西顺藏为首的8个人也开始了共同的研究，1976—1977年出版了《原典中国近代思想史》③。我也曾参加过这两个研究会，进行学习研究，受到了他们的战后思想的影响。

我把我的几篇论文汇集为《中国近代思想史研究》（劲草书房，1981年12月）。我把从1840年鸦片战争到1949年中华人民共和国建立看作一个过程——中国近代。在这本著作里，仅以近代前半部的三次救亡运动即戊戌变法、辛亥革命、五四运动及其思想上的支柱即谭嗣同、章太炎、李大钊为对象，研究了"中国近代是什么？"这个问题。

我企图尽可能地内在地把握下列一些问题：当时思想家们自己意识到的中

---

①　西顺藏：《关于中国的"实践论""矛盾论"》（1953年1月），《中国近代思想里的人民概念》（1960年12月），载《中国思想论集》，东京：筑摩书房，1969年。

②　岩波书店，1953年。

③　这是一部以原始资料为主编纂的思想史，共6册：第1册《从鸦片战争到太平天国》，第2册《洋务运动和变法运动》，第3册《辛亥革命》，第4册《从五四运动到国民革命》，第5册《毛泽东思想的形成和发展》，第6册《从国共分裂到解放战争》，东京：岩波书店。

国课题是什么？他们怎样尽力形成解决课题的主体？他们怎样摸索解决课题的方法？

关于认识课题，我特别重视的是，1840 年鸦片战争以后，尤其是 1894 年甲午日中战争以后，中国被拉进近代资本主义弱肉强食的世界里去，濒于灭亡，中国人意识到中国的课题是救亡，与外国侵略和国内专制艰苦奋战，终于取得革命的胜利。

关于形成主体，我特别重视的是，中国人为了救亡，尽力唤起民众，即把专制王朝统治下的客体即人民转化为创造历史的主体，而且把参与王朝统治人民的治者阶级即儒教士大夫转化为拒绝王朝而自立的、唤起民众起来革命的新知识人。

中国近代思想史里，我首先重视认识课题、形成主体这两个方面所具有的连续性，其次是研究方法上的变化飞跃，即从"彼得变政、明治维新"，到"美国独立、法国革命"，再到"走俄国人的路"。

我想以后扩大研究中国近代思想史的后半部（1919—1949 年），特别是毛泽东思想，和近代以前的思想，特别是王船山思想。

这篇论文是根据《中国近代思想史研究》的第二章《章炳麟革命思想的形成——从戊戌变法到辛亥革命》写作的。

二、认识课题——严复和康有为

1946 年丸山真男写过《明治国家的思想》一文。① 内容要点是：日本明治维新，"濒于殖民地化或半殖民地化的危机，建立新的统一国家"。所以，"政治集中的原理"（从"尊王攘夷论"发展为"国权论"）和"政治扩大的原理"（从"公议舆论思潮"发展为"民权论"）同时出现了，互相依存地发展下去。以甲午日中战争胜利为转机，从"怎样摆脱殖民地化的命运"这个危机意识解放出来，意味着帝国主义式发展的国权论风靡了学界。民权论和国权论的相辅相成、不可分离的内部联系，从那个时候起开始分离，国权论转化为国家主义，民权论转化为个人主义（有一些人向往与国家无关、与政治无关的"东方的自由"），丧失了从前那样的紧密的内部联系。

我感觉到，中国以甲午战争战败为转机，走向跟日本相反的道路。洋务运动（不承认民权论的国权论）遭到了失败，由于《马关条约》的缔结与帝国

---

① 《战中与战后之间》（みすず书房、1976 年）所收。

主义列强的贷款竞争和割地竞争，中国面临殖民地化的危机，因之变法运动高涨起来。变法派提倡：为了救亡，一定要伸张民权以巩固国权，民权和国权之间有相辅相成、不可分离的内部联系。然而变法运动由于受到顽固势力的镇压而失败。义和团运动失败以后，帝国主义列强企图扶植清朝政府保持权益。事实证明，伸张民权以巩固国权这条道路是走不通的。因此，革命派提倡民族革命，打算推翻清朝的统治、建立民国以对抗列强。这意味着，抗拒列强的任务，国家承担不了而落在民族的肩上，"一君万民"体制里，"一君"承担不了而落在"万民"的肩上。革命派企图把"一君"统治的客体即"万民"转化为革命的主体，把所谓东方的自由（"散沙"之自由）转化为抵抗的据点。

戊戌变法为了拯救列强瓜分中国的危机，开明的读书人、官僚等从下而上地进行运动，要求光绪皇帝从上而下地实行内政改革，把天下改变为近代国民国家。

严复最扼要地指出了问题的焦点：天朝（它本身完整的全体世界，外边没有可以相类比的对等的国家）太落后于时代；国际政治是被"物竞天择"（优胜劣败、弱肉强食）的进化论的自然规律（"达尔文之理"）所支配的，除非中国建立近代国民国家（"斯宾塞尔之术"）转化为优者、强者，适应自然规律，否则便不能生存，"作印度、波兰之续"（《原强》）。

严复又提出：为了实现国家的富强，必须允许各个人民自由地进行经济活动，所以必须使各个人民获得自由，应该学习"以自由为体，以民主为用"的西方国家。人民原来是"天下之真主"，然而现在还没有自治的能力，万不得已，君主继续统治人民，由上而下地"鼓民力"、"开民智"、"新民德"，逐渐地养成人民的自治能力，把"奴虏"转化为国民，实现国家的团结。他认为创造国民国家的主体不是人民本身而是清朝皇帝。

康有为提出："强邻四逼于外，奸民蓄乱于内，一旦有变，其何以支。"（《上清帝第一书》）。就是说，他认为现在中国的课题是王朝体制的"危急存亡"，它面临着列强侵略（强邻）和农民暴动（奸民）这两个方面的威胁。他要求光绪皇帝担负起统治主体的责任，"下诏罪己"，认识危机，实行变法，挽救中国。从前是"一统闭关之世"，现在是"列国并争之世"，环境已经变化了，主体也应该用新的方法来适应新的环境，用新药来治新病。在政治方面，把"上下隔绝"的专制政体过渡到"满汉不分"、"君民合治"的立宪政体，实现国家的团结。在经济方面，国家承认而且奖励民间工商业自由发展，实现富强。康的变法论是承继19世纪改良主义思潮"议院"和"商务"的主张，包含了走向近代国民国家和资本制生产的新内容。他的对外观点和内政改革论基本上是和严复近似的。然而，他的动机是来源于旧的治者阶级的责任感。他一方面要求光绪皇帝，作为统治人民的最高负责人下定决心，采用新的办法，对抗列强侵略、拯救民生凋敝，防止农民暴动。另一方面，他向开明的读书人、官僚等大力宣传，唤起作为治者阶级的责任心，签名上书，组织学会，创办报纸，推动了变法思想的高潮。

康有为给他的变法政治思想（政）以理论基础，这就是孔教哲学思想（教）。他主张乐观主义的人民概念：人人原来都是"天之子"，一体平等，要"求乐免苦"，历史从野蛮向文明进化着，逐步地接近完全平等的、没有贵贱贫富人种男女之差别的、完全没有秩序强制的"极乐"、"大同"之世。他从这个立脚点出发，把现在的中国看作遭受"礼"（君臣、父子、夫妇、兄弟的上下秩序）的束缚的"小康"之世，力求打破把上下秩序绝对化了的旧教条，主张变法是从"小康"过渡到"大同"的阶梯，以此来证明变法有理。而且，他把圣人孔子之志即"忧民忧以除民患"的"不忍心"绝对化，把儒教的具体教义规定为适应当时情况的"随时救民之言"而相对化（《孔子改制考》），由此把王朝体制和儒教秩序从属于他的人民概念。

然而，他的人民概念有很旧的一面："夫天生人必有情欲，圣人只有顺之而不绝之，然纵欲太过则争夺无厌，故立礼以待之，许其近尽而禁其踰越，尽圣人之制作，不过为众人持情而已。"（《礼运注》）

就是意味着："乱世"没有秩序，人人放纵自私，追求情欲的满足，互相争夺，苦恼不已，因此圣人"立礼"，使人人遵守秩序，减少争乱，满足情欲。"小康"之世，"礼"不过是"兴人利去人患之方药"、"桥梁舟车"即手段。"小康"之世，"礼"束缚人人，"有暴珍压制之患"，而且，"有国有家有己则各有其界而自私之"，争乱不已，相互扶助得很不够，因此应该过渡到没有"界"的、没有"自私"争乱的、不需要"礼"的、"平等公同"的"大同"之世。这是孔子早已预言过的必然规律。

由此可见，康有为知道"小康"之世（礼）太落后于时代，但却不敢断然否定它。从"乱世"过渡到"小康"，从"小康"过渡到"大同"，都是站在同一思想结构上的，那是圣人（自觉的主体）关怀人民（自然的客体）的生命，使人人从私向公，免苦求乐。人人埋没于"天"的全体性，被体现全体性的圣人剥夺了自主性和自己形成秩序的能力。这可以说是中国旧思想的延长。

康有为企图依靠圣人的绝对权威和皇帝的绝对权力这个旧的框框来实现新的内容，使人人平等自由、提高生活水平。他打算以开明读书人和官僚等为基础重新编成一君万民体制，应付未曾有过的严重的危机。

在当时的条件下，扎根于中国旧社会和旧文化的康有为的思想使读书人和官僚等觉悟起来、行动起来，推动光绪皇帝实行变法，起了积极作用。然而在西太后等顽固势力的镇压下，戊戌变法遭到了失败。康早已提出警告：割让台湾以后，"天下知朝廷之不可恃"，很有民众暴动爆发的可能性，那时恐怕列强派遣军队、镇压暴动（《上清帝第五书》）。他要求皇帝为了避免人民和列强的武装冲突，应实行变法，以对抗列强的侵略，谋求民众生活的安定，然而戊戌变法压碎了这条中间的道路。人民组织了义和团直接向列强进行武装斗争，然而却被清朝政府所利用，又遭到列强军队镇压，以失败而告终。列强把"瓜分"政策改变为"保全"政策，企图靠扶植清朝政府来保持权益。一些知识人认识到：除非进行知识人提倡、民众呼应的汉民族主义革命，推翻清朝的异族专制统治，否则不能对抗列强以挽救中国的灭亡。从排外到排满，人们的认识深入了一步。

我认为章太炎承担了这样的任务：承继康有为的救亡的课题，把它深化到排满反帝。把救亡的主体，不寄托于皇帝，而寄托于汉民族。把一君统治的客体即万民转化为革命的主体，切断参与王朝统治人民的儒教士大夫的传统而创造站在民族革命最前列的知识人革命家。就是说，否定承继戊戌变法，开辟了辛亥革命的道路。

三、关于章太炎思想

1. 变法运动时期（1895—1900）

1895年章太炎参加变法运动，加入强学会，编撰《时务报》等。戊戌政变后，他避地台湾，抵达日本，仍然坚持抗拒逆流、拥护康有为和戊戌变法的态度。他回到上海，经过义和团运动和唐才常自立军起义两事件，开始由变法维新转入排满革命。对这个时期的章太炎思想，我注意到"种类"和"志士"这两个问题。

第一是"种类"问题。

章太炎热心吸取西方思想，然而他看西方和中国的关系，与其说是先进和后进，毋宁说是压迫和抵抗。他看到了亚洲黄人（印度、巫来由即马来亚、突厥、中国）受欧洲白人的压迫，主张中国"发愤图自强"和日本合作，一起抵抗泰西、俄罗斯（《论亚洲宜自为唇齿》）。他提出建立学会，使"吾教""吾学"昌盛，以唤起"种类"觉悟，争取团结（《论学会有大益于黄人亟宜保护》）。他把白人的压迫看作最重要的问题，害怕黄种内部发生对立，"内乱不已，外寇乘之"，强调团结一致，反对革命，对于在中国实行议院制的主张采取消极的态度。政变后他也以为"逐加于满人，而地割于白人"，汉人和满人应该一致御白人之侮。因此，他提出尊崇孔子的子孙为"中夏之共主"，把光绪皇帝降为"客帝"、"日本之霸府"，缓和满汉的民族矛盾（《客帝》）。

然而，八国联军占领北京，汉种没有替清帝抗敌殉难。章太炎认识到从汉种来看，欧美是异族，满洲贵族也压迫汉族人民，他们之间没有本质的差别。"满洲弗逐，欲士之爱国，民之敌忾，不可得也。浸微浸削，亦终为欧美之陪隶已矣"（《客帝匡谬》）。他改变原来的看法，重新提出问题：除非首先排满，唤起汉民族主义，不能抵拒欧美的侵略。

另外，章太炎曾向张之洞、李鸿章等有权势的汉人督抚建议改革，希望他们成为对抗白人的力量。然而经过义和团和自立军的失败，他的幻想破灭了（《分镇匡谬》）。

这样，章太炎认识到，为了抵抗列强的侵略，完全不能依靠光绪皇帝或汉人督抚等既成势力，只有把汉民族形成为革命的主体这一条路。

第二是"志士"问题。

在政变后的逆流中，章太炎再度肯定戊戌变法之志：把不能坐视人民困苦的"哀"，播种于数者，以留下将来复兴中国的余地，志士们知道，虽无近效，但仍然坚持亲自行动，牺牲自己。他看到在应该承继戊戌之志、回击镇压势力以成就改革的现在，读书人是"不哀"（看见人民痛苦而不救）或是"不弘毅"（软弱动摇，不斗争），因而表示愤慨，他寻找不怕牺牲亲自行动的不屈不挠的抵抗者（《播种》）。他呼吁：除非创造"群"（拯救人民痛苦）而"独"（与流俗不合，独自行动）的"大独"（"大独必群，群必以独成"），不能成就改革（《明独》）。所谓"大独"就是他要创造的革命家的原型。

我以为章太炎坚持着抗拒政变后的逆流、拥护戊戌变法之志愿的态度，抓住了"种类"和"志士"这两个问题，冲破了变法的范围而进入革命的道路。

2. 从庚子到《苏报》案（1900—1906）

在思想上从变法转变到革命的章太炎，开始了向社会公开地批评改良而宣传革命的活动。1901 年他发表《正仇满论》，批评梁启超。1902 年他东渡日本，和孙中山面谈，发起"支那亡国二百四十二年纪念会"。回国后，1903 年他为邹容《革命军》撰序，并发表《驳康有为论革命书》，因此被捕并受到审判，关进租界监狱，历时三年（《苏报》案）。

在《正仇满论》里章太炎指出，少数满人压制多数汉人，是因为满人利用"腐败之成法"蒙蔽汉人。要是变法维新"使汉人一日开通"，满人不能继续统治汉人，因此满人镇压变法是适应他们民族利益的需要，作为满洲皇帝的光绪当然不欲变法，或是不能变法。他批评梁启超忽视满汉的民族矛盾而只依靠"圣明之主"的错误，提倡排满革命。

章太炎以中国早已沦亡于满洲的亡国这个觉悟为起点，呼吁光复（沦亡的民族起死回生）（《支那亡国二百四十二年纪念会启》）。以丧失自己的痛苦为反作用力，要求完全恢复自己。康有为曾提出："以变法而强，守旧而亡"（《上清帝第六书》），以为中国还有亡国（波兰、缅甸、安南、印度、土耳其、埃及等）和走上强国（俄国、日本等）的两种可能性，应该避免前者争取后者。章的态度和康有根本的差别。

康有为指出，满人和汉人在人种上是同种，在清朝统治下汉人不是奴隶而是参与过政权的，将来不待革命而得政权自由（《答南北美洲诸华侨论中国只可立宪不可行革命书》）。他的思想里科举官僚制和近代议院制是连续的，都是读书人参与王朝统治人民。章太炎反对他，指出鉴于满洲征服中国后，有差别地对待汉人、大兴文字狱、摧残汉人等民族压迫的历史，必须提倡光复（《驳康有为论革命书》）。康有为根据中国人心觉悟不够的现状，指出革命将引起内乱，"必至令外人得利也"，反对革命，而主张君主立宪。章太炎驳斥了康的愚民观点，提出民智"但恃革命以开之"，寄托希望于人民自己发展的可能性，尽力开辟革命的道路。他在民族革命的范围里，承认了李自成、义和团、广西会党等农民暴动。

《苏报》案不外是20世纪的文字狱。章太炎作为一介书生，以"汉种四万万人之代表"的气概，向满洲政府进行正面攻击。"太炎狱中闻沈荩见杀，因亦以死自期"（章士钊《疏"黄帝魂"》）。跟他一起受审判、一起被监禁的邹容先病死在狱中。我感觉到章太炎一直有心愿把这些死去的革命家和他自己的一生连结在一起（《狱中闻沈禹希见杀》、《狱中赠邹容》）。

章太炎是一个知识人，自认肩负中国学术的重任，写文章号召人人革命，实际上脱离民众很远。然而，他"自戊戌年以后，已有七次查拿，六次都拿不到，到第七次方才拿到"（《演说录》）。他通过拼命地抵抗清朝镇压的体验，思想上十分同情受清朝压迫而痛苦的民众。

他在狱中研究佛书，把自己的革命思想深化到哲学的深度。

3.《时期》民报（1906—1908）

1906年章太炎出狱，东渡日本东京，担任同盟会机关报《民报》主编，写文章号召革命家和汉族人民形成革命的主体。

章太炎把研究革命方法的工作（"思想"、"政治法律战术等项"）委托别人办，把自己的任务集中在载运"货物"（"思想"）的"汽船"（即"神经病"），即革命主体的形成上。"神经病"是指无论对于"富贵利禄"，还是"艰难困苦"，也决不动摇的、革命到底的气概（"百折不回，孤行己意"）。他认为戊戌变法、庚子自立军等自己体验过的改革运动失败的原因都在党人的不道德，企图切断这个腐败的传统而且把自己的不屈不挠地抵抗清朝镇压的

"神经病"传染给留学生，传染给四万万人。

章太炎提倡，为了成就反抗异族压迫的感情应该以宗教和国粹作为思想武器。"第一是用宗教发起信心，增进国民的道德。第二是用国粹激动种性，增进爱国的热肠。"（《演说录》）

国粹，和具有一定的教义内容、价值的孔教相反，是语言文字、典章制度、人物事迹等事实。他想促使汉种爱惜自己的历史、唤起"我是我"的民族觉悟，以抵抗异族压迫。他批评欧化主义的人：他们认为中国人比西洋人所差甚远，所以中国必定灭亡。因为他们不晓得中国的长处，就自甘暴弃了。

宗教是革命道德的哲学基础。

章太炎探求中国沦于满族、降为奴隶的原因，和清朝统治三百年而汉种反抗都遭到失败的原因时，指出："道德衰亡，诚亡国灭种之根极也"（《革命之道德》），提倡革命道德。革命道德的内容是人人决心战死（"确固坚厉，重然诺轻死生"）、斗争到底、前仆后继。他分析道德和职业的关系，得到"知识愈进，权位愈申，则离于道德也愈远"的结论。他把下层（农人、手工业工人、小商人、下层知识人）看作革命党的成员，因为他们知识很少，离权位很远，所以自在的道德很高。特别值得注意的是，他指出"农人于道德为最高"，他们劳动自养，不作盗贼，不知诈伪，反抗横征暴敛而不怕死。虽然他有美化农人的倾向，但是他提出农人是中国革命的主体，这在思想史上有非常重要的意义。他主张使中层（知识人）自为地提高道德，肩负起提倡革命的任务，且排除道德腐败的上层（军人、官吏、大商人、大官僚等）在革命党之外。这意味着，他企图使生活在王朝体制之外的平民（"齐民而无位者"）转化为革命的主力军，使知识人拒绝王朝而自立，站在革命的最前列，从最底部推翻王朝体制。可以这样说，他的民族革命思想里含有平民革命的内容。

章太炎探讨为了增进革命道德应该用哪一个宗教。他既反对孔教，因为它"使人不脱富贵利禄的思想"，残害革命；又反对基督教，因为它"并不是崇拜上帝，实是崇拜西帝"（《演说录》），"崇奉一尊，则与平等绝远也"（《无神论》）。他主张应该用佛教，因为它谈平等，使我们"勇猛无畏，众志成城"，"去奴隶心"。"佛教最重平等，所以妨碍平等的东西必要除去"（《演说录》）。

他认为满洲政府压迫我汉人，满汉不平等，我汉人就应顶回压迫，打破不平等，恢复平等（"平不平以使平者，斯谓复仇"。《定复仇之是非》）。汉人目前任务是排满，而且以排满为起点，将来完全排除一切加在汉人头上的压迫，更进一步，支援被征服于强民族的弱民族、被压迫于强者的弱者，"平不平以使平"。"人无自觉，即为他人陵轹无以自主。民族无自觉，即为他民族陵轹无以自存"(《印度人论国粹》)。

章太炎认为"平不平以使平"的动力是抵抗他人压迫而谋自生的人的主体性,抵抗他民族压迫而谋自存的民族的主体性。他提出"依自不依他"的哲学、"法相之理、华严之行",作为汉种的主体性的核心。

佛教讲四谛(苦谤、集谤、灭谤、道谤)。章太炎也认为现世是苦,苦的内容主要是由我见(集)、好胜心而起的斗争,这就是优胜劣败、弱肉强食的世界。他企图破除我见(灭)、实现平等,从现世的苦挽救众生。他根据"唯识无境"的法相宗教义("万法唯心,一切有形的色相,无形的法尘,总是幻见幻想,并非实在真有"(《演说录》),指示否定遍计所执自性(妄有)、随顺依他起自性(假有)而趋入圆成实自性(真有)的道路。他的逻辑可以概括如下:

首先,破除遍计所执自性之我(第六意识之我),即破除执着世界为实在的法我见和执着我身为实在的人我见。觉悟到优胜劣败、弱肉强食的世界不过是第八阿赖耶识所变的幻相,不是绝对不可动摇的,而是可以消灭的。觉悟到我身也是唯识所变,舍弃贪恋形体之我的执着,不怕死(唯识无境)。

其次,建立"念念执此阿赖耶识以为自我"(《人无我论》)的依他起自性之我(第七末那识之我)。依他起自性之我,一方面,是"以自识为宗",内在于自心,觉悟到"我是我"的根本的自我意识。另一方面,由于阿赖耶识"非非局自体,普遍众生,唯一不二"(《建立宗教论》),因而依他起自性之我是"特不执一己为我而以众生为我",是牺牲自己拯救众生的菩萨之我。含有这两个方面的依他起自性之我,就是他戊戌以后追求过的那个"独"(与流俗不合,独自行动)而"群"(拯救人民痛苦)的"大独"的深化发展(唯识无境)。

最后,随顺依他起自性之我而趋入圆成实自性。度尽众生时,依他起之我也消灭。"必依他起之我相断灭无余,而圆成实自性赫然显现"(《人无我论》)。这是佛的地位,章太炎没有解释其具体的内容。我认为,这是相当于没有一切压迫、一切斗争的世界(境识俱泯)。

这样,章太炎把革命的动力只寄托在反抗压迫的人的主体性。深入探讨了它的哲学基础,即否定一切他者,只肯定"自心"(我是我)"众生心"(众生是我)。他想创造含有两层结构的菩萨式革命家,即在行动上是挺身排满的革命家,在思想核心中是"以度脱众生为念"的菩萨。

章太炎说:"使震旦齐民之道德不亡,人格尚在,不在老庄即在释氏"(《答梦庵》)。他要求革命家切断参与王朝追求富贵利禄的孔教的传统,承继拒绝王朝体制而自立的隐士逸民的道德和它的哲学基础——老庄、佛教。

章太炎的思想里,革命的主体即革命家和菩萨的两层结构面对革命的课题即民族主义和无生主义的两层结构。他指出，推翻清朝的压迫完成目前的任务（民族主义）以后，继续"平不平以使平"、消灭一切压迫、一切斗争，"普度众生，使一切得平等自由"（《排满平议》）。"人之思想无方，而行事则惟取其切近。如余所念，虽无政府主义，犹非最为高尚也。高尚者，在并人类众生而尽绝之，则思想之轮廓在是矣。然举其切近可行者，犹不得不退就民族主义"（《定复仇之是非》）。

现在满洲政府压迫汉人，所以"惟排满为其先务"，汉人目前任务是复仇、光复，推翻清朝，恢复自己，"平不平以使平"。他认为，愿意牺牲自己，打倒敌人，"期于颠覆清廷而止，其后利害存亡悉所不论"（《定复仇之是非》），最"洁白"；打算革命以后自己幸存，谋取利益，最"污垢"。他尽全力提倡排满革命而不愿意谈革命后的建设。

而且，他把自己的任务限定在"以言论鼓舞"上，关于革命的实际行动，基本上拥护革命派的路线即排满革命、共和政体、平均地权等。他没有站在积极地提出战略战术和革命前途的政治活动家的地位上。

然而，章太炎既要打倒清朝，又要驱逐帝国主义列强。而且，为了反对清廷的立宪准备，驳斥无政府主义者、人权革命论者等的批评，他不得已谈起革命后的共和政体，进一步明确了民族主义的原则。他把革命后的阶段看作由目前的排满革命走向革命百年后开始的"五无"的过渡时期，鲜明地指出革命后也要继续"平不平以使平"的任务。

章太炎的哲学思想起了使他的政治思想更彻底、更明确的作用。他的政治思想含有国际和国内的两个方面：

（1）国际——民族主义。

事实上，他基本上拥护排满不排外，不使满人、白人合作镇压革命军的革命派路线。

然而，主义上，他鲜明地高举反帝国主义的旗帜。他把汉民族看作受到清朝和帝国主义压迫的被压迫民族，从被压迫者的观点来看世界，同情朝鲜、越南、马来亚、缅甸、印度等被压迫民族。他提出远大的目标：中国革命的任务不但是打倒清朝、驱逐列强，而且是结成中国和印度的"神圣同盟"，支援被征服于强民族的弱民族，恢复自己，解放亚洲各民族以及黑族、赤族。他写了《亚洲和亲会约章》，呼吁各有其固有文明而被异族沦亡的亚洲诸民族"反抗帝国主义"、"互相扶助"、"各得独立自由"。可以这样看，这是亚非民族解放思想的原型。

（2）国内——民权主义、民生主义。

章太炎基本上拥护排满革命、建立民国、共和政体、平均地权的革命派路线。

然而，他警惕革命以后，"豪右富民"作代议士压迫齐民，因此反对代议制，提倡建立总统制，限制"豪右富民"的抬头，保护齐民自由平等。而且他警惕由于资本主义的发展富民与贫民的不平等更加扩大，企图用"均配土田"、"官立工场"、"限制相续"等"社会主义"的政策，"抑富强振贫弱"。

章太炎的民生主义是反对优胜劣败、弱肉强食的进化论的。他指出生物进化时，善恶并进，苦乐并进，驳斥"进化终极必能达于尽美醇善之区"的进化论（《俱分进化论》）。他最重视的恶，是由我见而起的好胜心、互相争斗。而他认为恶的极点是帝国主义的侵略战争。他为了拯救众生摆脱这个苦、恶的世界，主张从革命以后百年起实现"五无"即无政府、无聚落、无人类、无众生、无世界，就是颠倒进化，后退到没有一切压迫、一切斗争的世界。

而且，章太炎主张"齐物"，反对以社会束缚个人的"公理"。1910 年撰《齐物论释》，反对借口文明侵略别国的帝国主义。"然志存兼并者，外辞蚕食之名，而方寄言高义，若云使彼野人获与文化，斯则文野不齐之见，为桀跖之嚆矢明矣……应务之论，以齐文野为究极"。

"齐物"是诸多个体各有其固有的性质，多种多样，"万物各从所好"，各个自立而彼此不相侵，并存而两立的世界（"无物不然，无物不可"）。当他人把文明野蛮等一定的价值标准强加给个体并加以压迫的时候，各个体应联合反抗，排除压迫，恢复原有的自主。可以这样说，这是把"散沙"之自由转化为抵抗之据点。

我以为，"圆成实自性"、"五无"和"齐物"，是从各个角度来表示没有我见和好胜心的、没有压迫和斗争的世界。

总而言之，第一，我特别重视，在政治思想，章太炎承继着康有为的救亡课题，又推翻了康的以一君为主体的改良思想的结构，提倡以万民为主体的革命。

康有为面临优胜劣败、弱肉强食的新的环境，尽可能地活用圣人的绝对权威和皇帝的绝对权力，并在这个旧的框框里进行从上而下的改良，创立近代国民国家和资本制，使中国变为优者、强者，适应新的环境，避免灭亡。

章太炎承继着康的救亡课题，把它深化到排满反帝。他冲破康的圣人和皇帝的旧框框，要使汉民族成为救亡的主体。他把汉民族看作遭受清朝和帝国主义压迫的被压迫民族（即站在劣者、弱者的立场上），想要使汉民族恢复主体性，反抗压迫，就要打倒清朝，驱逐列强，以至消灭优胜劣败、弱肉强食的世界。为了把一君统治的客体即万民转化为革命的主体，他企图把生活在王朝体制之外的齐民的"散沙"之自由转化为抵抗的据点，而且使知识人切断参与王朝统治人民的儒教士大夫的传统，承继拒绝君臣关系而自立的隐士逸民的传统，成为菩萨式革命家，提倡革命。

第二，我特别重视，章太炎把他的政治思想深化到哲学的深度，以东方佛教和庄子的全体的后退的原理抵抗西方基督教和进化论的个人的前进的原理。

在人们把优胜劣败、弱肉强食的进化论的自然规律和先进的西方、落后的中国这个命题看作不可动摇的绝对真理的时候，而且好像是救亡的唯一道路的康有为式近代化遭到了失败，暴露了缺陷，中国的灭亡似乎是不可避免的时候，章太炎把中国看作被压迫者，以全体后退的原理作为反作用力，拒绝灭亡，要求自存，以推翻优胜劣败、弱肉强食的进化论自然规律。

他以"真如（内在的超越）——阿赖耶识（普度众生）——人民革命"的东方的原理抵抗"上帝（外在的超越者）——灵魂（局限个体）——个人自由"的西方的原理。他提出了实现东西文明论的非常重要的问题。

我感觉到，章太炎的思想，在当时的革命中有重要的意义。只有它，不能成就革命，然而没有它也不能成就革命，即不是充分条件，而是必要条件。正如他在《播种》一文里引用《墨经》的话那样："有之不必然，无之必不然。"他在不能指示光明前途的黑暗情况下，只鼓励人人恢复主体性反抗压迫，尽力打倒清朝即压迫中国人民的生存和自由的障碍物，实际上的结果是放人人到新的地方去。

我以为章太炎思想是极其空想的，然而他为全世界被压迫民族解放运动之一部分的中国革命提出了本质的问题。

四、一些问题

日本有人批评我，对章太炎评价过高，对孙中山评价过低。

关于孙中山和章太炎哪个是更伟大的人物这一问题，我不大感兴趣。我想描绘辛亥革命的全体轮廓，探讨他们的地位和作用。依我看，辛亥革命有三个思想潮流。

第一个潮流是章太炎等浙江派（光复会），重点在一个人一个人的革命道德，"喜独不喜群"，有"功成身退"的纯粹革命主义，有同情农民而特别警惕资本主义扩大不平等的倾向。

第二个潮流是杨笃生、黄兴、宋教仁等湖南派（华兴会），来源于谭嗣同的思想，重点在一省自立，有伸张民权、争取地方自治、振兴地方资本主义商工业以抵抗外国经济侵略的倾向。

第三个潮流是孙中山等广东派（兴中会），重点在一国革命方略和建国方略，有统一国家、输入外资而建设国家资本主义的倾向。

三个思想潮流有很大的差异，然而都站在汉民族主义革命这个共同基础上，反映辛亥革命的诸方面。而且，孙中山指出："就国势而论，无可保全之理也；就民情而论，无可分割之理也。"列强企图分割中国，满人支配的专制王朝又不能抵抗列强，保全中国。然而，人民有汉民族主义和"自卫其乡族，自保其身家"的精神，和义和团一样，"视死如归"，抵抗列强，阻止分割（《支那保全分割合论》）。他又指出：中国人有"乡族之自治"，有"自由民权之性质"，应该把这个"野蛮之自由"变为"文明之自由"（《驳保皇报书》）。我以为孙中山也企图把离王朝体制很远的万民转化为革命的主体。这个思想有和章太炎共通之处。

另外，有人批评我忽视了章太炎辛亥革命以后的倒退，认为他的佛教思想没有那么重要的意义。

我以为，在章的思想里，尽管是极其唯心的，但佛教那种培养对强大压迫者内心的自立（独）和牺牲自己拯救众生（群）的精神，起了很大的积极作用。章太炎那样彻底地否定一切压迫的思想，没有佛教就不能形成。

关于辛亥革命以后的章太炎，从前我不大感兴趣，研究不够。我以为，虽然章太炎主张过"期于颠复清廷而止，其后利害存亡悉所不论"，"愿吾党与彼党俱仆"的纯粹革命主义，可是他没有死于革命，却迎来了革命胜利。为了维护民国，登上了他最不擅长的建设的政治活动舞台。这是很大的矛盾。我感觉到，章太炎有这样的倾向：面临强大的敌人的时候，坚持抵抗；看不见敌人的时候，谋国内调和，妥协现实。长于抵抗，不长于建设。以后我要从这个问题出发进行研究。

章太炎和日本的关系。

1981 年以来，我协助汤志钧先生等编纂《章太炎全集》，和学生们一起，搜集留在日本的章太炎文章、手稿等。① 搜集的过程中，我对章太炎和日本的关系，发生了兴趣。留日时期，章太炎通过日文书籍研究西方思想，吸取它，批判它。章太炎思想发展过程和当时日本思想学术情况的关系，这是将来我要研究的一个问题。

附启：作者承蒙中国社会科学院的邀请，从 1982 年 2 月到 12 月在中国社会科学院近代史研究所和上海社会科学院历史研究所近代史研究室研

---

① 例如，1980 年阿川修三发现了登在《台湾日日新报》上的章太炎大量诗文。1981 年我把它复制后赠送给汤志钧先生。

修 10 个月。本文是作者此间在北京、上海、天津、济南、西安、长沙、成都学术交流会上的报告初稿的基础上改写而成的。初稿经陈来先生校阅，本文经孙玉石先生、汤志钧先生校阅。

1983 年 8 月完稿

（《社会科学战线》1984 年第 2 期）

生生之仁与权力意志：
儒家与尼采之间

〔美国〕 唐力权*

儒家讲生生之仁，尼采讲权力意志。儒家强调道德实践，尼采坚持艺术创造。儒家以圣人内圣外王的完善境界为文明人理性生命的典范，尼采则以超人卓立不群的英雄人格为人类得以克服其类性的软弱与颓蔽的最高理想。儒家以良知的逆觉体证为其尽性立命的本体工夫，尼采则以爱罗心性、材知爱欲的自克与升华为个体生命自我超拔的基本条件。儒家以易道变动不居、日新又新的创生性以道乾坤，尼采则以权能宇宙的永恒轮回以释存有。儒家极高明而道中庸，尼采则执两极以入高明。表面上看来，这两家的思想不仅是大相径庭，抑且是南辕北辙。将它们来做一个对比的研究会有什么意义呢？这两家哲学之间究竟有何会通之处，有何哲学上的义理关系呢？

不管儒家与尼采在思想上有何差异，两家哲学之间却存在着一个至关重要的相同点，即：它们都是以人的生命活动、价值创造活动为出发点，以人的实存主体性为依归、为转轴的生命哲学——实存主义的生命哲学，亦即是孔门所谓的"为己之学"。这种"生命的学问"，如牟宗三先生所说，乃是中国哲学、儒家哲学的特质，也正是尼采哲学所以大别于传统西方哲学之处。尼采是近代西方实存主义（亦称存在主义）的先驱。实存主义的哲学与儒家哲学确有颇多相似之处，乃是另一型态的"为己之学"。不过尼采哲学的重要性及其与儒家哲学的关系是不能局限在实存主义的角度来讲的。因为尼采哲学在某一义来说乃是终结传统西方哲学的。如是儒家与尼采的对比研究，放在中西比较哲学的立场上，也就很具有代表性了。

是的，儒家与尼采之间的关系是极不寻常的，是可以有十分重大与丰富的

---

* 作者单位：美国康州美田大学哲学系。

哲学含义的。这个关联的性质我们在首段的对比文字中已可看出一些端倪了。简要的来讲，这个关联的核心意义就在良知与爱罗这两个人道之根的相对定位与相互交涉上。我们的看法是这样的：人的一切行有——包括他的一切生命活动、思想言行——都是有人性的根据的，骨子里都是人性冲动的表现。人性的冲动决定了人的生命立场、人的形上姿态、人对宇宙人生和一切事物所作的价值投企——因而也就决定了人的安身立命之道及其文明存有所涵摄的意义体系。而人性的冲动，最后分析起来，不是良知的冲动，就是爱罗的冲动，或是良知与爱罗的混合冲动。良知冲动的本质何在？仁恕关怀是也。爱罗冲动的本质何在？材知爱欲是也。如下文所释，前者代表互体性的冲动，后者代表自体性的冲动。这人性中的仁材两极就是我们上文所谓的"人/道之根"了。应该立即补充的是，这两个人的"根性"（构成人道之根的人性）是不能单就人的立场来取义的。因为人的"根性"与存有的"本性"（中国哲学称之为"道"）是息息相关的，抑且是一脉相连的。事实上，人性的冲动正是起于人的根性与存有本性之契合感通外，乃是人有感于存有本性而起的一种生命跃动。人的生命立场与形上姿态也正是为此生命跃动与存有本性之契合感通处而被决定的。存有开显于人者乃是一个断而又断、却又断而不断的真理与真实。人性的冲动就其感于存有本性之断而又断而言就是"爱罗"，就其感于存有本性之断而不断而言就是"良知"。儒家与尼采在哲学上的义理关联，放在形上学或存有论的层次来讲，也就在"断而不断"与"断而又断"这两面存有本性的差别与关联上。①

什么叫而"断而又断"呢？简言之就是存有的可分性——亦即一事物相对于其他事物底简别外在的个体性或"自性"。就存有之有断可分处而言，一切个体事物都是"自体"，都是相互对立地"自体自性"的。爱罗心感异成隔的意识倾向正是由感于存有的可断可分性而生起的人性冲动——自体性的冲动。故凡是奠基于爱罗心的哲学或思想都是注重自体性的，源自希腊传统的西方哲学就是最显著的例子。主宰着两千年来传统西方哲学的逻辑观念与实体观念不都是从自体性观念引申出来的吗？假如我们能用一句话来描述整个西方哲学的话，那就是"完满自体性的追求"。"实体"是完满自体的内容，"逻辑"是完满自体（简别外在底关系）的形式。从德谟克利图斯的"原子"，柏拉图的"理型"，近代西方形上学的"上帝"到尼采的"超人"——这全都是爱

---

① 关于仁材两极所涵摄的义理结构，参阅唐力权《周易与怀德海之间》，台北：黎明文化事业公司，1989年，第71-146页；沈阳：辽宁大学出版社，1991年，第312-328页。

罗心与自体主义的产物。西方哲学家心目中的上帝只不过是自体观念之理想化、绝对化而已。在一个自体或简别个体主义所建构的意义世界里，实存个体事物之间只有偶然的外在关联而无必然的内在关联。一切完满自体都是互不干涉，"各自为政"的。表面上，德谟克利图斯的原子与尼采的超人可说是完全扯不上关系，但实际上却都是从一个思想模子里塑造出来的产物。在尼采的理想社会里，超人与超人之间并无任何内在的关联，这和德谟克利图斯宇宙论中原子间的简别外在关系并无两样。

有趣的是，尼采不仅把他的理想人格想象为一个简别个体，也相应地把他对存有自身的诠释放在自体的思想模式里，把变动不居、无边际可言的权能宇宙也作为一个独立自体看待。所谓"宇宙"乃是一个同一世界的永恒轮回，这就是尼采对"存有自身"的诠释。对儒家来说，时间乃是一个断而不断的创生之流，但在尼采的哲学里，这存有断而不断的创生性已经变为断而又断的永恒重复了。

海德格尔曾称尼采为"西方最后一位伟大的形上学家"——意思是说尼采哲学代表了西方形上学的完成或总结。不管这句话是否完全正确，它的基本含义是可以被接受的。但尼采哲学是怎样总结西方形上学的呢？在这一个问题上，我们的看法与海德格尔的颇有不同。海德格尔的观点是环绕着他所谓的"存有论的差异"（即存有本身与存有者之间的分别）这个概念而立论的。而我们的看法则是依缘着"生命立场"这个角度而出发的。我们以为尼采哲学之所以被视为西方形上学之总结并不是因为他是遗忘了存有论差异的最后一位形上学家，而是因为在他的哲学里西方哲学终于得到了根源的自觉——亦即是为西方哲学精神所在的"生命立场"的自觉。所谓"生命立场的自觉"，一方面就是人之"根性"的自觉，另一方面就是人之"形上姿态"的自觉。因为人的生命立场正是在人的根性与存有本性的契合处而被决定的；在人之根性与存有本性契合处而起的心性姿态就是"形上姿态"。西方哲学乃是一个突显爱罗心、契合存有本性之断而又断的哲学传统。此哲学心灵的根性自觉（爱罗心全幅大用的自我开显）和形上姿态的自觉——自体主义思想的彻底反省，可说是自尼采始。尼采以权力意志释爱罗，然后又以权力意志释（为爱罗心所契合的）存有：权力意志是爱罗的本质，也是世界的本质，存有的本质。如是通过权力意志的观念人的根性与存有的本性也就统一起来了。用中国哲学的术语来说，这正是一种"天人合一"的思想啊！

在尼采的哲学里，天人合一的思想是放在认识论的层次来讲的，它的标志就是尼采所谓的"透视主义"（Perspectivism）。透视主义最基本的论点就是绝对的客观真理的否定。所谓"绝对的客观真理"就是离开人的生命立场、生命活动，离开人的实存主体性而取义的真理。据尼采的看法，一切传统哲学、传统思想所肯定的"真理"都不是绝对客观的真理，而只是基于人的生命立场、通过人的价值投企的透视而开显的真理。尼采的名言"真理正是没有的事儿，只有诠释"指的就是这个意思。① 在某一意义来说，这跟《易传》和《中庸》以人配天地的"三极之道"或"与天地参"的思想可说是十分吻合的。天地之道是不能离开人道的；真理是不能离开人的生命立场的。但这并不表示没有如实的真理或如实的道。事实上，以人配天地——以人的使命立场和生命活动为出发点——所透视而得的真理或道才是最"如实"的真理或道。这种"天人合一"的超切如实观正是尼采哲学与儒家哲学得以会通的关键所在。

但起于良知心的儒家哲学与本于爱罗心的尼采哲学毕竟是大异其趣的。良知心性乃是感于存有本性断而不断的人性冲动；儒家以生生之仁为天地之（本）心、为存有的本质，乃是理所当然的事。但良知的肯定、生生之仁的肯定也就是一种生命立场的贞定，一种形上姿态的确立。其实这立于仁极、感于存有的可分而不可分的生命立场并非儒家所独有，实是中国自泰古以来超切主义哲学大传统的基调。伏羲八卦所本的中断与不中断的两划所代表的不正是可分而不可分的存有本性吗？断而不断，也就没有独立自存、自为体性的可能。中国哲学最显著的特质就是没有自体和自性的观念。一切个体都是"互体"，一切性能都是"互性"。所谓"互体"、"互性"就是相互为体、相互为性的意思。《周易》里的乾坤、阴阳和后来的五行概念就是这互为体性思维模式最昭著的例子。孔门所谓的"仁"也是顺着这个互体性的思想传统来讲的。仁体是互体，仁性是互性。儒家所肯定的仁人乃是最能与他人他物——天地万物——互为体性的人。所谓"仁者与天地万物为一体"就其基本理念来说只不过是互为体性这个意思罢了。②

中国人一般缺乏简别外在的个体意识，中国哲学里更难找到实体主义的思想。中国文化没有发展出逻辑学、没有产生过原子的观念就是最有力的明证。假如"完满的自体性"乃是西方哲学家价值投企之所指，则"完满的互体性"当是中国传统哲人终极关怀的所在。儒家所崇扬的内圣外王的道德理念固然是

---

① 透视主义虽然否定有绝对客观的真理，但并不否定有相对客观的真理。但尼采却显然低估了后者的重要性。有关尼采的透视主义的详细讨论，可参阅 Alexander Nehamas, *Nietzsche, Life as Literature*，（Cambridge：Harvard University Press），pp. 43 – 41；周国平：《尼采与形而上学》，长沙：湖南教育出版社，1990 年，第 132–176 页。据我所知，这是目前有关尼采哲学最中肯和最具系统性的一本中文著述。

② "仁"（双人偶）之原义为亲亲，明显地是一个互体性的观念。

文明人完善互体性的极致，道家所向往的"物我两忘"、"相忘于江湖"的自由、逍遥境界又何尝不是一完满的、超脱的互体境界？即以中国佛家而言，离开了互体的观念，天台宗的性具思想与华严家的事事无碍、理事无碍思想就根本无法解释了。佛家讲万法无我、缘起性空，本来是针对着正统印度教的自体、实体主义思想而论的。印度人互体性的观念相对于中国人来讲乃是比较薄弱的，大乘佛学传入中国之后所表现的浓厚的互体主义色彩乃是中土佛学思想家的贡献。总而言之，互体思想乃是中土儒道佛三家之所共。离开了互体性的观念而讲中国哲学，那就很难讲得通了。

如是，中国哲学与西方哲学的关联，就其思想深层的形上信托来讲，也就是互体主义与自体主义的关联。尼采哲学既然代表西方形上学的总结，那么通过自体主义来讲应该是顺理成章的了。但事情可没这样简单。吊诡的是，尼采也许是近代西方最后的一位形上学家，但却毫无疑问地是西方有史以来最具批判性的形上学家——一个反形上学的形上学家。"反形上学的形上学家"——这不是一个自相矛盾的语词吗？是的，正如雅斯培所说，尼采的思想是充满着矛盾的。譬如，尼采称他自己为"第一个非道德主义者"，但他对道德的批判却正是奠基于一个道德立场的批判。他否定绝对客观真理的存在，事实却假定了一个更彻底的真理如实观。他批判了欧洲的虚无主义，但他自己在某一义来说乃是不折不扣的虚无主义者。他以逻辑的起源为非逻辑，以为同一律与因果律及其他形上学得以建构的逻辑范畴或基本理念如"自在之物"、"灵魂"、"上帝"、"存在（自身）"等都是无客观根据的，都不过是人类生存价值的投置及语法误导的产物，但他自己的思想却仍无法避免受同一律与因果律的影响。尼采的道德发生学（genealogy of morals）乃是一道德概念历史因果的诠释学；他的永恒轮回说不正是同一律的运用吗？艺术创造乃是尼采哲学的基调，但没有自由也就没有创造性可言；然而尼采却否定自由意志的存在。永恒轮回的思想和自由的假定更是明显地冲突的。就尼采以"生成"与"相依"为基本范畴的宇宙观来说，他应该不仅是希腊哲人赫拉颉利图的传承者，也是东方《周易》与大乘佛家的同路人，本来都是以互体性原则为主导概念的哲学体系，然而尼采在他的超人思想里所流露出来的强烈自我（或自体性）意识显然和他（最低限度表面上看来）富于互体性的宇宙观相抵触。这些尼采哲学中的种种矛盾究竟应该如何解释呢？我们是否可以轻易地把它视为一位伟大哲学家的理论缺憾呢？

不管尼采的哲学是否真有理论上的缺憾（那自然是有的），他思想中出现的种种矛盾大都是可以解释的，都是在某一个义理的脉络上可以自圆其说的。不过，虽然这些所谓"矛盾"都只是由义理层次或观点的混淆所造成的表面的，而非真正的矛盾，它们的背后却无可掩饰地存在着某种暧昧的因素。尼采的确是一个相当暧昧的哲学家。其暧昧之处可以集中地透过他与整个西方哲学传统的关系来讲——亦即透过尼采哲学既植根于传统却又积极地反传统这个暧昧的性格来讲。在尼采的哲学里我们看到的乃是一个以爱罗根性契合于存有本性之断而又断的哲学传统。这本是西方人传承自希腊文化的生命立场与形上姿态——也是尼采哲学精神的根本所在。尼采哲学的反传统性格当然与其所本的爱罗根性有关，因为尼采正是在此人道根性的活水源头处孕育其反动之灵感的。尼采所要否定的不是西方哲学精神所本的爱罗之根，而只是由此根苗长出来的躯干——西方文化与西方哲学在柏拉图主义与基督教文明支配下所生长出来的一颗"爱罗之树"。柏拉图主义代表西方哲学中的知性成份，基督教则代表西方文化里的道德因素。尼采不是反爱罗，他只是反理性（知性）化，道德宗教化之爱罗而已。对比而言，尼采哲学对传统西方哲学之反动颇似老庄哲学对先秦儒家文化、哲学所起之反动，道家与儒家一样，骨子里都是以良知根性契合存有本性之断而不断而贞定其思想之生命立场与形上姿态的。老庄对先秦儒家哲学的批判何尝是为了要否定中国精神文明本源所在的"良知之根"，他们所否定的只是那个为儒家思想所肯定的（而早已衰坏了的）西周文明——一个血缘宗法化、礼教道德化的"良知之树"。而尼采对西方哲学中的知解理性及西方文化中基督宗教道德的批判与老庄对儒家传承自西周的礼教文化的批判也是异曲同功的。

文明人的历史文化都是以其理性此生命为骨干发展出来的。因此凡代表一个历史文化传统的主流思想莫不在巩固此传统的意义下维护理性的建树、肯定理性和理性生命的价值。故在传统的思想里，"理性"几乎是一切美善价值的代名词；传统哲学都有把理性绝对化、理想化的倾向，好像真理永远站在理性那一边似的。但"理性"是否就代表真理呢？理性的建树是否一定是好的呢？理性生命的价值是否毫无问题的呢？这些问题都不是传统哲学所愿意回答的，甚至不是传统哲学容易自觉得到的。而这些正是尼采哲学与老庄哲学所最关注的问题所在。

尼采自称为"非道德主义者"，在他的著作中也处处扮演着一个非理性主义者的角色。这些"非道德"和"非理性"的成份乃是构成他的"反传统"思想的主要内容。但尼采为什么要反传统呢？为什么要鼓吹"一切价值的重估"呢？尼采的著作非常容易给读者们这样的印象，好像他是一个天生的反判者，好像他只是为着反传统而反传统似的。假如真是这样的话，尼采的哲学也就乏善可陈了。但这个看法当然是有失公道的。事实上，尼采对传统的批判只代表他哲学的一面——反的一面，而他哲学的整体性格却必须联贯着正反两方面来讲。这样我们就不难发觉到，尼采其实是站在真理的立场来反（绝对的）真理，站在道德的立场来非道德，站在理性的立场来非理性，站在传统的活水源头处而反传统的。尼采否定有绝对客观的真理，因而也就否定了道德和理性的普遍性或先验性。一切道德法则与理性范畴本来只是文明人类为生存需要所作的价值投置，基本上乃是文明人类类性、族性利益的反应，而非传统哲学、传统道德与宗教所标示的永恒真理。故对尼采来说，由传统文化的道德与理性所编织成的概念世界、价值世界其实是一个绝大的意义骗局。尤有进者，由于传统文化对人性中的动物性或本能欲望的过分恐惧，文明人的道德与理性都带有浓厚的苦行或禁欲主义的色彩。人的本能欲望在传统道德与理性长期压抑下究竟会产生什么效果呢？它究竟对人类的生命造成怎样的伤害呢？这些问题，在尼采的眼中看来，绝不是传统道德、理性所能理解的，所能想象得到的。根据尼采的分析，人类在传统的道德与理性支配下所刻意经营的文明格局岂仅是一个"意义的骗局"而已，它简直就是一个扭曲人性、伐贼人之生命力、创造力的"生命的苦狱"。

关于尼采对传统理性与道德的批判理论我们在本文不拟详谈。但有些问题是应该在这里提出的。首先，我们在上文所谓的对"传统"指的当然是西方的文化传统。尼采对西方传统（知解）理性的批判基本上以柏拉图主义为对象，而尼采对西方传统道德的批判主要是针对着基督宗教。问题是，尼采对西方传统道德、传统理性的批判是否只适合于西方文化呢？这些批判对传统的中国文化——尤其是属于主导地位的儒家文化——是否也有重大的意义呢？中国文化没有柏拉图主义，没有发展出一个以知解理性为基础的哲学传统，但在中国传统文化的文明格局里是否也蕴涵着一个意义的骗局呢？儒家道德与基督道德虽不无相似之处，其内在精神却有显著的不同。然而儒家文化是否在某一义来说也和基督教文化一样，构成一个生命的苦狱呢？这些问题，不管答案如何，都是儒家哲学所应该正视的。尼采对传统的挑战无论在西方还是东方，恐怕还没有被真诚地、彻底地回应过。

尼采对传统的批判理论可说是多彩多姿，但归结起来其实只有这么一个意思，那就是传统文化的"不仁与不诚"。传统文化是一个意义的骗局，这是传统之"不诚"；传统文化是一个生命的苦狱，这是传统之"不仁"。一切生命都是本能地"自仁其生"，本能地"自诚其性"的。这本能的"求仁"乃是生命最原始的"道德"，这本能的"求诚"乃是生命最原始的"理性"。人当然也不例外。事实上，求仁与求诚也正是文明人所崇尚的最高理想，最原始的

生命要求。① 然而站在这生命原始的道德与理性的立场来看，传统理性正是
"不理性"，传统道德正是"不道德"的。但是这原始理性与道德的生命立场
也就是为文明人一切生命活动、价值活动之最后根源的生命立场。这个为文明
人赖以安身立命，赖以创造历史文化的活水源头才是人类类性或族性生命所本
的大道德和大理性的所在。尼采正是站在西方传统的活水源头处来批判传统文
化的。尼采和（原始）儒家一样，原都是站在大道德、大理性和大生命的立
场来建构其哲学体系的啊！

　　西方人的原始生命立场在哪里？西方文化传统的活水源头在哪里？它就在
人性仁材两极中之爱罗心性里。这就是隐伏在希腊悲剧精神与前苏格拉底原始
哲学后面的人性冲动，也是尼采哲学"立其大者"的出发点。这个出发点在
尼采的处女作《悲剧的诞生》一书中已经牢固地确立了。在这本书里尼采以
酒神戴安尼索斯与日神阿波罗所分别代表的两种生命精神的结合来阐释希腊悲
剧的产生与悲剧意识的来源，基本上可看作一种"爱罗心性的现象学"。爱罗
心性的本质在哪里？它就在阿波罗与戴安尼索斯两种意识型态的对立交涉与辩
证结合里。酒神代表爱罗在自然状态下的本能冲动，而阿波罗则代表本能爱罗
根性的升华，或是材知爱欲的理性化。虽然这一对观念在后期的尼采思想中为
权力意志一概念所取代，但其实是换汤不换药。尼采不过是把在《悲剧的诞
生》一书中提出的爱罗根性"二元论"转变为一个爱罗根性的"一元论"罢
了。②

　　什么叫做"权力意志"呢？许多人都误解了，以为这是一个心理学的名
词，把它的意义等同于世俗所谓的"权力欲望"。其实它乃是一个不折不扣的
本体论概念。尼采和后来的怀德海一样在本体论来说都是（我们所谓的）场
有哲学家。尼采所谓的"权力意志"相当于怀德海所谓的"创生性"或"创
化性"（creativity），指的乃是"力"或"强力"的本质、权能场有的本质、

---

　　① 必须立即补充的是：有本于良知（或互体性）的求诚与求仁，也有本于爱罗（或
自体性）的求诚与求仁。换句话说，这里"诚"与"仁"乃是在仁材两极所共本的原始人
性上立义的观念。

　　② 在后期的尼采思想里，酒神戴安索斯已变为权力意志的唯一象征，取代了早期二
元对立的观念。阿波罗（爱罗知性的一面）涵义已被吸纳进这统一的象征语言之中，参阅
Walter Kaufmann, Nietzsche, *Philosopher*, *Psychologist*, *Anticrist*, Pprinceton：Princeton Uni-
versity Prss, 1974, pp. 178–207, 228–283。

活动世界或生成宇宙的本质——亦即是《易》学传统中所谓"易道"的本质。① 易道的本质在哪里呢？它就在权能场有作用势用互为依转的生生不已、自强不息的创生性里。事实上，以《易》学"生生不已、自强不息"的语言来诠释尼采的权力意志可说最贴切不过的了。大陆学者周国平把"权力意志"翻译为"强力意志"可说是甚有见地的。② 世界上的任何事物（权能场有中的每一个力的中心）——不管是有生命的或是无生命的，不管是强者或是弱者——在本质上都是不断地自我肯定，不断地自求增长或增益其权能强度或生命强度的。就其基本含义来讲，尼采的权力意志与儒家的生生之仁其实是相通的，抑且是同其所指的，因为这两个概念所涵摄的都是本性权能生生不息的创生性或创化性。不同的是，权力意志是就存有自遂其生、自我超越所必须凭藉的权能强度来讲，而生生之仁则是就天地生物、万物并育的感通量格来讲。虽然指的都是本体权能的创生性，前者无疑是一凸显自体性价值的概念，而后者则明显地是一互体性价值的诠释。世界的秩序对尼采来说只是一个权力意志强力的均衡，而非儒家所肯定的一个由感通的量格所融成的太和。这就难怪尼采的形上学充满着美学的情调与英雄主义的色彩，而儒家的本体论却弥漫着道德的意味与人伦社会的气氛了。

为什么儒家哲学的本体观念充满着道德的意味呢？理由很简单，因为儒家对本体的认识正是道德实践和道德价值的创造活动而得来的，正如尼采的形上学之所以染上了浓厚的艺术色彩乃出自尼采个人天赋的敏锐的诗人气质与深厚的艺术情操一样。儒家的生生之仁是在良知心性中呈视的本体，而尼采的权力意志则是爱罗心性所透视的创生性。真是仁者见之谓之仁，智者见之谓之智；随着生命立场之不同，本体权能也就随着人性冲动的差距而对人类开显其不同的风姿了。

但相对于人的生命学立场，在人的根性与存有的本性的契合处而开显的本体当然不是西方传统形上学所谓的"真在"——一个超越人的生命活动、人的生命立场而自在自存的"客观真实"。这个观念在中国的传统哲学里可说是从未出现过。中国传统的形上学，借用牟宗三先生的名词来说，本质上都是一种"境界的形上学"——一种以相对于人的生命立场而开显的真理真实或

---

① 应该指出的是，尼采否定有常新的权力意志，而怀德海的 creativity 与易道的"生生"则正是以"创新"为其本质的。

② 周国平：《尼采与形而上学》，长沙：湖南教育出版社，1990 年，第 191-204 页；Alexander Neharnas，Nietzsche，*Life as Litoralura*，Cambridge：Harvard ulniversity Press，pp. 74-105。

"超切境界"为探讨对象的主体性形上学。其实西方传统的"客观形上学"在其根源处又何尝不是一种境界形上学。西方哲学起于存有主客对立之间的可分处。西方形上学家一面把自己幻化为一"绝对的旁观者"（把他自己放在上帝的位置）同时又把存有自身、世界自身绝对化，把一切可言说的、可概念化的、可为知解理性所捕捉的存有推出去，作为此绝对旁观者的审视对象。此种主客异隔、主客对立地自体自性的姿态正是隐伏在西方形上学背后的生命立场。所谓"客观形上学"不过是相对于绝对旁观者的生命立场而取义的境界形上学罢了。

但人是存有的一部分，权能场有的一部分，他只能以场有者的身份作"场内观"而不可在他的活动世界、生命场有之外作"场外观"，故绝对旁观者的生命立场是不可能的。这是一个虚幻的生命立场，因而客观形上学也相应地只是一种虚幻的境界形上学。在这个形上学中开显的真理当然是不真不实的了。

现在我们可以更清楚地来说明尼采作为西方最后一位形上学家的意义了。我们在上面说过，尼采是站在传统的立场来反传统的。所谓"站在传统的立场"指的是尼采与西方形上学的共本的人道根性。西方形上学——应该说是整个西方哲学——乃是植根于爱罗心性、喻于存有本性之断而又断的一个哲学传统。此爱罗根性也正是尼采哲学的生命立场与形上姿态之所在。尼采之反西方形上学当然并不是要否定它的"爱罗之根"；他所要否定的只是传统形上学虚幻的客观性——否定它那不真不实的"爱罗之树"罢了。尼采对西方形上学的批判其实就是爱罗的境界形上学对爱罗的客观形上学的批判。在尼采的哲学里我们终于看到了整个西方形上学——整个西方哲学传统——之根源的自觉：爱罗生命立场的自觉，爱罗形上姿态的自觉。这爱罗根性的自反、爱罗心性的如实观照也就是尼采之所以为西方最后一位形上学家——尼采哲学之所以为西方哲学之总结——的精义所在。

但生命立场的自觉，也就是大生命的自觉，价值生命的自觉，实存主体性的自觉。所谓"大生命"就是人的根性与存有的本性自觉地契合的生命。"大生命"亦可称为"价值生命"，因为人的根性与存有本性的自觉地契合乃是一切价值的根源。这里"自觉地契合"一词至为吃紧。因为我们所谓的大生命或价值生命乃是就实存生命的精神层次来取义的。在实存生命的自然层次里，人的根性与存有的本性是自然地契合的，这里没有契合或不契合的问题，因而也就没有价值的问题。价值的问题——生命的价值问题——正起于根性与本性之可契合或不契合之不定处。根性与本性契合的自觉我们称之为"超切自觉"。由是大生命或价值生命也就是一超切自觉的生命。尼采哲学与中国哲学、儒家哲学同是以实存主体性为依归的哲学，而大生命、价值生命的超切自觉正是实存主体性的本质所在。

对尼采来说，人是存有的一部分，世界的一部分，故人的本质也就是世界的本质。故要认识世界，人必须首先认识他自己。"我们属于世界之本性，这一点毫无疑义！除了通过我们自身，我们别无到达世界之门径：我们身上的一切高处和低处必须被理解为是属于世界之本质的。"① 这段话放在中国哲学、儒家哲学来讲也就是天人合一的思想了。"天命之谓性"、"万物皆备于我矣，反身以诚"，《中庸》所谓的"自诚明"与孟子所谓的"穷心尽性以知天"也就是尼采所谓的"内在事件"，讲的都是根性与本性的契合关系。在儒家与尼采的哲学里，认识论与存有论本质上是没有什么分别的。陆象山说得好，"吾心即宇宙，宇宙即吾心"。在一个大生命的超切自觉里，认识即是存有，存有即是认识；认识与存有只不过是一事之两面罢了。

通过大生命的超切自觉来看人生、观宇宙，这是所有境界形上学所共有的特色。就这个为价值生命所依立的实存主体性而言，尼采与儒家的归趣是同一的。只是由于两家生命立场的不同，其表现出来的生命情调与学问风格也就有显著的差别。本于良知根性的大生命乃是一个充满着仁恕关怀，以人的忧患意识为思想行为的原动力的价值生命；而基于爱罗根性的大生命则是一个充满着惊异之情，为人的悲剧意识所笼罩、所支配的价值生命。这就是道德精神的境界形上学与艺术精神的境界形上学之分野了。

尼采是西方形上学的完成者，因为在尼采的境界形上学里我们看到西方哲学精神的自觉：爱罗根性的自觉、艺术生命立场与形上姿态的自觉、自体性思想的自觉。在这个西方哲学的根源自觉里我们可以看到两个很明显的学问向度：一是原始生命精神的回归，另一则是传统思想的批判。作为西方形上学的完成者，尼采哲学的风格必须从这两个生命学问的向度综合地来看。

西方哲学、西方形上学的原始哲学精神也就是西欧文明传承自古希腊文化悲剧时代的生命精神——亦即日神阿波罗与酒神戴安尼索斯的结合所代表的悲剧精神。前苏格拉底哲学正是透过此悲剧精神而化生的智性表现。我们不妨说，悲剧精神乃是爱罗根性在西欧文明的"原始化身"，而希腊的悲剧艺术与前苏格拉底哲学则是此"原始化身"的两面——感性与智性的两面。值得注意的是，这里所谓"智性"指的不是知解之"知"，而是直觉之"智"——涵摄于超切直觉中的"性智"。从直觉之智转变为知解之知乃是柏拉图主义兴

---

① 周国平：《尼采与形而上学》，长沙：湖南教育出版社，1990 年，第 187 页，转引自《尼采研究年鉴》，第 6 卷，第 33 页。

起以后之事。在苏格拉底和柏拉图的思想里爱罗之根的原始生命精神发生了重大的变化。柏拉图哲学一方面代表爱罗根性在西欧文明的人文土壤与意义世界里的落实，另一方面则代表原始爱罗生命之开始异化与僵化——代表超切自觉的坎陷与悲剧精神之丧失。由于爱罗生命的问题化与文明理性化，主宰着原始悲剧精神超切自觉中的直觉之智已逐渐转变为理性化爱罗生命中的知解之知。此转变自柏拉图开始至阿里斯多德而笃定。在柏拉图与阿里斯多德的思想里，西方哲学心灵开始以"绝对旁观者"的姿态出现，客观形上学也就于焉诞生了。而客观形上学的开始也就是逻辑中心主义的开始。人的理性生命乃是混沌与秩序之间的事。在原始的爱罗生命里，理性乃是超切自觉在悲剧精神中的直觉体验与观照——这是前苏格拉底哲学之所以本质上为境界形上学的基本性格。但在柏拉图主义所代表的异化、僵化后的爱罗生命里，人的超切理性、超切直觉已变为知解逻辑的刻意安排。形上学已不再是一生命的学问，而是不折不扣的思辩的学问了。

从前苏格拉底经柏拉图和阿里斯多德而至尼采，整部西方哲学史、形上学史虽然中间经过犹太、基督教文明的洗礼，但其所传承的爱罗根性的生命立场与形上姿态基本上是没有改变的。柏拉图代表原始爱罗生命与悲剧精神的坎陷与客观形上学的开始，而尼采的则代表境界形上学的再生与原始爱罗的回归。这就是尼采站在传统的立场来反传统的涵义。海德格尔认为尼采哲学只不过是柏拉图主义的翻转（inverted Platonism），这句话基本上没有错，只是其中所涵摄的胜义海德格尔本人仍是看得不够透切的。

原始爱罗精神与悲剧意识的重振与艺术境界形上学的再生——尼采是通过怎样的思维方式来完成他的哲学使命的呢？这个问题在尼采的思想里是可以找到相当明确的答案的。贯穿着整个尼采哲学思维方式——使尼采得以站在传统的立场来批判传统的思维方式，就是尼采所谓的"透视主义"———一种（我们在上文提过的）相对于人的生命立场而取义的"超切如实观"。假如我们仔细分析一下，就不难发现，尼采所谓的"透视主义"最后分析起来其实是一种环绕着权能运作的辩证暧昧关系而证立的一种思维方式。权能是有断也是无断、是自体性也是互体性、是作用也是势用、是主体也是客体。权能辩证的暧昧主要就在这些权能两极性的相反相成上。尼采哲学的暧昧性格正是从这权能辩证的暧昧而来的。

让我们再重复一次吧，我们对人性冲动的界定乃是对应着人所契合之存有本性来讲的。存有本性之断而不断，其在人性的落实就是良知的冲动，互体性的冲动；存有本性之断而不断，其在人性的表现就是爱罗的冲动，自体性的冲动。断与无断、自体性与互体性乃是一个暧昧的辩证关系，这是否意味着良知根性与爱罗根性之间也存着同样的辩证的暧昧呢？不错，我们最后要说明的正是这个意思：心性中的仁材两极正是一相反相成的辩证关系。人的根性乃是一个权能的辩证体，良知与爱罗只不过是此根性辩证体之两面罢了。如果良知中有爱罗，爱罗中有良知；良知是偏向无断与互体性的爱罗，爱罗是偏向有断与自体性的良知。二根性之间正是一个二而一、一而二的超切关系啊！

明乎此，我们就可以更进一步地来确定尼采与儒家之间的义理关联了。我们认为，尼采哲学之反传统、反客观形上学的性格是不应只从西方哲学史的立场来看的。因为反传统的尼采也就是偏向东方、偏向中国哲学传统的尼采。尼采虽然没有放弃他的植根于爱罗根性的生命立场，但由于爱罗与良知之间的暧昧辩证关系，内在于爱罗中之良知已明显地在尼采哲学的反传统性格中表露出来了。不错，在尼采的著作里我们的确很难感受到儒家所崇尚的仁者气息；尼采对同情与怜悯等传统美德的漠视或甚至蔑视也无可避免地造成一般读者对尼采哲学产生不必要的误解。然而当我们对尼采哲学的真相有了足够的认识之后，我们就会发现尼采对传统道德和所谓道德感情的批判并不是无的放矢的。事实上，尼采并不否定真诚的道德感情，他只是从生命强度的观点来衡量他们的价值罢了。

站在形上学的立场来讲，凡是植根于良知、表现仁者气象的哲学莫不注重人与人之间和人与万物之间相关相依的互体性。在尼采的批判哲学与反传统的冷酷外表里面实包藏着一个充满着对人类历史文化与命运的关爱之心，而尼采形上学的整体主义色彩也的确与关爱的良知心、仁者之心的形上姿态若合符节。但是就其所崇尚的超人理想人格而言，尼采却又是一个地道的自体主义者。而尼采哲学中的整体主义及其所涵摄的境界形上学乃是一个以"张力的均衡"为其秩序之本的整体主义，这和中国哲学以"感通的融和"为建构原则的整体主义还是有相当距离的。感通的融和与强力的均衡的分别正是互体性与自体性的分别。我们不妨说，"张力的均衡"乃是"互不干涉"与"感通融和"中间的一种暧昧的存有状态。与此存有状态相对应的人道根性也就是"偏向良知的爱罗"——或隐伏在自体性之中的互体性冲动。这不正是尼采哲学暧昧性格的真义所在吗？

既有偏向良知的爱罗，当然也就有偏向爱罗的良知。后者正是20世纪中国哲学——尤其是当代新儒家哲学的一般性格。牟宗三先生所谓的"良知的自我坎陷"，表面上是为了开出现代文明所必需的理性架构俾使科学与民主得在当代中国的文化土壤里生根，但实质上却是为了开出涵蕴在良知根性里的爱罗，重新确立一个使自体性与互体性得以完满结合的生命立场与形上姿态。现代文明所依赖的理性架构原是西方知解化爱罗根性的建树，这和中国传统文化以"感通的融和"为其秩序之本的理性运作是有冲突的。自体性与互体性的完满结合其关键也就在这两个不同秩序原则的辩证处理上。

如是良知自我坎陷的结果就是一个走出良知的爱罗。假如此"走出良知的爱罗"可以视为20世纪中国哲学之象征的话，那么相对而言"走出爱罗的良知"就是20世纪西方哲学的归趣所在了。尼采之后，西方哲学最显著的特征与其说是"语言的转向"不如说是自体性思想向互体性思想的转变；语言的转向只不过是在此更基本的转变过程中扮演着中介的角色罢了。后期维根斯坦的游戏规则说与语言意义惟用观、海德格的存有论、怀德海的机体主义、德里达的解构思想、傅柯的发生学、哈伯玛斯的批判理论与沟通理论——在当代西方的主要思潮里，有哪一家不是以互体性原则为其理论底骨干的。从自体性走出互体性也就是从爱罗走出良知。当代西方哲学是否也可以相应地有"爱罗的自我坎陷"可言呢？

良知的自我坎陷不仅代表良知根性的自觉，也代表良知通向爱罗的辩证的自觉。同样的，爱罗的自我坎陷不仅代表爱罗根性的自觉，也代表爱罗通向良知的辩证的自觉。良知与爱罗的相对自我坎陷与相对地辩证的自觉也就是人道根性的整全的自觉。在这里我们不仅看到中西两大哲学传统在20世纪相涉相交的义理关联，也看到未来人类哲学思想的大方向。因为21世纪的哲学，不仅在东方或是在西方，必然奠基在此人道根性的整全自觉上，奠基在自体性与互体性的辩证自觉上。

西方哲学是从爱罗走出良知，中国哲学是从良知走出爱罗。就其最后所达到的（人道根性的）整全自觉而言，这两大哲学传统乃是异曲同功、殊途同归的。不过这样讲法还不够点出潜存在这两大传统间（由仁材两极的相对定位所形成）的辩证关系。套用《周易》哲学的辩证语言来表示，我们不妨说，中国哲学之"阳"也就是西方哲学之"阴"，中国哲学之"阴"也就是西方哲学之"阳"，这两大传统乃是互为表里、相反相成的啊！

从爱罗的自我坎陷开出良知，从以自体性为中心的思想开出以互体性为中心的思想——从原始贞定的生命立场开出其价值理想实现所需"内在异己"——开出那个被原初人性冲动与生命立场的偏向压抑了的"另一半"：这就是西方哲学发展的辩证本质了。从爱罗根性在希腊悲剧与前苏格拉底哲学中的原始定位到爱罗主体在尼采以后当代西方哲学中的自我坎陷，西方哲学在这两千年来所经历的乃是一个自诚致曲的过程，此中"致曲"的关键就是西欧文明之理性骨干的客观形上学了。客观形上学，如前所述，乃是问题化、知性化爱罗的产物，一个为满足文明存有的需要而建构的一个价值架构和意义体系。它一方面代表爱罗根性在西欧文化的落实，但另一方面却代表原始的爱罗本能、爱罗主体性的僵化与异化。此僵化、异化了的爱罗才是尼采对传统西方形上学批判的对象啊！

假如西方哲学根源的辩证自觉始于当代的尼采，那么中国哲学根源的辩证自觉就得以当代新儒家哲学的奠基者熊十力为其先驱了。熊十力以良知的呈现为本体证立的所在，正如尼采通过权力意志（爱罗）的体验来认识世界或存有的本质一样。熊十力对孔子以后儒学的批判与尼采对苏格拉底以后西方传统哲学的批判也颇有相若之处。中国也产生过客观形上学吗？当然没有。但纲常礼教化的道德形上学在中国哲学所扮演的角色不正像逻辑系统化的客观形上学在西方哲学的地位吗？道德理性的价值与知解理性的价值就其对实存主体性的僵化、异化作用而言，可是同样地暧昧、同样地值得怀疑的啊？

假如尼采是传统西方形上学的总结者，那么熊十力就是传统中国形上学的完成者了。一西一中，两人都分别站在世纪的转折点上。① 哲学根源辩证的自觉乃是 20 世纪哲学深层结构最显著的特征，未来世界哲学的发展（如前所言）必然建筑在此根源的辩证自觉上。如是熊十力与尼采两家哲学所构成的转折点一方面是此根源辩证自觉的起点，另一方面也可视为中西哲学交涉与会通的两大焦点。通过这两个焦点来做更落实的回顾与前瞻，我们对中西两大哲学传统的性格与发展将会有何具体的发现呢？熊十力以后的新儒学和中国哲学与尼采以后的西方哲学（包括所谓后现代主义的哲学）究竟有何义理的关联呢？这些问题，对于任何一个敏感于哲学根源性的哲学工作者而言，应该是很富挑战性的。

（《社会科学战线》1994 年第 4 期）

---

① 周国平著有《尼采：在世纪的转折点上》一书，惜未得阅。

非线性进化模式与未来社会预测

——一种"未来史"的诠注

〔美国〕欧文·拉兹洛*

按照自然和历史自身的规律和进程来思考和行动，这一直是政治家们和科学家们的愿望，也一直是哲学家们和预言家们的愿望。在当代，人们对这些规律的了解，还远非完全甚至谈不上是足够的，但确实比以往任何时候都要多。今天，我们可以考虑这样的问题了：是否有可能揭示人类社会和文化以往已经经历的和未来可能要经历的进化路径？……是否有可能写些类似于"未来史"这样的东西？

这个问题值得严肃考虑。对它的分析必须合乎逻辑地从检查其最基本的论点开始，即我们究竟有没有可能认识未来？然后我们才可以着手处理另外一些问题，诸如我们所见到的究竟是预定的命运还是纯粹的随机变动；是否可能有必然性和偶然性的某种统一；等等。如果我们成功地澄清了这些问题，我们就可以着手阐明社会的特性这一关键问题。社会的这种特性不是人们主观想象的产物，而是社会发展的基础和基本元素作用的结果。

一

那么，让我从一个简单而基本的命题开始吧："假如未来是可预言的，那么我们就有可能彻底认识未来。"但是，我们所说的预言，指的是什么意思呢？在最一般的方面，预言意味着决定一个特定过程的因素是完全确定，且充分已知的。这样，如果我们已知它们在过去如何发挥作用，又假定它们将继续这样起作用，我们就能预言其未来过程将如何展开。有关预言的典型例子，是机械的时钟装置。时钟指针在钟面上的移动是很有规律的。如果我们知道时钟

---

* 作者单位：布达佩斯俱乐部。

装置是如何发挥功能的（既然时钟是由人设计和制造的，我们对它的功能就能比任何自然进程都知道得更清楚），以及它的动力源（这可以是一根弹簧、一组电池或其他的什么）是可靠的，那么，我们就可预言再过 5 分钟、1 小时或 24 小时后，时钟的指针将指向哪里。

但是，一个社会能像一个时钟装置那样被预言吗？从古至今，一直有哲学家认为，社会由历史的"铁的规律"所支配；就像它们已经决定了社会的过去那样，这些规律也将决定社会的未来。在这种情况下，社会就会在一条由这些规律规定了的轨道上向前运动，很像时钟的指针以一种预定的速率围绕轴心转动。

有人认为，社会甚至无须像一个巨大的机械装置那样，按照预定的方式运动。社会连续的状态或形势，有可能是被"拉"着而不是被"推"着越过历史的岁月；某种比任何可能对抗它的力量都更为强大的力量，把它们"拉"到某一注定的状态。这一目的论的或"终态确定"的观念，为那些神学家以及神秘主义者所提倡，并常常为那些虔诚的宗教信徒们所接受。按照这些人所持的各种信仰，"拉"着社会向前并使得它的未来可以预言的力量，或者是自然的、玄秘的，或者本质上是神授的、先验的。它不是嵌入实在心灵中的原则，就是一种超越可知世界并支配其命运的意志和理念。

如果存在那么一些决定社会未来进化路径的因素，且我们对这些因素有足够的知识，那么，社会的未来就是可预言的。在这种考虑中，这些因素是铁的规律还是自然的原则或是先验的目的都无关紧要，只要它们能对社会未来进化的路径和方式产生一种决定性的影响就足够了。在这种考虑中，我们是通过科学的经验方式还是对宗教的信仰或者是神秘的体验获得对这些因素的认识也无关紧要，只要这些因素存在、且为我们了解，我们就能够据此预言未来——这里也就是社会的未来。

这样一种社会可预言性的观点，等于一种宿命论。在这种宿命论中，未来将是它注定要成为的那样。我们可以要求知道未来将带来什么，但这种兴趣与其说来自想控制我们命运的愿望，不如说来自好奇心。但是，如果未来被注定了将去证实一个特殊社会的出现，那么，寻找这样一些能导致这一特殊社会出现的途径变得有点儿像解一个谜：谜底是已经给定的，任务仅在于去发现它。

是的，完全的预言在科学中几乎没有，在神学领域中也为数甚少。人们在其他即使是相当确定的过程中，也差不多总是为能动性、目的性以及外部干扰保留着某些余地。举例来说，马克思和恩格斯在他们名为"历史唯物论"的理论中，提出了在他们看来主要决定社会进化过程的规律。但是，他们也反对那种认为这些规律无论何时何地都以一种完全决定的方式起作用的机械观点。

这些历史的规律和自然界进化的规律一样，都是包含对立面的斗争和统一的辩证规律。在社会中，这些规律是通过统治阶级和被压迫阶级之间的斗争显示出来的。他们的斗争将导致革命。这种革命不仅是原来被压迫阶级的胜利，而且是另一个新的被压迫阶级形成的标志。这样，社会进化的进程辩证地从原始共产公社，经过由生死搏斗的阶级斗争所标志的各中间状态——奴隶主占有制社会、封建社会和资产阶级社会——最终，由于无产阶级历史使命的完成而到达无阶级的状态。正如马克思和恩格斯已经表明后来又由列宁强调的，对于全人类来说共产主义社会是一定要到来的，但它的实现却要求人们有目的的行动。对于列宁来说，这一行动，就是指通过用对历史发展规律的自觉认识武装起来，并具有运用这些规律的意志，以最快和最有效方式建立新社会秩序的杰出的党的帮助，来促进共产主义社会的到来。

在当代社会科学中，马克思列宁主义的主要理论派别考虑到了人的因素，社会的最终状态还是同样，但由于一个社会中普遍历史觉悟的水平不同，实现的方式可以是大不相同的。另一方面，在宗教等非科学的领域中，有时候还在坚持完全的决定论。例如，伊斯兰教中的保守派别就有这种倾向；各种预言家和神秘主义者也是这样，他们声称他们已经觉察到了将要发生的事，而无须考虑人的行为在其中造成的变化。然而，对大多数世界性宗教以及许多较大的神秘主义思想派别来说，人的意志和目的仍起着富有意义的作用，虽然有时候这种作用就像在某些正统的基督教教义中那样，被归结为个人拯救的成就。在大多数情况下，个人的道德行为被看作是令人满意的举动；它解除痛苦，修正错误，在爱情和尊重之间建立联系，以及导致个性的完备和社会的正义。

根据当代科学的主要倾向，那种认为将来是完全和无情地被决定了的认识是错误的。我们的理论应该允许人的行为以某种方式影响事件的进程，改变社会进化的路径。那种坚持认为未来是注定的看法是不理智的。虽然未来的状况可以大致地被预见，但不是每一细部都可被预言的。将来终究是不可能完全被认识的，尽管某些方面它是我们所创造的。

这种见解告诉我们，我们不可能精确知道一种特定类型的社会，将在什么时候出现。不论等待我们的是全球社会还是其他什么，它的出现都将受到人的目的和意志的影响。

依然存在这样一种可能，即社会未来的状态是完全不确定的，人的行为不仅帮助（或者暂时地妨碍）某一特定类型社会的实现，而且可以完全决定哪一种社会类型将得到实现。这是关于人类自由的一种宏伟设想，但对此并非没有异议。认为我们可以创造我们自己所希望的社会未来，并断言唯有我们的意志和行动决定社会未来以这种面貌而不是其他面貌出现，是言过其实的。正如我将要证明的，如果情况确是这样，那么，历史不得不成为一种本质上的奇特的过程。

人们设计了企业和社交俱乐部，甚至存在经过计划的共同体，按照自觉的蓝图，运用种种技术，政治机构也建立起来了。但是，如果声称人们自觉设计了整个社会，那就言过其实了。人类社会包括所有的制度、法律、风俗习惯、人际关系网，连同它物质的、生物的和技术的基础结构，或许不是类似于有机体和生态圈甚至狒狒群那样的自然系统，但它肯定不是人的自觉意志和目的的产物，而更多地是历史的产物。一个个人的意志和目的在其中发挥重要作用的巨大而复杂的系统，正是人类社会区别于一个蚁群的地方，但是，说人的意志和愿望是社会之所以成为现在这样的重要因素，并不等于说社会现在之所以成为这样，是因为人们有意识地希望它成为这样并按目的实现了他们的愿望。

如果社会不是有理智的人们设计的结果，那么，社会要么是那些专门存在于社会的某种规律的产物，要么是某些碰巧能影响社会发展的任何因素的特殊产物。存在某些偏爱与人的意志和愿望有关的社会类型的因素，如果我们对此加以否认的话，那我们只能得出结论：在本质上社会是机遇以及诸如此类东西的产物。

确实，历史学家不作预言，政治家也不去预言诸如政治接任、同盟变化、经济和金融危机等许多当代的事件。我们的时代开始被看作是一个无法预测的时代，这是不奇怪的。系统理论家说得好，我们唯一不必惊奇的是我们总是碰到令人惊奇的事。但是，这是否意味着社会实际上是机遇的玩物？是否真的不存在某些我们可以据以调整我们行为的运动模式和规律性？

在某些特定时刻和地点出现令人惊异的事件，这一事实，并不意味着我们必须放弃历史遵循它自己的某些规律这一观点。令人惊奇的事，可能是由一两个因素或它们的耦合引起的。它们可能出于人们的无知，也可能出于历史进程内在的某种程度的不确定性。设想，如果令人惊奇完全由于人的无知，那么我们至少在原则上可以赞成历史中存在着绝对的、命定的确定性，而只需要补充说，我们不知道这些确定性实际上将带来什么，我们感到惊奇，只是因为我们尚未认识在发挥着作用的历史的规律、自然的原则或先验的目的，而不是因为事情不符合铁的规律的推动或自然的或神秘的目的的吸引。然而，如果令人惊奇是由于历史进程中某种程度的不确定性，我们就不得不摒弃绝对的、命定的决定论，而赞成另一种我们称之为宏观决定论的观点。这意味着，就其一般倾向而言，历史事件是被决定的，但作为这一一般倾向的表现的微观过程则不然。历史存在着与宏观确定性连结的微观不确定性。在这种情况下，我们可以预言主要的倾向，但不能预言具体的过程。

　　在社会科学的圈子里，否认社会存在任何类型、任何程度确定性的观点，是流行的。按一句名言（后来这名言却名声不佳）的说法，历史可以被看作是补丁加补丁的百纳衣。这是 20 世纪头 10 年中，被称为维也纳学派的实证主义者的观点。在当代，实证主义发挥着一种有用的功能。我们的社会哲学和历史哲学，充满着各种有关人的本性和社会命运的浪漫的概念，以及对经典物理学和 19 世纪生物学中过时概念的站不住脚的推论。在这些哲学中，巨大的、服从着牛顿力学规律的时钟装置或以鲜明的方式表示的执行着弱肉强食原则的有机体的社会概念，与作为神旨和天意表现的神学性质的社会概念，共享着舞台。实证论者很有理由坚持要求这些一般的概括、归纳，必须提供证据。而他们的错误则在于坚持要求作为可接受的证据，最终必须能被还原到可直接观察的程度；他们把这些证据才称做有意义的论据。这就过份了。坚持这样一种作法，将推翻的不仅仅是 19 世纪社会哲学中的那些理想化论断，而且是 20 世纪大部分的自然科学。

　　实证主义者拿手的显然是扫帚而不是锄头和泥刀。他们毁灭了大量不可被接受的东西，但未能建立任何既可被接受又有意义的东西来取而代之。在可靠的前提下构造有关历史进步理论的工作，不得不全部重新开始。事实上，这样的理论至少从 20 世纪中叶已开始构造，尽管它们并不总是由历史学家甚至不一定是由社会科学家建立的。然而，让我们暂且不要预先讨论，还是回到我们的论题上来吧！

　　特殊的时间与地点出现令人惊异之事，并非否定社会服从着它自己的规律。那种认为在小的时空范围内历史就像一件百纳衣，而在大的时空范围内则具有类似于规律那样的东西以及明显的概率，这种观点还是可取的。历史的发展不完全是机遇的玩物。在新石器时代，到处游荡的狩猎—采集者转变成定居的畜牧业者，在 17 世纪的欧洲，中世纪的居民开始第一次工业革命的历程。这些，显然不是一系列偶然事件能够说明得了的。正如阿诺德·汤因比在 20 世纪中叶建议的，尽管资料复杂且模式难于找到，寻找历史中的模式仍然是合理的。

　　当然，我们所发现的是我们希望发现的那种模式这一危险，总是存在的。我们在历史中所看见的东西，正是我们所寻找的东西的折射。社会的组织是如此地斑斓多彩，其机理是如此地复杂，以至只要我们寻找的时空范围足够大，我们就有可能发现任何一种我们所要寻找的模式。但是，如果这确实是一种可能的话，那它并不仅仅局限在历史领域。对于物质的特性和生命的特性，我们同样可以这样说。而如果我们因存在这种可能便却步不前的话，那么，我们就不仅会失去社会科学，也将失去物理学、化学、生物学以及其他自然科学。在社会科学的领域里，问题可能是复合的，但同其他领域相比并没有什么本质的区别。在我们可以提出质疑的经验世界的任何领域，我们总会发现模式迭着模式，模式套着模式。而我们从这一慷慨的馈赠中恰好抽取出哪一个模式，则依赖于我们事先的期望，即依赖于我们提出的问题和假说的性质。也许我们还应该注意到，自然的慷慨馈赠不是无限的，它可能会证实很多但并不是全部我们的预见和假说。如果说在科学知识中存在着一定程度的武断性，那么这里同样也存在一定程度的真理。在这里，武断性并非是愚蠢的标志，而只是人类知识的历史局限的路碑。

二

对当代社会科学来说，寻找历史中的模式以及运用这些模式不仅说明过去而且说明未来，是一项基本的任务。问题在于，我们的社会科学应当去寻找什么样的模式。我们总得有个出发点，因为正如哲学家 E. 高姆布赖奇曾恰当指出的，单纯的眼睛看不见任何东西。我们看一切东西都需要模版。没有一个有效的假说，我们将寸步难行。

探索如何选择最初的一个或一组假说，并非难得不可思议，因为存在着一些我们可以用来理清我们思路的基本概念。我们可以设想，如果社会像以往一样在历史的长河中运动，那么这种运动在某些方面一定是可以辨识的（我们已经否定了运动是完全随机的和没有可分辨的总的模式这种情况）。然而，我们可以根据一些明确的概念来区分这些可能的模式化运动。这些模式化运动至少包括以下几类：周期反复的循环运动；不回到自己的出发点而是像螺旋那样向某一方向上升或下降的循环运动；在某一方向上的线性运动；以及曲折的、有着各种停顿和突变、向前跳跃和向后倒退但还是具有方向性的非线性运动。

任何模式都没有必要去说明社会发展的所有方面，只要和基本概念相对应的模式作为一种长期的倾向，变得明显适用于说明社会整体就够了。正如我们将要看到的，在那些非决定论和非宿命论的观念中，每一种符合常识的运动模式，都可找到有意义的历史运用。

贯穿历史长河的社会的循环运动，暗示着一种"无限的重复"。事物变化着，但并非是永恒的改变。虽然每一事物都变化了，但每一事物最后又会重现。将来不是全新的，在其基本的特征方面只是过去的重复。这一历史循环论的观念，由于哲学家弗雷特里奇·尼采而闻名西方思想界，但并非出自他的虚构，因为在早期的农民和牧人社会中，它一直是关于变化的统治观念。这很可能是由于季节周而复始地不断重复更替导致的。

　　在有记载的一段历史中，循环的观念似乎一直被中国封建社会中事变的进程所证实。在那里，从公元前221年建立的第一个王朝，一直到公元1911年推翻最后一个王朝的革命为止，社会没有明显的进步而一次又一次地自我重复着。一个在强有力的王朝统治下社会统一和政治统一的阶段之后，总是跟随着一个受到外部侵略或内部造反冲击而分裂的阶段。分裂又会由于一个新王朝的壮大并将分散的部分聚集到一个新的整体中而恢复统一。只是到了20世纪，这个循环运动才被打破，从那时起，中国迅速地发展了。虽然是不稳定的，但已完全不再是它历史中的传统状况了。

　　历史发展是一种螺旋运动这一概念，把一种进步的含义引入了历史发展图景中。所有的事物都在重现，但并非以同样的方式。按照人们所持的观点以及关于进步的观念，事物或者在变得更好，或者在变得更糟（进步在某些轴线上也可能具有一种否定的含义，这时它就被称作退化）。而事物重现的方向，则由该事物在每一次重现中渐次的变化所标示。举例来说，如果在这一进程中，人类从一种兽性的未开化状态，上升到一种她神圣的灵魂得以启蒙、拯救并得到充分发展的境地，那么，这一改变就是好的；如果人类从一种过去的黄金时代，下降到侵略、野蛮和兽性这样一种无常的和讨厌的状况，那么，这一变化就是糟的。

　　螺旋下降的变化，出现在许多虚构的世界观中。在这些世界观中，人正在变得越来越堕落（基督教关于亚当和夏娃被逐出伊甸园这一原罪的教义就反映了这一观念）。而上升的螺旋运动，反过来又构成更近的犹太—基督教观念的基础。根据这一观念，通过犯罪和拯救的不断轮回重现，人们正朝一个更为神圣的境界发展。

　　上升的螺旋运动，同样是人文科学的进化观念所勾画的模式。根据社会达尔文主义的陈腐观点，变异过程、生存竞争和自然选择这些生物界的基本进程，同样一次又一次地在历史中重现，使得幸存的社会变得更加适应其环境。历史唯物论的教条主义的派别也赞成这一进化观念，只不过用辩证法取代生存竞争作为发展的动力。他们坚持认为阶级斗争、革命和新的阶级斗争的同样的辩证变化过程贯穿历史的所有阶段，而忽视马克思列宁主义的先进观念和现代系统理论所清楚揭示的在整个历史过程当中不同阶段之间质上不可逆的差别。

　　接着考虑指向某一方向的线性运动。这种运动可用以描述目前流行的认为历史是进步的这一观点的特征，同样也可用来描述认为历史是退化的这一观点的特征。与循环运动概念相比，线性运动概念是一个较为年青的概念。要在表面看来是混乱波动的历史事件的表象下面，发现一种确定的方向，需要有与今天明显不同的遥远过去的知识，或者有足够快因而也更容易被察觉的变化。在传统社会中，这两者都不具备。生活在传统社会中的人们，很难想象社会状况能以不可逆和不可更改的方式发生变化。甚至在中世纪，线性的进步还显得不可能。即使存在这样的进步，那也只能属于超验的王国即奥古斯丁的天堂。但是，当近代科学从基督教神学教义的束缚下解放了出来，更重要的是当它与传统的手工业者结成同盟并且在近代意义上给技术以新生时，一连串的变化，以使公众震惊的速度在欧洲社会中发生了。

17 世纪前夕，第一次工业革命开始了，随之而来，出现了技术进步的概念。生存的环境一年年得到改善（这是被设定的），由此使生存的质量或者不妨说生活的质量也得到了改善。

直到不久以前，技术乐观主义的线性进步观还深深扎根于当代社会中。但是，由于诸如核武器的发展、三里岛事件和切尔诺贝尔核电站事件等重大技术性灾难，以及诸如石油溢出和臭氧层稀化等对环境的严重损害，这种观念遭到了一系列冲击，其控制能力被削弱。这些事件导致了一种相反的线性倒退的观点、一种"生长极限"的技术悲观主义的出现。这种观点认为，我们将会耗尽环境中的资源，我们的城市将拥挤不堪，军备竞赛将无法遏制，直到一场重大灾难的降临。

持久的并基本上是线性的进步概念，并非只局限于现代科学技术的范围，而同样出现在宗教的领域内。在 20 世纪，这一概念最著名的阐述者可能是法国天主教的神学家兼生物学家、好争论的 P. 坦尔哈德·德查登。坦尔哈德尝试将自然科学关于历史发展的"推"的假说，与神学—神秘主义的"拉"的假说结合起来。关于"推"的方面，他说现实世界与上帝相通，并正急速地向上帝靠近。进化的这一方面，是由于他称之为"趋同"或"汇总"的作用。这是一个凝聚的过程，即由于在一个有限的行星表面人口激增所造成的压力，使得系统和有机组织之间的联系不断紧密的过程。最终，人类将以地球为基核，建立一个人类活动的圈子——一个独一无二的、有组织的、环绕地球并与地球广泛合作的整体。

关于"拉"的方面，坦尔哈德谈到上帝植根于世俗世界并为之供应养分。按照他的观点，存在着一个神圣的会聚中心，从这个宇宙中心向四周发散着幅射物。这些幅射物迄今只能被神秘地觉察，但在未来，随着对行星的不断开发而带来的人类知识与日俱增，它将广泛传播。凝缩中趋同的物质运动与接近上帝的精神运动这双股运动，构成了坦尔哈德有关进步的观念，一种他称之为完整的和持久的、并且是今天四分五裂的人类希望源泉的进步。

现在我们将讨论历史运动的基本类型中最后一个但并非是最不重要的一个，这就是通过突起与停顿、跃进与倒退而实现进步的曲折的发展模式。虽然这一概念的基本要素，在人类理性发展的整个历史过程中都可找到，但其完整的认识形成，却不得不等到近代。在最近二三十年中，马克思列宁主义中的新流派，强调了历史辩证法的更为深刻的含义。按照这一新的理解，历史辩证法本质上不再是黑格尔的正题、反题和合题的重复，而是自然与社会系统以一种非线性的模式出现的、具有质上不可逆性的进化的基本规律。这一进程的细节已被当代系统科学所发现。

当代系统观念的形成起源于 L. V. 贝塔朗菲的普通系统论和 N. 维纳的控制论。最近几年来，参考 A. 凯特查尔斯基的非平衡热力学理论、I. 普里高津的耗散结构理论、R. 突姆和 R. 亚伯拉罕以及其他一些人的数学突变理论和混沌理论、S. 古尔德和 N. 埃尔德莱奇的生物宏观进化的细致平衡理论，我对这一观念已作了详尽的阐发。

在新的系统科学的框架里，人类社会是一种复杂的系统。人类社会在生物圈持续和丰富的能量、物质和信息流中产生并保持着。它虽然受到社会成员自觉或不自觉的动机的影响，却不是社会成员自觉意志的简单反映。不管作为社会一分子的个人对社会整体的结构和过程认识到了与否，社会的结构照样存在，社会的进程照样展开，虽然方式不尽相同。

按照复杂系统自身的性质，人类社会通过多种涨落、无数的高峰低谷以及数不清的表面上看来是随机的摆动，在历史的过程中进化。然而，在这些随机的摆动下面还是存在着一种潜在的方向性，一种长期的倾向。它可以通过我们对从石器时代到现在的历史发展的全面巡视中发现（详见后附参考书目）。

将旧石器社会与现代工业的民族国家相比较，我们可以发现许多明显的以及一些虽很细微但有意义的区别。首先，石器时代部落结构的复杂性明显不如现代社会。其次，石器社会只有很有限的获取、储存和利用环境中能量的能力，它们比起能通过内部的生产、消费、服务和行政机构、服务和行政机构等各种子系统获取、储存和利用大量能量的现代社会来，就比较接近热力学的平衡态。第三，现代社会的总的规模明显大于石器时代；它以一种更为密集的方式，居住在一个更为广阔的区域中。最后，比起旧石器时代的狩猎和采集者，现代社会的组织建立在更多层次的协调和决断上。同以往历史上的任何时候相比，都有更多的人们生活在今天这个更为能动和更为复杂的结构之中。

在上千年有文字记载的历史中，尽管仍然存在着大量的涨落和暂时的倒退，社会总体上获取、储存和利用能量的能力还是提高了，结构的复杂性还是增加了，单位熵还是下降了。在巨大的、复杂的以及能量更为集中的社会、经济和政治结构中，个人和团体的功能越来越相互协调。村落相互联结形成较大的单位，最后发展成贸易和统治的中心。这些较大的单位互相交换货物、人员和信息，并倾向于联结成更为广大的单位。这样，人类从旧石器时代最初半封闭的村落发展到巴比伦、埃及、中国和印度等古代的王国，然后又发展成希腊和罗马等古代的文明（后者横跨了当时的已知世界）。在中世纪，印度文明和中国文明仍然存在，而罗马帝国则衰落了并被中等和小的君主国、公国和侯国所取代——漫长历史过程中的一个暂时倒退。实际上在最后一个世纪中，所有这些封建的组织，都被结合成民族国家。而在 20 世纪的后半世纪，许多民族国家又开始探索建立合作关系，这种合作关系将引导他们在适当的时候建立某些跨国的结合。

进化的基本倾向，即趋向更大的规模、更为复杂的结构、更高水平的组织以及由于对自由能的更好利用而造成的更为强大的动力，以一种曲折的非线性发展形式出现在历史的全过程中。历史中存在着一些相当长但被越益频繁的革命转变所打断的停滞阶段，也存在一些主要倾向以很快的速度迅速发展的阶段，还存在一些事件向相反方向发展的阶段。但是，即使历史发展的反向阶段也可以得到合乎逻辑的解释；被观察到的非线性直接符合关于进化系统的假说。这种非线性，是人类社会作为远离热力学平衡态的开放系统这一事实造成的。它们在能量、物质和信息流中，通过与多种反馈联结在一起的交叉的自动催化循环，保持它们自己。在稳定的环境中，这些循环保证了主要的社会结构以及包括人、自然资源、信息和能量在内的子系统的再复制和再生产。但是像战争、社会政治或技术革命引起的重大扰动，将破坏这一循环。政治可能垮台，法律和秩序会受到挑战，新的思想和运动可能出现并且取得明显的优势。社会进入一个在现代系统理论中被称为分支的混沌阶段。

但不管怎么说，混沌都不是社会系统的一个持久的特征。虽然这些系统总是拥有随机的成份并且表现出随机的过程，但在一个长时期内，他们的结构和功能却惊人地有序。随机性和混沌发展到一定程度，一般总会被一种新的有序所取代。出现在某些指定时刻和地点的新的秩序的性质。并非必定与历史发展的基本趋势吻合，但从统计的角度看，在整个长过程中，社会的秩序与混沌的相互影响是符合历史趋势的。

在上述对历史运动模式的探索中，我已经简要地考察了四种基本的类型：循环的模式、螺旋的模式、线性发展的模式和非线性发展的模式。随时间的展开，每一种模式都产生出一个未来社会的模型。按照产生于循环模式的模型，不存在根本上是新的东西，任何事物都不过是过去的重复，虽然可能具有不同的外观。对于螺旋运动来说，再次出现阶段的新内容受到强调。每次重现都推动着社会沿某一确定的方向前进。这一方向可能合乎人的愿望，也可能不符合人的愿望；可能好，也可能坏。虽然未来社会和过去的某些方面差不多，但是在该社会中，人们或者提高了自身的觉悟以及充分实现着自己的潜在能力，或者退倒到罪恶与兽性中去。这些可以作为一个新阶段的标志。

运用线性发展模式，社会的未来可能和上面讲的差不多。如果运动是沿着正方向，未来社会将变成一个乌托邦（在今天，很可能是一种技术乐观主义科学幻想的乌托邦）。如果运动是沿着反方向，我们将得到一个人间地狱（例如残留在一片核战争废墟中一群赢弱的幸存者）。

非线性模式展示的未来社会的状况，是比较特殊的。正如我们已经看到的，复杂系统的理论提出在远离平衡的区域，这些系统将朝扩大其规模与复杂性、提高其组织程度、增强其运动能力、降低其单位熵的方向发展。对于社会领域，该理论猜想将出现统一性更强、技术更为进步的社会系统。从村落、农村公社和都市街区的基础层次，到城镇、地区、省份以及包容次大陆甚至整个大陆的民族和联盟的国家的层次，一直到全球的层次，这种系统将在多种组织层次上起作用。在不同层次之间以及同一层次的不同单位之间，都借助信息流进行着合作。这些信息，就像特质、能量和人员一样在整个地球上流动。这些流，将受相应层次的机构和组织的控制。这些机构与组织，又在内部各方之间的相互协作以及在它们自己的地理和功能区域范围内与较低层次的机构与组织的相互协作中，发挥着作用。

在未来社会，对环境中可得到的自由能的利用将会增加，虽然不一定是总输入的增加。这一增加，主要是提高充分利用能量和物质的效率。未来将以更少的消耗，干更多的事。技术将日益精益求精，而不只是规模的扩大。能量的有效利用在每一层次都得到保证，而不是依赖于在特权阶级或权力机构直接控制下的集中的庞大设施。信息也同样，是分散并进行世界性合作的。技术革新将被从村落一直到全球多层次相互作用的自觉政策所控制。在社会单元之间以及经济活动范围之间，界限不再是绝对的而是渗透性的（在统一政府的领导下，将不再存在边境）。知识领域和实践活动领域之间同样也变得可渗透了，而且常常是完全超越双方的。

在一体化中产生分化，在各领域、各层次间的差异中产生统一，这是未来社会的特征。目前这一历史阶段流行的集中化和均匀化的倾向，将转变成分散的协作以及互相尊重对方差异的团结。

三

这就是非线性进化模式展开的未来社会的粗略轮廓。但是，我们有什么理由接受这一模式而不是另外的模式呢？我们通常或者是按信仰和预言家的启示，或者是通过科学的"硬"方法，来处理一个模式的。这样做的结果，是我们获得了一副我们据以观察历史现象的眼镜。如我已经说过的，很可能我们通过观察历史所确立的东西，实际上正是我们在历史中寻找的东西。

不管怎么说，这是观察的一个普遍的条件，并非局限于观察历史中的某一特定的模式。如果我们看任何东西都需要一个行得通的假说、一个认识模版，那么问题就不在于我们有没有假说，而在于我们的假说本身好不好。首先，那种认为我们可以通过将认识模版与现实加以比较来检验模版的想法，必定要被斥为幼稚。如果我们不能去掉我们的眼镜直接观察现实，我们就不可能将我们所看到的景象与现实比较。而如果我们只能通过这副或那副眼镜去观察现实，那么世界上就不存在任何"纯真"的认识。既然如此，我们所能做的最好的事，就是比较各种眼镜。然而，非线性历史发展的概念，在某些意义上是否比其他概念好一些或更为有效一些呢？

像这样一些科学哲学详细研究的问题，这里，我无法对它们中的每一个都细加分析。但是我注意到，不管怎么说，由系统科学所揭示的模式具有某些被科学家高度重视的特征，例如与广泛的应用性以及经常被称为简单性或优美性这一难以言状的性质联结在一起的可试验性与精确性。这一模式明显能克服横在"硬"科学与人文科学之间的有害隔阂，也即已经困扰着西方以及较近期全世界理性发展整整二百年的所谓"两种文化"之间的分歧。非线性历史发展的概念，是一种值得欢迎的进展。因为，它为当代人文科学克服其困难提供了一种综合方法；并且，正如人本主义心理学所揭示的，从整体上看待事物，在差异和变化中看到统一的能力，是所有健康的、正在充分发展自己才能的人的标志。

如果我们在自然与历史中发现的是基本一致的模式，如果该模式可以被科学所检验，如果我们能用其调整我们的日常实践活动，那么，这一我们据以观察现实的眼镜就是很值得戴的。

还有一个需要加以说明的思想。我们能够在一个模式的基础上推论出历史发展的逻辑，该模式有多可靠，都不意味着我们可以断言我们的推论在真实世界中具有必然性的力量，首先，因为事实并非如此。即使是最可靠的眼镜也能歪曲视力，我们必须考虑我们的推论在某些方面是错误的这一可能性。其次，因为推论本身并不提供其自身现实性的保证。我们必须记住在历史中展现的进化规律不是宿命论的。即使全球社会可被视作进化的下一阶段，它的实现不论就短时期还是长时期，都是无法保证的。

非线性进化的观念允许短时期的未来可以被逆行、偏离以及各种涨落所影响。历史在它展开自身的过程中，总是保留着一种明显的随机性和偶然性。如果碰巧发生在我们前进道路上的短时期的倒退和涨落包含着重大的灾难，那么长时期的未来也同样要受影响。环境的退化，将导致人口数量的大量减少，甚至将导致出现新的半封闭的军事公社的"黑暗时代"。视退化的性质而定，这些公社最终可能会变得比较繁荣，人口比较稠密，并且将通过逐级的兼并与合作又一次向通往全球社会的漫漫长途进发。但是，在这一进程中，如果维持生命存在的环境受到严重损害，例如当大气温度上升并且造成不适宜生存的气候时，当臭氧保护层减少到生命即使不直接死亡也变成冒险时，当沙漠随森林的被破坏而蔓延、地球上大部分地区变得无法居住或需要高昂的代价才能供少量人居住时，那么，这一进展即使不需要上千年，也将需要几百年。

最后但并非是最不重要的一点，我注意到，如果某一短时期的涨落触发一种对抗并逐步升级为全球的核战争，全球社会的出现可被持久地延迟，地球这个行星将使得比昆虫和青草高级的所有生命形式都无法生存。但根据非线性进化模式，这也并非反常。在该模式中，进化被认为常常造成进化系统的消失。那些曾经在这个星球上生活过的全部物种中的99%，现在已经灭绝。那些曾经在人类历史中出现过的各种文化种群和社会，有很大一部分同样已经消失。和以往不同的仅在于，未来的灭绝其空间和时间的规模是前所未有的，与其说将涉及诸如某一类有机物种、某一个生态系统或某一个社会文化群体，不如说将涉及全体人类及整个生物圈。它将持续我们这个行星"一生"中的大部分时间。

总之，我认为，对未来社会性质所作的最好估计，是一个全球社会，但它的出现是建立在长时期的可能性而不是短时期的必然性基础上的，甚至长时期的可能性也并非百分之百。这是由于我们现在已经有力量逆转和停止这个行星上的一切进化进程。我们所能说的只是，如果我们不去毁坏维持我们生存的环境，并且如果我们不去杀死我们自己以及其他较高等的生物，那么，或迟或早，我们将到达全球社会，我们将会在一个全球时代生活。

这个结论并不能使有些人满意，因为他们希望得到人类在任何情况下都将有一个光明未来的保证。但是，我们必须记住，按照历史自身的规律办事，去获得这样一个光明的未来，正是我们全体当代人的责任。大自然最惊人的奇迹——自称为现代人的人类——能否得以延续和进一步进化，将取决于我们的努力是否成功。

未来的历史尚未被决定，因而也无法描写。但是，我们可以而且应当参考历史发展的长期的基本趋势和进程，对未来历史作一点必要的诠注。当我们在既有大量危险也有众多良机的环境中摸索着走向未来时，这些诠注可以充当我们行动的指南。

参考书目

E. 拉兹洛：《系统哲学引论》，纽约和伦敦：戈登和布雷奇出版社，1972 年；修订版，纽约：哈珀·托恰出版社，1973 年（中文版在准备中）。

E. 拉兹洛：《进化：大综合》，新科学丛书，波士顿和伦敦：桑伯·哈勒出版社，1987年；中文版《进化——广义综合理论》，北京：社会科学文献出版社北京，1988 年。

E. 拉兹洛：《连接的桥梁：物理学与进化的形而上学》，纽约：班顿出版社，1989 年（中文版在准备中）。

（《社会科学战线》1989 年第 1 期）

《庄子》与《查拉斯图拉》
之比较研究

〔美国〕格拉姆·帕克斯*

  《庄子》和尼采的《查拉斯图拉如是说》都是哲学著作，它们产生于不同的时代和国家，是用两种毫无关联的语言写成，并且起源于完全不同的历史背景和文化传统。《庄子》出现于古代中国的战国时代后期，与《老子》一起成为道家哲学的主要著作，成为不断复归（原始自然）的理论源泉，对中国思想方式的形成具有持久的影响，而《查拉斯图拉》却预言般地迎接 20 世纪的到来，并且宣告了统治西方两千五百多年的形而上学体系的终结。虽然有这些不同，但二者的风格极其相似，它们的哲学内容也奇特地一致，因此有必要从不同的角度对二者作一细致的比较研究。

一、风格的一致

  庄子的著作由许多寓言和对话组成，经常没有明显的顺序，内篇中的每一篇与主题的联系并不紧密。《查拉斯图拉》的言论由一段段叙述贯穿起来，论述了他进入社会和返回孤独状态的交替活动，并在他的灵魂最后转化上达到顶点而告终。查拉斯图拉以及书中的许多人物多少接近于作者的原型，与此相似，庄子的哲学也是由重要人物来表述，其中以孔子为最著名——也包括庄子自己。作为和尼采同等的冷嘲者，由孔子（庄子对待孔子有如尼采对待苏格拉底）所扮演的角色包括从一个愚人到庄子自己观点的直接辩护者。双方的著作都极富诗意，并导源于对人们所尊重的语言学的、心理学的以及哲学的传统的深湛理解。庄子的语言在古代中国的著作中是无与伦比的；人们虽然不喜

---

  * 作者单位：美国夏威夷大学。

欢尼采哲学，但却无法否认他的文章在风格上是西方哲学传统中最丰富、最强有力的。庄子著作中的滑稽因素也许不具有查拉斯图拉的通常是玄妙的、圣言式的语调力量，但二者都极为诙谐——也许都构成幽默哲学的传统——突出笑来伴随着对事物发展方式的洞察。

最重要的是，《查拉斯图拉》和《庄子》首先都是想象的著作。这就使人不愿将他们看作真正的哲学——但这种判断只是来自对哲学性质的狭隘理解。在现在的英美传统中大都把想象排除在外，代之以规范严谨的概念，因此目光短浅的人很容易（也是很方便的）忘记哲学是以诗的形式起源的，是以色诺芬尼、赫拉克利特、巴门尼德的诗体表达的，忘记了哲学直到亚里斯多德才以论文形式出现，更不会注意到柏拉图（虽然不能宽泛地说是诗人）自己是以想象补充概念，以寓言的方式讨论问题，并且为了反抗理性辩证法的限制，他经常借助于古代神话的丰富想象。如果说诗的风格与戏剧形式构成柏拉图哲学的整体，那么查拉斯图拉与庄子的包含哲学意义的观念也是以想象的方式来表现的。

除了都是想象的哲学之外，二者的想象方式也是同一类型的。想象的主要源泉是自然世界：天空、大地、火和水，太阳、月亮和群星，气候、天气和季节，并包括植物和动物领域。我认为这种主要以自然世界来发挥想象的原因是值得注意的，两位哲学家怎样说出他们所要说的反映了他们所要说的思想。他们都涉及推进一种特殊的在世界中的存在方式———一种包容的并且是有反应的投入世界的模式而不是仅仅超然物外地观察宇宙。

他们把人类中心论视为共同的敌人。一种习惯偏见把人类前途置于宇宙其他物类之上，因此两位思想家都在宇宙的非人类方面加重想象成分以寻求在二者之间建立均衡。然而他们的动机却稍有不同。庄子主要是反对诸子学说特别是孔学和墨学中把人置为宇宙中心的倾向，虽然他允许他自己投入世界。尼采要矫正一种更为严重的不平衡，即柏拉图和基督教否定肉体和人的动物性的理想国；这种倾向被笛卡尔主义加以发展了，他们认为人的基本性质是心灵或精神，并且忽略和无视人参与物理世界的价值（这种精神在瓦莱士·史蒂文斯的话中体现："身体是枝叶，心灵是根基"）。但是尽管有这些哲学背景的不同，尼采后来把权力意志理解为内在于一切事物中的潜能，这就接近于万物有灵论而与庄子的精神契合一致。

既然庄子和尼采都是倡导变动的哲学家（分别以《易经》和赫拉克利特的残篇为先驱），他们就喜欢水这种最易流动的物质。老子以水来体现道家哲学属意的精神流动，庄子更多地借湖泊、河水和海水来发挥想象。庄子经常以水来表现事物的相对性，我们可以听到他说"一条鱼在水中能活，一个人在水中则死"。绕过半个地球，我们在早两个世纪的赫拉克利特的残篇中可以听到回响："海水既是纯净的又是污浊的，它对鱼是能饮的，有益健康的，对人则是不能饮并能致人死命的。"查拉斯图拉经常以水来表现各种可能性，并借水从湖泊通过河流入海来比喻自我包容的运动，通过性欲和精神能量的流溢，参与宇宙的权力意志的运动。

在草木范围内，双方都以树木来发挥想象。从自然地展开生长方面说，人类与树木相似，树是一面精神的镜子，在四种因素间相互作用（在中国传统中木是五种成分之一）。由于树是在天地的原初力量的交互作用下伸展它的形式与方向，所以人也是在天与地、光明与黑暗的交互作用下生存与死亡。道家关于善恶互相依存的观念在《查拉斯图拉》中以"山间之树"为标题的一部分中可找到完美的例证："人与树一样。他越是奋力向高处和光明处伸展，他的脚根就越是努力向地下深入、进入黑暗——罪恶的深处。"对于尼采来说，这是精神发展的规律（就像在他之后的深刻的心理学家弗洛伊德与荣格一样），然而过分地注重对立统一体的高度一极导致推翻了精神的树木——对于庄子来说，这种片面性就像是"把天作为权威而忽视大地"。

然而在双方的文章里动物的数量远远超过了植物群。庄子用以加强对人类中心论的限制的最得心应手的武器是富有诗意地揭示动物活动的丰富。一些最生动和著名的章节都采纳神话中的鱼类和鸟类，井蛙和多种昆虫。庄子所提及的动物的众多是其他东方哲学无法比拟的，《查拉斯图拉》中的野兽在西方哲学著作中也是首屈一指的。只有亚里斯多德论动物的巨著才具有如此品类繁多的动物，有爬行的、飞翔的、奔跑的、滑行的，有确切名称的有 70 多种。查拉斯图拉自己的动物鹰和蛇，表现了他个人的最神秘的思想，发出比他在第二个尝试（《朝霞》）中发出的永恒的复兴——该书的中心观念——的呼声还要嘹亮的呐喊。庄子的故事是为了把读者引入动物世界中去，而尼采的野兽与其说是轶事，倒不如说是比喻。在占优势的动物方面，有一个重要的相似点。在双方的著作中，哺乳动物与爬行动物、昆虫、鸟类、鱼类相比，出现极少。我认为这是由于哺乳动物与人类最相近，更容易导致感情的误置；它更不易使人类情感向生物方面转化，就像昆虫与鱼儿那样。非哺乳动物类可使我们离人类中心主义更远——双方都同时使用它们来加强我们投入自然世界的意识。

二、激进的相对主义

概念哲学与想象哲学之间的主要不同在于，前者一般是在一个独立的体系中表述，读者可在一定安全距离之外表示赞同或否定，而想象性的哲学著作却要求读者自身心灵的投入，与意识的转变相比，能更大地影响读者心理的转换。概念思维是以观念的对立为基础（概念趋向于排除对立面而把握统一），而形象思维则参与渐变的统一体并在相互依存中掌握对立。

承认对立面的相对性的哲学，倾向于成为相对主义（事物如何表现依赖你的看法以及你在统一体中的地位）和倾向于成为变易哲学。虽然这类哲学一般不如那些肯定不变、和肯定绝对价值存在的哲学易于流行，庄子和尼采的动态的相对主义却有其重要的和杰出的先驱。《易经》是讨论变易的原始著作，借助赫拉克利特的一对残简条文来说就是："人不能两次踏进同一条河流……在变化过程中，它（永恒的活火）常住。"这种变易哲学自然导致相对主义：内在地蕴蓄其他元素以及能成就万物的对立的阴、阳，最初是联结在一起、互相依赖的，正在发展的事物依赖已经持续发展的事物，以及依赖发展过程的进展；正六边形中的某条线的价值要根据其周边关系而确定，庄子的相对主义更为激进，因为他反对被认为是儒家的道德专制主义。与此相似，尼采的相对主义反抗柏拉图主义和基督教哲学的实在论，并回到与赫拉克利特有关的西方哲学起源的主题。两部著作的主要的、反实在论的内容由赫拉克利特这位晦涩而有创造力的思想家的第 111 条残简作了很好的总结："疾病使健康舒服，坏使好舒服，饿使饱舒服，疲劳使休息舒服。"

庄子表述对立面的相互依赖的最一般方式是通过天地阴阳的原初力量的交互作用。

"故曰：盖师是而无非，师治而无乱乎？是未明天地之理、万物之情者也。是犹师天而无地，师阴而无阳，其不可行明矣。"

庄子以相互关联的中性代词"是"、"彼"作了同样表述：

"物无非彼，物无非是。自彼则不见，自知则知之。故曰：彼出于是，是亦因彼。彼是方生之说也。虽然，方生方死，方死方生……"（《齐物论》）。

庄子在这里说明了两点：他提出，既然对立的"是"和"彼"是互相从对方萌生，就有可能——通过了解他们如何发生——看到他们的消失；他还引入了对立面的相互依赖，这在《庄子》中是最突出强调的——生和死（在此回想起苏格拉底在《斐多》篇中关于生和死的讨论，以及赫拉克利特残篇 62、77、88 条是适宜的）。

虽然生与死的相互依赖在查拉斯图拉那里未得到精确的阐述，这一主题却贯穿于在"Ubergehen"（成功、通过）、"untergehen"（失败、沉没、消失）以及"Uberwinden"（超越、克服）之间持续相互作用的上下关系之中。为了通过实现向超人（overman）的转化，查拉斯图拉必须超越他自己——通过灭寂、通过作为肉体个我的逐渐消逝以及与强力意志的普遍作用的分离来实现这一步。他的经常性的格言般的呼声之一是，"人是必须被超越的某种东西"，这在后面几行行文里，从一个苍白的罪犯的眼中得到回应："我的自我是应该被克服的东西。"对于庄子来说就是："至人无己。"

1. 评估

庄子和尼采都一致同意两极对立系统：这是从特殊视野进行评价而产生的，即从相互关系方面的价值评判而产生。对两位思想家而言，价值评判所由产生的最通常的相互关系是效用的相互关系。尼采不厌其烦地论争（最详莫过于查拉斯图拉），评估的目的就是，通过深入辨别对立而简化多种经验，以便获得控制社会和他人的权力。"没有什么人不首先进行评价而能够生活……善的丰碑笼罩着每个人。看吧，这是他们超越的丰碑，听吧，这是他们权力意志的声音。"

正如对尼采而言，每个存在者都显示权力意志——主要通过以价值范畴来解释和说明世界——故庄子也认为每个存在者都有其自己的观点立场，这主要由自身的特定条件所制约，主要在于空间条件（大鹏鸟需要垂天之翼方能扶摇直上；井蛙只能看到一小方天空），或在于时间因素限制（朝菌不知晦朔，惠蛄不知春秋）。价值判断可以是功利的，或性—审美的），但无论属于何种内容，它们只能在一定范围内活动，超过一定限度便无效。

功利是依赖特定限度的价值，因为有用的事物只能适用于特定的功能。《庄子》中的"秋水"篇与《庄子》内篇中的前两篇的内容有特别的关联，我们看到："梁丽可以冲城而不可以窒穴，言殊器也。"这里的反实在论的启示在于，没有什么物体天生可被用作攻城槌（bettering ram）；这要视被用的对象而定。在《庄子》第26篇中，在庄子与惠施愉快地会面时所讨论的一个深得尼采之心的论题中，有用性的尺度问题具有更为根本的意义——有用与无用的关系。此处的问题是至广且大之地面的容足之印迹并不以自身为基础，而是一种与它周围地面的关系。

功利角度本身并非是错的或是"坏事"，两位思想家共同强调的（尼采一般是以实用科学态度来考虑）是，在许多观点中只能持一个观点。当我们只注重一个特定视角时就会引起问题，在《庄子》第一篇的末尾，庄子与惠施讨论大瓠时就出现了这种情况。这段文字的要点用海德格尔的语言来表述就是，视角的固定趋向于被现实性所缠迷而相对地忽视了在其他情况下的多种可能性。我认为，尼采与庄子都同意，面对存在的永恒变动，我们把等级系列区分为对立的两极的动机，并把我们的立场固定在一极或另一极，是出于不妥当的强烈情感。

然而，所有功利性立场的最极端的相对化现象却是梦境。

2. 梦幻

虽然哲学家们一般很少谈到做梦，尼采与庄子却是例外，并且他们在这一题材方面的观念也是相当一致的。在二者的著作中，梦幻来自于两种途径：第一，向我们呈现特殊梦境的报告；第二，认为梦幻是我们存在的普遍条件——我们总是处在梦境中。

我们得到有关四个梦境的描述是由查拉斯图拉梦到的，并且，它们在他与其弟子们以及与一般世界的关系的发展中，进而在他逐渐成功地表达永恒复兴的思想的尝试中，扮演着关键性的角色。第二部分以做梦开始，梦推动他从山顶的隐居所走下来，再次与世俗世界打交道；在第二个梦中他发现自己"在一个孤独寂静的山间退避所中当一名坟墓看守人"，这使他得以从事补赎他个人过去的活动；在第三个梦中，他"平静的生活"允诺他体悟复兴循环的思想，由此敦促他离开他的学生，再次撤回到孤独状态中而结束了第二部分。在第四个梦中，查拉斯图拉以"超越世界"的姿态站在天平秤上衡量。世界对他来说"似乎是向他招手的树，枝干粗壮，意志坚强，躬腰相迎，甚至像一个为旅途疲倦的人准备的坐椅……"。

在《庄子》内篇的一个重要的梦中，匠石鄙视巨大的树为无用，其后不久，栎树见梦于匠石，斥责匠石沉溺于功利境界，无法欣赏"无用事物的有用性"。作为回敬，栎树提醒木匠说他也快要死了。查拉斯图拉的死亡之梦打开了考察他的过去的新视野，在庄子的死亡之梦里，他用作枕头的死人头骨对他布道，描绘他在地底下的生活更为舒服，以此来转化他对生的看法。

在全书最著名的梦，即庄子梦见自己变为蝴蝶的梦中，进一步体现了他的相对论：即然我们处于梦幻世界中，而且它表现为充分真实的，我们对日常世界的感觉消失了，它的真实性就有了疑问，日常世界的立场在很大程度上是相对的。梦的故事也得到与尼采的相对主义有关的进一步观点，即当一个人处于一定情境之下时，不可能把它看作一个情境。只有当我们处于不同的情境之下时，才能鉴别我们先前观点的限制。

说我们总是处于某些有限关系中，到说我们总是处于某种梦境或幻觉中，其间只差一小步。在第六章中，孔子言于颜回曰："吾特与汝其梦未始觉者邪？"我们自认为知道可以做这做那的"我"的真正性质，但他所说的将动摇我们的信念。这一观点在第二章里得到更多的强调：其中长梧子曰："方其梦也，不知其梦也。……觉而后知其梦也。且有大觉而后知此其大梦也……丘也与汝皆梦也。予谓汝梦亦梦也。"除了设定了梦境的普遍性以外，该段文字还指出了庄子相对主义的重要特征以及与尼采的进一步的一致。与尼采一样，他坚持经验总是必然受限制的，庄子不相信我们能够达到"无涯"的地步。我们觉醒的只是意识到我们总是受某些有限关系的约束：这种觉醒本身就是一种限制——除非承认和信奉多种可能性的多样选择，即"无所畛域"。

在尼采的处女作《悲剧的诞生》中，他通过对希腊人说明在他们自己与狄奥尼索斯的深渊之间插入阿波罗的审美的梦的境界的必然性，强调深度癫狂活动方式构成我们一切经验的条件。在《查拉斯图拉》中详细说明了（他自己便是例证）存在的观念是创造性的和解释性的权力意志的产物，但我们在《快乐的科学》中已可发现有关这一观念的更简要的描述，《快乐的科学》是在《查拉斯图拉》之前不久出版的。说到他发现"人类和动物类的全部过去"构成我们现在无意识深层的经验，他写道：

"……在这一梦境中我突然醒觉，但只是意识到我在做梦并且必须继续做梦以便不消逝……为的是保持梦的普遍性以及梦游者们的相互理解，并因而保持梦的持续。"

正如《庄子》中所言，人清醒时并不是觉得梦中一切都是"错"的；以无意识幻觉为条件的特定关系是人类在世上生存的基本方式。该受责备的是拒绝承认我们是梦中人，拒绝了解由人的需要和欲望构成的"现实世界"的限度，拒绝赞颂看透它同时并玩世的创造性活动。

3. 漫游

具有重要性的是，庄子和尼采为了传递与人类存在的有限性相对应的、哲学意义上更为健康的意识，都运用同样的象喻——漫游。《庄子》第一篇就命名为"逍遥游"——"自由自在的游逛"，"无目的的漫步"或"无限自由的闲游"。这部分的寓言，引导读者通过不同的视角，以植物、动物到人类，指出坚持固定不变的立场的狭隘性。它们与其后的许多寓言一起，提出了可供选择的观点的流动性和灵活性，即通过对可能的观点的多种选择而自由自在地漫步。这种漫步经常与固定的仁义道德观点（一般指孔学）形成对立。

在《查拉斯图拉如是说》的序言开始时，查拉斯图拉就被设定为漫步者，他刚从山上走下来，遇到老圣徒，他对查拉斯图拉说的第一句话是："这位游荡者对我来说并不陌生……查拉斯图拉……他行走不像个舞蹈家吗？"对查拉斯图拉其后生涯的描述是他作为漫游者从一处漫步到另一地，体验着山顶和峡谷、深渊和海洋的情境。第三部写以名为"漫游者"的章节开始，其中他主要努力传播复活的思想以及反复申明他明白了在心理发展道路上的对立面的相互依存，在此之前，查拉斯图拉说："在我站立最高山峰之前，在我的最遥远的漫步之前，我必须首先深入到前所未有的底端。"

在二者的著作中，自我改造的道路都不是笔直的，而是相当曲折的，经常有后退和循环。这反映出他们对屈曲蜿转的偏爱要超过对笔直周正的事物的喜爱（超越之路最可说明）。"吾行郤曲"，楚狂接舆说；他在《庄子》中一般是善意的鼓吹者。"一切善的事物都曲折地达到目的"，查拉斯图拉说；在该书的结束部分，一位上等人问查拉斯图拉："完美的圣贤不是都喜欢走最曲折的路吗？……你的出现就是证明！"

4. 残疾

两部著作都以塑造若干病态的、丑陋的和奇形怪状的典型形象而著称。在《庄子》内篇中我们遇到一个女巫，一麻疯病患者，一位跛子，一个疯子（两次），三个肢体残缺者，三个驼背者，还有一位丑得足以惊倒全世界。《查拉斯图拉》没有包容许多稀奇古怪的人物，虽然那口吐白沫的丑角（查拉斯图拉的猿猴）和最丑的人在查拉斯图拉自己的精神方面是重要的。他的最重要的发言之一，"论拯救"（主要论题——过去与"甘愿落后"观念的赎救——形成权力意志观念与永恒复兴观念之间的桥梁），是对一个驼背，桥边的一群跛足者和乞丐演讲的。查拉斯图拉如是说："一个先知—预言家，一个意志者，创造者，一个将来的自己以及通向未来的桥梁——哎呀，桥上还有一个跛子——所有这些就是查拉斯图拉。"这涉及书中的中心命题——在通向自我改造的道路上遭受痛苦的必然性和合乎需要。"我喜爱灵魂深刻的人，即使他是病残者"，查拉斯图拉在序言中说。虽然《查拉斯图拉》中的口吐白沫的丑角没有展示像楚狂接舆那样惊世骇俗的智慧，我们必须记住，以通常的标准看，超人注定是疯狂般地出现的。"你所应该预防的疯狂在哪儿？"查拉斯图拉在他向人们所作的第一个演讲的末尾问道。"看，我教你做的超人，……他就是这种疯子。"

《庄子》中过多的畸形人物，我认为主要服务于两个目的，每一目的都与《查拉斯图拉》的观念相和谐。丑陋者、畸形人，或病态人的出现是同时被赋予美、完善和健康的意义——这些与所有一切对立物一起，统统和谐地结合在"道"范畴中。正如美被看作是美的、这只是从多少是独断僵化的立场出发的，因而畸形丑陋也不是本身的必然表现——支离疏由于其身体的畸形而足以养其身终其天年。被截去一条腿的人们可以理智地看待它——"如果天赋我生命，对天来说我就是单足之人"——在方式上与尼采的"非道德的预言"一致，虽然缺少些激情。砍足在中国是一种普遍的惩罚方式，我们应该从"支离之德"与以下第六章的引文的上下关系中来看这一评论："尧既已黥汝以仁义而劓汝以是非矣，汝将何以游夫遥荡恣睢转徙之涂乎？"正如尼采可能所说的那样，很清楚，严厉的道德规定"伤残心灵"，有损人的才能的自然施展。

三、发展道路的阶段性

我现在希望设定一个与自我的精神和心理转化的多样性相对应的、可被理解的三段论式。它采取准黑格尔的三段式，我称之为原始的融合（immersion-原意为浸没）、分离、重新统一（尼采设想这些为骆驼、雄狮、儿童阶段）。在第一阶段，自我"还不是自我"，而是与世界融合为一体，无意识地参与自然运作与社会组合。这是个相对天真无邪的阶段；黑格尔的喜剧尚未分疏。然后自我收回自己，分离自身作为自我意识的自我，与对象世界和他人相对立，并且认为社会没有固定的方式，也没有所谓的传统。这种疏离能采取精神隐退的极端形式或趋向于绝对的时空经验的超越（类似于柏拉图的灵魂向理念领域升华，印度教中的婆罗门的统一，或早期佛教中的达到涅槃境界）。在最后阶段重新实现了与世界的统一，返回到对世界的投入，但现在是经过反思的和具有自我意识的。自我与世界重新相互作用但不是被客体所吞没。此时儿童的天真与自发性与动物的古老的智慧交溶为一体。

现在许多评论庄子的著述都把他看作是第二阶段，即孤独的、清静无为主义的，游于方外而与永恒的道合一的提倡者。虽然内篇中有些篇章似乎提倡平静地与世界分离，但与尼采的紧密的一致使得我们要作出不同的解释。细细看去，这些篇章只反映了自由自在地漫游路上的中间阶段。分离是自我转换道路上的一个必要阶段——"不能自解者物有结之"——但重要的是重新参与，因为保持强烈地拒斥外在世界将表现出与它分离的遗迹。后者在下文中清楚地表现出来："遗世而可无牵累，无牵累就能诚静，诚静便可与物中处。与物中处便合于道……合于道你就是与天为徒。"

人返回自然而"与天为徒"是庄子的核心观念。人返回自然，投身于自然的"道"的运动变化过程中。这种参与在讨论死的章节中表述得最明确，有如另一阶段的阴阳互相转化的连续过程：自我的消逝被设想为身体的各部分转变为雄雉、弩机、车轮和杨柳。意识到这种"与道合一"、"安时而处顺"、"无为"的自在行为——有如"查拉斯图拉"的儿童阶段——不只是无意识参与的第一阶段的复归，是相当重要的。因为在第一阶段并没有"自由"，自我只是无反应地卷入变化过程。"与天为徒"这一范畴表明，参与现在是主动的，并通过自由构成一切行为的条件——这是庄子思想的核心观念，并且是漫游的不可或缺的特征。

构成以上论述的基础的主要问题是：庄子的核心观念"道"与查拉斯图拉的两个主要观念"权力意志"和"永恒复兴"的关系是什么？这一问题过

于复杂，我不能大胆地就这一问题的模糊性提出明确的推断。不过，这些观念的晦暗程度是等值的。在某种意义上道与权力意志就存在的完整性而言是同样的——都包括过去、现在和将来。正如对尼采而言，存在中的每一事物都是权力意志的表现，故在《庄子》中普遍的"道"与"德"观念或"力量"（power）之间有相应的关系，德是道的特殊存在的表现。如果权力意志就是一切事物所要表现的，那么永恒的复兴就是一切事物如何表现的方式。对于像尼采和庄子这样的变易哲学家而言，"所发生的一切事物都是最接近于成为世界本身那样的世界"。

让我们考察一下查拉斯图拉的两个主要观念是如何与该著作规划的主要理想——超人相联系的。通向超人的道路，"是通向最高希望的桥梁和大风暴之后的彩虹"，涉及抛弃自我意志，因为它反对过去是软弱无力的，只是通过对既成事实的过去和一切无效的有限存在打上烙印而施加报复。通过克服"报复"精神而恢复过去就是学会"意志衰退"，可以说某人的全部过去、特别是明显的"命中注定"的事情都是超越权力意志的范围，"是的——我愿意这样"。

现在我们回到这一立场，即在阐明对比的一方或另一方的尚未注意到的方面时，理解比较研究的价值。实存中的一切事物都是与其他一切事物相关联，这是庄子的有机主义哲学的中心以及理解他的道的核心。这一观念几乎是唯一与东方思想、佛教的华严宗哲学相联系的，也许是其完美的构造，而且通常人们在尼采哲学中不能期望发现这种观念——除非通过与庄子比较来努力寻找。结果证明，这一观念恰恰是使超人成为可能的意志转换和肯定永恒复兴观念之间的联系环节。这种联系的第一个暗示来自于"康复"的末尾，查拉斯图拉的鹰和蛇通过他的口说："现在我死了，化为乌有，突然间我便不在了。灵魂与肉体一样是不能长久的。但我深陷其中的因果链复生——并将再次创造我。"

如果我们仔细考察查拉斯图拉在表述永恒复兴观念时所遇到的困难，就能看到在实现超人的道路上，主要的绊脚石是，对"侏儒"也必须实现永恒复活感到憎恶。（请记住，在查拉斯图拉的心理中，侏儒、卑鄙的乌合之众以及最丑恶人也同属于"客观世界"。）很容易证明通过过去的"善"的部分的永恒复归而实现复兴（或是某个人的历史，或是某个种族的历史）；重要的和更为困难的是，善与恶是无法分割地联结在一起而复兴的，希望善的事物的复兴也就是希望一切恶的事物的复兴。

最终，一切事物相互依存的观念被运用于整个宇宙——有如在该书结束前一部分、辉煌的酒神节达到顶点时查拉斯图拉向上等人演讲时所表述的那样。

现在我的世界已经完美无缺了，午夜就是正中午——痛苦也是快乐、咒骂也是祝福、黑夜也是艳阳天——走开或你将得知：聪明人也是愚人。

你曾经为快乐叫好吗？噢，我的朋友，请你也为一切悲哀叫好。一切事物是联系在一起的，互相纠葛的，互相迷恋的。

——如果你曾想要一件事发生两次，如果你曾说"你祝福我快乐！飞逝的瞬间！"那么你就是想要一切事情倒退！

——一切都是新的，一切都是永恒的，一切都是相互联结的，互相纠葛的，互相迷恋的，从而你就会热爱世界。

这一段落表现了与"道"和谐的理解，在道中统一了一切对立面，体现了"万物为一"之德。在永恒复兴的涵义中有明显的道家基调，即人们知道接受甚至是存在的最邪恶的方面并对他们说，"是的——这也属于永恒复兴"。但在这一论点中我们开始触及到对我来说是两种哲学的核心的区别。道家圣贤致力于接受存在的黑暗方面，而超人的目的却是极度的肯定——"酒神（狄奥尼索斯）的对世界的肯定、没有任何减少、例外或选择"。但是让我们首先从"否定"方面比较二者在基调上的不同。

虽然死亡的情境在二者的著作中都是最高的，并在自我转化的道路上作为主要的运动行进，我们在《庄子》中却没有发现在面临死亡时的恐惧，而在通向超人的道路上却需要经历极大的痛苦，对侏儒的永恒复兴的前途极其厌恶。《庄子》在一切事物的相互联系方面总是试图避免痛苦，追求快乐，这就导致喜欢选择阴而排斥阳——理想的完人的道路是蜿蜒穿过悲哀的峡谷以及到达快乐的高原——然而在《查拉斯图拉》中却更强调遭受痛苦的必然性，甚至是希望遭受痛苦，如果人希望成为他理想的人。我认为这种不同导因于两位思想家的无法比较的历史—哲学背景。尼采与流行了两千五百年之久的柏拉图主义和基督教思想作斗争，这在欧洲精神之弓上引起极大的紧张，在把自我与世界完全切开的激进的笛卡尔的二分法和哥白尼革命中达到顶峰，结果便是"上帝死了"。19世纪欧洲的实际情况（以及现在）为面临死亡时的焦虑不安提供了充分的基础。而庄子思想，与实际发生的一样，是起源于自我与世界保持有机的统一的中国思想传统，并没有如此无限的分裂，在致力和解时也没经历什么痛苦。

相应地，《庄子》中似乎缺少些对另一极情感的强度，缺少些生气勃勃的精神。超人的火热的阳刚意志和跳跃式舞蹈的形象比道家的镜子般的阴柔反映和"无为"的和平投入更具有生命力。庄子鼓励人们竭力仿效自然（并接近与尼采性质一致的反浪漫主义观点，即自然拥有极度的残酷性和怪诞荒唐），尼采却具有强烈意识，超人的创造性是人力反对自然，它超越了达到与自然的和谐一致，并在某些方面是反对自然的。

精神温度的这种不同——庄子的冷冰冰的和谐与尼采的摩擦生热相对——与应被超越的自我的包容程度的悬殊相比，在超人部分要少一些自我主义的残余。在孔子致力抑制的自利的同样的压力下，庄子所面对的自我开始以相对的策源地退缩凝结为波节点；并且这一过程与为把衰退的自我分解到世界网络中去所需要的巨大能量不一致。但在尼采的传统中，自我凝炼为刚性的包容性自我，因此需要更强的热度来经受炼金术的锤炼。但是，强度的不同不应该模糊在他们根本的转化方面的同型性。

结论是，我希望在排除历史内容条件下考察两位思想家时的损失，能由通过比较研究而获得的关于他们的清晰观念来补偿。这一比较研究在某种程度上是尝试性的，因为这是走在新的基地上，并至少在沿着漫游的道路上迈进了几步。

（王国良　译）

（《社会科学战线》1990年第2期）

台湾妈祖信仰的渊源、特色与活动

（台湾）郭庆文*

妈祖是我国沿海居民所崇仰信奉的守护神，其信仰源自宋代，迄今已有千年历史。自宋宣和五年，历朝皆有诰封，清康熙五十九年，朝廷正式列为祀典，雍正十一年更通令全国沿海各省一体建庙奉祀，官民崇敬的程度无以复加，所受殊荣更是其他神祇所难以望其项背。

台湾的妈祖信仰的普及性，已经超越全国各地，信徒参与的热诚与活动的盛大更是令人动容而叹为观止。这个发轫于大陆的民间信仰，如何能凌驾于各类宗教、各方神祇之上，而成为台湾最具代表性的宗教信仰？而台湾妈祖信仰又具有哪些地域特色？以及妈祖信仰所衍生的宗教活动有哪些？这是本文所要探讨的。

一、台湾妈祖信仰的发展渊源

凡宗教的产生与勃兴，必有其"因势利导"的形成条件，这些条件随着时间、客观环境的变迁、人文因素的更替等互有消长，因此蔚为一时风潮的信仰能否承先启后、薪传千秋，都是亟需考验的。而滥觞于宋朝的妈祖信仰，如何能继往开来，在台湾这个海岛上开花结果，鼎盛千年而香火不辍的原因，要先从其信仰渊源与信仰形态来着手探讨，兹就下述五点说明：

1. 源于闽粤移民的固有信仰

研究妈祖信仰者，将妈祖信仰的开展分为三个阶段：第一阶段为莆田地区人民私奉时期，第二阶段为公开传播时期，即宋宣和五年朝廷颁赐顺济庙额之后，第三阶段为普及期，即宋朝进士陈俊卿出面提倡以后。而在妈祖信仰公开

---

* 作者单位：台湾云林县北港朝天宫。

化以来，便以福建为中心，向两浙、江东延伸，因此闽粤一带的居民，信奉妈祖的历史要算是最久远了，而由于地缘之便，明末清初陆续来台拓垦的大陆移民，也以闽粤两个省份为主。随着移民离乡背井的茫然无措与空虚寂寥而来的，便是根深蒂固的妈祖信仰寄托。

2. 航海技术的落后

妈祖信仰的原始本质，即是"海上女神"，妈祖的圣迹也大多显现于海上，因此在早期航海技术落后、人力不克胜天的时代，为了安澜利济、避过风云不测的天灾，闽粤移民自然就托庇于"海上女神"妈祖的保佑。郁永河的《海上记略》提到："海神唯妈祖最灵——凡海舶危难，有祷必应。"妈祖信仰在当时而言，无异是安抚人心的定心丸，这种源于危急意识下的共同信仰，在灾难克服、转危为安后，便对神灵救济之恩萌生感戴之情，于是集资合力建造庙宇供奉。因此，我们可以说妈祖神迹的显现，正足以代表一千年来沿海人民靠船为生与向海外扩展犯险涉难之下共同寄托之心声与殷切的企望，这也足以说明台湾妈祖庙大多建于昔日港埠据点与转运要站的原因了。

3. 医药的不发达

这是妈祖信仰本质由"海神"扩展的开端。台湾岛开辟之初，蛮烟瘴疬充斥各地，由闽粤一带渡海来台湾开垦的移民，或因水土不合，或因时疫流行，常为疾病所苦，加上当时医药落后，药品匮乏，一病不起者时有所闻，于是不得不祈求神明保佑。照理说，神明各有职分，因此才有海神、药神、财神、社稷神、司法神、送子神等等区别，而妈祖本为海神之职，而如何又扩展为消灾祛病的医药之神，一则在闽粤移民的心目中，妈祖是他们最亲近的神明，因此凡遇灾难疾厄，直接的诉求对象即是妈祖；二则基于神是万能的这种信仰观念，妈祖的护佑神力当可无限地延伸扩张，而达到无所不能的境界，所以目下台湾的妈祖信徒，遍及士农工商各阶层。

4. 清廷的大力推展

清廷统治台湾期间，奉旨来台平乱的将领每以神明有功于征伐，奏请朝廷褒封赐祭，其中荣享最多者首推妈祖，如施琅克服台湾后，即上疏加封圣号；兰廷珍平定朱一贵之乱时，也奏请赐匾褒扬；福康安救平林爽文之役时，曾奏请加封"显神赞顺"，并明令地方官每月朔望谐庙亲祭，这些敕封事迹，自然能产生"风行草偃"的效果，于是台湾各地纷纷建造妈祖庙，作为共同信仰的据点。

5. 民间经济的活跃

台湾经过日据时代毁庙灭神的信仰黑暗期以后，在光复初期，由于信仰恢复自由，各地庙宇纷纷就地重建或重修，加上民生经济的日益进步，信徒在行有余力的情况下，也积极加入建庙行列，尤其以拥有最稳固群众基础的妈祖庙宇，不是就地翻建壮观的殿堂，就是结合观光与宗教，成为闻名的宗教圣地；更积极的推广方式，则是分香建立新的庙宇，本省妈祖庙就是在这个风潮之下一一建立，成为全台湾首届一指的民间信仰场所，更使妈祖信仰达到前所未有的巅峰状态。

二、台湾妈祖信仰发展的特色

台湾妈祖庙的建立，依创建者身分的不同，可分为官吏、豪族、民间三类，这些庙宇遍布于全省各乡镇，而由前二者所建的庙宇大体来说规模和声誉都远较民建者来得显著；就台湾妈祖信仰的代表庙宇来说，由南向北可规划为一条信仰的中心线。分别为台南市大天后宫、云林县北港朝天宫、彰化市南瑶宫及台中县大甲镇澜宫，这四座庙宇可说是台湾妈祖庙的典范，其吸纳的信徒遍布全省，更由于香火鼎盛而自然形成一种根源于台湾本身、深具地域性的信仰色彩。

1. 佛道兼具的寺庙形态

依照台湾大部分的妈祖庙宇形态而言，妈祖庙应归属于道教范围，但按照典籍来说，有谓妈祖即"补陀大士之千亿化身之一"（或说千里眼象征"观"，顺风耳象征"音"）。有关妈祖出身亦说妈祖系由观音仙丹所托胎孕化，因此，妈祖属性又含有佛教成分，所以妈祖信仰本质同时含有佛、道二教成分，其庙宇亦是佛、道神明俱供，蔚为台湾信仰的一种地域特色，统称为台湾民间通俗信仰。

2. 信仰与社教功能的结合

道德、宗教、法律是安定社会的三大要素，宗教更是发乎内心的一种约束规范的力量。而妈祖在佛学东来、基督教义尚未传入的宋代，以中国本身的人道文化为背景，建立天道思维，结合中国人的人道文化和天道哲理，并强调"修人道必得天道"至理，为信徒指出一条凡夫入圣的途径。长久以来，信徒在己立立人的原则下，不仅修身自好，也积极以"匡时济世"的责任自勉，就如《天上圣母经》所录："为善事，或欢喜，为恶事，难保汝，或现报，或延迟，十八狱，放过谁，劝诸君，勤学之，阴骘文，指南机，感应篇，正法规，讲善事，说仁理，两宝典，必读之，万恶孽，首谣痴，百善行，孝先为，速修善，改前非，福可得，祸可移……"这种由"神本主义"迈进"人本主义"的修持宗教，正是社会教化所亟需的一环。

3. 公益事业的勃兴

在社会结构的变迁中，宗教不仅要具备信仰的功能，更要突破故步自封的窠穴，以积极的参与态度，深入社会结构中与时致宜。台湾数十年来经济形态的转移、西风东渐的冲击、新旧交替的矛盾等，造成了一股是非不明、追求现世安乐的潮流，这个阶段更需要借宗教来平衡偏颇的现象，于是宗教便以神道为体，以人道为用，进行包括文化、社教、慈善等公益事业，身体力行神明济世的精神，这种度生重于度死、入世重于出世的宗教观念，在台湾较具规模的妈祖庙中已行之多年。

三、台湾衍生于妈祖信仰的宗教活动

1. 进香

进香本身包括两层意义，一是人对神明香火的乞求，称为"刈香"；一是神与神之间香火的乞求，称为"刈火"。而台湾的"刈火"形式又分两类，一种是香火相传有祖嗣关系的庙宇间所进行的谒祖活动，一种是针对香火鼎盛的权威庙宇或历史古庙作定期朝访的活动。其中蔚为风潮的当推农历三月的妈祖香期。在妈祖香期期间，全省信徒热烈投入的虔诚、壮盛的行列以及不畏长途跋涉的艰辛，都是各方争相报导和研究的目标。

而推本究源台湾妈祖依其来源地不同，可分为温洲妈、温陵妈（福建泉州）、银同妈（福建同安）、兴化妈（福建兴化）、清溪妈（福建龙溪）等，虽其来台方式不一（分身、分香、漂流），但其福嗣关系仍然存在，因此，自从开放大陆探亲之后，台湾妈祖庙宇组团前往大陆祖庙谒祖的情形也日益热烈，形成另一次妈祖进香的高潮。

2. 朝圣

台湾地区的朝圣与西方的朝圣义同而形非，西方的朝圣意指抛开舒适的家居生活，谨守某种诫律步行到达某个神圣地方，这种带有赎罪或还愿的自虐行为，是人类几个主要宗教常见的现象。而台湾的朝圣是指一群人组团拜访各地的圣迹，最常见的是包辆游览车做重点式的朝拜，这种形式不同于进香的针对某个特定对象，而其中祈求香火的意愿很低，大多属于观光与祈福并重的一种礼拜形式。其它排的对象大多以妈祖庙为主，全省享有盛名的妈祖庙宇是这些朝圣者必到的圣地。

从以上各点，不难了解台湾妈祖信仰的发展渊源与现况，并可以归纳出台湾适合妈祖信仰推广的内外在条件。我北港朝天宫既成为台湾妈祖信仰的中心，更应秉承先德遗风，克绍其裘，肩负起妈祖圣德的责任，并为促进两岸信仰交流作最大的努力。

（《社会科学战线》1990 年第 4 期）

西方学者关于孔子及儒学
在现代世界中作用的研究

〔丹麦〕柏思德*

一百多年来，以儒学为核心的传统中国文化的作用问题，引起了海内外的广泛争论。20世纪初，儒学在中国是强大的思想上和政治上的力量，曾经为一些著名的政治领导者如袁世凯和最主要的知识分子如康有为、梁启超等所倡导。"五四"运动期间，孔子及儒学遭到谴责，被认为同"进步、自由和民主"是不相容的。民国时期，儒学似有所复兴，国民政府曾试图制订出一套准则，把儒学的核心价值同现代化的要求结合起来。解放以后，儒学的命运可谓几经沉浮。而1980年代的总体情况是把儒学作为中国文化传统不可分割的重要组成部分，儒学还被认为是中国现代化过程中的一种积极因素。

在西方的学术研究中，儒学也经受了称赞和谴责的考验。18世纪法国启蒙运动的哲学家们赞扬儒学是一种典型国家的伦理基础。但是在19世纪德国哲学家们（如黑格尔）的著作中，儒学被认为是表现了一种呆滞的文化。20世纪初，著名德国社会学家马克斯·韦伯宣称，与西方的新教相比，儒学对经济发展、对社会和政治的现代化都是不利的。这就是所谓的韦伯理论，它统治着西方的学术研究，尤其是美国对中国的历史研究曾达两代人之久。自1970年代末以来，西方学者们根据台湾、香港、新加坡以及亚洲其他具有中国文化和历史背景的社会不寻常的经济发展，重新考虑了韦伯的理论。目前正在流行的看法是，工业化东亚的崛起，应归功于东亚所共有的儒家道德价值。

---

* 作者单位：哥本哈根商学院。

儒学与封建社会的中国

韦伯研究中国，无意于对其文化和宗教系统作全面的分析，而是为了找出西方的发展同中国之间的"比较点"。其总的目的是要解释。为什么只有西欧发展了某些宗教思想，这种宗教思想又进而形成了中产阶级合理的资本主义精神？韦伯在其名著《新教伦理与资本主义精神》中所展示的中心论点是：新教信仰与西欧16—17世纪资本主义的崛起之间，似乎有一种强大的联系。

新教伦理——尤其是加尔文派的新教伦理——来源于两条主要的教义：命定论和天职。按照其教义，人的命运是生前注定的，并且人在来世是否得到拯救也是由上帝决定的，不以人的意志为转移。然而，人的职业成功，包括获得财富，被看作是上帝恩惠的象征和人的灵魂最终获得拯救的预兆。据韦伯所说，新教伦理基于"处世的禁欲主义"，它意味着艰苦的工作、自我的约束和理性的时间安排。这种禁欲行为的原则自然地导致了一种反对本能的生活享受，进而限制消费的生活作风。取而代之的是，强制性的节约和积累。而这种积累财产的倾向对发展资本主义的影响是很明显的。另一个重要方面是，苦行的新教徒（清教徒）憎恶封建的生活方式，不愿在土地上投资。因而，中产阶级的财产不是被贵族阶层所吸收，而是被保持在资本积累的过程中。总之，现代资本主义的根本特点如经济方面的理性主义和禁欲主义都来源于新教伦理。因此，据韦伯所说，这种新教伦理的出现是资本主义崛起的先决条件。

韦伯发现，同西方相比，中国因为下列因素而未能从自己的本源发展成为现代的理性的资本主义。第一，与西方不同的是，中国的城市从未得到政治上的自治权，因而从未获得依据某个"宪章"所确定的权力与自由。第二，亲族的束缚从来没有被打破，因而城市的市民对他们祖先的土地和村庄仍保持着密切的联系，并且对于多数城市人口来说，城市事实上仅是一个"故乡以外的地方"[①]。第三，中国的经济中缺少适合资本主义企业发展的法律形式和社会基础。第四，国家官员将其资产投资于占有土地而不是商业性企业。第五，这一点最为重要，企业家型资本主义的发展被统治集团所特有的一种特殊思想意识或曰民族精神所妨碍，这种思想意识就是儒家学说。

据韦伯所说，中国的儒家缺乏"古典清教徒所特有的那种来自内心的、

---

① 马克斯·韦伯：《中国的宗教》，纽约：自由出版社，1951年，第90页。

主旨性的、虔诚决然的理性化生活方式"①。此外，典型的儒家人物消费其经济资产来取得文学教育以便能够通过国家的科举考试，他所追求的是一种"表示有教养、有身份的社会地位"②。

虽然新教伦理和儒家伦理都体现着理性主义，但韦伯认为，只有新教（清教）伦理使经济理性主义完善化。一言以蔽之，儒家的理性主义意味着理性地适应世界，而新教的理性主义则意味着理性地控制世界。

韦伯关于儒学与现代化不相容的论点，在中国研究领域发生过非常强大的影响，美国在现代中国历史研究方面早期的一些最重要的论著，都是依据韦伯的这一论点写成的。约翰·K. 费尔班克和玛丽·赖特的早期著作可作为重要的例证。

费尔班克—赖特观点

约翰·K. 费尔班克被认为是中国史研究中"冲击—反应"观点的鼻祖。这种观点认为，中国同西方接触之前所经历的仅仅是极微小的变化或曰"传统以内的变化"，而不是"质变"。传统中国受害于农业的和官僚的儒家社会所导致的思想和制度方面的衰弱，19世纪同强有力的西方帝国主义的遭遇，才把中国带进了现代世界。

玛丽·赖特颇有影响的论著《中国保守主义的最后堡垒》也同意韦伯的论点，认为儒家中国没有能力产生同西方类似的资本主义和工业革命。据玛丽·赖特说，同治光复（1862—1874）时期，中国曾有过走上现代化的良好机会。其时，太平天国和其他的起义均被镇压下去，西方大国采取了合作态度，中国亦有了一个由特别有才能的领导人物组成的政府。然而，使中国走上现代化的企图却失败了。这是因为，事实证明"现代国家的要求同儒家社会秩序的要求是背道而驰的"③。玛丽·赖特接着宣称，在"儒家的社会环境中，人们的精力被引导到政治及与其有关的文学研究中去，流动资本被用于购买土地、捐助图书馆及建立诗词学会"。商人们限制了自己的商业投资，却代之以土地投资以便尽快地变成地主。尤为重要的是，儒家坚持自给自足和低消费，这就限制了社会的劳动分工，并且由于坚持家庭和村庄的自给自足，振兴地方

---

① 马克斯·韦伯：《中国的宗教》，纽约：自由出版社，1951年，第243页。

② 马克斯·韦伯：《中国的宗教》，纽约：自由出版社，1951年，第246页。

③ 玛丽·C. 赖特：《中国保守主义的最后堡垒》，加利福尼亚：斯坦福大学出版社，1957年，第312页。

纺织工业的努力也失败了。简言之,"因为经济发展在光复政府所追求恢复的道德、政治和社会秩序中并无任何地位,所以它对经济发展就不可能有兴趣"①。

理智的历史学家约瑟夫·利文森也相信,传统中国社会的重要特点与现代化是不相容的。他声称,在明清时代的中国,"科学受藐视,进步遭拒绝,实业被指责和限制";在学问方面,一种"反对职业教育的怀旧的人道主义"占统治地位。②特别是中国学者型官员的那种"业余思想"阻碍了社会的变革和现代化,在这种思想中,"艺术风格和对指定的古代经典著作所具有的修养知识"——而不是专门知识和专业能力——被看作是取得社会权力的关键。

20本世纪60年代和70年代的大部分时间里,费尔班克—赖特观点在西方尤其在美国对现代中国史的学术研究中,是明显地占据支配地位的观点。

对儒家精神的重新考察

1957年,罗伯特·贝拉发表了他对日本现代化过程的文化基础所作的重要调查报告。他发现,宗教在日本建立其中心价值体系过程中起了重要作用,这一价值体系为有益于现代化和工业化的政治革新提供了动力并使之合法化。更为重要的是,日本宗教能够产生一种强调勤励和节约的发自内心的处世苦行伦理。这种非常有利于经济理性化的伦理,人们可以回想到,正是韦伯研究新教作用的主旨所在,进而通过辨别出这种伦理存在于江户时代的日本,贝拉为其日本宗教具有与新教伦理相等作用的论断提供了强有力的论据。

贝拉在儒家学说中找到了现代日本的文化基础。那么,为什么儒学在日本能够产生出有益于现代化和经济发展的理性主义形式和行为方式,而在中国却产生了相反的效果呢?据贝拉说,其原因在于,日本的儒学发展出了一套以达到目标为目的的占支配地位的道德价值;而中国的儒学则强调一种以维护制度的整体价值为首要内容的居中价值体系。中国儒学的整体价值统治着政治的或道德的价值,这一点具有重要的含义。一个被整体价值的首要性所支配的社会所关心的是维护制度而不是达到目标或适应性调节,是团结而不是生产率和财富。它所强调的是素养而不是才干,是美德而不是功绩。贝拉说,中国人依据

① 玛丽·C. 赖特:《中国保守主义的最后堡垒》,加利福尼亚:斯坦福大学出版社,1957年,第195页。

② 约瑟夫·利文森:《儒家中国及其现代命运三部曲》,加利福尼亚:加利福尼亚大学出版社,1965年,第16页。

"一套确定的人际关系来理解制度的维护，这套关系必须被保持在一种互相调整的状态中，以便产生一个和谐与平衡的社会制度。实际上，中国社会的理想境界就是一种适宜的不偏不倚"①。贝拉提到，也许中国的皇帝可能打算提高国民生产率，并采取了有目标的措施，但他们总是受到官僚制度的阻碍。这个官僚制度的"方向不是达到经济目标，而是维护该制度的眼前利益"②。

对于儒学在经济发展和现代化中的作用问题，贝拉展开的这种论点似乎有些勉强。但是他对于中国儒学和日本儒学的区分已在东亚研究中为人们所接受。所以，人们普遍相信，日本的情况构成了一种例外而不是一种主要模式。

然而到了70年代中期，费尔班克、赖特、利文森等在他们的论著中展示的老观点又开始受到重新检查。例如，德巴里反对认为儒学是"一套僵死的道德价值"和不能使中国走上现代化的观点。他认为，"中国人民的新经历最终将在很重要的程度上被看作是来自于他们内部的发展，而绝对不是来自于一个由外部激发起来的革命"③。

托马斯·梅茨格在其重要著作《脱离困境》中又表示了进一步的异议，虽然他自称是一个新韦伯论者，但他展示的论据却摧毁了韦伯论点的理论基础。梅茨格的基本观点是：韦伯错误地理解了儒家共有的价值取向或儒学的民族精神。梅茨格强调说，对宋末新儒家思想家们尤其是朱熹作一更细致的考察，我们就会驳倒韦伯关于儒家思想无紧张感且固定不变这一论点。梅茨格进而争论说，中国人正在热烈地接受现代化，并以此作为实现新儒家精神的有意义的途径。西方的影响并不是注定中国同自己过去的彻底决裂，而是重新振作了"要求全面改革的传统热情"④。

总之，虽然梅茨格接受了韦伯关于儒家精神和社会变革之间有联系的总体设想，但是他，却得出了不同的结论：韦伯所问的问题是：为什么17、18世纪时西方的自我发展导致了资本主义，而中国的自我发展却没有导致资本主义？他的结论是，中国的失败主要是儒家精神所致……然而，我们现在居住的是这样的一个世界：那些主要社会的发展是以本土因素和世界性影响的混合为

---

① 罗伯特·N. 贝拉：《江户时代的宗教：现代日本的文化根源》，纽约：自由出版社，1985年，第189页。

② 罗伯特·N. 贝拉：《江户时代的宗教：现代日本的文化根源》，纽约：自由出版社，1985年，第190页。

③ 威廉·西奥多·德巴里等编：《新儒学的发展》，纽约：哥伦比亚大学出版社，1975年。

④ 托马斯·A. 梅茨格：《脱离困境》，纽约：哥伦比亚大学出版社，1977年，第190页。

基础的。由此，我们提出的问题是：为什么在这种世界上有些社会能够比其他的社会更为有效地处理自己的问题并起而应付现代化的挑战？韦伯不得不解释中国的失败，而我们则不得不解释中国的成功。这一点虽然是互相矛盾的，但我们的答案却像韦伯的答案一样，也强调本土精神的作用。① 韦伯及许多遵循其理论的学者们注重中国的弱点，讨论集中在中国为什么发展得如此之慢，为什么对西方的挑战反应得如此之不充分这样的问题。相对而言，梅茨格把我们的注意力吸引到中国的优点上来，说明了中国的现代发展比其他第三世界国家顺利。

儒家思想与工业东亚的崛起

20 世纪 50 年代和 60 年代，日本的经济增长率大约为 10%。这一现象并未从根本上改变儒学与经济增长是不相容的这一老观点；因为日本被认为是韦伯规则的例外情况。但在 60 年代和 70 年代期间，亚洲的新兴工业经济体制尤其是香港、新加坡、南朝鲜和台湾这儒家四小龙以实例说明了它们能够达到同西方相似甚至更高的经济增长率，这对于重新评价以前的设想起了很大作用。

日本、亚洲新兴工业经济和中国的经济进展情况可通过引用一些统计数据来说明。在 1965 至 1988 的 23 年中，四小龙在人均收入方面维持了 6.3%（香港）到 7.2%（新加坡）的年平均增长率。其结果是，南朝鲜和台湾地区进入了人均收入上中游水平的国家和地区行列，而新加坡和香港现在已属高收入水平的国家和地区。日本这条儒家大龙在 1965—1988 年间也维持了很高的经济增长率。日本的人均收入在 1988 年就超过了美国，只有瑞士的人均收入尚高于日本。在过去的两年中，因为日本的经济运行继续保持着很好的状态，所以日本可能已经超过瑞士而成为世界上最富的国家。

从 70 年代末以来，另外一条儒家大龙即中国也显示出较高的经济增长率。从 1979 到 1988 年间，中国的国民生产总值以 9.7% 的年增长率增长，这一增长率高于大多数东亚及东南亚国家的同期增长率。中国的人均收入同其他亚洲国家相比固然仍是非常低的，但世界银行已经计算出，如果中国能够将其国民生产总值的年平均增长率维持在约 5.5% 到 6% 之间，那么中国经济到 21 世纪中期将会达到工业化市场经济的国家。

---

① 托马斯·A. 梅茨格：《脱离困境》，纽约：哥伦比亚大学出版社，1977 年，第 234–235 页。

　　未来学家赫尔曼·卡恩首先明确地依据儒家学说来解释东亚的经济成功。他声称，儒家社会强调的是协同而不是均等和交换。卡恩的结论是："新儒家诸文化有着显著的优点。与早期的新教伦理相反，现代儒家伦理立意宏伟，要创造和培养忠诚、奉献、责任感和义务感，并且加强组织与个人在所起作用上的一致性。所有这一切使经济和社会更加顺利地运转。"①

　　卡恩把南朝鲜、台湾、香港、新加坡以及从某种程度上来说（因为下述国家中有很多的华裔种族集团成员）马来西亚、泰国、菲律宾等叫做"较小的新儒家文化"。这一称呼用以将这些国家同日本和大陆中国的"大的新儒家文化"区别开来。②

　　罗德里克·麦克法夸尔以类似的意向争论说，儒学"对东亚超速增长的经济之崛起的重要性，同西方的新教和资本主义之崛起之间的联系是一样的。"③ 麦克法夸尔用"后儒家"的术语来描述那些把工业主义和儒家学说结合在一起的社会。这些社会的后儒家特征是"自信、社会凝聚力、个人服从组织、学以致用、官僚政治的传统以及对道德感化作用的确信无疑——这些特征为着发展的目的而强有力地结合起来"④。麦克法夸尔指出，大陆中国将来会试图利用它与亚洲其他国家之间的文化联系。这样的话，"一个后儒家'区域'"可能会发展起来，因而"后儒家的挑战"对工业化西方来说将会成为一个重要的现实。

　　德巴里在最近的一本书中也使用了"后儒家时代"这一术语来作为东亚目前快速、持续的经济变化与传统文化模式相结合的特征。⑤ 他指出，儒家学说在传统时代曾有三个体制方面的堡垒：家庭、学校和国家。传统制度崩溃后，儒学已不能在学校和国家中维持自己。但是，家庭体制对于 20 世纪初的解放运动却显示了令人吃惊的适应弹力。事实上，儒家思想通过对家庭的控

---

　　① 霍尔曼·卡恩：《世界经济发展：1979 年与未来》，伦敦：Croom Helm 出版社，1979 年。

　　② 霍尔曼·卡恩：《世界经济发展：1979 年与未来》，伦敦：Croom Helm 出版社，1979 年。

　　③ 罗德里克·麦克法夸尔：《后儒家的挑战》，载《经济学家》1980 年 2 月 9 日，第 67–72 页。

　　④ 罗德里克·麦克法夸尔：《后儒家的挑战》，载《经济学家》1980 年 2 月 9 日，第 71 页。

　　⑤ 威廉·蔼奥多·德巴里：《东亚文明：漫话五大阶段》，马萨诸塞：哈佛大学出版社，1988 年。

制，竟能够在整个东亚范围之内，在经历了传统国家体制与政权的死亡以及西方教育取代了儒家学校之后，又存活下来。所以，在关于后儒家东亚的讨论中，有关家庭体制的儒家道德价值就成为中心的问题。据德巴里所说，这些价值包括：对群体的忠诚、俭朴、无私、遵从权威等。这些基本价值不仅打破了阶级的界限，而且适应于不同的社会、经济和政治制度。

儒家思想与家庭

卢西恩·派伊也同意德巴里强调东亚儒家国家中家庭的重要性的观点。派伊在他不朽的著作《亚洲的势力与政治》中指出，亚洲可划分成三个宽广的文化区域：儒家东亚社会、东南亚保护者与被保护者体制和南亚印度教文化。中国、日本、朝鲜、越南、台湾地区、新加坡和香港地区都属于亚洲儒家文化区域。按其家庭模式来说，在整个儒家文化区内，家庭在传统上都被看作是政府的好样板。因此，辨别出不同国家和地区中家庭体制的共同特点和区别之处是很重要的。派伊坚持认为，"不同的社会化过程在东亚导致了不同的政治权威模式和生活作风。这一因果关系中的决定性因素就是父亲的作用。父亲在中国具有无限的权力并且负全面的责任。在日本，父亲也是最高权威，但他可以要求母亲来分担他的责任。此外，家庭内部的关系在中国被看作是最为重要的，而日本更加注意家庭以外的社会化工作。朝鲜的父亲典范则是中国垄断型父权的观念与日本竞争型父权的实际相结合的形式"[1]。越南的父亲权威是受尊敬的，但父亲同时又是超脱、冷漠的，他把实际的琐事都交由母亲去处理。

派伊强调说，在这四个儒家文化各自的传统中，家庭权威的施行和政治权威的施行之间均有着惊人的相似之处。沿着这条思路，派伊不仅论证出日本政治制度的作用与中国政治制度的作用之不同，还进一步认为：日本儒学发展出了追求具体目标的社会准则，而没有像中国儒学那样发展出追求总体完整的社会准则，这同两个国家培养男孩子的方式不同有关。也就是说，其原因不在于宗教或哲学精神的不同，不在于国家政权所起的作用不同，而在于根源自父子之间的心理文化关系的不同。

派伊依据父子之间通过社会化过程来传递儒家道德价值的方式及其对政治权威的含义来讨论儒学价值，这种分析方法属于心理文化论。心理文化论是

---

① 卢西恩·W. 派伊：《亚洲政权与政治》，马萨诸塞：哈佛大学出版社，1985 年，第 75 页。

"政治文化论"的一种变异。另一位按照这种观点来分析中国政治的著名学者是理查德·所罗门。像派伊一样，所罗门也认为，对中国政治文化的基本了解可通过分析中国的社会实际来实现。所罗门认为，在传统的儒家文化秩序中，家庭是社会中政治和社会关系的发源地。个人的社会权威观念和上下等级观念首先是在家庭内部学到的。因而，据所罗门说，中国的政治传统保持着牢固的家庭根源。

发展儒学和社团主义

奥斯卡·韦格尔在讨论儒家学说在中国的作用时，建议使用发展儒学这一概念而不用新儒学或后儒学的概念。其理由是，新儒学这一术语要留着称呼12世纪的朱熹学派，另一方面，后儒学这一术语具有儒学价值逐渐消失的含义，而发展儒学则是一个较为合适的概念，因为它是马克思主义不断发展这一意义的逻辑结果。韦格尔还提出了发展儒学的诸结构成分。这些成分包括：集体性、教育与学习、等级制、集权制与分权制的两重性、官僚制、工作与成就精神等等。

韦格尔试图在社团主义与儒家学说之间建立一种联系。社团主义指一种政治制度，在这种政治制度中发挥作用的主要利益集团由于强有力的政府而被结合到决策过程中。事实上，资本、管理、劳动力和技术都连结在一个互相协作的周密的网络中。另一个关键特点是，官僚机构和群众组织（尤其是工会组织）在解决纠纷中不是互相对抗，而是彼此努力合作的。据韦格尔说，这些特点都存在于发展儒学的社会中，因而必须把这些社会归入社团主义体制的类别。

并非只有韦格尔一人看到了在今日东亚存在的社团主义迹象。齐格勒也争论说，亚洲的儒家政府具有社团主义政治体制的许多特点。与韦格尔不同的是，齐格勒区分了社会的社团主义和国家的社团主义。在社会的社团主义中，利益集团有自治权，不受官僚制度和国家的束缚。在国家的社团主义中，利益集团是隶属性辅助组织，其合法的利益范围是由政府单方面规定的。社会的社团主义是欧洲政治体制的翻版，而国家的社团主义则见于儒家东亚。

在儒家思想中可以发现社团主义的重要特点，如一致、和谐、稳定等等。这种社团主义论也特别提到了国家政权在儒家东亚中的重要地位。但是，关于儒家思想在现代东亚中的作用同社团主义之间有何可能的联系的研究尚处在初期阶段，还不能够证实任何概括性的结论或理论。

持怀疑论者

虽然目前的主要趋势是承认儒学在东亚的发展和在现代化过程中的重要性，但是有些学者似乎要人们提防把上述文化论者的解释作为一种解围的理论来使用，因为这种理论给一个还需要做更多研究工作的尚未解决的难题提供了一个过于容易的解答。例如，王贡五在他新近的一篇文章中指出："中国人自己（台湾的、香港的和新加坡的）喜欢这种联系，而朝鲜人也愿意接受这一联系。这种联系也确实使四小龙的人们对自己的传统感到相当自豪。因此也就很乐意找出儒家学说是怎样确切地为四小龙的成功提供了关键性的条件。"[1]王贡五接受所有的中国人都继承了一些基本的儒家道德价值这一论点。当然，这些价值的影响在中国人占多数的中国大陆、台湾地区、香港地区和新加坡一定是非常大的。朝鲜人几百年以来就像中国人一样具有儒家特点，而日本和越南则已经受到儒家思想的强大影响。这些国家和地区组成了一个"儒家世界"。王贡五准备接受儒家道德价值使儒家世界在某种程度上具有一种共同的脉络这样的说法，但是他倡议人们要提防由此而作出概括性太强的结论。他说，"无论我们观察台湾、香港和新加坡，还是南朝鲜，我们毕竟不仅仅看到有儒教徒、道教徒和佛教徒，而且还有天主教徒、新教徒和穆斯林教徒"。[2]

威廉·麦科德进而对文化论者分析东亚现代化过程的主要论点提出了疑问。麦科德指出，一些具有很少中国传统的太平洋国家现在的经济进步可与日本和新兴工业化经济国家相比。泰国在最近两年中的经济增长速度大约为10%就是一个很恰当的例子。泰国的主要文化是佛教而不是儒学。事实上，把东亚的成功归于儒学就等于忽略了文化上极大的多样性。

关于这一点，麦科德同小罗伊·霍夫海因兹和肯特·考尔德是一致的。而查尔默斯·约翰逊对文化论者的观点的驳斥可能是最有影响的。在其很著名的研究论著《国际工贸部与日本的奇迹》中他争论说，日本的道德价值同西方的道德价值可能确实是不同的。但是，文化的解释只应该运用在最终分析中，因此，解释日本的经济奇迹不应该依据文化来分析，而应该着重分析国家政权在日本经济中的作用。约翰逊断定，日本的国家政权是发展的或计划合理的体

---

[1] 王贡五：《贸易与文化价值：澳大利亚与四小龙》，载《澳大利亚论坛亚洲学会》1988 年 4 月第 11 卷第 3 号。

[2] 王贡五：《贸易与文化价值：澳大利亚与四小龙》，载《澳大利亚论坛亚洲学会》1988 年 4 月第 11 卷第 3 号。

制，其主要特点是制订社会的和经济的目标。这一观点把日本的国家体制同那种受规章限制的或曰市场合理的国家体制区分开来。后一种体制关心的是经济竞争的形式与过程而不是其实质。美国就是后一种国家体制的一个很好的例子。简言之，约翰逊赞成的观点是：东亚经济的高速增长与文化因素是没有联系的，除非从消极的意义上说，文化不是经济发展的障碍。他争论说，是富有革新精神的制度的建立和调整为日本和亚洲新兴工业化经济如南朝鲜和台湾奠定了经济成功的基础。

通俗儒学

彼德·伯杰区分出两种不同的儒家思想，一种是作为国家意识形态的儒家思想，即所谓"高雅儒学"；另一种是作为普通人民日常工作伦理的儒家思想。据伯杰所说，韦伯设想高雅儒学太保守，不能产生出"理性化"的发展，因而它有着一种反现代化的作用，这种设想大概是相当正确的。但是，韦伯没有论述的另一种儒学，也就是作为日常工作伦理的儒家思想或通俗儒学，却已经证明是有益于经济发展和现代化的。这一种儒家思想才是人们讨论儒家思想在东亚现代化过程中的作用时所应该研究的。

通俗儒学是一套信仰和价值观念，包括的内容有：深深的等级意识，承担家庭的义务，承担整体的纪律准则的义务，简朴，对亲人的仁爱等。台湾地区、新加坡、香港地区、和今日中国大陆的企业家们所具有的生产能力，只有归功于这一种儒家思想才行。因此，对儒家思想衍生的道德价值在普通人民的日常生活中的作用进行实证研究，成为很重要的事情。这些普通人民中的许多人从未受到过儒家经典著作的薰陶，或者他们只受过很少的儒家思想或其他思想的教育。一言以蔽之，伯杰主张人们可以避开韦伯关于儒家思想具有反现代化作用的观点，认为中国古老的"高雅儒学"已经随着时间的推移而逐渐发展成一种称为世俗儒学或"通俗儒学"的新形式。

结　论

数十年来西方学术界一直认为儒家思想对现代化和经济发展起的是阻碍作用而不是激励作用。这一设想的理论基础是马克斯·韦伯奠定的，被称为韦伯理论。韦伯之后，两代美国学者，著名的有约翰·费尔班克、玛丽·赖特和约瑟夫·利文森，在韦伯理论的总体框架内又对这一问题进行了研究。罗伯特·贝拉在一部研究现代日本文化根源的论著中，托玛斯·梅茨格在一部关于新儒学的研究论著中首先对韦伯理论提出挑战，他们认为：儒家思想特别是新儒家思想同西方的新教伦理在经济现代化中所起的作用似乎是相同的。

从 20 世纪 70 年代末开始，儒家思想与东亚经济现代化之间的相互关系成为社会科学家和经济学家的主要研究课题。到 70 年代末，人们已经不可能再坚持只有日本是例外地成功地进入了可与工业化西方相比的持久性现代化过程这一论点。南朝鲜、台湾、新加坡和香港四小龙也已经取得了壮观的经济增长率。这导致许多学者提出了这样的问题：东亚共同的文化传统是否同该地区的经济运行有某种联系？

80 年代期间，文化论解释的拥护者人数逐渐增加，目前的主要观点是：儒家思想为东亚的快速现代化作出了解释。但是在此过程中也出现一些新的理论问题。其中之一是定义问题，例如，是否有不同种类的儒家思想？如果有的话，什么类型的儒家思想在我们讨论儒学在现代世界中的作用问题时最为相关？应不应该把儒学理解成一种哲学派别？它是帝国时期的国家意识形态呢，还是普通人民的日常伦理（通俗儒学）？另外一个同样令人费解的问题是：儒家文化区以外的亚洲国家如泰国也开始展示出很快的经济增长速度，这一事实又该怎样解释？

虽然目前许多学人都把工业东亚的崛起归功于其共有的儒家道德价值，但另一些重要学者如查尔默斯·约翰逊仍认为，东亚经济的超速增长同文化因素的联系并不是首要的。显然，上述争端仍未得到解决。关于这个对儒家东亚的将来有着重要意义的引入兴趣的问题，人们还将继续辩论下去。

（刘世生　译）

（《社会科学战线》1991 年第 3 期）

西方后现代主义与中国儒家哲学

〔加拿大〕 梁燕城*

一、后现代性与后现代主义

1. 何谓"后现代"

当前欧洲思潮环绕着一个重要名辞讨论，就是所谓"后现代"的争论和界定，卡平灵（Kaplan）在其书《后现代主义的"非内容"理论及实践》中指出，后现代的观念是从现代发展出来而对现代文明的"文化突破"（culture break 或译作对现代文明的"文化中断"）①，也可说是对启蒙运动塑造的科学和理性文明加以全面反叛。

"后现代"一辞有两方面的应用，一是社会科学角度所谓的"后工业社会"，指现代以后的"后现代性"（postmodernity），另一是哲学、艺术与文化角度所谓的"后现代主义"（postmodernism），指对现代文化加以批判和"解构"的文化运动。

最早指出"后现代"一辞的人物是汤恩比（Toynbee），他于 1939 年的《历史研究》第五册中，提到第一次大战后的新社会为后现代的，到第二次大战后出版的第八册，指出"现代"是指西方的中产阶级文化，布尔乔亚阶级的人数足以操纵社会时，"即是现代性的开始，但自从城市劳工阶层及世界各民族和宗教兴起后，就是后现代的时代来临。②

汤恩比能洞见新时代的来临，确具历史家眼光，但其对新时代的认识仍十

---

* 作者单位：加拿大维真学院中国研究部。

① Kaplan, ed. , *Postmodernism and Its Discontents*, *Theories*, *Practices*, London, New Tork：Verso, 1988.

② Arnold. Toynbee, *A Study of History*, London：1954, vol. Ⅷ, p. 338.

分肤浅，倒是在他之前的彭迪（Penty）在 1922 年出版一书名《后工业主义》（Post-industrialism）①，更能指出"后现代"是工业时代的终结，其后麦洛肯（Mcluham）在五六十年代指出这时代以电子传媒系统为本的新世界②。图拉宁（Touraime）于 1969 年认为后工业时代将产生一全新的，以科技政治为本的程式化社会（programmed society），统治阶层则是技术官僚。③

贝尔（Bell）在 1976 年发表其名著《后工业社会的来临》，认为控制新时代的不是科技，而是理论知识及头脑与资讯的人才，在这种社会经济重点将由货品生产转向服务行业，职业分配着重高层的专业及科技人士，社会的轴原则是以理论知识去定政策，未来方向是要控制科技及科技评估，决策过程将会创造一种智能科技去动作。④

种种研究均指向一结论，后现代性的特质，将是一讯息社会的来临，这新时代将以拥有讯息和传媒者最有权力。

至于在文化方面，所谓"后现代主义"则是一多层次多面向反省，集中在怀疑、批判和摧毁现代文明那专断性的科学和理性标准，否认科学的权威性，强调所有文化和思想平等而自由地并存发展，因而开出灿烂的新文化领域。

2. 后现代主义评科学的霸权

后现代主义一辞，非常难以界定，有人用之以形容艺术上对现代主义加以反叛的运动，如后现代建筑，反对现代的装饰形态，求更不传统和不谐的表现（如香港的汇丰银行和中国银行）。也有人以之形容当前的社会特质，如詹明信（Gameson）即指出后现代是操控地全面消费的科层社会⑤，布特里拉（Baudtilavd）却认为这是一虚拟（simulation）的年代，一切都只重外表虚拟的形象，由不定性所控制⑥。或许我们可以总结说一句，后现代主义是一种文

---

① See hus J. Penty, *Post-industrialism*, London, 1922.

② See Marshall Mcluhan, *Understanding Media*: *The Extensions of Man*, New York: 1964.

③ See Alian Touraime, *The Post-industrial Society*, *Tomorrow' Social History*; Classes, Confucts and culture in the Progranned Society, Frank F. Mayhur, London, 1974.

④ Daniel Bell, *The Coming of Postindustrial Society*: *A Venture in Social Forecasting*, Hainond Shaith: Penglun, 1974, p. 188.

⑤ Fredric Gameson, "Postmodermism and Comsmer Society, in Kaplan, ed, *Pastmdemoism and It Discontens*, *Theoris*, *Practices*, Lordon, New York: Verso, 1988.

⑥ Gean Baudullad, "The Ecstary of Communication," Hal Fovton ed. *Postmodern Culture*, London, 1985, pp. 126–34.

化解体的经验，尝试对这文化解体带来的不定性、虚无性及社会的控制性加以反省和理解，进而加以描述其特质，以别于现代文明的种种相状，求开出一种无定相之开放性体系。

后现代主义影响最大的人物，当是李奥泰（lyotard），《后现代处境》一书,① 于当前科学和文化处境作一整全的哲学反省，李氏认为后现代是对所谓"后设传述"（meta-marrative）的全盘怀疑，不再接受科学式任何权威性的真理标准，亦不接受所谓"共识"的理论，却让一切不同文化并存发展。

他认为知识不等同于科学，知识不单是一套描述性的语句，而且要学习到如何的实践行动，这种实践的知识往往要通过传统的传述（marrative）方法来传递，如古人以唱大戏或讲故事来带出道理，用各种语言游戏的规律，以不同方式叫人聆听，并在此树立了传述的权威性。

但近世科学兴起，建立一种新知识，以为必须通过逻辑提供证据去检证或否证一些语句，就可确定某论述与真相印证（comformity），这种知识只承认一套语言游戏，慢慢发展成一种专业和机构，对所有其他的传述知识加以审判，认为都是缺乏证据，原始而落伍的思想，科学逐渐成为一种"文化帝国主义"，并且认为自己的霸权是合法化的（legitimate）②。

李氏指出，所谓"现代"，就是相信有一套合法化的知识，成为一种"后设转述"，可审阅一切其他传述。但这时代已经过去，科学并无特别的合法性，它只是多种语言游戏中的一种，其合法性只靠那些承认这套游戏的团体去同意，是靠权力去建立，却不能客观证明自己，科学和任何传统的神话和传说一样，只是一套传述而已。

李氏认为，后现代就是这种具霸权性的"后设传述"崩溃之时代，最前卫的后现代思想，将要承认一切"并行不悖"，而基于一种新学问："并行不悖学"（paralogy）。

3. 后现代的"并行不悖学"

李奥泰认为自二次大战以后，各种庞大的传述系统均已失去其可信基础，因为科技已滑转了重点，只讲工具性的运作，而资本主义则重视个人享受商品和服务。

现代化的玄思系统，往往建立庞大系统去使一切知识得到联系与定位，并

---

① Jean-Francois Lyotard, *The Postmodern Condition*：*A Report on Knowledge*, translate by G. Bennington B. Massumi, Mnnespolis：university of Minnesota, 1989.

② Jean-Francois Lyotard, *The Postmodern Condition*：*A Report on Knowledge*, tronslate by G. Bennington B. Massumi, Mnnespolis：University of Minnesota, 1989, p. 27.

保住了科学的合法性，但这些系统往往不能自己证明自己，19 世纪末以来，各大传述系统已被视为一些思想游戏，科学和知识的合法性基础一步步地溃落。科学的"非合法化"（delegitimation）过程，就形成"后现代"的观点："科学只能玩自己的游戏，无能力去判别其他游戏的合法性。"①

有时我们见到一些修读过大一思想方法异论的学生，到处用其所谓理性的原则，去检查和判定他人说话的语句，对于所谓不清楚或无证据的语言认为无认知意义，加以嘲笑藐视，这就是典型的现代思想，视科学为检证一切其他语言的一套"后设传述"（meta-marrative）。但这在当代欧洲的前卫思潮看来，却是落后和狂妄，当科学的语言未能证明自己的合法性时，就不外是各种语言游戏之一，而无权去判其他语言游戏。李奥泰指出，维根斯坦的"语言游戏"观点，正是后现代世界要去发挥的。

后现代时期的科学，已改变了从前决定论形态的思想，一切都随着处境的改变而发展，知识正在失去其典范性与预测性，各种信念均不完整，甚至产生矛盾，任何控制均不全面，故李奥泰认为，必须用游戏理论去看后现代的科学，由此而提出其"并行不悖学"的观点。

所谓"并行不悖学"（paralogy），就是指出在任何自称评断一切的"后设传述"崩溃后，各理论或语言游戏均可并行不悖，再没有一套知识的霸权。任何理论都未发展完成，故可各自发挥。新的科学模式将反对一套稳定系统，而是一开放系统的模式，其中的语句之所以被认为合宜，在其能引发新观念，即引发其他语句与游戏规律。② 当前科学实用运作的并行不悖学活动，是要指陈科学游戏的后设规定，及诉求各游戏玩家去接受不同观点。

李奥泰批评哈伯玛斯（Habermas）的共识理论，所谓共识理论即认为人们可通过对话去建立双方的同意，及可改造一系统的表现。李奥泰认为共识是不可能达至的，因为各派均在争论中，而且共识常常是一种工具，去成就权力，是一些系统得到合法化基础。与其用共识去建立权力，不如让所有理论或语言游戏各自发展，并行不悖，后现代世界将是容骧一切多元并行的年代。

4. 德理达对人文主义的解构

当萨特大讲存在主义即人文主义的时候，海德格尔却反对将自己归入人文主义的范畴，他在《人文主义书简》中批判人文主义是一种既定的形而上学

①　Jean-Francois Lyotard, *The Postmodern Condition*：*A Report on Knowledge*, translate by G. Bennington B. Massumi, Mnnespolis：Vsiuessity of Minnesofa, 1989, p. 40.

②　Jean-Francois Lyotard, *The Postmodern Condition*, *A Report on Knowledge*, translate by G. Bennington B. Massumi, Mnnespolis：Vsiuessity of Minnesofa, 1989, p. 64

思想，视人的主体为宇宙的中心，认为人有普遍本质。海氏以人只是一时间性的在此存有，否定人文主义的主体哲学。

德国当代思想大师德里达（Derida）写《人的完蛋》一文，批判海德格尔仍在寻索一种人的共同尊严，基本上仍未摆脱人文主义那种人的本质观，要求追寻"事物本身现有的本质"①，仍是本质的形而上学或主体形而上学那种传统格局，德里达遂对之加以"解构"破斥。

德里达有句名言，就是"一切事物没有那么简单"，人文主义的人观往往给人一些简单的答案：如人是道德主体，人性有尊严，人有本质价值，或谓人是欲望的存有等。一两个简单清楚原则，高举一两套主义，评断天下一切，为时代提供简单的答案。德里达指出，所有这些大哲学，均可在其边缘发现其矛盾，而加以破斥解构。他研究各派哲学，不是要让人去理解其理论，却要叫人发觉这理论原是不可理解，矛盾重重，根本就没有意义。故他不是去重构（reconstruct）一哲学，却是去"解构"（deconstruct）之，说明任一理论都不行，都自我解消。哲学应是一实践，揭示"无有"而打破"现有哲学"（philosophy of presence）的框框，哲学若陷于"现有"事物，就永远陷于由界定而来的界限与迷执，只有即时破斥，才可释放。

人文主义对人"主体"、"意识"、"自主性"的界定，都把人放入框框中看，故德里达否定人的主体和自主性，认为康德及启蒙运动以来的形而上学人观及哲学人类学，均用一套理性理论去套住具体的人，最后就是非人化。不论是存在主义、马克思主义或结构主义的观点，均逃不了这种"非人化"的框框，当然中国新儒学强调的道德主体和道德意识，亦当被判为非人化了。

德里达更发表其巨著《格文学》（Grammatolgy）②，指出没有任何语言系统真能反映外物，传统西方哲学的认识论总想找个定点去保证知识的真实性，其实这只制造各种理论的狂妄和偏见。德里达批判传统太重视语言和言谈，他认为文字更重要，因为文字可写完加以涂掉（erase），随写随破，才能揭示无有，人才能突破人文主义与形而上学的框架。故由德里达的"解构"思想看，现代学人常自我认定为人文主义者，其实都是一种虚妄迷执，自设新框框去拘限自己。

总结言之，面临21世纪，所谓后现代时代的来临，人类回首一看，才知

---

① Jacques Derrida, *Margins of Philosophy*, translate by Alan Ban, Chicago：University of Chicago Press，1982，p. 81.

② Jacques Derrida, *Of Grammatology*, Translate by Gayatri Spivak, Baltimore：The Johns Hopkins Press，1979.

启蒙时代以来的现代文明，神化所谓个体、理性、科学和进步，及其所牵连的主体哲学、人文主义、唯物主义与实证主义，原来都是一些独断肤浅的教条式肯定，并不是宇宙的真相，人类常常根据某一年代所流行的知识，去架构世界观，建立意识形态，认为代表真理，使知识变成权力，但时代过后，才知这原来又是一种迷执，一种虚妄。现代人嘲笑中世纪的"日心论"，相信后现代人亦必嘲笑现代的唯物论和进化论。或许人多反省历史的演变，就多了解自己所执死的往往是基于狂妄和愚昧。

5. 后现代文化的核心课题——沟通的重建

综观后现代文化，从社会学角度看，是"后工业社会"的来临，社会的结构将由工业为主轴转向资讯为主轴；从哲学角度看，是启蒙时代的结束，是科学、理性及人文主义的崩溃。

启蒙时代的基本思考和沟通模式，是预设了一种"主—客"对立的架构，视物质规律和科学方法是客观，而艺术美感、道德价值和宗教真理则是主观，其高峰的思想是将宗教的真理性和普遍性相对比，以科学才代表客观真理，而后现代思潮推倒了这种"主—客"对立模式，使一切重新开放，找寻新的定位。

"主—客"对立的架构瓦解，使后现代成为一沟通困难的年代，各派有各派的传述系统，并行不悖，没有共识，没有客观的对话条件，以致很难有沟通。而现实上，资讯的革命，使人与人之间可用各种新机器通消息，沟通似乎多了，但机器传讯却又减弱了人与人的情志和人间沟通关系，且讯息很易被误解和扭曲，加上政治和经济对传媒的操纵，更形成有权力者控制资讯，对沟通作有系统的扭曲，故后现代世界亦缺乏沟通的"社会条件"。

后现代主义的"并行不悖学"和"解构"思想，是拆毁性的思潮，成功地摧毁了科学和理性的霸权，但却基于虚无主义的设定，从先存的信念上先否定了一切。但这种虚无主义信念却有一内在矛盾，即一方面认为各学派的传述无法建立共识，无法对话沟通，另一方面又不断写作批判各派思想，到处传扬自己的一套，似乎又肯定了人与人间有共通语言，有思想共识，可以沟通，那么当其传扬并行不悖学和解构思想时，是否已推翻了自己那否定一切的信念呢？

当虚无主义者在努力沟通自己那认为"人无法沟通"的观点时，已是解消了虚无主义的信念，肯定了人不论观点如何不同，仍是可以互相沟通的，这肯定即打开了后现代世界的哲学反思方向，去探讨人类沟通之所以可能的根基，并依此去重建沟通，批判资讯社会的沟通扭曲，这将是后现代文化的核心课题。

沟通的根基，在人永远处于情际关系（interpersonal relationship）的脉络（context）中。我们不须像人文主义者般界定人是一主体，用简单概念将人判定，却正面描述人与人的相关性现象，沟通是一不可推翻的事实，而沟通之所以可能在人与人处于相关的状态中，人在相关时，建立了全面的，包括情态和人格的关系，发而为语言的行动，去表达情态人格，并在情际关系中发展了理解和诠释的作用，而达至沟通。

6.“我—你相关”的思考模式

后现代的文化和哲学，解构了人文主义的主体观，摒弃了“主—客”对立的思考模式，若不想陷入虚无主义的自我矛盾中，就必须转移向“我—你相关”（I-Thou Relationship）的模式，以人与人的情际关系为核心，在关系中看沟通的全面事件，而不须界定主体和客体。

在沟通的事件中，沟通者通过语言和行动去发出一些讯息，每一讯息不单是一套命题，而限在语言中，同时也是用行动和各种语气表达出沟通者的感受、情怀倾向、人格状态、意志动机等，我们总称这一切为“情格性”（personality），在任何人与人的沟通事件中，人都表现为具情结者（a person），而沟通所建立的关系是为“情际关系”。

“情际关系”中的理解，不能建基于主体认知客体的静态概念方式，却是在沟通的过程中，逐步开显出互相的理解。正如一男一女相爱时的沟通，双方的理解不能以“主—客”对立的认知方式来决定，却是在过程中建立理解。沟通是一有机地相关而又不断转变的过程，理解是在这过程中一步步建立。从这意义下看的理解，只能是一诠释学（hermenautics）的过程，而不是传统的认知过程。

诠释学意义的理解，是视沟通者双方均各有其原先的理解事物观点，有其意义系统，伽德默（Gadamer）称之为一种“眼界”（horizon），这眼界是各自人生历史中形成的观点和偏见，然后在沟通的过程中，人与人传达的讯息相遇见，双方均须以自己原有的眼界，尝试融入对方的眼界中，造成“眼界的融合”（fusion of horizon）①，因而产生理解。

从沟通达至理解，是一眼界融合的诠释过程，每一“眼界”都牵涉了一个人的人生历史，先存成见，以及全面的情格状况，其中产生的诠释理解，不能是一客观抽离情格关系的认知，却是活生生地投入对方历史中，重新经历对

---

① Hans-Geory Gadamer, *Truth and Methed*, *Translat and ed.*, *Gaviett Banden and Gohn Coming*, New York：Continuum, 1979.

立的经验，而形成对他人情格和人生历史的感应沟通，是为一种感通关系（Interpemetrative telationship）。

理想的沟通是达致感通，感通关系的基本模式就是马丁浦伯（Matrim Buber）的"我—你相关"（I–Thou Relationship）模式①。即沟通者必须付出诚意，视对方不是一外在的"死物"（it）或客体（object），却是一可以交流情意的"你"（Thou），当双方都视对方是一"你"时，即可融入对方的情格和历史中，而有所感通，相互间有理解。

只有在这"你—我相关"的格局下，资讯机器才不再障碍沟通，使沟通成为可能。所谓"沟通的扭曲"就是社会权力和经济力量全面难阻了这基本格局，而我们亦正可基于这模式的标准，去批判社会体制，重建沟通的社会条件。另一方面也可用这模式去说明，真理不能孤立地被界定，却须在情际关系中显出来，故真理亦必为一有情格的真理。

二、中国哲学与后现代思想

1. 新儒学的不适切性

中国近代历史非常动荡，仁人志士大多投身于救国救民的行列，很难静心发展学术，所以中国哲学在近代颇为贫乏。在这百多年，真正成系统的哲人，就只有熊十力、唐君毅和牟宗三的新儒家学统。

新儒家的取向，是与近代的主体哲学结合，特别从康德以后的德国哲学的洞见中，发展一种内省的辩证或"逆觉体证"，去讲儒学修养，将本是主观历程的修养工夫放入主体哲学的架构中，得以理性地证成。唐君毅先生用黑格尔的精神现象学方法，描述人生体验，将人生种种现象视为一精神本体的实现过程，并把这精神本体等同为儒家的仁心，名之为"道德自我"，于是传统的仁心即在这种精神现象学的架构下被理性地撑开。

牟宗三先生则依康德的知识论而讲"认识心"，再由道德主体建立进达形而上本体之路，批判康德的上帝只是一预设，而不是一"呈现"，因而谓中国哲学由于肯定人是"有限而可无限"，可以通过修养实践，而得"智的直觉"，而使无限心"呈现"，然后再由无限心的坎陷，建立知识的根基。遂使中国哲学能在康德哲学的理性架构中安立，既可说这套道德形而上学胜于西方，又可

---

① Matin Buber, *I and Thou*, *Translat by R. G. Smith*, New York：Scnibners Som，1958.

下开知识科学和民主，而构作出现代的中国圆教系。①

这种以道德自我和道德主体为核心的思想，在文化上必然要强调"人文主义"，将启蒙运动所重视的人文精神套在中国哲学上，成为中国文化的标志，但结果亦把中国哲学放入了启蒙运动的框框中。这在"现代"思想极盛期，自然是妥善圆融的结，即善用了"理性"和"人文主义"的理念，同时又表示中国的殊胜处。

但在西方发展到时代转变的后现代世界，这套哲学就开始有点不适切了。当海德格尔成为 20 世纪的哲学重心，破除人性和人类学观点，也否认自己是人文主义者时，新儒学已很难与之对话，只能判之为"有气无理"的哲学，但欧洲思潮急转直下，诠释学、批判理论、解构思想和后现代主义纷纷登场，各领风骚，基本上已不再进入人文主义或人的主体性，抵制甚至否定启蒙运动之势已成，和建基于启蒙运动的新儒学已很少共同语言。

面对这些新发展，新儒家的人文主义，已很难再称为"新"的东西，若不要被迅速发展的时代遗弃，恐怕中国哲学研究者不能只写西方"人心不古"，或判之为无理无力无体，却须急起直追，重整中国哲学的基本预设，放弃偏狭的"人为中心"（anthropocentric）思想，用当代课题重建自己，才能勇锐地面对后现代。

2. 对圆教系统的批判

中国哲学与文化，要面对后现代世界的发展，必须破解其独断的道德形而上学系统，将新儒家强调的"圆教"和"判教"思想加以解构，转化成开放性的诠释学圆教。

新儒家的道德形而上学，是一精心完美的现代哲学体系，将康德哲学与中国哲学结合，并以中国哲学解决康德哲学的问题，形成评断一切而又包容一切的圆教系统。

圆教系统本是一很好的构想，面对现代西方种种新思潮的挑战时，可以包容进自己的理论框架中，安放一位置，加以欣赏，又可使之不构成自己的威胁。世界上各大宗教和文化传统，也可发展圆教系统，以开放心怀吸纳新思想，不同圆教系统之间也可对话沟通。但问题是当圆教配合着一种对其他宗教和文化传统加以"判教"时，就很容易形成一种自我无限化的情识，自以为可吸纳所有思想，而又高于所有思想，在这自命包容一切的体系下，一切思想的存在均在其统判之中，成为一种天朝下的伪多元化。

---

① 这些观点可参考牟宗三《智的直觉与中国哲学》，台北：商务印书馆，1971 年；《现代与物自身》，台北：学生书局，1975 年。

"判教"本是佛家在面对内部不同派别时所应用的方法，去共同肯定各派的价值，同时显示自己一派最圆融。佛家在自己教内分判，用佛家共同接纳的标准和原则，在系统中仍可说是合法。但如果佛家用这原则去判其他思想，将孔子封为菩萨，那就会不公平地把儒家纳入自己标准中，而加以判低了。当有一天，佛教徒全部自称"包容"了儒家，判定了孔子为"儒童菩萨"，又认为释加牟尼已成佛，比孔子高一点，也透脱一点，相信儒家对这种"包容"一定不服气。于是反过来用判教去判佛家有超越一面而无具体一面，或佛家系统是纵贯横沟，不及陆王的纵贯纵沟透彻，那佛教徒亦不会接受这种"包容"，因这种包容只是高一级的排他。

新儒家大师们讲判教，往往暗示这种独断性，一旦转为庸俗的文化民族主义，就变成满足民族自卑感的心态，对佛、基督及民主科学大举包容分判，一举判低判死，而自足于自己的圆教，那就陷入独断自是的框架中自我无限化，变成水泼不入的封闭体系，而不能迅速回应世界文化的发展了。

当代青年哲学家冯耀明指出，中国哲学"如果要变成为一种具有现代性的哲学，便必须要放弃传统的判教方式与圆教理想"，因为各教"难判高下"，"各别的立教与判教的标准并不是超然、独立的"，"只有在各式各样不同的求索方式底下互相交谈，中国哲学（以及中国以外的哲学）才能在不同的历史脉络与社会系统之中与该时代各个理性生命相互呼应"。这观点实能击中要害，为中国哲学打开一通气口，只有放弃自大的判教和圆教思想，中国哲学才能走入世界性的后现代发展，而与世界所有伟大的精神资源对话。

3. 应发展"后新儒学"思想

当代新儒学的最大成果，乃将传统儒家思想建基在近代康德与黑格尔的哲学根基上，使中国哲学能得到理性的安立，而融入现代哲学的架构中。唐君毅和牟宗三先生的历史使命已完成，其哲学史中的地位亦永不能抹杀。

但在世界文化迅速演变的情势下，儒学亦必须有相应的发展，就是进入"后唐牟"或"后新儒学"时期的研究，以回应所谓后工业社会和后现代文化。

就儒学的自己发展看，后新儒学必须为"语言"定位，如伽德默（Gadamer）曾提出的"语言性"，如何在儒家的本体论中找到立足点呢？又维根斯坦（Wittgenstein）的语言游戏观念，对当代哲学影响很大，儒学又如何应付呢？儒家若不开出对语言的观点，根本就不能和当代哲学对话，而只能闭门造车了。

其次，儒学亦必须发展一套实践方案，对后现代世界的社会政治演变，提出批判及行动方向，而不是纯在理论上讲民主政治如何由儒家"开出"，若中国有一天交给儒家们管治，他们能提出什么与众不同的方案，去开展未来的政治文化理想呢？又对政治社会的不公平处，依什么方法去判断和分析呢？儒家们若不能实践地面对当代中国，只知说这不是学者研究范围，或嫌政治社会的层次太低，那就很难适切面对时代了。

为语言定位和发展实践方案，是新儒学本份应走的方向，但这方面工作终使完成，仍未足够回应当前西方的思潮，面对福柯、狄理达和李奥泰等后结构主义和后现代主义，后儒学必先摆脱启蒙时代人文主义和主体哲学的框框，这须经过一全盘自省和"解构"的过程，从起点上摧毁主客分离对峙的假设，不是只由终点上讲智的直觉和超越主客的境界，转而由宇宙或天道的全体角度讲人的定位，不再落入人为中心的唯心论困局。

后现代主义的"并行不悖学"（paralogy）与新儒学的判教观及圆教观根本对立，前者容许多元并存，各自发展的思想，后者对各不同思想文化进行大包容，自命为一切哲学的最圆满完成，依自己的标准，判定各教派的价值等级和定位，好处是能欣赏和进入不同思想，坏处是对他人分层判定，没有平等并行的多元并进观念，结果是引发中国文化高人一等的妄识。西方李奥泰的"并行不悖学"或许有很多漏洞，以及虚无主义色彩太重，但其开放性机制却是后现代文化所必具的条件，后新儒学须发展平等亲人的开放体系，解除圆教结构的自大妄执，才可重整自身价值在世界的定位，而以中国哲学作为一人类精神资源的方式，贡献后现代世界。

4. 朱熹与儒学的后现代出路

在后现代思潮的冲击下，当代新儒家的人文主义、道德主体、圆教系统及道德形而上学，都免不了被"解构"，而至全盘瓦解的命运。那么中国的精神文化还有什么出路呢？从现代化转向后现代化的过程中，中国当代千辛万苦建立的新儒学，始终逃不了再被摧毁的前景，更可怕的是中国文化遗留下来者，并不是伟大的精神文化或人生智慧，却是那家长统治的意识形态、轻薄谩骂的猥琐文风和狂妄自欺的文化自大狂。那么中国人在未来世界还有什么剩下来的价值，可以堂堂正正地站在人类历史中呢？

从中国哲学资源里寻，能回应后现代主义那"并行不悖学"，还有两位大师，就是朱熹和唐君毅，因为他们原则上均不以主体哲学为核心，却建立了一开放的思想体系。

从朱熹早年的发展看，他也曾体验过道德主体的美善呈现，故有"为有源头活水来"及"万紫千红总是春"的悟道诗句。这是和陆象山、王阳明的境界一致的，但朱熹并无停留在这境界上，特别在离开老师李延平之后，发觉其教导的"默坐澄心，观喜怒哀乐未发以前气象"，总停留在不能落实的光景上，只是所谓"中"的境界，未能透入"发而皆中节"的所谓"和"，换言之，即是伟大的"天理"不能在实然的人生中彻底自由流露，故其诗有"未胜物欲昏"之叹。

于是朱子乃苦参"中和"的问题，其反省的核心在崇高美善的心体，如何能贯通在日用生活之中呢？人的原初善性，为何总不能在生活中实现呢？这一切善若不与现实生活通起来，又如何能成为圣人呢？这些问题迫使朱子提出"持敬"的理论，以"敬"去持守本体自然的气象，使之常存不失，因而其发动时即可"中节"。

朱子的哲学遂依此作了几个重要的区分，把"性"（心中的天理）与"情"（心灵的气质）分开，解释了人为何常常不能自然流露善的问题，主因在人的情不必然依天理而行，常有偏离。亦正因此而不能建立以道德主体为本的独断纵贯系统，却须强调心灵的开放感通，时常接物致知，即物而穷其理，不断地开放心灵，不断地诠释万物，不断地在格致的过程中丰富化自己。

面对后现代"并行不悖学"的挑战，中国儒学自不能一己独大地自命圆教，但又不能一下打散为后现代的虚无主义，其出路当是建立一"感通宇宙"，强调多元并存的一切文化和思想之间仍有感通，而朱熹哲学正可为此立根，他说："心之所以为用，感而遂通者也。"心体寂然至善，其发用则开放感通，可在后现代寻索感通其他并行文化与思想之道，而为沟通立下基础。

5. 唐君毅与后现代文化

后现代文化的核心问题，是当一切多元思想并存，并行不悖，又不能沟通，没有共识时，人类文明一切价值将面临解体，不论是启蒙时代建立的科学理性权威，或新儒学所讲的道德主体，均被踢出权威（或所谓"后设转述"）的领域，一切散归平列浪荡的散立世界，全体价值消散在虚无主义的黑洞中。

人类文化若想走脱虚无主义的黑洞，就必须在多元散立的世界中，重建沟通的根据，沟通不单是哈伯玛斯所讲的建立共识，却须肯定不同信念中的共通理解条件，并由人类的感通现象中重建一感通的宇宙。前者是欧洲诠释学思潮所走之路，后者就是中国当代哲人唐君毅所发展的方向。

唐君毅先生已逝世十多年，当年牟宗三判定其一生是一位"文化意识的巨人"，于是唐先生就被归入"文化意识"的框框中，有了历史定位，其哲学的成就即被一笔带过，再没有人去发展后唐君毅的哲学了，而多年来，后学们也相当满意于唐先生的定位，认为他继承和阐扬了中国文化，对他的哲学则轻描淡写地忽略了，新儒家哲学的主流，则落在"道德形而上学"的多方研究和发展上。

然而我近期反省人类文明转向后现代的发展，及后现代主义带来的重重挑战，已可预见道德形而上学的命运，在社会转型及文化核心价值改变的日子，一定会失去根基而崩解，文化和哲学必须适切回应时代的发展，否则维系不了多久，最多只能留在学院中被研究。

在这种发展和转化的形势下，我忽然发觉那久被搁置的唐君毅哲学，正可回应后现代的文化挑战，主要原因在唐先生提出了一个多元感通的本体论，而建立了一个感通的宇宙，这在唐先生则称为"性情的形而上学"。

唐君毅这感通的本体论，在其写《中国哲学原论·原道篇》时，其导论即有清楚简要的描写，他指出中国哲学言"道"的涵义，"可唯就一存有之通于其他存有而言。就通言道，则道非即是一存者，亦不必是一积极性的活动或变化，而只是消极性的虚通之境。"就人感觉之方式范畴言，道是感觉思想活动所"通过"以知物中的路，通过之后即可超越之。故道的涵义是"次第通贯——法与方式范畴，而更超过之。"

唐先生依此义而讲孔子的"仁道"，是人自己之内在感通，对他人之感通，及对天命鬼神之感通三方面，此中"通情成感，以感应成通"，这是人生命存在的精神活动。在多元并立、互相隔绝的后现代文化中，这感通本体论无疑可以重构人类沟通的根据。

6. 唐君毅的人生现象学

唐君毅的哲学，始于心灵对人生的深刻反省，然后惊觉于此心之能有灵觉反思，进而深入探索此心灵在人生中的自我实现和发展，这就是先生早年写《人生之体验》、《道德自我的建立》和《心物与人生》这三本书时的思考，这种对人生命反省的哲学，可以说是儒学的基本性格。

唐君毅的早期思想，可以归结为一种人生现象学，基本上受了黑格尔的精神现象学影响，视人生是一伟大的精神性生命心灵之彰显过程，这精神生命能自觉自发地追求和实现善，故亦是一道德自我主动地流现善性，其中通过各种苦难和罪恶的煎磨，渡过种种曲折，终得最后完成，而这是传统的所谓成圣，于是中国儒家心性之学即可以在这架构下得到新的营养滋润。

唐先生这早年思想，是顺着这人生现象学的格局，及传统中国哲学的人生修养和自省，而发展的一种哲学智慧，这哲学智慧的特点，是摆脱了知识论的封闭格式，维持了思想的开放性，使人生可以永远开放地冒险探索，而不陷入独断系统中，以为自己的系统已终极完成，代表了真理。

这种哲学具有清新可喜的性格，而没有传统的老人文化那僵死和狂妄，若评说唐君毅只是一位"文化意识巨人"，那是缺乏深入和正确的了解，唐先生的思想是一开放的哲学结构，以生命心灵的开展去呈现各不同世界，文化意识只是其中之一。因他在中年经历中国的巨变，痛思中西文化问题，乃用他这生命心灵的哲学贯穿入文化反思中，其间最关键的著作即是《文化意识与道德理性》，描述生命心灵在广大文化领域中的展现，而对中西文化做一全面的评价。

唐先生此期哲学的致命弱点，即是有太强烈的"人为中心"思想，把宇宙和文化都吞入人的心灵中，这将逃不了后现代文化的批判，但唐先生并非闭门造车之辈，他不断与当代思潮对话，故在后期思想即转出"感通宇宙"的思想，主要在其写六册《中国哲学原论》时，不断要找寻中国各门各派哲学间的通道，视之为生命心灵的不同彰显，而视所有哲学派别均可在一基础上互相感通，互相继承，互相转化，这时即转出各派多元并存互通的博大胸襟，而突破早年那种人为中心的格局。

此期间唐先生完成其巨著《生命存在与心灵境界》，而提出其"性情之形上学"，以一切哲学均可摄在人心的性情流行中了解，在思想流行历程次序中，各哲学均可相通。可惜唐先生写到此即飘然长逝，留下无数哲学洞见，不为人所了解，但我相信，这里隐涵一后现代的开放性圆教思想，而使中国哲学能立于未来文化中。

7. 儒学的诠释学转向

当代新儒家的最大困境，在其与启蒙运动所发展的知识论有太紧密的结合，在"主—客"对分的格局下树立起传统的道德心，而解之为一道德主体。儒家的仁心一被主体化，就逃不了"主—客"对立的现代框框，由此讲智的直觉超越主客，及良知坎陷开出知识，明显的启蒙时代思想架局，结果亦逃不了后现代主义对这框框的否定和结构。

西方哲学有一重要支流，避过了这解构之锋，即是"哲学诠释学"（Philosophical Hermemeutic）的路向。传统知识论总有一基本设定，即知识和语言是有一定对应的客观真实。以为客观真实存在那里，只要我们有可靠而严谨的知识或语言系统。即可确立真和假及何谓有认知意义的语句。这种设定很易引发独断和封闭性思维，哲学家可以自立一套检证真理的标准，自称是检查一切认知意义的判准，成立学派去相互吹捧，也可称雄一段时间。

但这种自封为"后设传述（meta-marrative）的封闭系统很快受到后现代主义的摧毁，因为这宣称本身也是一传述，是一语言游戏，根本不能自己证明自己的权威，其权威只是来自启蒙运动对理性的迷执和梦想而已。对于后现代文化来说，整个启蒙时代的知识论和哲学假设均无真理性。

在这背景下，从海德格尔到伽德默（Gadamer）的思想就避过了对知识论解构之锋芒。海德格尔将"理解"视为人生存在的方式，而不是主体所拥有的能力，任何理解都牵涉人先存的历史文化，先存的语言观念，先存的前提和假设，故任何理解均有先存的偏见，称之为"前理解"（pre-understanding），在主体与客体的自觉区分之前，是人存在的方式。

这种前理解的存有状态，有点像庄子在《齐物论》中所言的"成心"，这成心决定了人的是非判断，在哲学上基本是否定了主体可以毫无偏见地掌握客观真相，或各种"文本"（text）的原意，任何认识和理解都离不开前理解的偏见，人是受人生的时间性和历史性所限制，而不能傲慢地以为自己的一套具有检证知识确当性的真理标准。

伽德默则称这前理解状态为"先见"（prejudge），这先见由人的传统和历史所构成，是人理解时的基本眼界（horion），也是理解的基础，故他认为理解根本不是一方法论的问题，也没有任何不带偏见的中立方法论，理解是根于人生的存有。人生的历史，人生的先见。

也正是由于明白这理解的先存偏见性，哲学才可打破知识论或各种主义的狂傲，而建立开放的思考，我相信中国哲学要在后现代有出路，必须走诠释学的路线。

伽德默指出，人理解事物必有其"先见"，先见一辞的德文为（vorurteil），指"未有根据的判断"，在英文则译作"偏见"（prejudice），但德文意思较少有负面意义，故译为"先见"较适合。

启蒙运动以来，由于假设了理性的纯中立客观性，因而对"先见"有否定，但伽德默则指出人本就生存在历史中，早已形成其对事物之眼界，这眼界是人所站之处，是其理解一切的起点，因而没有人能超越其眼界而有纯中立的理解，这是理解的先决条件，也是其基本限制。

依这哲学路向思考，所谓理解，本身就是人生存在的方式，从来没有理解活动可以超越人生存在及人的先见，任何宣称客观中立或科学的观点或方法，都由先存偏见产生，并不具有真理性与权威性。当任何理论仅省到自身理解的偏见时，都要谦卑下来，不能目空一切地判这判那。

哲学诠释学打破了各种迷执的真理观后，必然要成为一开放系统，任何哲学理解均须永远开放自己，发现自己的先存偏见。这种观点可拆解中国哲学的自大和傲慢，任何判教系统均由其先见所形成，而不能自称涵容一切，是最圆融的圆教。

8. 本体——诠释学的方向

当代中国哲学家成中英曾努力从哲学诠释学角度去重整中国哲学，在其新出版的英文论文集《儒学新境界与新儒哲学》的序中，提出"理解的自发原则"（principle of the autonomy of understanding），认为理解不同于知识和资讯，却是心灵的状态、活动和意向，故是人生中的一个不断重整人格的过程。

成中英又提出"理解的整全原则"（principle of the totality of understanding），认为人自发地理解须包括一整全的理解领域，同时去理解事物的全体与部分，这整全眼界可通过庄子的"道"来掌握，道是一整全而包容一切和转化一切的真实，亦构成理解的整全领域。

这种从诠释学来论中国哲学的方向，可解除新儒学那"认知主体"的启蒙时代框框，而以一开放系统来讲中国哲学。成氏指出理解"是人生存在的体验，通过自发性和整全性来界定，不单通过世界事物的转化和互相依赖，及其与人生存在的关系来解释，却也由人生存在的创发性潜能，及人生是在开放世界中的一部分来看。"由于人生与世界的循环互动，而形成一"本体—诠释学的整体"，使人的理解不再陷入"主—客"对立的架构中，却是不断开放和探索的过程。

本体—诠释学的基本原则，是存有与方法的互动，一般现代性思想，是把方法分裂于人的存有，以方法是外在客观而掌握真理的程序，人的存有则是主观而运用方法的主体，认知事物的方法，及理解的过程均与人的存有分离，但"主体—诠释学"以理解的方法正基于人存有本体的历史性而来，为存有本体所衍生，而对存有本体自身及其眼界所及之世界加以理解。

存有衍生方法理解自身，因着这理解，存有对自身有新的理解，引发新的体验，而得以丰富自身，这丰富了的存有，又衍生新的方法去理解，于是方法亦得以丰富化，而对存有作新的理解。因此，存有是永在一自我开放的进程，存有与方法则永在互为丰富化的互动中。

这是开放的本体论，不再是一静态的知识论，在本体—诠释学的进程中，人可不断反省"先见"，而批判理解的先存偏见，形成诠释之开放性。并且依"理解的整全原则"，存有依整全的理解领域，对处境的全体与部分同时理解，而有格物致知的过程，再由这理解来丰富化存有自身，使存有对处境有适切的回应与行动。这亦形成"知"与"行"的互动，由理解处境之"知"，引发存有之"行"，用"行"感通处境，而引发新之"知"。"知"丰富化"行"，"行"丰富化"知"，成为不断互动的过程，使人的存有本体开放向处境，处境亦开放向人存有本质。

"本体—诠释学"的"存有"与"方法"互动，及"知"与"行"的互动，构成了不断开放和丰富化的过程，加上对先见的批判反省，及整体与部分兼重的理解，使任何不同思想和文化均得到"并行不悖"的各自独立性和多元性，但同时亦为不同思想与文化立下沟通的基础，因为"本体—诠释学"的理解过程，再不落入"主—客"对峙当中，却由每一存有本体开始，以开放方式，摄入其他存有本体的思想，而有"我—你"模式的相互理解，形成我与你的互相开放。

中国哲学本身具有"本体—诠释学"，如《易经》之本体和卦象（方法）间的衍生与互动关系，孔子哲学中仁之同时为本体与方法，朱熹哲学的格物致知，是由理到理的理解过程，即由心中之理以达万物之理，及"知行相须"的互动，均是具有"主体—诠释学"的模式，这亦是中国哲学能突破现代哲学和新儒家"主—客"框框的出路，而可全面重建，依新方式重整、克服后现代主义的挑战，回应后现代文化的需要。

（《社会科学战线》1994 年第 2 期）

维特根斯坦关于唯我论和
私人语言论述的联系

〔英国〕 戴维·佩尔斯*

我所研究的论题很广泛，但我将集中研究起于 1929 年——维特根斯坦在这一年重操哲学旧业——迄于 1936 年——他这一年在《论私人经验和感觉予料讲课的笔记》① 中第一次提出了所谓的 "私人语言论证"——这一段时间。这是一个极其活跃、骚动不安的时期。1930 年，他在给剑桥听众的讲课中说明了他在《逻辑哲学论》中的主要观点，这种说明已略有修改。1936 年，他提出了著名的论证来反对这样一种现象论，它以经验主义的方式来说明感觉预料——即各种感官知觉、视觉印象，等等——从而主张有人能够设立一种私人语言来完全脱离于物理世界地报导他自己的感觉预料。

这似乎说明，当他写《逻辑哲学论》时，他曾是这样的现象论者，直至 1936 年他才摆脱了那种知觉论的唯我主义倾向。我不同意对他的哲学发展做这样的解释，但我不在本文争论此事，我只想对于这 "中期" 的 7 年中维特根斯坦思想的发展作出不同的解释，而不去详细考察对立主张的依据。因此，如果我对研究有所推进的话，也不是无懈可击的。

我想从在《笔记》和《逻辑哲学论》中对于唯我论的论述谈起，对这一阶段的情况我只简略谈谈。因为，在我最近论维特根斯坦著作的第一卷（指 1987 年出版的《虚假的牢笼》第一卷）中，我反对这种看法：他的早期著作说明他力求摆脱以感觉预料为基础的唯我论，我不能设想现在可作出进一步的说明。

否定这种解释的主要原由有三个：第一，在《逻辑哲学论》中，维特根

---

* 作者单位：牛津大学。

① 《哲学评论》1968 年 7 月第 77 卷第 3 期。

斯坦小心翼翼地避免对于对象作范畴性的说明，他的两个中心论点——逻辑原子论和语言的图画特征——都是从语言的本性中推导出来的，而没有任何特定的本体论。第二，他在讨论唯我论时始终全力注意主体和自我，关于那些对呈现于主体的客体依赖于选择特定范畴的东西，他则一言未置。第三，他显然在同某个哲学家争论，这人从公共世界出发，试图在这世界中开辟出一个以仅仅建基于呈现于他的自我的对象的语言来描述的一个私人小天地。维特根斯坦对这论敌并不谈及这些对象的范畴，只是向他提出了一个二难推理：如果他的自我要借助于他的身体来识别，在这种情况下他的主张是自相矛盾的，而如果他的自我仅等同于这些对象所呈现的那个东西，在这种情况下他的主张是循环的，因而是空洞的。

这样来摈弃建基于自我的唯我论并不显得盛气凌人。因为，虽然维特根斯坦决不是唯我论者，甚至不把唯我论当成一种理论，但他却看到了唯我论的要旨。不过，他认为这是不能在实际的语言中表达的。对于这个判断，我在后面会多说一些。

让我们把维特根斯坦提出的二难推理称为"反对基于自我的唯我论的外部论证"。争论的两方都从公共世界出发，这论证是说，如果唯我论者拒绝通过他的身体来辨识他的自我，他的主张就是空洞的，即他什么也没有说。

唯我论者不大可能就这样认输。他或许会主张，要说他和维特根斯坦是在公共世界中开始他们的争论，这是一种幻觉，因此，要求公共地辨别他的自我是不公平的。的确，要求识别他的自我可能是不公平的。为什么他不能只是使用指示词，把它说成是"这个自我"呢？或者说成是（尽管有些难于理解）"这些对象所呈现的主体"呢？我们在这里有一个需要另一种论述的主张。我们可以希望得到另一种论证，它将表明，在私人世界中，唯我论者比他想象的更加理屈词穷。也许可以证明，他为了消除争执而使用指示词其实是不合法的，因为这预先假定了一些在他的私人世界中不再能满足的条件。

我将在后面尽力说明，维特根斯坦在这7年期间发挥了这种类型的论证。我把这称为"反对基于自我的唯我论的内部论证"。当然，这是一种归谬法，大意是，在这样表述的唯我论中，主体表达他的主张用的是这样的言词，如果他的主张为真他是不能使用的。

与此同时，维特根斯坦怎么看更为人们所熟知的那种唯我论，即建基于感觉预料之上的唯我论呢？我将尽力说明，他在这方面也从"外部论证"出发，这种论证攻击了把感觉预料说成一种范畴的作法。如果唯我论者以经验主义的方式把感觉预料说成是感官知觉或感觉印象，他将暗中依赖物理世界，他的主张将自相矛盾。因为感觉的本质在于它们处于我们的身体之中，而印象的本质在于，它们是与物理实在截然不同的。唯我论者怎么能够继续否定物理世界呢？

也许，在维特根斯坦看来，唯我论者所面临的二难推理的另一枝似乎要容易对付一些：即把感觉预料说成是直接知道的对象。但不幸的是，"直接知道"这个短语并不是有充足的特定含义的，因为它也把所指对象当成物理世界中的东西。如果他把这种直接知道说成他指的是"直接知道感觉预料"，以图应付目前的困难，他仍然是在他以往那个小圈子中活动。另一方面，如果他希望把对象范畴说成仅仅是与说"这些现象"时所指的那样，他就不会成功，因为这个短语在本体论方面是没有偏向的。

这就是反对基于感觉预料的唯我论的外部论证。但是，维特根斯坦还有两个可用来达到这一目的的内部论证。首先，他可以修改他以前反对基于自我的唯我论内部论证：他可以主张，使用指示词来确定感觉预料范畴是不合法的，因为这首先预设了在唯我论者的私人世界中不再满足的条件。第二，对于唯我论者要说明各类感觉预料而非它们的共同范畴的企图，他还有另一种内在的论证。根据这种论证（现在以"私人语言的论证"而著称），若唯我论者挑出一些特定的感觉预料来确认其范畴，这是不够的——他还必须规定哪些感觉预料属于哪种类型。但是他做不到这一点，因为区分正确规定和错误规定的唯一标准要依赖于公共世界。

我不想多谈反对基于自我的唯我论的外部论证。就这种论证的作用而言，它是有效的，在我现在所论述的 7 年期间，这论证没有得到进一步的发挥。在此期间，它的作用是成为其他三种论证的生长点。因此，现在我从反对基于自我的唯我论的内在论证出发来考察它们。

正确评价对这种论证的需要的最好方法是看看罗素对于自我的论述，他是在与维特根斯坦写《逻辑哲学论》的同时所写的书中提出这种论述的，在后来发表的论文《论亲知的性质》（*On the Nature of Acquaintance*）中，罗素面临着这样的困难：若要把"我"定义为"在知道我所知的东西中的主项"，这就是循环的，他的解决办法是，把"我"定义为"注意着这个的主体"，在这里，"这个"被当作某种感觉预料的逻辑专名。①

我们在这里看到了一种明显的企图，要用指示词来内在地确定自我，这将把基于自我的唯我论从维特根斯坦后来在他的二难推理的第二部分中所攻击的循环和空洞中拯救出来。问题在于唯我论者是否能够在他的私人世界中这样使

---

① R. C. 马希编：《逻辑和知识》，阿兰和尤温出版社，1956 年，第 168 页。

用指示词。我可以指我所在的房间中的那些对象，但我能够指视觉房间中的对象吗？①

在继续讨论之前，有必要区分维特根斯坦批评"内指（inward pointing）"的两个方面。第一，众所周知的是，他批评这种主张：为了确定一个一般语词的意义而指向一个样本是有决定性作用的。他认为，不管这个方法可能会多有用处，它本身并不完备。因为总有各种各样的方式从样本转移到其他情况，在每一种情况下，对语词都会产生不同的意义。这种论证既适用于内指，又适用于外指，但它对内指产生最大的作用。因为我所列举的第四项论证，即"私人语言论证"的主张是这样的：任何局限于自己心灵的人都不会有任何标准来识别正确的由彼及此的方法。

这种论证后来成为众所周知的，这就使得维特根斯坦对"内指"的这方面批评对于学习他后期哲学的人是耳熟能详了。不那么为人所知的是，这批评还有另一个方面，它针对唯我论者关于向个别的东西而非某些类别东西"内指"的假定。这就是我所谓的"反对基于自我的唯我论的内在论证"的批评路线。

维特根斯坦主张，唯我论者的"内指"未能获得在他的理论中它所需要的选择性。我现在想从他这一时期的著作中引证一些话来说明这种批评的要旨。

维特根斯坦在《褐皮书》（1934—1935）中考察了这种情况，哲学家可能"凝视某个对象并说'我看见了这个'而维持一种特定的视觉印象"：

> 但是，在我们的句子中，"我看见了这几个字是多余的。我并不想告诉自己，是我看见了这个，而不是我看见了它。或者可以这样说，我看不见这个，这是不可能的。这和下列说法是一样的：我不能用视觉中的手来给自己指示我所见的东西；因为这手并不指示我所见的东西，而是我所见东西的一部分。"②

他然后把论述从个别的印象转向其颜色，并说：

> 似乎是句子标示了我所看见的特定的颜色；似乎是它把颜色呈现给我。
>
> 我所看见的颜色似乎是自己的描述。
>
> 因为，用我的指头来指是徒劳无益的（此外，看并不是指，对我来

---

① 维特根斯坦：《哲学研究》第 1 卷，第 398 页。
② 《蓝皮书和褐皮书》，伯兰克威尔出版社，1958 年，第 175 页。

说，看不表示意味着把一个方向与其他方向区别开来的那个方向）。①

在《蓝皮书》（1933–1934）中还有一段话，说明了选择的失败，这未能获得使"内指"个别对象成为徒劳无益的：

> 当指着我所见之物说"我看见了这个"或"这个被看见了"是有意义的时候，指着某个我未看见的东西说"我看见了这个"或"这个被看见了"也是有意义的。在我作出唯我论的陈述时，我是在指着什么，但因为我把指和被指的东西密不可分地联系在一起，我使指的动作失去了它的意义。这相当于我用各种齿轮等东西制成一座钟，到最后把刻度盘紧压在指针上，使它围着指针转。这么一来，唯我论者所说的"只有这个是真正被看见的"使我们想起了同语反复。②

同样的批评，即"内指"不是有选择力的，以及同样的说明，在摩尔的笔记，即"维特根斯坦在1930—1933年的讲演"中亦能见到。③

必须注意，上述批评不是针对下列主张的：我能够将选择的注意集中于我的意识域中的一件事情上，而让其他东西褪隐。这种说法显然不错，尽管这并不完全像指向。维特根斯坦在这些文字中所攻击的是这种见解：我可以使用"内指"来把我目前意识域中的任何东西从某个更大的背景中挑选出来。

他的这种主张是对《逻辑哲学论》中下列说法的发挥：

> 因此我们不能在逻辑中说"在世界上有这个东西，以及这个东西，但没有那个东西"④。

从他现在的推导可知，如果我不能说这个，我甚至不能说，在我私人的小天地中有这个，除非用了指示词，在其中以其他东西为背景挑选出一件东西。不能够把指示词用来从事物的某个更大集合中挑出每一个东西，而唯我论者则想这样来使用指示词。

这种论证是简单的，它针对下列基于自我的唯我论者的主张：他可以根本不求助于公共世界而避免循环论证和随之而来的内容空洞；指示词似乎给了他这种便宜，但实际上它们并非如此。这是对罗素在"论亲和"中企图避免循环的直接反应。⑤

这简单的批评中包含有某些对于有效指示所要求的能力的重要暗示。似乎

---

① 《蓝皮书和褐皮书》，伯兰克威尔出版社，1958年，第175页。
② 《蓝皮书和褐皮书》，伯兰克威尔出版社，1958年，第71页。
③ 《精神》1955年1月第64卷第253期，第14–15页。
④ 维特根斯坦：《逻辑哲学论》，第5. 61节。
⑤ R. C. 马希编：《逻辑和知识》，阿兰和尤温出版社，1956年，第168页。

有两项要求：它应该是从一种可确定的基础中做出来，这基础应该是活动的。

考虑这两项要求的第一条。用作内指的基础必须是在心灵中直接知其精神环境的可辨识的主体。但在《哲学研究》中我们又读到：

……视觉空间不能有任何拥有者。①

他曾在《逻辑哲学论》中说过十分类似的话：

如果我写一本名叫"我所发现的世界"的书……只有主体是不能在那本书中提到的。

……你会说这完全像眼睛和视野的情况。但你确实看不见眼睛。

视野中没有任何东西让你推断出它是由眼睛看见的。②

休谟也曾注意到了自我的这种难以捉摸的性质，这种性质是很容易遭到误解的。不可能得到自我的印象，这当然不是偶然的。也不是仅仅因为下列任意的公理就使得这成为必然不可能：所有的意识主体决不能形成它自己的对象。为什么不能如此？需要说出一个理由，维特根斯坦在他讨论"几何之眼"和物理之眼时充分发挥的理由是这样的：如果你认为你有你的全部意识的主体的内在印象，你做不出任何实验来证实这确实是关于那个主体的印象。物理之眼是可辨别的对象，它的作用是可以证实的，因为可以闭上这眼以消除视觉，以及睁开这眼以恢复视觉。但是心灵完全不包含检查内在感觉对象的功能的有关实验所需的能力。

在《蓝皮书》所引段落中所强调的第二个要求是，指示所据以作出的可确认的基础应该是活动的。钟的指针从刻在钟面上的这一小时走向另一个小时，以此来指示时间，告诉我们现在是三点而不是两点。这是时钟传递具有实质性内容的信息的唯一方式。同样，我可以在我的物理环境中走动，指示这一个，而非那一个物体。但是，即使我的自我是可以确立的，它也不能在其精神的环境中作出类似的事情。认为指示的这个特征可以存在于精神世界纯属异想天开。

关于反对基于自我的唯我论的内在论证，我所说的就是这些。使这类唯我论有说服力的是它引人注目地、但并非完全依赖于内在精神世界。我确实能够在我的心灵中挑选出一些东西来，而毋需老是从物理角度核查我自己的同一性，甚至毋需找到一个固定的基础，例如自我。不过，这并没有，也不能算成是完全独立于物理世界。

---

① 维特根斯坦：《哲学研究》第 1 卷，第 398 页。

② 维特根斯坦：《逻辑哲学论》第 5.631–5.633 节。

　　我所列举的第三种论证，即对于基于感觉预料的唯我论的外部批评，是另一个题目。透彻地论述这个问题需要确定维特根斯坦是什么时候倾向于现象主义的。要确定他所考虑的现象主义是哪一种，还要估计他与现象主义接近到哪种程度。在这么广泛的论域中，我只能谈几点看法，但我希望这足以确定他的思想发展的主要路线。

　　我要谈的第一点是，存在着不同的标准，既可把"现象"含混地说成是在实际语言中互相关联着的东西，也可以把现象具体说成是感觉或者感官印象。用第一种方法来谈现象的现象主义者在把世界局限于现象时，不会划出清晰的界限，而经典的现象主义者在把世界局限于以经验主义方式来说明的感觉预料时，会作出鲜明得多的主张。

　　但是，经典的现象论者关于他的私人小天地的说法容易遭到十分类似于反对基于自我的唯我论的外在论证那样的批评。对感觉预料作经验主义的说明要求现象主义者一开始就要把立场站到物理世界中。那他怎么能说明感觉和感官印象是什么呢？显然，这种态度与他接着要作出的说明是不相容的。

　　因此，经典的现象主义者被迫退到了二难推理的另一枝：他必须尝试对感觉预料给出一种纯粹内在的说明。但是，他的一切努力都注定了有循环和空洞的弊病。其原因是简单的：我们有很多表示知觉或知道的动词，但他用来确定感觉预料的任何一个这类动词或动词词组也将把物理事物当成自己的对象。因此，他将不得不对它加上一些人为的限制——他所考虑的是，在它的用法中，感觉预料就是对象。但这样做是循环的，因此它就使他的对它的内容的论断的限制性描述丧失殆尽。

　　我所谓的"反对基于感觉预料的唯我论的外部论证"正是这种对于经典现象主义的批评。在这 7 年期间维特根斯坦的各种著述中都可以看到这种主张。下面就是一些例子：

　　　　哲学家认为，说存在感觉预料是一种哲学观点或信念。但是，说我相信存在着感觉预料就等于是说我相信当一个对象并不在我眼前时它可以显现在我眼前……非常奇怪的是，使用这种新的表达方式诱使人们错误地认为他们已经发现了新的实体，世界结构中的新元素……①

　　这段文字开头说明了为什么古典的现象论者在引入感觉预料时必须站在物理世界立场上的理由，然后批评他误解了自己的立场，认为这些感觉预料是一种新的对象。当然，正是这种想法使得他认为，他把这些对象用作在他的微观

---

① 《蓝皮书和褐皮书》，伯兰克威尔出版社，1958 年，第 70 页。

世界中建立一套私人语言的独立基础，而根据第四种论证，这一点他是不能做到的。但是，在1934年，维特根斯坦还没有走到这一步。在《蓝皮书》中，在这些意见的前后是在讨论哲学家们逐渐接受基于唯我论的感觉预料的途径：当他们引入感觉预料时，他们依赖物理世界，但他们构思的理论却排除了这种依赖性。

当我把这种论证当作与在《笔记》和《逻辑哲学论》中已经得到发挥的反对基于自我的唯我论的外部证论密切相关的论证时，我并不仅仅是推测。维特根斯坦《蓝皮书》中稍微前面一点的段落中——他在其中考察了物理之眼和几何之眼的区别——说明了这种关系：

> "几何之眼"这个词的语法与"物理之眼"这个词的语法之间的关系和表达式"一棵树的视觉预料"的语法与表达式"物理的树"的语法的关系是一样的。在这两种情况下，说"它们是不同种类的对象"会把每一件事情都混淆起来；因为，如果有人说感觉预料是一种与物理对象不同种类的对象，他就是误解了"种类"一词的语法，就像如果有人说数和数词是不同种类的对象则误理了"种类"一词的语法一样。①

维特根斯坦在《关于私人经验和感觉预料讲演的笔记》中极为详细地说明了他对基于自我的唯我论的批评和他对基于感觉预料的唯我论的批评之间的联系，但他的看法与他的第二种和第四种论证有更多的关系。不过，根据从《蓝皮书》中引证的两段话，可以得出一点肯定的结论：维特根斯坦在提出他的第四项论证之前，已经有了反对基于感觉预料的唯我论的外部论证。因此，如果他曾需要摆脱那种理论，这也不必等到1936年他提出第四项论证的时候。

反对基于感觉预料的唯我论的论证利用了经典现象主义中的一种不协调。一方面，这个理论想把感觉预料当作世界的最终界线，但另一方面，它又想以经验主义的方式把感觉预料说成是依赖于来自物理世界的知觉输入的路线的事物。但是，现象主义者不能同时以这两种方式来得到这理论。

我所列举的第四项论证是反对基于感觉预料的唯我论的内在论证，它作为"私人语言的论证"而更为人们所知。我现在不对它进行分析，但我或许可以简略地谈谈它。

主要想法是，存在着不能由指示词加以弥补的不足。在基于自我的唯我论

---

① 《蓝皮书和褐皮书》，伯兰克威尔出版社，1958年，第64页。参见安尼斯·安布罗斯编《维特根斯坦1932—1935年在剑桥大学的讲演》，伯克兰威尔出版社，1979年，第128页："关于感觉预料问题存在着一种根本性混淆，即把语法问题和自然科学的问题混同起来。"

中，缺陷在于没有不引起循环论证的确定唯我论者的自我的方法，论证是这样说的：这一点不能靠引入指示词以分辨出他的感觉预料，而把他的自我确认为这些感觉预料对之呈现的东西而得到弥补。在基于感觉预料的唯我论中，有双重缺陷。第一，维特根斯坦提出了一个过渡性的论点：把唯我论建基于感觉预料的哲学家需要非循环地确认这些感觉预料，但他做不到这一点，而这也不能靠指示词来补救。这正是反对基于自我的唯我论的内在论证的另一个方面。第二，当唯我论者试图确定他的感觉预料的类别而非它们的一般范畴时，他不会有非循环的方式来做到这一点——某类感觉只是使它感觉到为那一类的感觉——指示词也不能使他摆脱这种困难。在这两种情况下，唯一的补救办法是求助于物理世界。这就说明了这个著名的论证在维特根斯坦哲学的发展中占有什么地位。

（徐友渔　译）

（《社会科学战线》1995 年第 3 期）

重建文化主体意识

——精神文明建设的文化基础

（台湾）朱高正[*]

导　言

　　1840 年的鸦片战争是中国现代史的原点。传统的、农业的中国面临经过工业革命洗礼的西方帝国主义的强力挑战。自此之后，内忧外患纷至沓来，中华民族蒙受了前所未有的屈辱与苦难，民族的自信心与自尊心沦丧殆尽，对传统文化由失望、质疑以至彻底的否定，对西方各种主义（isms）则几乎毫不加选择地引入，众说纷纭，莫衷一是。一方面将西方过度美化，仿佛西方即是我们未来的理想。另一方面则与传统割裂，茫然无根，文化主体意识荡然无存。

　　1949 年中国共产党取得政权之初，遭到以美国为首的西方工业先进国家的抵制，彼此间的文化交流几近中断。1960 年代中、苏交恶，致双方各项交流合作项目被迫中止。十年"文革"期间则形同闭关自守，虽然维护了主权的独立，但封闭的心态也阻碍了中国现代化的进程，非但对西方的认知流于片面与浅薄，对传统的无知与轻蔑亦断绝了任何理性的反省与批判。直到 1978 年推行改革开放政策以后，才逐渐全方位地与国际接轨。然而，令人忧心的是，一股崇洋的风潮逐渐蔓延开来，用洋货、学洋文、送子女出国成了普遍的时尚，而民族的自豪感反未见伸张。而市场经济的推行，使原有的社会结构和思维习惯、价值观念遭到强烈的冲击，马列主义定于一尊的地位急遽下降，而中国传统文化又在"文革""破四旧"浪潮中遭到致命的打击，整个社会的价值观念顿失凭据，各个社会阶层均已出现信仰危机。在原有威权瓦解，人的欲望获得解放的情形下，拜金主义、享乐主义、消费主义席卷了人们的心灵，阻

---

　　[*] 作者单位：台湾中小企业联合会。

碍中国迈向一个现代化的社会。要解决这些复杂的问题，不能只停留在政治、经济、社会层面来考虑；要正本清源，一定要从文化认同——质言之——即从重建文化主体意识着手。

一、个人人格自觉与民族的文化主体意识

我们若将民族视为一个文化创造的主体，则民族与个体之间有许多地方可以相提并论。一个民族文化意识的觉醒相当于一个人人格的觉醒。因此，为了阐明"文化主体意识"，笔者想先从"主体的时间性"（Zeitlichkeit des Subjekts）谈起。

1. 从主体的时间性到主体的历史性

所谓"主体的时间性"系相对于"客体的时间性"而言。人做为一个认知的主体，并非存立于时间里面，时间乃是由人的主体性所赋予的。譬如："钟声在响"或"钟声曾响"。"声响"本身是一回事，那是声音本身在客体方面的时间性；至于"我""听到"钟声在响或"我""曾听到"钟响是另一回事，是主体方面的时间性。由于主体具有时间性，认知主体得以将杂多的现象世界依序排列，分其先后。主体若是没有时间性，则任何思维、反省皆不可能，最后导致所有的意识活动皆不可能。换言之，时间性是内含于做为一个认知主体里面，是任何一个认知主体所不可或缺者。回到刚刚声响的问题来做比喻：客体上的"钟在响"与主体上的"我听到钟在响"，其中有事实上的"时差"，即当我"感受到"钟在响时，钟可能已经不响了。我基于现实生活中的经验，经由"回溯"而推论出"刚才钟在响"，这种回溯的能力称为"回顾"（Retention）。"回顾"的概念告诉我们：我们在从事回顾时，无法针对严格意义的"现在"去回顾，只有对"过去"（也许是刚刚溜逝的"过去"）才能够回顾；在反省时，也只有对"过去"的事才能够反省。

人做为一个认知的主体，除了回顾的能力之外，还有"反省"的能力。反省是经由回顾，针对外在的客观事物所为的有意识的认知活动；更深一层则是对认知主体自身的反省，这就是"自觉"，亦称为"二度反省"（即针对"反省"再予以"反省"）。在时间上，将"此时自觉"与"彼时自觉"以至时时刻刻的"自觉"贯串起来的即靠"统觉"（Apperzeption），亦即"自觉的先验统一性"。主体的自觉经由"统觉"而得以贯串成一致的整体，即形成主体之所以为主体的"主体性"（Subjektivitaet）。在"主体性"确立之后，每个主体都拥有其自有、独有、固有的历史的能力，称为"主体的历史性"（Geschichtlichkeit des Subjekts）。

只有认知主体才有从主体的时间性发展出主体的历史性的可能。人做为一个认知的主体，每个人都有独特的经验和背景，经过回顾与反省，每个人都会拥有自已所独有的"历史"。此外，人是一个存有，存有在不同的方式和不同的时空之中；而人有思维、欲求、计划以及着手施行的能力。因此，每个人的生活均有其独特的历史，每个人也可以经由自已的企图心与努力开发出专属于自己的精神内涵。把主体在各个时段的所思、所欲、所求、所为贯串起来，在真实的人生中不断地加以充实、贯彻的能力，即是预设了"主体的历史性"。

2．内在的我性与人格的自觉

由"主体的历史性"可进一步引申出人"内在的我性"（Innere Ichheit）。"内在的我性"是相对于"外在的我性"而言。某人出生于何时何地，在何处就学、工作、游历，这是"外在的我性"。"外在的我性"可能是被决定的，是不自由的，但"内在的我性"却可以是很自由的。所谓"你可以限制我身体的自由，但无法限制我思想的自由"。每个人"内在的我性"不同，因为每个人的内心深处都有自已的愿望、企图、成败、荣枯、喜怒，每个人真实的人生过程中所发生、接触者皆形成其精神内涵的一部分，这些"内在的我性"积累下来，整体而言即是"人格"（Personlichkeit）.

每个人都有独特的人格，对此人格予以反省，如何而后能克服人格既有的缺憾，或如何而后能充分地发展或实现固有的才分，即是"人格的自觉"。有自觉人格的个体，必然是活在对过去不断反省、检讨和重新评价之中，并以此做为基础，决定现在，规划未来，从而发展出更丰富、更健全、更充实的精神内涵。只有对"过去"不断反省、检讨、批判、重新评价，从"过去"自我学习，汲取教训，这种"过去"才是鲜活的，有新义的，也才能不断影响现在的决定和对未来的规划。

3．文化主体意识的凸显

一个民族跟个人一样，有其"主体的时间性"：即一个民族不再只像一般人生活在时间之中，而是以全民族为主体赋予时间以意义。在此情况下，依据前面的论述，一个民族将"回顾"过去对整个民族有意义的事件或决定，并进而予以"反省"，并对此"反省"再予以"反省"，从而产生民族的自觉。再借着民族"自觉的统一性"，将"此时自觉"与"彼时自觉"贯串起来，此民族"自觉的统一性"即民族文化"主体性"之显现，该文化主体即拥有该民族自有、独有、固有之历史的能力，称为民族的历史性。借着民族的历史性，这个民族能够清楚地判别过去的光荣、耻辱，知道有过什么重大的成就或严重的挫败，知道如何合理地规划全民族未来的发展，在此情况下，一个民族做为一个文化的单元，也有其"内在的我性"。

"文化意识"即将整个民族"内在的我性"综合起来，对其做有意识的省察。优越之处继续保存，不足之处予以加强，欠缺之处加以改进，如此即是文化意识的觉醒，也就是"文化主体意识"的凸显。

主体性的凸显，对个人而言是认识自己、批判自己、超越自己，从而创造自己。对整个民族文化而言，则是接受传统、承认传统，进而认识传统、批判传统，超越传统。从而创新传统。易言之，我们绝不仅仅是五千年传统文化的承受者而已，我们更肩负着检讨、批判、创新文化的责任；我们不只是被动地、无意识地承受传统文化的"客体"而已，我们更是重新评价传统文化，进而开创新文化的"主体"！如此的传统才是活的传统，如此对过去的传统文化负责的文化创造，才是真正的文化自由创造！

二、以思想"再启蒙运动"推动文化主体意识的重建

一个具有文化主体意识的民族，知道面临问题时，如何衡量客观的条件和主观的能力，知道审时度势，深入大环境，而后将问题加以解决。百余年来，我们的文化主体意识沦丧殆尽，对传统失去了回顾与反省的能力，以致面临问题时，不知何所适从，遑遑如丧家之犬。须知追求现代化不能脱离传统；全世界没有一个国家是以彻底否定自己文化传统而完成现代化的。由此可见，文化主体意识的重建，不仅决定了中国大陆经济改革的成败，更决定了中国全方位现代化的目标能否达成。为唤醒全民族有意识地接受、有意识地承认我们所独有的传统文化，以重建文化主体意识，就必须推动一场"思想再启蒙"运动。

1. 西欧经由启蒙运动进入近现代社会

其实"启蒙运动"是欧陆文化史上最活泼、最具冲击力的知识分子自觉运动。它针对当时的社会、文化进行全面的反省与批评，影响所及，扭转了整个历史发展的轨迹，欧洲正是经由启蒙运动而进入近现代社会。因此，今天中国要完成全方位的现代化，也亟需一场适合中国国情的启蒙运动。

18世纪的欧洲虽然已挣脱出黑暗时代的中世纪达300年之久，也已受过文艺复兴、人文主义及宗教改革的洗礼，但基本上，仍只是停留在整理古希腊、罗马文化的阶段以及局部性地承认信仰自由而已。个人在整个社会中的地位微不足道，贵族及高僧是天生的统治者，他们可以不识之无，却仍然安居统治阶级。反之，那些以哲学家自许的启蒙运动人物，虽然学富五车，却得听命于不学无术的贵族及高僧。就在启蒙运动的大洪流中，他们发现了"理性"的伟大，中国不就是活生生的一个例子吗？没有教会，没有贵族阶级的中国之所以发展出那么典雅的礼俗文物、典章制度，有那么大的广土众民，有如此悠

远的历史传承、杰出的科学成就，就是因为中国的古圣先贤很早就把理性运用到政治、社会、人事各方面。

2. 没有中国的榜样就没有启蒙运动

其实，自马可波罗以迄 17、18 世纪，中国一直是欧洲各国艳羡仿效的对象。欧陆大哲学家和数学家莱布尼茨（Leibniz, 1646–1716），一生即对中国文化推崇备至。莱布尼茨正是在 1703 年研读伏羲六十四卦方圆图之后，才有信心将其论文《关于仅用零与一两个记号的二进制算术的说明并附有其效用及关于据此解释古代中国伏羲图的探讨》发表。莱布尼茨发现，以零代"阴"，以一代"阳"，则乾卦（☰）之值为六十三（$1 \times 2^5 + 1 \times 2^4 + 1 \times 2^3 + 1 \times 2^2 + 1 \times 2^1 + 1 \times 2^0 = 63$），坤卦（☷）之值为零（$0 \times 2^5 + 0 \times 2^4 + 0 \times 2^3 + 0 \times 2^2 + 0 \times 2^1 + 0 \times 2^0 = 0$），井卦（☵）之值为二十六（$0 \times 2^5 + 1 \times 2^4 + 1 \times 2^3 + 0 \times 2^2 + 1 \times 2^1 + 0 \times 2^0 = 26$），六十四卦之值刚好对应从零到六十三。而二进位算术就是今日电脑的理论基础。

莱布尼茨最尊敬的统治者也是当时中国的皇帝康熙（在位期间 1662–1722）。康熙皇帝不但精通当时由耶稣会传教士带来的西方科技，如天文、数学，也亲自撰写数学著作《数理精蕴》；其对传统文化的承续与发扬更是不遗余力。康熙五十一年，他有感于朱熹"集大成而绪千百年之绝学，开愚蒙而立亿万世一定之规"的伟大贡献，下诏升朱熹配祀孔庙"十哲"之列，朱熹的牌位从孔庙东庑移入了大成殿。康熙五十二年，又亲自指派福建出身的大学士李光地编纂《周易折中》，总结了历朝以来的易说。而莱布尼茨本人也对数学与易学的发展做出了重大的贡献，如发明微积分及发展易学的数理研究。难怪其言及康熙皇帝时，常流露出一份孺慕之情。莱布尼茨作为欧陆理性主义的宗师，最推崇中国文化，尤其赞扬中国在实践哲学上的表现，这对后来的启蒙运动产生了深远的影响。易言之，没有中国的榜样，就没有以理性为主导的启蒙运动。

18 世纪初，哈勒大学已成为启蒙运动的重镇。被公认为莱布尼茨传人，也是启蒙运动健将的吴尔夫（Christian Wolff, 1679—1754）于 1721 年出任哈勒大学校长的就职演说中，坦承他的道德哲学基本上和中国的孔子是一样的。他盛赞中国虽然不是基督教国家，却拥有极为良好的社会礼俗及典章制度。这个见解和当时欧洲人的历史经验大相径庭。盖希腊、罗马以外的欧洲人皈依基督教以前野蛮无文，因此，认为任何尚未皈依教会的地域也都是野蛮无文。吴尔夫则认为这种推论是昧于事实的，他认为没有教会的中国之所以能发展出如此高的文明，均拜孔子之赐。因为孔子提倡理智的人生态度，摆脱迷信的羁绊，"不语怪力乱神"，处处"克己复礼"。可见"理性"除了在理论上可以发现、认识真理外，在实践上也可以建立放诸四海而皆准的社会礼俗与典章制度。这与是否皈依基督教毫无关系。这种大胆的见解自然触怒了当权的教会，因此吴尔夫被迫离开在哈勒的教职。三年后，才又回到哈勒，建立了彻头彻尾的理性主义，以"理性"为人的本质，认为经由理性，一切的弊端均可扫除，经由理性，人类社会可以不断进步，以至于完美无缺。

3. 康德——启蒙运动的哲学家

1789 年的法国大革命标帜着启蒙运动的顶峰。普鲁士哲学家康德（Immanuel Kant，1724-1804）则总结了法国大革命前夕哲学思想的成就。康德的老师克努臣（Martin Knutzen，1713-1751）是吴尔夫的学生，而康德在大学里讲授伦理学与法权哲学时所选用的教科书的作者——主要是包姆加顿（Alexander Gottlieb Baumgarten，1714—1762）与阿亨瓦（Gottfried Achenwall，1719—1772）——亦属莱布尼茨—吴尔夫学派。莱布尼茨与吴尔夫均对中国文化推崇不已。由此可见，康德也深受中国文化的薰陶与启迪，难怪长久以来康德被称为"哥尼斯堡的中国人"。也正因如此，才得以成就其宏伟庄严的哲学体系。

《开放的社会及其敌人》的作者卡尔·波帕（Karl Popper）于 1954 年，为纪念康德逝世一百五十周年，应英国国家广播电台（BBC）之邀，发表专题演讲，题为《康德——启蒙运动的哲学家》，将康德定位为启蒙运动的导师。康德在《何谓启蒙运动》（Was ist Aufklaerung）一书中将"启蒙"界定为"一个人要从归咎于自己的未成年状态中走出来"。所谓"未成年状态"乃是指若无第三者从旁指导，就无法运用自己理性的状态。至于哪一种未成年状态是该"归咎于自己"呢？康德说，不是因为他心智尚未成熟，而是因为他缺乏决心、勇气和担当，致不敢独立运用自己的理性。所以康德认为，启蒙就是要求每一个人公开地运用自己的理性。每个人针对任何可以公开评论的事物，把自己内心的看法、想法讲出来，让别人可针对你的看法提出评论。相对地，你也可针对别人对你的看法的评论，再予以公开评论，这样就形成了一个公开讨论的情境，社会也就逐渐走向开放体系。

日本在明治维新时期，也出现了一位被尊称为"现代日本教育之父"的启蒙思想家——福泽谕吉，他也是现在日本庆应大学的前身——庆应义塾的创办人。福泽谕吉一方面引介西方思想，一方面竭力呼吁：要把日本建设成一个现代化的国家，其先决条件就是要培养现代化的国民，而现代化国民的特质就显现在具有独立精神气象的人格之上。有独立自主的国民，方有独立自主的国家。福泽氏的思想促成了明治维新，对往后日本的发展产生了重大的影响。

4. 五四运动与"文革"

在近现代的中国，以知识份子为主的五四运动，在某种意义上，本也可说是一个启蒙运动，然而其最大的不幸，就是号召"打倒孔家店"，从根全盘否定了中国自己的文化。到了十年"文革"期间，更全面而彻底地打击传统优秀文化。这使得原本立意良善、有除旧布新的、进步意义的五四运动和"文革"，反过头来阻碍了中国现代化的事业。

康德曾说："经由革命固然可以推翻个人的专恣、暴虐，但新的成见取代旧有的成见，会继续宰控大众。真正的改革是思维方式的改变。"盲目的激情并不足以成事；惟有透过理性的反省与批判，立足于传统，超越与创新才有可能。

三、培养具有独立自主人格的国民是重建文化主体意识的前提

"思想再启蒙"运动的目标即是鼓励每个人勇于运用自己的理性，亦即席勒（Schiller）所言："要有勇气！"（Sapere aude）惟有发挥启蒙的精神，勇于运用理性，拒绝做个性与惯性的奴隶，才有独立自主的人格。换言之，建立具有独立自主人格的国民，是重建文化主体意识的前提，也是"思想再启蒙"运动的核心。

1. 人格的自由、自律与自主

独立自主的人格则彰显在人的自由、自律与自主之上，有关这个问题，在哲学史上康德探讨得最为深刻，他在其晚年名著，即 1797 年出版的《道德形上学》中，将"自由"界定为"人可以独立于一切经验因素的制约，而让纯粹理性的要求成为实践的能力"。经验因素的制约指的是一般经验法则的规制，如好逸恶劳、趋福避祸、贪生怕死等社会心理法则。人虽然会受到这些经验法则的"影响"，却不见得因而受其"决定"。人之所以有价值，在于人有自由意志，人不但可以认识经验法则、运用经验法则，尤其可贵的是，人也可以悖逆经验法则来定其行止。亦即人可以超越经验上的限制，摆脱外在诱惑或内心欲念的制约，而使纯理的要求——不单单停留在"理论的层次"——脚踏实地成为指导我们立意与行为的最高原则。易言之，由于人是有理性的，因此人的意志是自由的，所以人可以决定自己的行为，成为自己的行为的立法者，这就是"自律"的意义。而因为人可以规定自己的行为，因此，人也该为自己的行为负责，这种自我负责的精神，正是人具有主体性的表征。而人性尊严也在意志自由里表露无遗。

举例而言，某甲在人潮滚滚的上海滩捡到十万块时，众目睽睽逼得某甲只有将这十万块送交公安。虽说拾金不昧，但却是外在条件决定了某甲的行为，故其行为并无道德价值可言。假若这十万块掉在空无一人的荒野上，纵然将其据为己有，亦无人知晓，但某甲却毅然决然地将这笔钱交给公安，因为理性要

求："己所不欲，勿施于人"，非我所有者，即不应占为己有。道德价值就在这服膺理性的要求上显现，这也就是自由。再假设当某甲在茫茫荒野捡到十万块时，其亲人正患重病，亟需这笔款项；或者刚好失主对某甲积欠巨额债务，迟迟不还。然而某甲仍然把这笔钱送交公安，如此，尤见其道德价值之高。由此可见，当私欲愈强而能加以克制者，或者外在的诱惑力愈强却能有所不为者，其道德价值就愈高，也愈能凸显人的主体性。

2. "自由"就是"克己复礼"

"自由"理念的严谨论证固由康德所完成；然而，早在2500年前，孔子即以简洁有力的四个字将"自由"的精蕴完整地表达出来，即"克己复礼"。南宋集理学之大成的朱熹（1130—1200）将"克己复礼"诠释为"克制一己之私欲，回复天理之本然"。心学传人王阳明（1472—1528）则将之解释为"存乎天理之极，而无一毫人欲之私"。朱子与阳明先生做为传统儒学的两大流派——理学与心学——的宗师，于此并无异见，与前述康德对"自由"的定义若合符节，但前者远比康德早了600年，后者亦早了200年。"克己复礼"所蕴涵的"自由"精神毋宁是传统儒家的基本信念。孔子说："我欲仁，斯仁至矣！"又说："为仁由己，而由乎人哉！"孟子也说："舜何人也，予何人也，有为者，亦若是。"这种主观能动的精神正彰显"人格的自由、自律与自主。"因此，康德所建构的实践哲学体系，实渊源于儒家思想里"克己复礼"、"有理走遍天下，无理寸步难行"的崇理讲理的人生态度。

四、社会自由主义、调和自由主义与社会主义

长期以来，人们多把社会主义与自由主义视为互相排斥的思想流派。其实，社会主义所批评的自由主义只是"与个人主义或资本主义相结合的自由主义"。而自由主义批评社会主义，亦并非全然否定社会主义和平等理念。至少康德的思想体系与社会主义不但不对立，且可相互辉映。19世纪下半叶，也有一批康德学者投入社会主义运动的洪流里，其中以福连德（Karl Vorlaender，1860—1928）与阿德勒（Max Adler，1873—1937）两人最为著名，他们发表了一系列的专门著作，阐述社会主义思想与康德哲学的联系。相反地，共产主义领袖中，受康德感召者亦不在少数，其中以伯恩斯坦（Eduard Bernstein，1850—1932）最为有名。何以康德哲学会出现社会主义，这根本上与19世纪中叶以来激烈的工业革命所带来的社会问题分不开。易言之，将康德批判哲学用来解决工业革命所带来的不公、不平、强凌弱、大欺小的社会问题，就自然而然形成"社会自由主义"或"社会主义的自由主义"（Sozialistischer Liberalismus）。兼含"自由"与"平等"两大理念的"社会自由主义"正好可以调和自由主义和社会主义。以社会主义修正自由主义的弊端，以自由主义补足社会主义的缺失。

1. "互为主体性"是"社会连带"的基础

"社会自由主义"追求"人格的自由、自律与自主"。但人也是一定社会条件下的人，个人无法脱离社会网络而独自存在。人只有在社会生活中与别人交往，才能发展出独立自主的人格。所以，人在建立自己主体性的同时，亦必须承认他人的主体性，此即"互为主体性"（Intersubjektivitaet）。"互为主体性"的概念，在中国传统思想中，正和作为儒家思想重心的"仁"意义相通。二人为仁，仁就是讨论个人与其他人之间的关系。曾子说："夫子之道，忠恕而已矣。"尽己之谓忠，恕则是推己及人，推己及人正是"互为主体性"之意。

这种"互为主体性"的概念正是"社会连带（Soziale Solidaritaet）的基础。社会连带即是"团结"，也就是意谓着"人"与"人"之间、"团体"与"团体"之间、"阶层"与"阶层"之间的互助，也意谓着"世代"与"世代"之间、"文化"与"文化"之间的相连带。在中国传统文化中，所谓"上天有好生之德"的天道观，和"不患寡而患不均"、"损有余以补不足"、"衰多益寡"、"称物平施"等思想，其实就是"社会连带"观念的古代版。

2. "社会自由主义"合于中庸之道

在此笔者要再度强调的是，"社会自由主义"绝非舶来品，相反的，是中国古已有之的宝贵精神遗产。中国是广土众民的大国，对不同的思想文化有着极大的包容力——这是中国文化与西方最大不同之处。举例来说，在西方"有神论"和"无神论"间的争议绵延数千年而不绝，甚至从"有神论"发展为"一神论"，持"神论"之见的不同教派势不相容，终于演成惨烈的宗教战争。在中国，"无神论"与"有神论"的争论，却几乎不曾成为思想界讨论的主题。历朝能臣的治国思想莫不兼采众家学说之所长，而少有独持一家之见者。这种兼容调和各家思想长处的"中道"思想，在力求百家争鸣的哲学思想领域，固不足取，然而在政治上却是唯一务实可行的方案。

其实，这种"中道"思想早就存在于中国人的心灵深处，相传，当尧将帝位传给舜时，赠以"允执厥中"四字。舜把帝位禅让给舜时，将之扩充为十六字："人心惟危，道心惟微，惟精惟一，允执厥中。"意谓"人心"易受外物诱惑而为私欲所蒙蔽，因此危惧不安。"道心"，即义理之心，却又如此隐晦不明。惟有专注精诚，使"人心"不致偏离"道心"，才能执守中道。朱熹针对这"十六字心传"阐明道："夫尧、舜、禹，天下之大圣也。以天下相传，天下之大事也。以天下之大圣，行天下之大事，而其授受之际，丁宁告戒，不过如此。则天下之理，岂有以加于此哉?"(《中庸章句序》)朱熹对传统文化的最大贡献之一就是发扬了传统的中道思想，将《论语》、《孟子》、《大学》、《中庸》并列为四书。《论语》与《孟子》提倡"克己复礼"的"自由"精神，《大学》亦以"明明德"为中心彰显了人的主体性。《中庸》则将中庸之道精微地落实于慎独的至诚之道。而儒、道二家所共尊奉的《易经》更将中道思想发挥得淋漓尽致。今日的"思想再启蒙"运动所要求的"社会自由主义"正是渊源于中国传统中庸之道。

3. 中国原是世界上最文明的国家

缅怀历史，直到18世纪为止，中国仍是世界上最文明的国家。春秋战国以来，即有私学，每个人经由自己的努力，布衣可以为卿相。历来皇帝开科取仕，即使门阀观念最重的魏晋南北朝亦不会排除平民参政的管道。这一套文官制度，英国一直到17世纪才间接由新加坡学得。以唐朝为例，皇帝的敕书须经凤阁鸾台，即中书省拟案，门下省副署，始为有效，所谓"不经凤阁鸾台宣过，何名为敕"。在帝制的形貌下自有一套权力制衡的制度，比起16世纪还在讲绝对王权的欧洲来强得多了。中国雄据东亚大陆，自盘庚迁殷（西元前1384年）迄今已逾3300年，历史未曾中断。偌大之民族，繁衍不息，环顾古今中外，可谓绝无仅有，若非中国传统文化有过人之处，拥有完备的典章制度，何以至此!

即使在明末清初因欧洲耶稣会传教士来华传教所带动的中西文化交流之中，中国的礼俗文明与完备的典章制度仍极受欧洲知识界的推崇。只可惜清雍正帝因故禁止传教士来华活动，中西文化交流因此中断。经过一百多年的闭关自守，塑造了国民故步自封的偏颇心态。等到再度与西方接触时，西方已经过启蒙运动与工业革命的洗礼。面对西方列强的船坚炮利，中国毫无招架之力，原来唯我独尊的天朝美梦彻底粉碎，民族的自信心与自尊心丧失殆尽，传统文化遭受无情的污蔑与打击。其实，近200年来的政治菁英与知识菁英才应对近现代中国所蒙受的屈辱与苦难负起最大的责任。不明就里，盲目指责传统文化，归罪祖先，乃是败家子的行径。今天唯有重新了解历史传统，确认中国人的智慧。我们的祖先在古代既能随着不同的历史与社会条件，迭创令人赞叹的良法美制。我们没理由不相信，身为子孙的我们也同样可以顺应时代的需求，成功地完成现代化的艰巨工程。

结　论

自鸦片战争以来，任何关心中国现代化的人士都必须针对以下两个严肃的课题提出解决的策略：第一是如何解放国民生产力的问题，即工业化的问题，亦即如何让市场经济在中国发达起来的问题；第二则是在国民生产力解放之后，如何将创造出来的财富公平分配的问题，此即社会主义想要解决的问题。

1949 年之后，台湾走市场经济道路，中国大陆则实行社会主义。然而，台湾近年来的民主化，使得社会上的弱势团体，如妇女、劳工、原住民等的地位渐受重视，社会安全支出逐年增加，即意味着台湾在社会政策上开始向左转。而中共自 1978 年推行改革开放政策以来，扬弃左倾冒进路线，经过 14 年的摸索与总结经验，终于在 1992 年十四大决定建立"社会主义市场经济制度"，打破了长期以来刻板的二分法——即将社会主义等同于计划经济，资本主义等同于市场经济。当我们将"有中国特色的社会主义"界定为"中国共产党领导下，为提升综合国力，增进人民福祉，以达成共同富裕的理想，而采行的广为人民群众所接受的政策的总称"时，"社会主义市场经济制度"也可以界定为"在中国共产党领导下的社会市场经济制度"。在联邦德国行之有年的社会市场经济制度反映在国家经济政策上，乃要求维持一个平行四边形，即除了经济成长与物价稳定外，也兼顾充分就业与社会正义的维护，亦即坚持共同富裕的理想。

但是，一项制度的建立，有赖与该项制度相配套的精神意识之支持，该制度才能稳固而长久。脱离了传统，缺乏文化主体意识，任何创造的发生，都将是偶然，稍纵即逝。如何在传统文化中抽取固有素质、赋予新意，以为"社会主义市场经济制度"提供文化基础，乃当代各界菁英责无旁贷的重任！立基于传统的"社会自由主义"正可作为"社会主义市场经济制度"的意识形态理论基础，也是重建文化主体意识的张本。我们需要"思想再启蒙"运动，以唤醒全民族有意识地接受并承认五千年的传统文化为我们所固有、所独有、并进而认识传统、批判传统、超越而创新传统。诚如《书经》所言："苟日新，日日新，又日新。"惟有立大根大本于传统，重建文化主体意识，满怀自信，迎接挑战，中国才能跨出贫穷与落后，跨出一百五十年来的屈辱，更跨进一个崭新的时代，让中国有尊严地与其他文化系统平等交流，进而丰富全人类的生活内涵。

（《社会科学战线》1995 年第 4 期）

新儒学经济思想的三才诠释

（台湾）林国雄*

绪　言

董仲舒《春秋繁露·五行相生》说："天地之气①，合而为一，分为阴阳，判为四时，列为五行。"这是说，气合起来是统一的，分开来就分别成为阴阳两种力量，或成为春、夏、秋、冬四种消息，或成为金、木、水、火、土五种性能。

董仲舒明确提出了气是一种"无间（连续）"的充满天地之间广大虚空的东西，它可以是附着于粒子（或微粒子）上的一种力量，也可以是散布于广大虚空的波动的一种力量。所谓虚空，是相对于人类的感官认知能力而言。所以《春秋繁露·天地阴阳》才能由气是"无间"而充满天地之间广大虚空的东西而提出"天地之间若虚而实"的基本看法。因而，中华文化能够利用这种连续的无所不在的气，论证有形物之间远距离相互作用的可能性上。②

《春秋繁露·天地阴阳》说："天地、阴阳、木火土金水，九，与人而十者，天之数毕也。"《官制象天》亦说："何谓天之端？曰：天有十端，十端而止已，天为一端，地为一端，阴为一端，阳为一端，火为一端，金为一端，木

---

* 作者单位：台湾国立交通大学管理学院管理科学研究所。

① 气是物体的三态之一，也是天地人、阴阳及五行所引起之自然现象或社会现象，它是非固体、液体而能自然布散者。气也可用以指天地人三才的活动力，或指万物生成之根元力，文子守弱指出："形者、生之含也；气者，生之元也。"《朱子全书·答黄道夫》亦说："天地之间有理有气。理也者，形而上之道也，生物之本也；气也者，形而下之器也，生物之具也，是以人物之生，必禀此理，然后有性；必禀此气，然后有形。"

② 张岱年：《中华的智慧——中国古代哲学思想精粹》，台北：贯雅文化公司，1991年。

为一端，水为一端，土为一端，人为一端，凡十端而毕，天之数也。"这里的"端"，是头绪的意思。①

董仲舒所谓的天，计有三重含义。其一，天是百神之大君，语见《春秋繁露·郊语》。其二，天是可感知的宇宙整体。其三，天是宇宙整体的第一个有机组成部分。所以上述天有十端的天，是人类可感知的宇宙整体；天为一端的天，是宇宙整体的第一个有机组成部分。②

董仲舒又认为，可感知的宇宙整体的天虽由十端组成，但是地与阴阳、木火金水土五行其实都是由天演化出来，人的演化则是居于宇宙演化的天地、阴阳、五行的出现之后，而且是最后最重要的一个，所以才会说"天之数毕"及"凡十端而毕"。在这十端中，中华文化将阴阳两仪组合为开放演化互动卦变的系统，将五行组合为封闭循环生克稳定的系统，将天地人组合为三才。这种分类与组合，具有深刻的思维意义。

笔者于《新儒学经济思想的开拓》③ 中，对经济活动阴阳两仪的开放演化互动已有论述。于《预期效用的概念演化与计数属性》④ 中，对经济活动阴阳两仪的演化卦变亦有一具体的阐述。⑤ 于多篇文章⑥ 中，对阴阳两仪的互动复有一些散论。于《春秋繁露中的五行思想》⑦ 中，对金木水火土五行的封闭循环生克稳定，也有论述。于《当前国家建设经费筹措概论》⑧ 中，

---

①　赖炎元：《春秋繁露今注今译》，台北：台湾商务印书馆，1987 年。

②　张岱年：《中华的智慧——中国古代哲学思想精粹》，台北：贯雅文化公司，1991 年。

③　林国雄：《新儒学经济思想的开拓》，《中华易学》14 卷 9 期至 15 卷 1 期连载，1993 年 11 月至 1994 年 3 月；《大易集要》，济南：齐鲁书社，1994 年。

④　林国雄：《预期效用的概念演化与计数属性——新儒学经济思想及因缘和合论之运用》，《社会科学战线》1994 年第 4 期。

⑤　由此卦变为彼卦，就是卦变。魏晋王弼《周易略例·明象》说："互体不足，遂及卦变。"

⑥　林国雄：《经济活动与阴阳两仪》，《儒学与法律文化》，中国法律文化研究丛书，上海：复旦大学出版社，1992 年。林国雄：《新儒学经济思想的开拓》，《中华易学》14 卷 9 期至 15 卷 1 期连载，1993 年 11 月至 1994 年 3 月；《大易集要》，济南：齐鲁书社，1994年；林国雄：《金钱价值的两仪论》，先秦史暨巴蜀文化国际学术研讨会，四川德阳，1994年 8 月，首届国际董仲舒学术思想研讨会，河北景县，1994 年 9 月。

⑦　林国雄：《春秋繁露中的五行思想》，先秦史暨巴蜀文化国际学术研讨会，四川德阳，1994 年 8 月，首届国际董仲舒思想研讨会，河北景县，1994 年 9 月。

⑧　林国雄：《当前国家建设经费筹措概论——兼论五行思想，目标唯一性，及目的多元性》，迈向国家新境界研讨会，台北，1991 年 12 月；《第一次两岸学术文化交流研讨会文集》，中华弘儒学会暨中华老庄学会，台北，1992 年 1 月。

则有五行思想在经济活动中的初步应用。

现在既知，除了阴阳及五行外，天地人三才在中华文化思维中亦有其不可忽视的地位意义。那么，新儒学经济思想的三才诠释究竟其内容应是什么？是本文想要继续探讨的课题。

一、天地人三才的涵义

董仲舒认为宇宙的最高主宰是天。天有意志，有意识，有目的，有情感，有欲望。这是天的第一义，即百神之大君，是天为宇宙最高主宰的观念。董仲舒又认为天的意志、意识及其主宰万物的作用等，是透过阴阳的两仪力量、四时的春夏秋冬消息（就经济活动而言则是恢复、繁荣、衰退、萧条的波动消息）及五行的生克性能而表现出来。[1]

《春秋繁露·立元神》指出："君人者，国之本也。夫为国，其化莫大于崇本，崇本则君化若神，不崇本则君无以兼人。无以兼人，虽峻刑重诛，而民不从，是所谓驱国而弃之者也，患孰甚焉！何谓本？[2] 曰：天地人，万物[3]之本也，天生之，地养之，人成之。天生之以孝悌，地养之以衣食，人成之以礼乐，三者相为手足，合以成体，不可一无也。"兼人的兼，可解释为指挥、领导之意。礼乐的礼，可解释为理。所以天地人三才的第一个涵义是"万物之本"，天生之，地养之，人成之。

《春秋繁露·立元神》续指出："郊祀致敬，恭事祖祢，举显孝悌，表异孝行，所以奉天本也；秉耒躬耕，采桑亲蚕，垦草殖谷，开辟以足衣食，所以奉地本也；立辟廱庠序，修孝悌敬让，明以教化，感以礼乐，所以奉人本也。"辟廱是过去天子所设立的大学，庠序是一般的学校这是董仲舒认为立元神、奉天本、奉地本、及奉人本一些应有的作为，人类的经济活动自亦不例外。

与百神相对的天盖指主宰物质之天的神灵而言。与地祇、山川之神相对，亦有主宰物质之地的神灵。由于十端之天在十端中居于首位，神灵之天在百神中亦居于君位，所以，从十端构成的总体之天可视为一个以十端之天为首同时受神灵之天主宰的整体。这个整体是有意志的、有意识的、有感情的，同时又

---

① 张岱年：《中华的智慧——中国古代哲学思想精粹》，台北：贯雅文化公司，1991 年。

② 本有根、始、基、原、质、源、由来诸义。

③ 狭义的万物是指凡物之可养人者，包括鱼盐橘柚粮食禽兽财物衣服兵器等，各具资生之力。

有实在可见的形体。但是要主宰就必须有精神作为，因此天地人三才亦有精神性"万事① 之本"的第二个涵义。

《春秋繁露·王道通》再指出："古之造文者，三画而连其中，谓之王。三画者，天地与人也。而连其中者，通其道也，取天地与人之中以为贯，而参通之，非王者孰能当是。"所以要领袖群伦，王者、总统或主席须贯通参透天地人三才之奥义，即使作为一般的领导、指挥人员，或作为一般的管理阶层人员，亦务须尽量贯通参透天地人三才之奥义。

天地人三才既是万物之本，又是万事之本，因而才有资格在人类的认知下作为主动系统。天地人三才是天之十端中唯一的主动系统，这是天地人三才的第三个涵义。在天之十端中，既有阴阳五行的被动系统，亦有天地人三才的主动系统，互为表里，这是多么神妙之事。

总上所述，这个宇宙是一个由十大要素及其生化产物所构成的相互联系、相互作用、相互制约的有机系统。此外，同类之间存在一种"同类相动"的相互感应作用，如《春秋繁露·同类相动》说："今平地注水，去燥就湿；均薪施火，去湿就燥；百物去其所与异，而从其所与同。故气同则会，声比则应，其曒然也。试调琴瑟而错之，鼓其宫则他宫应之，鼓其商而他商应之，五音比而自鸣，非有神，其数然也。美事召美类，恶事召恶类，类之相应而起也，如马鸣则马应之，牛鸣则牛应之……物故以类相召也。"因而，对于万物万事的探究，只要从天之十端中提纲契领地去展开，似乎也就足够了。

在宇宙系统中，人是一个十分重要的要素。虽然人和万物一样，都是天地与阴阳五行交参而生的，但是人是天的副本，有别于万物，人与天同类。人是高于万物与天地并列为三的，有了人类之后，人和天地一起决定万物的生成。

因为天人同类，天和人可以互相感应，互相制约。这种互相感应是通过阴阳之气为中介的。故人气调和而天地之化美。天地人三才把人作为宇宙大系统中的一个要素，并非常强调其主动作用。耗散结构理论的创立者普利高津（I. Prigogine）主张，现代科学革命要把强调"实验、分析和计量公式描述的西方科学"和强调"一个自发的组织的世界的中国传统哲学与思维"结合起来，达到一个新的综合。在此期待之下，天地人三才的主动地位之重要更是可以想见。

---

① 凡天地人三才所作为者，即为万事。《尚书·大禹谟》说："三事，正德、利用、厚生。"所以狭义的万事是指正德利用、厚生。

《易·系辞① 下》说："易之为书也，广大悉备，有天道焉，有人道焉，有地道焉。"东汉王符《潜夫论·本训篇》对三才之义有所发挥："天本诸阳，地本诸阴，人本中和。三才异务，相待而成。"《周易参同契》还说，应该"上察河图文（阳位），下序地形流（阴位），中稽于人情，参同考三才"。②《敦煌本太平经残卷前序》亦指出："阴合地，阳合天，和均人……和则温清调适，适则日月光明。人功既建，天地顺之。"所以，三才亦指太阳（或阳位）、太阴（或阴位）、中和（或人功）三气，这是天地人三才的第四个涵义。

由此可知，天地人三才在思维上有万物之本、万事之本、主动系统及太阳（或阳位）、太阴（或阴位）、中和（或人功）三气四种重要的涵义。

二、经济活动的三才诠释

首先，就天地人三才为万物之本的第一个涵义而言，物质性的天是向高空无限延伸的；由于地球的地心引力，物质性的地则是人类从事经济活动最基本的立足之点；而"人"依据中国文字的方块字造字，则是顶天立地，居于天地之间，不断地谋求人类自身的生存与发展。

相对于宇宙其他许多地方的荒芜，人类所生活的地球无异像个天堂。地球大气有许多防护作用，同时也创作了生命生存所需的条件。

其次，就天地人三才为万事之本的第二个涵义而言，精神性的天也是向外无限延伸；精神性的地则是人类从事经济选择最基本的立足之点。人类的这种经济选择若是施展不开，那么依据中国文字的方块字造字，就是落入囚中关在牢笼了。

消费者的主观价值（效用）即是人类经济活动的总源头（太极）③，那么依据 A. H. Maslow 的需求层级理论，人类最基本的需求是个人生理需求，经济上主要为免于饿渴冻寒的食衣需求。当人类已能满足某些生理需求后，会开始追求较高层级的安全需求，企望避免遭受伤害或危险。于是衍生出人类集体性的需求。当人类得到生理和安全需求更上一层级的满足之后，会开始追求更高

---

① 系辞指《易大传》即"十翼"之一的《系辞传》，孔颖达《周易正义》说："夫子本作十翼，申说上下二篇经文系辞，条贯义理，另自为卷，总曰系辞，分为上下二篇。"

② 《周易参同契》是东汉魏伯阳撰。彭晓《周易参同契分章通真义序说》："参，杂也。同，通也。契，合也。谓与周易理通而义合也。"

③ 林国雄：《新儒学经济思想的开拓》，《中华易学》14 卷 9 期至 15 卷 1 期连载，1993 年 11 月至 1994 年 3 月；《大易集要》，济南：齐鲁书社，1994 年。

层级的社会需求、尊敬需求及最高层级的自我实现需求等，重视爱人、被爱、友谊、归属、自尊、被他人尊重以及实现理想中自己的需求等。这些需求将依序涵容于消费者的主观效用及社会集体的社会福利函数中。

经济学假设人类的欲望是无穷的，所以有关消费行为的正面问题，每一位消费者（包括家庭）追求主观直接效用的极大，这就是精神性的天；但受到消费支出预算的客观限制，这就是精神性的地。同理，社会集体消费追求社会直接福利的极大，这也是精神性的天；但受到政府消费支出预算的客观限制，这也是精神性的地。至于有关生产行为的正面问题，每一位生产者（包括厂商）追求客观利润或社会净效益的极大，这亦是精神性的天；但受到直接生产技术的限制，这亦是精神性的地。

在正面问题精神性的天与地之间，另需有消费者为了达成效用极大，社会集体为了达成社会福利极大，及生产者为了达成客观利润极大或社会净效益极大所做的种种努力，包括检视极大的第二阶条件是否成立并求解极大的第一阶条件，或用试误法渐近地求解。这些正面问题都是以消费量、产量及投入量等物理量作为决策变数。

经济学也假设消费者、社会集体或生产者所对应的社经环境有约制人类无穷欲望的功能，所以有关消费行为的对偶问题，社经环境追求每一位消费者主观间接效用的极小，这就是精神性的天；仍受到该消费者支出预算的限制，这就是精神性的地。同理，社经环境追求社会集体消费的社会间接福利之极小，这也是精神性的天；仍受到政府消费支出预算的限制，这也是精神性的地。至于有关生产行为的对偶问题，社经环境追求每一位生产者客观利润或社会净效益的极小，这亦是精神性的天；仍受到间接生产技术的限制，这亦是精神性的地。

在对偶问题精神性的天与地之间，亦需有社经环境为了达成消费者间接效用极小，为了达成社会集体间接福利极小，及为了达成生产者客观利润极小或社会净效益极小所做的种种努力，包括检视极小的第二阶条件是否成立并求解极小的第一阶条件，或用试误法渐近地求解。这些对偶问题都是以产品（含劳务）价格及投入价格作为决策变数。

第三，就天地人三才为主动系统的第三个涵义而言，天施地化而人成之。有关天施地化的主动性，除了事涉广泛的自然科学领域外，例如太阳能的辐射及地球的地心引力，其主动性也常超越人类的科学认知能力范围，故本文只锁定人的主动性在经济活动方面的地位来继续论列。

既然消费者的主观价值（效用）是人类经济活动的总源头（太极），但是主观价值有些可以是稳定的，也有些可以是不稳定的，不稳定的主观价值在科学分析上没有意义，因为不能找到其规律性，用以增益人类的生活福祉。所以人的主动性特别应从各色各样消费者的主观价值中寻找出具有适当稳定性的合理主观价值成分，这是人类经济活动总源头太极的第一个创化。①

对于理性的消费者，效用是有客观经济基础的主观心灵感受，社会福利是客观经验基础的集体心灵追求。效用及福利概念认为，由过去确实经验的满足会形成对现在及未来消费的预定满足，从而此种预定满足的排序会引导人类从事符合其效用或福利极大的正确满足。凡理性的人类，均有能力主动排列其喜好顺序，从不矛盾。这些"太极动而生阳"的动，也须人类的主动性之合理介入。

经济学认为，凡是包括消费及生产的经济选择空间的扩大，均能增益个体及社会的利益。根据在消费财禀赋与效用间的主动相对比较及地尽其利、物尽其用、货畅其流的理性诉求，根据两相情愿完成交易行为的客观记录，根据价值测量基准及财货数量测量单位的选用，根据经济活动经验的累积与资讯的回馈，根据社经外在条件的变迁，根据生产因素禀赋的主动使用及力出其身、人尽其才的道德诉求而衍生出财货及劳务的生产，有关一连串经济活动的创化，② 亦须人类的主动性合理而不断之介入。

根据男耕女织或男主外女主内的家庭分工而提高生产力，根据生产活动成果或生产因素禀赋按照市场客观价值的主动相对比较，根据产业革命后系统地利用机械及商业性动力能源从事生产带来厂商制度的经济利益，根据农工间、城乡间、与国内外间经济的协调互动与交易发展，根据厂商与社经环境的互动而出现一系列劳动者保护法与公平交易法的颁行，根据更精良机械设备电脑及动力的发明利用，根据沟通储蓄至投资的社会金融管道及善用资金的理性诉求，所有一连串后续经济活动的创化，③ 也均须人类的主动性合理而不断之介入。

在人类的科学认知能力范围内，各种消费财及生产因素只有劳动是主动而且能动，其余皆为被动，人类生产活动为什么要有中间财及资本财的创化? 就是为了提高生产力以增益人类的生活福祉。此外，工商业之经营者必须关心业

---

① 林国雄：《新儒学经济思想的开拓》，《中华易学》14 卷 9 期至 15 卷 1 期连载，1993 年 11 月至 1994 年 3 月；《大易集要》，济南：齐鲁书社，1994 年。

② 林国雄：《新儒学经济思想的开拓》，《中华易学》14 卷 9 期至 15 卷 1 期连载，1993 年 11 月至 1994 年 3 月；《大易集要》，济南：齐鲁书社，1994 年。

③ 林国雄：《新儒学经济思想的开拓》，《中华易学》14 卷 9 期至 15 卷 1 期连载，1993 年 11 月至 1994 年 3 月；《大易集要》，济南：齐鲁书社，1994 年。

主权益报酬因果链条、股票投资报酬因果链条、平均工资因果链条、平均土地生产力因果链条、平均建筑物生产力因果链条等所有经营或互动全程的黑箱，不只要有能力而且必须打开所有的黑箱，以确保其各种经营决策之正确性。①这些更须人类的主动性合理而不断之介入。

最后，就天地人三才为"太阳（或阳位），太阴（或阴位）、中和（或人功）"三气的第四个涵义而言，除了易于明了的阴位及阳位② 外，朱熹认为："以其无过不及，不偏不倚，故谓之中。及其感而遂通天下之故，则喜怒哀乐之情发焉，而心之用可见。以其无不中节，无所乖戾，故谓之和。此则人心之正，而性情之德也。然未发之前不可寻觅，已发之后不容安排。但平日庄敬涵养之功至，而无人欲之私以乱之，则其未发也，镜明水止；而其已发也，无不中节矣。此是日用本领工夫。至于随事省察，即物推明，亦必以是为本。而于已发之际观之，则其具于未发之前者，固可默识。"③

于是在经济活动的阴位及阳位已确立的情况下，不论已发未发，均必须兼顾交修，方能致中和。因为中是合理稳定的主观价值（效用）与社会福利共识，和是七情六欲与志向之发而皆中节，所以中和是天下之大本与达道。其后，因为阴阳之理，有分处，有会处。经济行为如果阳刚性太强，消费量、生产量、分配量以及价格若政府几乎什么都要管，缺乏阴柔力之调剂，结果一个国家的经济成就一定不会理想。反之，"车同轨，书同文，行同伦"的标准化管制规定，亦有其明显的经济利益，若政府几乎什么都不管，致阴柔力太盛，结果一个国家的经济成就亦一定不会理想。

另一方面，《中庸》首章认为"喜怒哀乐之未发谓之中，发而皆中节谓之和。中也者，天下之大本也。和也者，天下之达道也。致中和，天地位焉，万物育焉"。公经济由于其集体性，在其公共财的消费活动中，依据 A. H. Maslow 的需求层级理论，公经济不能不以足够份量的私经济作为基础，且为了体现公私供需阴阳两仪调养和谐的关系，政府支出预算占最终需要的比例应在四分之一以下，方才合理。私经济由于其分散性，在其私有财的供需活动中，在劳动保护法及公平交易法等的护持下，一般说来，阴阳两仪调养和谐的

---

① 张岱年：《中华的智慧——中国古代哲学思想精粹》，台北：贯雅文化公司，1991年。

② 林国雄：《新儒学经济思想的开拓》，《中华易学》14 卷 9 期至 15 卷 1 期连载，1993 年 11 月至 1994 年 3 月；《大易集要》，济南齐鲁书社，1994 年。

③ 林国雄：《新儒学经济思想的开拓》，《中华易学》14 卷 9 期至 15 卷 1 期连载，1993 年 11 月至 1994 年 3 月；《大易集要》，济南：齐鲁书社，1994 年。

关系均较容易达成。

公经济由于涉及公共利益，其供需的政治机能操作应合理地予以透明化，对社会公开。私经济所有消费者选定的各种私有财消费量，由于其净购置量的可加性，可汇集成一股市场需求力量，与其净卖出量所汇集的市场供给力量相交接。财货的需求者总是希望买到的价格越低越好，供给者则反之。当市场供需力量相交接后，会得到各种私有财产在市场均衡下的相对价格。这就是致中和。只要其他条件不变，此种均衡价格会继续维持下去，并回头引导消费者、生产者从事正确的经济决策。

中国大陆在经历 30 年的闭锁自力更生政策之后，因为中央集权制度之运作，经济活动的阳刚性太强，在国内缺乏阴仪力量之有效中和，使得经济效率普遍缺乏，而且产业部门比例严重失调，于是中共于 1979 年开始调整其国家方向，实施改革开放政策。大陆目前经济发展的困境主要仍是：资金短绌、民生技术普遍落后、缺乏市场两仪的有效运作。所以其经济特区的开设及沿海城市的开放等阶段性作为，将有助于大陆与国外两仪互动之创作，十多年来其成效已是中外人士有目共睹。

结　语

本文由董仲舒《春秋繁露》"天之数，凡十端而毕"的思想出发，将阴阳两仪组合为开放演化互动卦变的系统，将木火土金水五行组合为封闭循环生克稳定的系统，将天地人组合为三才。本文认为，天地人三才主要有万物之本、万事之本、主动系统及"太阳（或阳位）、太阴（或阴位）、中和（或人功）"三气四种重要的涵义。

就人类的经济活动而言，在太阳系内最能适合生命生存发展的条件为温度不太热亦不太冷的地球表面。地球大气有许多防护作用，同时也创作了生命生存所需的条件。除了地球不断接受太阳的辐射能外，人类经济活动生生不息的主要泉源是大气的对流运动。人类在生存发展中直接而不可缺少者，尚有由大气对流运动所源源不绝地发生的陆水。大陆地区的内蒙古、宁夏、甘肃、青海、新疆所最欠缺的就是陆水，若能由南方或东方经由水利工程技术将陆水源源不绝地补充进去，其进一步的开发应有可为。

另一方面，人类经济活动对主观效用、社会福利、生产利润或社会净效益的追求，就是精神性可以伸展的天；所受消费支出预算、政府支出预算或生产技术条件的限制，就是精神性必须立足的地。而在精神性的天与地之间，另需有消费者、社会集体、生产者及社经环境为了追求各自最佳解所做的种种努力。

至于经济活动时人的主动性，特别应从各色各样的主观价值中寻找出具有适当稳定性的合理主观价值成分。对于理性的消费者，效用是有客观经验基础的主观心灵感受，社会福利是有客观经验基础的集体心灵追求。尤有进者，人具有崇高人生方向的主动性，是人类经济成长发展与繁荣的重要力源。几乎所有一连串经济活动的创化，及几乎所有经营或互动全程黑箱的打开以确保各种经营决策之正确，无一不需人的主动性合理而不断之介入。

最后，在经济活动的阴位及阳位已确立的情况下，不论已发未发，均必须兼顾交修，方能致中和。经济行为如果阳刚性太强或阴柔力太盛，其经济成就均不会理想。公经济由于其集体性，政府支出预算占最终需要的比例应在四分之一以下，方才合理；由于涉及公共利益，其政治机能操作，应合理地予以透明化，对社会公开。私经济由于其分散性，在劳动保护法及公平交易法等的护持下，将容易达成市场的均衡。这就是致中和。而且致中和还是在经济活动中人工介入的最高指导原则。

以上是本文利用中华文化的三才概念对新儒学经济思想的粗浅阐释，虽力求其完备，但思虑不周及不深入之处在所难免。谨期抛砖引玉，再次就教于先进。

（《社会科学战线》1996 年第 3 期）

天才·超人·赤子

——从王国维的作家论看中西文化的融合

蔡钟翔　　〔韩国〕李哲理*

王国维是融会中西文化的先驱者之一。他的文学理论中已注入了许多具有新质的因素，呈现出与传统文论迥然不同的面貌。给予他影响最深的西方哲学家、美学家是德国的叔本华和尼采，但他对二氏的学说并不是全盘接受，而是有所选择的，他着意于寻求与中国固有文化的契合点，所汲取的新思想不与传统基础相悖逆，使相异的质素融合无间。本文试就王国维的作家论作一探析。

在中国古代文论中作家论是一个重要的组成部分。刘勰著《文心雕龙》就设《才略》和《程器》二篇，专论作家的才性和品德，其后历代文论家都很关注人品与文品、作家修养、才学识的关系诸问题的探讨。但王国维的作家论已不囿于前人的陈说，而溶入了西方的观点。

王国维有一篇著名的论文：《叔本华与尼采》，文中论及三个中心概念：天才、超人、赤子。我们不妨就此三者考察王国维的作家论。

先说天才。传统文论对于作家天赋的才能是十分重视的。《文心雕龙·事类》篇称："才为盟主，学为辅佐。"可见刘勰认为"才"比"学"更重要。颜之推说："学问有利钝，文章有巧拙。钝学累功，不妨精熟；拙文研思，终归蚩鄙。但成学士，自足为人；必乏天才，勿强操笔。"① 做学问下苦工夫便可有成，写文章却非天才莫办，因此他规劝儿孙们不要勉强去当文人。古人还有"天才、地才、人才"之别，"天才"最难得，大诗人中大约只有李白被公认为"天才"。② 又有"雄才"、"仙才"之分，"仙才"以"缥缈闲旷"胜，"非人之所能为也"。③ "仙才"也是以李白为首席代表。在画论中则有"气韵

---

* 作者单位：中国人民大学中文系；韩国庆南大学中语中文学科。

① 《颜氏家训·文章篇》。

② 清徐增：《而庵诗话》。

③ 清吴雷发：《说诗菅蒯》。

非师"之说，谓谢赫论画有六法，后五法皆可学致，唯独气韵"必在生知，固不可以巧密得，复不可以岁月到，默契神会，不知然而然也"。① 这是说作画要达到气韵生动，必须有"生而知之"的天才。中国古代论文艺创作之推崇天才，可以说一点不比西方差。

王国维之评论诗词常以有无天才来衡量高下。如说："美成（周邦彦）词多作态，故不是大家气象。若同叔（晏殊）、永叔（欧阳修），虽不作态，而'一笑百媚生'矣。此天才与人力之别也。"② "梅溪（史达祖）、梦窗（吴文英）、玉田（张炎）、草窗（周密）、西麓（陈允平）诸家，词虽不同，然同失之肤浅。虽时代使然，亦其才分有限也。"③ 他对于本人的作品也是以"天致"自诩的：

> 若夫余之哲学上及文学上之撰述，其见识文采亦诚有过人者，此则汪氏中所谓"斯有天致，非由人力，虽情符曩哲，未足多矜"者，固不暇为世告焉。④

又有署名樊志厚的《人间词叙》极称其词作之出于天致：

> 及读君自所为词，则诚往复幽咽，动摇人心，快而沈，直而能曲；不屑屑于言词之末，而名句间出，殆往往度越前人。至其言近而指远，意决而辞婉，自永叔以后，殆未有工如君者也。君始为词时亦不自意其至此，而卒至此者，天也，非人之所能为也。⑤

王国维之倡天才论是基于确信人类智力的悬殊差别。他说："吾人之主义谓之贵族主义者，非政治上之贵族主义，而知力上之贵族主义也。夫人类知力之不齐，此彰明较著之事实，无可讳也。"⑥ 智力之最杰出者便是天才，天才"或数十年而一出，或数百年而一出"，所以可贵。但文艺创作之需要天才则是由审美创造的特殊性所决定的。他在《叔本华之哲学及其教育学说》一文中说：

> 独天才者，由其知力之伟大，而全离意志之关系，故其观物也，视他人为深，而其创作之也，与自然为一。故美者，实可谓天才之特殊物也。

文艺创作依仗天才，古人固已反复申论，但王氏所介绍的叔本华的理论则深入

---

① 郭若虚：《图画见闻志·叙论》。

② 陈乃乾录自王国维旧藏《词辨》眉间批语，见《人间词话》附录，北京：人民文学出版社，1960 年，第 260 页。

③ 《人间词话删稿》。

④ 《自序》。

⑤ 见《人间词话》附录，北京：人民文学出版社，1960 年，第 255 页。

⑥ 《教育小言十二则》。

到了艺术思维的层面。叔本华认为科学的课题是考察现象、艺术的任务是考察理念。他指出，对理念的认识，不经过抽象思维，不依赖理性的知解力，而是凭直观的把握：

> ……把人的全副精神能力献给直观，浸沉于直观，并使全部意识为宁静地观审恰在眼前的自然现象所充满，不管这对象是风景，是树木，是岩石，是建筑物或其他什么。人在这时……自失于对象之中了，这即是说人们忘记了他的个体，忘记了他的意志；他已仅仅只是作为纯粹的主体，作为客体的镜子而存在；好像仅仅只有对象的存在而没有觉知这对象的人了，所以人们也不能再把直观者（其人）和直观（本身）分开来了，而是两者已经合一了……①

在这种观审方式中，"一个认识着的个体已升为'认识'的纯粹主体，而被考察的客体也正因此而升为理念了"。于是主体和客体已合二而一："和客体在这里仅仅只是主体的表象一样，主体，当它完全浸沉于被直观的对象时，也就成为这对象的自身了"。② 叔本华把"纯粹直观"称为"天才的考察方式"，是"在艺术上唯一有效而有益的考察方式"。③ 只有"完全浸沉于对象的纯粹观审才能掌握理念，而天才的本质就在于进行这种观审的卓越能力"。④ 从观审的角度来论证天才是艺术创作的必要条件，确乎是传统文论所未阐明的。王国维把这一原理用之于词论，说：

> "君王枉把平陈业，换得雷塘数亩田。"政治家之言也。"长陵亦是闲丘陇，异日谁知与仲多？"诗人之言也。政治家之眼，域于一人一事。诗人之眼，则通古今而观之。词人观物，须用诗人之眼，不可用政治家之眼……⑤

所谓"诗人之眼"就是艺术的观审，"通古今而观之"亦即超越一人一事的局限，而把握了理念。叔本华的概念体系对于当时的中国人来说是陌生的，但究其理论的实质，却与道家思想颇有相通之处。道家追求的"体道"境界，就是最高的审美境界。南朝的宗炳作《画山水序》，提出"澄怀味象"，"澄怀观道"，把山水看作道的外化，因此可以通过对山水之象的鉴赏体味，而把握深蕴其中的"道"。这岂不是"纯粹观审"？当然"道"并不与叔本华所说的

---

① 《作为意志和表象的世界》第34节，北京：商务印书馆，1982年，第249页。
② 《作为意志和表象的世界》第34节，北京：商务印书馆，1982年，第251页。
③ 《作为意志和表象的世界》第36节，北京：商务印书馆，1982年，第259页。
④ 《作为意志和表象的世界》第36节，北京：商务印书馆，1982年，第259页。
⑤ 《人间词话删稿》。

"理念"等同，但"道"可以理解为"最高理念"或"绝对理念"。"体道"完全是直观的把握，即庄子所谓"目击道存"。"体道"的特征是物我两忘，"天地与我并生，而万物与我为一"①，也就是主体与客体的融合。而庄子所说的"至人之用心若镜，不将不迎，应而不藏"②，也正是把主体化为"客体的镜子"。

叔本华论述天才，还突出地强调了智慧和意志的分离。他在一篇《论天才》③的文章中作了详尽的说明。他认为，认识主体要成为"纯粹主体"，必须使智慧和意志分离。意志支配着智慧，就不能把握事物纯客观的本质，即不能把握理念，智慧摆脱了意志的羁绊，得以自由翱翔，这时，表象世界才能实现充分的客观化。天才不同于常人的特质，就在于其智力的充溢和过剩，因而能使智慧和意志完全分离，而且能持续地保持这种状态；一般人只可能在刹那的瞬间出现。所以天才的作品不是有意制作出来的，而是出于本能的必然性。反观中国传统文论在道家哲学的影响下极其崇尚自然，"自然"的美学内涵，最基本的一个方面就是"无意"（或称"不经意"、"不著意"），即指创作中的无意识、无目的、非功利、自发性。如唐代的李德裕作《文箴》曰："文之为物，自然灵气，惚恍而来，不思而至。"④宋代的苏洵则有风水相遭、自然成文之说，他以自然界的现象为喻说明"天下之至文"都是无意相求、不期相遇而形成的。⑤不仅文论，画论、书论亦赞赏无意。如苏轼《题吴道子画》云："觉来落笔不经意，神妙独创秋毫颠。"黄庭坚《题李汉举墨竹》云："如虫蚀木，偶尔成文；吾观古人绘事妙处类多如此。"欧阳修称法帖之所以宝贵正在"其初非用意，而逸笔馀兴，淋漓挥洒"⑥。古人所谓"无意"是一种朴素的表述，叔本华以"智慧摆脱意志的羁绊"来解释，纳入其唯意志论的体系，并与天才论相联系，而赋予了玄奥的哲理形态，但就文艺领域而言，说的是同一现象。

次说超人。"超人"是尼采的理想人格，它与"权力意志"相结合构成了尼采哲学的核心。尼采早期服膺叔本华的学说，后期则与之决裂。他反对叔氏以意志的寂灭为终极，而将"生命意志"扩张为"权力意志"。但他的超人说

① 《庄子·齐物论》。

② 《庄子·应帝王》。

③ 中译本见《生存空虚说》，北京：作家出版社，1987年，第155-188页。

④ 见李德裕：《文章论》。

⑤ 见苏洵：《仲兄字文甫说》。

⑥ 《集古录》。

与叔本华的天才论是有渊源联系的。王国维指出："其末期之说，虽若与叔氏相反对，然要之不外以叔氏之美学上之天才论，应用于伦理学而已。"① 叔本华是"超绝知识之法则"，而尼采则是"超绝道德之法则"：

> 由叔本华之说，则充足理由之原则非徒无益于天才，其所以为天才者，正在离之而观物耳。由尼采之说，则道德律非徒无益于超人，超道德而行动，超人之特质也。由叔本华之说，最大之知识，在超绝知识之法则。由尼采之说，最大之道德，在超绝道德之法则。天才存于知之无所限制，而超人存于意之无所限制……于是尼采由知之无限制说，转而唱意之无限制说。②

王国维的理解是符合尼采思想发展转迹的。尼采在《查拉图斯特拉如是说》一书中所标举的"超人"概念引起了不少人的误解。尼采后来加以辨正说："'超人'，是用来形容一种至高卓绝之人的用语，这种人同'现代'人、'善良'人、基督徒和其他虚无主义者完全相反——它出于查拉图斯特拉即道德破坏者之口，是个很值得深思的用语。"③ "超人"是"权力意志"的体现，如他在《快乐的科学》中说的，是"新人、独特的人、无与伦比的人，那种为自己制定法则的人，那种创造自我的人！"④ "为自己制定法则"，也包括制定道德法则，而否定传统的或世俗的道德法则，"超人"的非道德的色彩是非常强烈的。尼采在《查拉图斯特拉如是说》中明白宣示："恶是人类最优的力"；"为达到超人的最善，人类的最恶是必要的"。⑤ 在尼采看来，"道德很'不道德'……道德性本身就是某种形式的非道德"；"道德乃是骗术"；"道德乃是对生命意志的背叛"。⑥ 所以他主张"道德论的自然主义"，"把似乎解放了的、超自然的道德价值还原为'自然'的价值，即还原为自然的非道德性"。⑦ 这样，尼采便从非道德走向非理性，他认为"在人当中，生物本性和

---

① 格奥尔格·西美尔：《叔本华与尼采》，朱雁冰译，上海：上海人民出版社，2009 年。

② 格奥尔格·西美尔：《叔本华与尼采》，朱雁冰译，上海：上海人民出版社，2009 年。

③ 《看哪这人！——自述》，见《权力意志》中译本，北京：商务印书馆，1993 年，第 42 页。

④ 见《上帝死了——尼采文选》，上海：上海三联书店，1989 年，第 313 页。

⑤ 见《查拉图斯特拉如是说》第四部《商人们》，北京：文化艺术出版社，1987 年，第 346 页。

⑥ 尼采：《权力意志》，张念东等译，北京：商务印书馆，1993 年，第 242、246、295、263 页。

⑦ 尼采：《权力意志》，张念东等译，北京：商务印书馆，1993 年，第 242、246、295、263 页。

创造者的本性是相连的"。① 尼采的非道德、非理性思想也贯彻于他的艺术论中。他认为，艺术也应是非道德的，"艺术是对道德约束和道德广角镜的摆脱，或者是对它们的嘲讽"。② 艺术是原始生命力的表现，"艺术叫我们想起了兽性的生命力的状态；艺术一下子成了形象和意愿世界中旺盛的肉体、性的涌流和漫溢；另一方面，通过拔高了的生命形象和意愿，也刺激了兽性的功能——增强了生命感，成了兴奋感的兴奋剂"。③ 他提议要在恶人身上寻找美："人们至今只知道在道德的善人身上寻找美！——难怪他们所得甚少，总在寻找没有躯体的虚幻的美——恶人身上肯定有百种幸福为道学家们想所未想，也肯定有百种美，许多尚未被发现出来"。④ 他既把艺术的本质确定为非道德、非理性，那么他对艺术家的要求也就可想而知。虽然他没有表示艺术家应该是超人，但他所树立的艺术家的标准是和超人说完全一致的。他认为："艺术家属于一个更强壮的种族。对我们来说会造成危害的东西，在我们身上会成为病态的东西，在他身上却是自然。"⑤ "看起来当个艺术家而又没有病是不可能的。"艺术家的"生理状态"是："第一，醉，高度的力感"；"第二，某种官能的极端敏锐"；"第三，模仿的冲动"。⑥ 他把艺术家的构成要素归结为三条，即"性欲、醉意和残暴"。⑦ 那么，在艺术家应具的品质中就根本没有道德的位置。

尼采的超人说与中国传统文化精神是格格不入的。虽然他的激烈抨击基督道德，与道家之无情鞭挞儒家的仁义之教，从表面上看颇有几分相似之处，但他的颂扬强力、进取、野性的自然人性论，在实质上是与道家的标置超脱、无为、主柔的自然人性论大相径庭的。当然，更不用说，超人说同儒家重德行修身的教义是截然对立的。中国传统文论的主流始终是倡导文德，极其注重作家

---

① 《善恶的彼岸》，见《上帝死了——尼采文选》，上海：上海三联书店，1989 年，第 325 页。

② 《作为艺术的强烈意志》，见《悲剧的诞生》，北京：生活·读书·新知三联书店，1986 年，第 366 页。

③ 尼采：《权力意志》，张念东等译，北京：商务印书馆，1993 年，第 253 页。

④ 《曙光》，见《悲剧的诞生》，北京：生活·读书·新知三联书店，1986 年，第 225 页。

⑤ 《作为艺术的强烈意志》，见《悲剧的诞生》，北京：生活·读书·新知三联书店，1986 年，第 360 页、358 页、359 页。

⑥ 《作为艺术的强烈意志》见《悲剧的诞生》，北京：生活·读书·新知三联书店，1986 年，第 360 页、358 页、359 页。

⑦ 尼采：《权力意志》，张念东等译，北京：商务印书馆，1993 年，第 253 页。

的品德修养。诸如"士先器识而后文艺","诗原于德性，发于才情","人品高则诗格高","先道德而后文学","诗之基，其人之胸襟是也","有第一等襟抱，第一等学识，斯有第一等真诗"之类"尊德性"的作家论是历代绵延不绝的，尽管各家心目中道德的具体内涵未必相同，但终究没有人公然宣称文艺与道德相抵牾，作家应该否弃道德。尼采虽然揭橥了恢复古希腊传统的旗帜，蔑视商业文化，鄙薄现代人，但他的思想本质上是反传统的，他号召"重估一切价值"，实际上开启了近现代西方非理性主义思潮的闸门。尼采当时以异端自居而傲然独立于世，他的声音对困缚于封建礼教网罗中的中国知识分子来说，犹如惊雷疾风，起着振聋发聩的作用。因而，尼采也成了王国维崇拜的偶像，与叔本华一起被誉为德意志哲学界的二大伟人。然而超人说是不可能为王国维所接受的。从王国维的作家论看，毋宁说是拒斥了超人说的。王国维对于诗人悬置了鲜明的人格规范。他在《文学小言》中说：

> 三代以下之诗人，无过于屈子、渊明、子美、子瞻者。此四子者苟无文学之天才，其人格亦自足千古。故无高尚伟大之人格，而有高尚伟大之文学者，殆未之有也。

王国维论天才，以为必辅之以道德修养始克成就，如说："天才者，或数十年而一出，或数百年而一出，而又须济之以学问，帅之以德性，始能产真正之大文学。"① 就抒情诗人而言，德性比才情更重要："'纷吾既有此内美兮，又重之以修能。'文学之事，于此二者不可缺一。然词乃抒情之作，故尤重内美。"② 他在《人间嗜好之研究》一文中说："若夫真正之大诗人，则又以人类之感情为其一己之感情。彼其势力充实，不可以已，遂不以发表自己之感情为满足，更进而欲发表人类全体之感情。"可见他认为大诗人的胸怀襟抱是无比深沉博大的，决不局限于为个人的穷通兴衰而悲欢啼笑，乃是作为全人类的喉舌而发扬踔厉的。这种见解虽然吸收了叔本华的博爱主义思想，但与中国传统精神是吻合的，可以同黄宗羲之标榜"万古之性情"前后辉映。王国维之评论诗词，也著意于人品对文品的决定作用，这样的例子是大量的。如：

> 幼安之佳处，在有性情、有境界，即以气象论，亦有"横素波、干青云"之概，宁后世龌龊小人所可拟耶？

> 东坡之词旷，稼轩之词豪，无二人之胸襟而学其词，犹东施之效捧心也。

---

① 《文学小言》。
② 《人间词话删稿》。

　　　读东坡、稼轩词，须观其雅量高致，有伯夷、柳下惠之风。

　　　苏、辛，词中之狂；白石（姜夔）犹不失为狷；若梦窗、梅溪、玉田、草窗、中麓（李开先）辈，面目不同，同归于乡愿而已。

　　　周介存（济）谓："梅溪词中喜用'偷'字，足以定其品格。"刘融斋（熙载）谓："周（邦彦）旨荡而史（达祖）意贪。"此二语令人解颐。①

尤其耐人寻味的是他对李煜词的评价：

　　　尼采谓："一切文学，余爱以血书者。"后主之词，真所谓以血书者也。宋道君皇帝《燕山亭》词亦略似之。然道君不过自道身世之戚，后主则俨有释迦、基督担荷人类罪恶之意，其大小固不同矣。②

他虽然引用了尼采这句名言，但接着却是以尼采所竭力排抵的宗教博爱主义来赞美李后主的品格。

　　　王国维没有采纳超人说已如前述，然而他对尼采的赤子之说则深表认同。他在《叔本华与尼采》中全文引述了《查拉图斯特拉如是说》第一篇首章关于"精神三变"的寓言，精神始变为骆驼，继变为狮子，终变为赤子。骆驼谦卑柔顺，忍辱负重，是"美"的象征。尼采说过："五百年来，为了让人们支持天才，历来都把天才描写成忍辱负重的人。"③ 可见骆驼是天才处在道德禁锢中的形象。骆驼走向沙漠，一变而为猛恶的狮子。狮子敢于向巨龙挑战，自立为沙漠的主人，把巨龙惯说的"你应"改成"我要"，它要取得创造的自由，狮子正是"权力意志"的象征。但是狮子还不足以创造新价值。于是精神再变为赤子。为什么赤子却能够呢？用王国维的译文来讲："赤子若狂也，若忘也，万事之源泉也，游戏之状态也，自转之轮也，第一之运动也，神圣之自尊也。"赤子免除了传统的重负，而进入了超越的境界，才能有一个全新的起点，从否定到神圣的肯定。王国维对赤子创造新价值的涵义并不十分关注，却倾心于赤子"若狂"、"若忘"的天真无邪。而尼采也确实谈到过艺术家的"童心"，如他在《人性，太人性了》一书中说：

　　　（艺术家）他一辈子是个孩子，或始终是个少年，停留在被他的艺术冲动袭击的地位上；而人生早期的感觉公认与古代的感觉相近，与现代的感觉距离较远。他不自觉地以使人类儿童化为自己的使命；这是他的光荣

────────────

　　① 以上各条均见《人间词话》，北京：人民文学出版社，1960 年。

　　② 《人间词话》，北京：人民文学出版社，1960 年。

　　③ 尼采：《权力意志》，张念东等译，北京：商务印书馆，1993 年，第 126 页。

和他的限度。①

其早期写作的《瓦格纳在拜洛伊特》中也说过：

> 一个天资甚高的现代人，在其童年和少年时代却如此缺乏童心，……相反，像歌德和瓦格纳这样完全返朴归真的少数人，却始终比芸芸众生、比后生之辈更具童心。②

王国维确认童心或曰赤子之心是艺术家可贵的品质。于是他又联想到叔本华的天才论：

> 天才者，不失其赤子之心者也。盖人生至七年后，知识之机关即脑之质与量已达完全之域，而生殖之机关尚未发达，故赤子能感也，能思也，能教也。其爱知识也，较成人为深，而其受知识也，亦视成人为易。一言以蔽之曰：彼之知力盛于意志而已。即彼之知力之作用，远过于意志之所需要而已。故自某方面观之，凡赤子皆天才也。又凡天才自某点观之，皆赤子也。昔海台尔（赫德尔）谓格代（歌德）曰："巨孩"。音乐大家穆差德（莫札特）亦终生不脱孩气，休利希台额路尔谓彼曰："彼于音乐，幼而惊其长老，然于一切他事，则壮而常有童心者也。③

在艺术家的童心这一点上叔本华与尼采是有共识的，但叔本华将赤子之心视为天才的特征，故以天才论的原理来阐明，赤子因其智慧之过剩而得以与意志分离，这正是天才高出于常人之所在。所以赤子与天才是具有同一性的。尽管叔本华和尼采的思想与中国传统文化相距遥远，然而可以发现，叔本华之歌颂赤子和尼采之向往返朴归真回到人类的童年，都与中国的道家不谋而合。《老子》中说："专气致柔，能婴儿乎?"④ 正是把"婴儿"作为修养的范本。而其对"赤子"所作的生理学分析，也和叔本华若合符节：

> 含德之厚，比于赤子。毒虫不螫，猛兽不据，攫鸟不搏。骨弱筋柔而握固。未知牝牡之合而朘（男性生殖器）作（勃起），精之至也。终日号而不嗄，和之至也。⑤

赤子的精气充沛与平和无欲，也可以说是智力胜过了意志。《庄子》中也有一节类似的描述：

---

① 见尼采：《悲剧的诞生》，周国平译，北京：生活·读书·新知三联书店，1986年，第176页。

② 见尼采：《悲剧的诞生》，周国平译，北京：生活·读书·新知三联书店，1986年，第113页。

③ 用王国维《叔本华与尼采》中的译文。

④ 《老子·十章》。

⑤ 《老子·五十五章》。

　　　　儿子（即赤子）终日嗥而嗌不嗄，和之至也；终日握而手不掜，共
　　其德也；终日视而目不瞬（瞬），偏不在外也；行不知所之，居不知所
　　为，与物委蛇，而同其波：是卫生之经已。①

庄子揭示了赤子的特点是精神的内敛专一，真诚纯朴，其动止都与自然节律相
谐和，不仅符合养生之道，也是道家理想人格的体现。道家的赤子之说又与贵
真论相了联系。庄子说："真者，精诚之至也。不精不诚，不能动人。"② 赤
子的品格集中到一点就是"真"。因此，赤子之说后来就被引入文论，因为
"真"是一切文学艺术的灵魂，"真"也应是一个真正的文学家、艺术家必备
的品德。赤子之说在古代文论中的反响极为深远。最著名的当数李贽的"童
心说"，他对童心的解释是："童心者，真心也"；"绝假纯真，最初一念之本
心也"。③ 其后袁宏道论童子之趣也很精彩：

　　　　夫趣得之自然者深，得之学问者浅。当其为童子也，不知有趣，然无
　　往而非趣也。面无端容，目无定睛，口喃喃而欲语，足跳跃而不定，人生
　　之至乐，真无逾于此者。孟子所谓不失赤子，老子所谓能婴儿，盖指此
　　也……迨夫年渐长，官渐高，品渐大，有身如梏，有心如棘，毛孔骨节俱
　　为闻见知识所缚，入理愈深，然其去趣愈远矣。④

袁宏道论韵，又拈出了"稚子之韵"和"醉人之韵"：

　　　　叫跳反掷者，稚子之韵也；嬉笑怒骂者，醉人之韵也。醉者无心，稚
　　子亦无心，无心故理无所托，而自然之韵出焉。由斯以观，理者是非之窟
　　宅，而韵者大解脱之场也。⑤

童子、醉人摆脱了道理学问、闻见知识的束缚，一切纯任自然，才能有自然之
趣、自然之韵。"趣"和"韵"正是文艺家所神往的高超的审美境界，而达到
这种境界的关键是无心，也可以说是对欲求意志的否定。当然，我们不能把中
国古人的思想与叔本华、尼采强相比附，但从中西赤子之说的比较中，确实可
以察觉某些深层次的暗合，以致王国维在作家论中引进赤子之说，几乎难以分
辨是源自老、庄，还是出于叔本华、尼采。

　　王国维论赤子之心，树立了李后主这个千古词人的典型。他说：

　　　　词人者，不失其赤子之心者也。故生于深官之中，长于妇人之手，是

---

① 《庄子·庚桑楚》。

② 《庄子·渔父》。

③ 《童心说》。

④ 《叙陈正甫会心集》。

⑤ 《寿存斋张公七十序》。

后主为人君所短处，亦即为词人所长处。①

这一段议论是非常精辟的。李后主的悲剧恰恰在于这种品质的错位。李后主的亡国破家固然不能归咎于他的赤子之心，但他的诗人气质的确不适宜于做国君。然而他的赤子的天真，又正是造就一位大词人的不可或缺的要素。但是如果仅仅作这样笼统的论断也是不准确的。对于小说家、戏剧家来说，没有参透世情的老练成熟的人生阅历便无法塑造出千姿百态、形形色色的人物形象。所以他又分析了两种不同的作家类型：

> 客观之诗人，不可不多阅世。阅世愈深则材料愈丰富、愈变化，《水浒传》、《红楼梦》之作者是也。主观之诗人，不必多阅世，阅世愈浅则性情愈真，李后主是也。②

他把叙事文学和抒情文学区别开来是很必要的，否则就难以说明艺术创作的复杂现象和不同艺术品种的不同要求。但即使作为客观的诗人也并非不需要一颗"绝假纯真"的"童心"。他在评价元曲的优胜时，就表露了这种观点：

> 元曲之佳处何在？一言以蔽之曰：自然而已矣。古今之大文学，无不以自然胜，而莫著于元曲。盖元剧之作者，其人均非有名位学问也；其作剧也，非有藏之名山，传之其人之意也。彼以意兴之所至为之，以自娱娱人。关目之拙劣，所不问也；思想之卑陋，所不讳也；人物之矛盾，所不顾也；彼但摹写其胸中之感想，与时代之情状，而真挚之理，与秀杰之气，时流露于其间。故谓元曲为中国最自然之文学，无不可也。③

元剧反映了人间万象，是时代社会的真实写照，那么，元剧之作者也应属客观诗人之列，而王国维赞美元剧之佳处却归结为"自然"。"自然"是古今大文学的共同特征，而元曲为最。这是因为元剧作者多是艺人或"书会才人"，他们没有名位学问的桎梏，没有名利心的纠缠，把文学创作当作自娱娱人的游戏，甚至不计较是否合情合理，因此，元剧不存在文人之作那种道学气、酸腐气，而充满着"童子之趣"和"稚子之韵"。在道家哲学中，"真"是"自然"的主要内涵，真是保持事物的本来面目，不加伪饰，真即是自然。在王国维的文艺思想中，"自然"和"真"也是同一的，他推崇元剧以自然胜，也就是推崇元剧作者的真挚赤诚，出于"童心"。道家的道德观，是把"真"放在第一位的，真的既是美的，也是善的，这是同儒家判然有别的。王国维之品评作家，以"感自己之感，言自己之言"为衡文尺度：

---

① 《人间词话》，北京：人民文学出版社，1960 年。
② 《人间词话》，北京：人民文学出版社，1960 年。
③ 《宋元戏曲考·元剧之文章》。

> 屈子，感自己之感，言自己之言者也……
>
> 屈子之后，文学上之雄者，渊明其尤也。韦、柳……感他人之所感，而言他人之所言，宜其不如李、杜也。
>
> 宋以后之能感自己之感，言自己之言者，其惟东坡乎！山谷可谓能言其言矣，未可谓能感所感也……①

这条标准不仅强调了文学的独创性，反对因袭模拟，也贯彻了贵真的精神，即要"感自己之感"，而不是"感他人之所感"。正因为把"真"置于凌驾一切的地位，所以在一定程度上可以容许"思想之卑陋"，元曲"不讳""思想之卑陋"而无损其为"中国最自然之文学"。王国维之评《古诗十九首》，最鲜明地表现了这种观念：

> "昔为倡家女，今为荡子妇。荡子行不归，空床难独守。""何不策高足，先据要路津？无为久贫贱（当作'守穷贱'），辗轲长苦辛。"可谓淫鄙之尤。然无视为淫词、鄙词者，以其真也。五代、北宋之大词人亦然。非无淫词，读之者但觉其亲切动人，非无鄙词，但觉其精力弥满。②

词人可以不避淫词、鄙词，固然与词体的特殊性有关，但这种说法也充分表明了王国维贵真思想的彻底性。无怪乎他在另一则评语中写道，"词人之词，宁失之倡优，不失之俗子"③，盖俗子纯然虚伪，而倡优尚有其真挚的一面。由此观之，王国维虽然拒斥了尼采超人说的非道德倾向，但他的贵真论实际上已突破了儒家传统道德的樊篱。

王国维之吸纳西方文化中的新思想偏重于求同，与中国传统文化取得协调，这种倾向性在他的作家论中已明白地显示出来，如果与同时代的同样是导入西方文化的前驱鲁迅作比较就显得格外分明。早期鲁迅和王国维一样也醉心于尼采哲学。其作于 1907 年的名著《摩罗诗力说》，篇首即冠以尼采《查拉图斯特拉如是说》中的一段话："求古源尽者将求方来之泉，将求新源。嗟我昆弟，新生之作，新泉之涌于渊深，其非远矣。"表明此文立意于除旧布新。鲁迅对尼采的"权力意志"、反基督教、非道德、崇尚原始生命力等等观点，都是相当欣赏的。如说："尼法（即尼采）不恶野人，谓中有新力，言亦确凿不可移。盖文明之胅，固孕于蛮荒，野人狂獉其形，而隐曜即伏于内。文明如华，蛮野如蕾，文明如实，蛮野如华，上征在是，希望亦在是。"鲁迅亦企盼

---

① 《文学小言》。

② 《人间词话》，北京：人民文学出版社，1960 年。

③ 《人间词话删稿》。

以野人之"新力"一扫文明古国之暮气。他对道家的"无为"是非常反感的，说："《老子》书五千语，要在不撄人心；以不撄人心故，则必先自致槁木之心，立无为之治；以无为之为化社会，而世即于太平。其术善也。然奈何星气既凝，人类既出而后，无时无物，不禀杀机，进化或可停，而生物不能返本。使拂逆其前征，势即入于苓落。"在激烈竞争的人类社会发展中，"无为"只能导致衰退落后。他对儒家诗教也予以尖锐的批判："中国之诗，舜云言志；而后贤立说，乃云持人性情，三百之志，无邪所蔽。夫既言志矣，何持之云？强以无邪，即非人志。许自由于鞭策羁縻之下，殆此事乎？然厥后文章，乃果辗转不逾此界。"可见传统诗论成了文学求进步的严重障碍。鲁迅痛感中国之萧条衰颓，欲振起国民之精神，唯有向西方寻求新的活力。因此，他以启蒙者的眼光审察西学，便旨在求异。他所列举的所谓"撒旦诗人"，大都是旧秩序的破坏者、旧道德的叛逆者。但鲁迅也并非主张抛弃传统而全盘西化，所以他论及闭关锁国对于文化乃有得有失："得者以文化不受影响于异邦，自具特异之光彩，近虽中衰，亦世希有。"这是说，没有像印度、以色列、伊斯兰、埃及等古文明之断裂灭绝，是中国文化之幸。"失者则以孤立自足，不遇校雠，终至堕落而之实利；为时既久，精神沦亡，逮蒙新力一击，则耋然冰泮，莫有起而与之抗。"权衡二者，失大于得，因此鲁迅乃大声疾呼："为精神界之战士者安在？"在鲁迅的时代，无疑求异比求同更具积极意义，唯此才能打破旧传统的壁垒，实现中国文化的新生。而王国维则陷于保守，终致与变革的新潮相背离。然而，时至今日，中西文化的融合成为世界的大趋势，则求同的一面便不应忽视。异质文化的融合是一个自然的渐进过程，其开始正是由于双方的认同促进了彼此的交流，那么王国维所提供的经验是值得研究的。

（《社会科学战线》1996 年第 5 期）

论 儒

——从《周易》古经论证"儒"的本义

（台湾）朱高正*

儒家是中国传统文化的主流。自孔子以降，历先秦孟荀、汉唐经学、宋明理学、清代朴学，以迄于今，迭有更替，却又历久弥新，生生不息。这样源远流长的文化传承，其"起点"究竟在何处？是什么样的素质造就了如此强韧的生命力？本文旨在追本溯源，探究"儒"的本义和"儒家"的原型。

一、"需待之人"为儒

近代有关"儒"字释义的重要文献，如章太炎的《原儒》（收在 1917 年集印的《国故论衡》一书）、胡适的《说儒》（1934 年刊载于中央研究院，历史语言研究所集刊，后收于《胡适文存》第四集）、香港大学教授饶宗颐的《释儒》（《东方文化》1954 年第 1 卷第 1 期），都引许慎《说文解字》的"儒、柔也。术士之称。从人需声"做为文字训诂的依据。章太炎着重"术士"一辞，而将"儒"以"达名"、"类名"、"私名"三者作为区分。胡适着重"柔"字，而认为"儒"的本义为"文弱迂缓的人"。饶宗颐则驳斥胡适对"柔"字的解释，指出"儒"训"柔"，其意义并非柔弱迂缓，而是"安"、是"和"。

笔者愿在此另辟蹊径以儒"从人需声"着手。"儒"字在古籍上出现，当以《论语》和《周礼》为最早。《论语·雍也》中，孔子对子夏说："女为君子儒，无为小人儒。"《周礼·天官》："儒以道得民。"在此之前，只有"需"字，不见"儒"字。根据徐仲舒于 1975 年在《四川大学学报》所发表的《甲骨文中所见的儒》一文，甲骨文中已有"需"字存在，他并认为甲骨文中的

---

* 作者单位：台湾中小企业联合会。

"需"字，即古代的"儒"字。

"需"字在古籍中，以《周易》的"需卦"最具代表性，论述也最详尽。《周易》在考据上已确证成书于殷末周初。因此，"儒"，从"人"，从"需"，而"需"的本义为等待，故"需待之人"为"儒"。我们从《周易》需卦来探究"儒"的起源，应是最自然不过的事。

从卦象来看，需（䷄）卦是下乾（☰）上坎（☵）。乾为天，坎为水、为云，云上于天，还没有下降为雨，故有需待之象。从卦德来看，乾为刚健，坎为险陷。险难既在眼前，若是轻用其刚健而剧进，难免陷入险境，因此应先待而后进。"先待"所以积蓄才德，充实涉险能力，并静待险难之解除，时至而后动，动乃有功。

胡适在《说儒》一文中，也已"疑心"需是儒的本字，并且也引出《周易》的需卦来为"需"字做解。但是胡适为了印证他所"大胆假设"的见解，以为"儒"最初是殷商遗民，是"文弱迂缓的人"，他对需卦的解释也旨在达到他所要的结论："'需'卦所说似是指一个受压迫的知识阶层，处在忧患险难的环境，待时而动，谋一个饮食之道。这就是'儒'。"对胡适来说，"儒"的本义即是混一口饭吃的殷商遗民。

郭沫若有《驳说儒》一文（《中华公论》1937年刊），对于胡适引需卦说儒，大不以为然。在当时疑古成风的学术氛围下，郭沫若误认为《周易》成书于战国前期，已在孔子殁后。他指出《论语》上"加我数年，五十以学易，可以无大过矣"，是孔子和《周易》发生关系的唯一出处。可是，他说"那个'易'字是有点蹊跷的"，是后世的易学家改篡的。他认为原文应是："加我数年，五十以学，亦可以无大过矣。"这是比胡适更"大胆"的"假设"了。

其实，《论语》中与《周易》有关的记述，不只一处。譬如《论语·子路》即有如下记载：

> 子曰："南人有言曰：'人而无恒，不可以作巫医'。善夫！'不恒其德，或承之羞。'"子曰："不占而已矣。"

其中，"不恒其德，或承之羞"正是直接引自《周易》恒卦九三爻的爻辞："不恒其德。或承之羞。贞吝。"而孔子所说的"不占而已矣"，更凸显孔子致力于《周易》经文的义理阐发，而不愿将《周易》视为单纯的卜筮之书。

此外，郭沫若主张"儒应当本来是'邹鲁之士缙绅先生'们的专号"，这与胡适的"殷商遗民"说原无太大的差别。可是郭沫若紧接着说："儒之本意诚然是柔，但不是由于他们本是奴隶而习于服从的精神的柔，而是由于本是贵族而不事生产的筋骨的柔。古之人称儒，大约犹今之人称文诌诌，酸溜溜……"又说："儒，在初当然是一种高等游民，无拳无勇，不稼不穑，只晓得摆个臭架子而为社会上的寄生虫。"类此语调，已脱离学术论证的范畴，我们怀疑，或许是意识形态的坚持阻断了郭沫若理性自由判断的能力。

二、儒的本义为"舒缓从容，待时而后进"

胡适指出"儒"与需卦的关系，值得肯定。但是，他对"儒"字强做解人，从而曲解了需卦的真义。我们在此有必要对需卦的卦义进一步的诠释。

需（䷄）卦卦辞：

> 需。有孚。光亨。贞吉。利涉大川。

"需"，待也。"孚"是指诚信充实于心中。需卦由下往上数第五爻，即九五爻，以刚爻居阳位，得上体的中位，得正而居中，又处于尊位，为有孚得正之象。九五是需卦的主爻，具备刚健中正之德，却陷入上卦坎体险陷之中，一时之间难以脱困。九五必须心存诚信，德行光明，从容等候，方能远离困境而使诸事亨通，所以卦辞说"需。有孚。光亨"。处于需待的时候，当以执守正道为吉，待时机成熟，则利于涉渡大河。在先民眼中，涉川渡水是一件极其危险的事，切忌躁进，必得待时而后进。

需卦初爻到上爻的爻辞如下：

> 初九。需于郊。利用恒。无咎。
>
> 九二。需于沙。小有言。终吉。
>
> 九三。需于泥。致寇至。
>
> 六四。需于血。出自穴。
>
> 九五。需于酒食。贞吉。
>
> 上六。入于穴。有不速之客三人来。敬之终吉。

其中，由需于"郊"、需于"沙"、需于"泥"，以至需于"血"，具象地表述逐步、渐进地渡河涉险。古时，城墙之外为"郊"，郊外为"野"。"需于郊"是指刚踏出城门，距离坎水的险难尚远。"需于沙"，则因"沙"是近水之地，但仍尚未入水。到九三爻，"泥"已是接水之地，但只是浸湿，尚未完全入水。至"需于血"，则已身陷坎险之中。

需卦讲的是循序渐进的需待之道。惟其守中持恒，才能化险为夷。因此，九五爻爻辞：

> 需于酒食。贞吉。

九五以刚爻居阳位，得上卦中位，且处于天位，表示九五至尊，具有阳刚中正之德，虽陷于坎险之中，然而其才足以济险，其德足以服人，凭恃这样的才德而需待，又有何事不济呢？因此，九五是最能善尽需待之道的主爻。爻辞的"酒食"是指饮食宴乐，既可赖之以养生，亦能用以招待宾客。九五不着眼于当下浅近的功利，不犯揠苗助长的错误。毕竟以修德化育万民的王道理想并非一蹴可几，当持之以恒，有所需待才能实现。圣人之学也只能以宽裕的态度，让每个人能充分地实践与自省，才能达到成德的圆满境界。九五能"需于酒食"，不急于济难出险，固守正道，故能得吉。

至于上六爻爻辞：

> 入于穴。有不速之客三人来。敬之终吉。

"穴"是险陷之地。"速"是邀请的意思。"不速之客"，指不待召唤、邀请而自行前来的人。"三人"指下卦乾体的三个阳爻，其中只有九三和上六有正应的关系，初、二两爻则想随九三共同出险，所以称乾体三爻为"不速之客"。上六处于坎险终极之地，需待的时机已过，只有进入险地，所以说"入于穴"。需卦的卦义乃是先待而后进；到了九五，需道已成，所以乾体三个阳爻不待上六的召唤，即积极上进以求一起出险。但对于上六而言，这三位不速之客却来得突兀。不过，上六以柔爻居阴位，怀有柔顺之德，只要恭敬地接待三位不速之客，不和他们争执计较，终能化险为夷，共同出险而得吉。

《周易·系辞》有谓"作易者其有忧患乎？"《周易》确如胡适所指出的，是忧患之作。但"需卦"不能就此解释为受压迫者图口腹之欲的饮食之道，并据以认为"这就很像殷商民族亡国后的'儒'了"。

胡适指出："需卦之象为云上于天，为密云不雨之象，故有'需待'之意。"其实，"需"字，上"雨"下"而"，"而"的古字与"天"相似而互通，需为雨在天上，因尚未下降为雨，故象传释需卦为"云上于天"，有需待之意。胡适之错，错在把"需待"视为目的，而忽略了需卦所强调的"舒缓从容，待时而后进"的积极意义。

"舒缓从容，待时而后进"，也正是"儒"的本义，是"儒"的本质。

三、儒以通晓六艺为务，以教化为职

《礼记·儒行》郑玄疏："儒者，濡也，以先王之道，能濡其身。""濡"与"儒"同样来自"需"字，原义是浸渍于水中。所谓用火则燥而速，用水则浸而缓，"濡"是滋润、涵泳，也是渐进。儒者讲求积蓄才学，涵养德性，"以先王之道，能濡其身"，而不急于出仕从政，建功立业。

由于注重才德的积蓄和修养，古之儒者多以通晓六艺为务，以教化为职。章太炎在"原儒"中也说："儒之名，盖出于需，需者云上于天，而儒亦知天文、识旱潦。"章太炎似也已注意到"儒"和"需"的关系，但是他为了印证他所说的"儒之名，于古通为术士"，因此，以"知天文、识旱潦"的术士来定义原始的"儒"。章氏着重"儒"的功能，而忽略了"儒"的本质。因此，虽以"达名、类名、私名"来对"儒"做广义和狭义的区分，却无疑已限制了"儒"的角色。章氏的说法大致上可化约为字典《辞源》里对儒字的解释："儒，古代从巫、史、祝、卜中分化出来的人，也称术士，后泛指学者。"

钱穆也有《驳胡适之说儒》一文（《东方文化》1954 年第 1 卷第 1 期）。他的立论与胡适有异，而接近于章太炎的儒为古代术士之说。不过，他的"术"是指"术艺"，"术士"即"娴习六艺之士"。他说："夫儒为术士之称，其所习曰礼、乐、射、御、书、数，古称六艺，艺即术也。"

其实，儒者积蓄才学，待时而后进，其出路通常有二：一是学而优则仕，以学养获得人君的重视，接近人君，取得人君的信任，而后假借人君之手，以实现其理想抱负。其次就是办教育，借由百年树人的事业，使其理想有所传承。而这两者又常常可以相互为用，教育与治国、平天下是息息相关的。《周礼·天官》："儒，以道得民。"郑玄注："儒，诸侯保民有六艺以教民者。"六艺是礼、乐、射、御、书、数，皆与治国有关。又《周礼·地官》有"联师儒"，郑玄注："师儒，乡里教以道艺者。"这些都是"儒"字在经籍上最早出现者，可见儒者之成为教育家，其来有自。傅斯年在《战国子家叙论》中认定："所谓儒者，乃起于鲁，流行于各地之'教书匠'。"所根据的就是上述的文献。但是，不管是"术士"或"教书匠"，都是"儒"出现后的分工，而不是其本义。

此外，刘歆《七略》说："儒家者流，盖出于司徒之官，助人君顺阴阳、明教化者也。游文于六经之中，留意于仁义之际，祖述尧舜，宪章文武，宗师仲尼，以重其言，于道为最高。"所谓"顺阴阳"，大概就是祝、卜、史、巫的工作。古代文书多典藏在王室、贵族手中，祝卜史巫之官有遍阅典籍的方便。而古代的统治者高高在上，唯一惧怕的就是鬼神；祝卜史巫担任人、神之间的媒介，于是得以在占卜的过程中，借由神意规谏君王，这后来就发展为谏议大夫、御史等官职。至于"助人君明教化"的儒者，则成为后来的太师、太保、太傅。儒家的理想是做为"王者师"，退而求其次则是做为"国子师"，也就是教导未来可能成为王者的公孙贵族及其子弟。孔子首倡有教无类，广纳门生，过去为王室贵族所独享的知识才逐渐普及到民间。儒家"宗师仲尼"，盖孔子本人即是儒家的"原型"。

从孔子和他的主要门生的生涯来看，他们大致上都和缓、谦逊，平时所修习的就是修身、齐家、治国、平天下的道理，自奉俭约，勤奋向学，但并不急于出仕，也不急于有所施为。这正是"需卦"所一再强调的那种"守中持恒，待时而动"的性格。孔子和他的门生一般都不直接从政，也不蓄意跟有权力者直接冲突、对立，而是耐心地与统治阶级为友、对话，获得人君的委信，使得他们的主张、理想逐渐被人君采行。

四、"智慧王国"与"权力王国"的区分

儒者提出治国理念，再交予有权力者执行，将"智慧王国"与"权力王国"做明确的区分。这正是德国大哲康德（Immanuel Kant，1724—1804）所向往的。康德在"权力王国"之外，也划出"智慧王国"。他认为哲学家应该谨守本份，不要直接介入权力的竞技场。因为哲学家一旦涉身权力，就不免有利害的计虑，这将妨碍他公正、客观地运用理性。他反对柏拉图集统治者和哲学家于一身的"哲王"主张。在《纯粹理性批判》一书中，康德说："国王本人就是哲学家，或哲学家成为国王，这种柏拉图式的哲王理想，我们不仅不应期待，毋宁是不应该这样期望。因为拥有权力，就不可避免地会腐蚀了理性自由判断的能力。"

儒者不干位躁进，刻意与权力保持适当的距离，正是为了维护其"理性自由判断的能力"，为了坚持其"有所为，有所不为"、"用行舍藏"的原则。中国历史上对被贬抑、流放的文官，常有高度的评价，其地位也往往比在官场中春风得意者更为崇隆。

《礼记·儒行》郑玄疏："儒之言优也，柔也，能安人，能服人。"饶宗颐的"释儒"据以认为《说文解字》的"儒，柔也"，"柔"应是"优柔，安和"，而不是胡适所说的"软弱"。饶宗颐的解释较接近《周易》需卦所铺叙的顺应天道，舒缓从容，积蓄才德，待时而动。

"需"卦所透露的"儒"者性格，我们从《论语》中孔子和其门生的对话，也不难寻获：

> 不怨天，不尤人，下学而上达，知我者其天乎。（《宪问》）
> 不患无位，患所以立。不患莫己知，求为可知也。（《里仁》）
> 子谓颜渊曰："用之则行，舍之则藏，唯我与尔有是夫。"（《述而》）
> 子曰："三年学，不至于谷，不易得也。"（《泰伯》）（"不至于谷"
> 意谓不志于干禄求俸）

《论语》中，类似如此教人优柔沉潜，宽裕自处的章句不可胜数，因为这正是"儒"的本质。

此外，《论语·雍也》有孔子对子夏所说的："女为君子儒，无为小人儒"之语。究竟什么是"君子儒"？又什么是"小人儒"呢？《尧曰》："子曰：

'不知命，无以为君子也。'"邢昺疏："天之赋命，穷达有时，当待时而动，若不知命而妄动，则非君子。"这里的"君子"，其实已接近于需卦的卦义。又《论语·学而》："人不知而不愠，不亦君子乎?"《卫灵公》："君子求诸己，小人求诸人。"都在强调自持自守，厚积才德，而不钻营躁进，不强出头的儒者风格。这也是需卦的精神所在。

那么，什么是"小人儒"呢?《论语·季氏》有云"小人不知天命而不畏也"，与君子的"知天命"，"畏天命"有别。《周易》需（䷄）卦的反卦既然是讼（䷅）卦。我们可以从讼卦来看出"小人"的面貌。

从卦德来看，讼（䷅）卦是内坎（☵）外乾（☰）。坎为险陷，乾为刚健，意谓人若内怀险陷之心而外有刚健顽强之行，则容易引起讼端。其卦辞曰：

> 讼。有孚。窒惕。中吉。终凶。利见大人。不利涉大川。

"孚"是诚信。"窒"是止塞难通。"惕"是戒慎恐惧。讼卦的二、五两爻皆以刚爻居于中位，阳刚中正代表心有实理。但是既有争讼，其道理必有窒塞之处。因此，兴讼应该要戒慎恐惧，避免无事生波，轻启讼端。

"中吉"是说争讼若能适可而止，则吉。"终凶"意谓若是坚持争讼到底，则凶。因为输固输矣，就算赢得诉讼，也输掉人和。"大人"系指九五以刚爻居阳位，且处上卦的中位。争讼的目的在于辩是非，断曲直。九五大人刚健中正，可以做出公正的裁决以平息争讼，因此争讼以见九五大人为有利。

卦辞最后告诫"不利涉大川"，指出争讼之时，人心乖离，道理止塞难通，若是恃强顽抗，躁急冒进，必然冲突难解，一败涂地。

其上九爻爻辞曰：

> 或锡之鞶带。终朝三褫之。

"锡"通赐。"锡之鞶带"意即赐以高官厚禄。"终朝三褫之"是指在一日之内，原来获赐的高官厚禄，多次遭到剥夺。这是告诫好讼成性，强要出头者，即使得意于一时，终将取祸丧身。

讼卦是需卦的反卦，其卦德也与需卦相违，两者的差异也正是"小人儒"与"君子儒"的区分。《论语·子路》"君子泰而不骄，小人骄而不泰"可以为证。此外，《论语》里也有"硁硁然小人哉"，"小人长戚戚"之语，这与儒者和缓谨慎、息讼止争、涵德内敛的性格是迥然不同的。

五、《周易》是儒者修身养性的圭臬

其实，孔子有谓"五十而知天命"，又说"加我数年，五十以学易，可以无大过矣。"可见作为儒宗，也是儒家"原型"的孔子，是把《周易》作为儒者修身养性的圭臬。儒者的性格，除了上述"需"卦的根源之外，我们也可以从其他的卦爻辞里找到参照的依据。

渐（☶☴）卦与需卦"舒缓从容，待时而后进"的需待之道，可谓异曲同工，遥相呼应。从卦象来看，渐卦是下艮（☶）上巽（☴）。艮为山，巽为木，山上有木，木渐长于山而成其高大。渐卦象传曰："山上有木，渐，君子以居贤德善俗。""居"通"积"。这是从树木的渐次成长，领悟出积蓄才德的重要性。我们现在所讲的"百年树人"，也旨在强调教育所需的耐心和循序渐进。

渐卦的卦义是循序渐进。其初爻到上爻的爻辞如下：

初六。鸿渐于干。小子厉。有言。无咎。（干为岸边之意）

六二。鸿渐于磐。饮食衎衎。吉。（磐为大石）

九三。鸿渐于陆。夫征不复。妇孕不育。凶。利御寇。

六四。鸿渐于木。或得其桷。无咎。

九五。鸿渐于陵。妇三岁不孕。终莫之胜。吉。

上九。鸿渐于陆。其羽可用为仪。吉。

渐卦以鸿鸟比喻君子，和《诗经·小雅》的"鸿雁于飞，肃肃其羽"相近。而其从初爻到上爻循序渐进的拟喻，正可和需卦从"需于郊"到"需于血"的逐一推展相互映照。

初六"鸿渐于干"，喻鸿鸟远飞前，先就岸边饮水，不急于上往，唯君子能深明此理，而处之不疑。至六二"鸿渐于磐"，已飞到大石之上，饮食和乐。九三进至平原，六四已飞至巨木之上，九五飞抵高大的土山，这是鸿鸟所能栖息的最高处。至上九则已飞上九天，四通八达，畅行无阻。

渐卦和需卦一样强调厚积才德，待时而后进的道理。渐卦上九爻"其羽可用为仪"，"仪"是效法。意谓这种循序渐进而后才展翅高飞，继而大展"鸿"图的态度是值得我们仿效、依循的。这和大畜（☶☰）卦上九爻"何天之衢。亨。"可以并看。

"何"同"荷"，意指负荷。大畜卦发展到上九，积蓄已丰，贤才上进之路乃大为亨通。"何天之衢"比喻四通八达，无往不利。也就是说，只要积蓄才德，循序渐进，扎稳基础，终有一天能豁然贯通，一展长才。

大畜（☰☶）卦下乾（☰）上艮（☶），乾为天，艮为山，山中有天。天乃至大之物，却蓄藏于艮山之中。比喻人心虽小，却可蓄藏无限丰富的知识和经验。《论语·子张》有"百工居肆以成其事，君子学以致其道"。将君子做学问与百工学技艺并列，正表示儒者所重视的是扎实的、日积月累的工夫。

六、儒者承袭《周易》"阴阳互藏，刚柔相济"的精神

胡适在"说儒"一文中，也提到"谦"、"损"、"坎"、"巽"等"教人柔逊的卦爻辞"来佐证其儒为"文弱迂缓"之人的论点。郭沫若驳斥他，说："《周易》里面也有'乾'、'大壮'、'晋'、'益'、'革'、'震'等等积极的卦，为何落了选……"

其实，胡适和郭沫若两人各执一辞，却都忽略了《周易》阴阳互藏、刚柔相济的道理。

郭沫若既然有所质疑，我们就拿他所指定的几个"积极的卦"来看看。

乾（☰）卦下乾（☰）上乾（☰），是纯阳卦，应是六十四卦里最刚健的一个卦了。可是其初九爻"潜龙勿用"，已有时未至不可行，宜晦迹而韬光的告诫。上九爻"亢龙有悔"，讲的是物极则反、盛极则衰的道理。而从初九的"潜龙勿用"以至九五的"飞龙在天"，在勖勉君子宜循序渐进、积蓄才德，待时以一展鸿图。

尤其乾卦的用九爻辞：

> 见群龙无首。吉。

"用九"指九的功用。九的功用在于可变为六。占筮时，从本卦引申出的卦称为"变卦"。占筮时，如乾卦的六个爻都是"九"，而不是"七"，则六个阳爻皆变为阴爻，乾卦就变成坤卦了。"群龙"是指乾卦六爻，如果都从阳变成阴，本为刚强却能柔顺，则刚柔相济，必能得吉。乾德本是纯阳，且至为刚健，应当以柔和的态度，对待德性、才学或权位较自己为差的人。千万不能滥用自己的刚强，切忌事事强出头，才可得吉，所以说："见群龙无首，吉。"

再看下乾（☰）上震（☳）的大壮（䷡）卦。乾为天，震为雷，雷在天上，有阳刚壮盛之象。可是，我们发现大壮卦有一特色，凡阳爻居阳位，则凶。如初九爻"壮于趾。征凶有孚。"九三爻"小人用壮。君子用罔。贞厉。羝羊触藩。羸其角。"都是凶兆。因为阳爻居阳位，过刚则折。

可见《周易》从不鼓励逞强好斗，而主张刚柔相济。尤其处于大壮阳刚壮盛的时候，尤应注意守正用柔的道理。其"小人用壮。君子用罔"的爻辞，也可以补充我们前述的"君子儒"和"小人儒"的区别。在这里，"罔"意指"不"或"无"。"君子用罔"就是"君子不用壮"的意思。

晋卦亦然。晋（䷢）卦是下坤（☷）上离（☲）。坤为地，离为日，日上于地，有旭日东升，光明盛大之象。晋卦由四柔二刚组成，其中柔爻皆得吉，二刚则否。我们且举初六爻来看：

晋如摧如。贞吉。罔孚。裕无咎。

"晋如"是上升、上进。"摧如"是抑退，即阻挡前进。"罔"通"无"。"罔孚"是指未被信任。初六以柔爻居晋卦的开始。与初六正应的九四以刚爻居阴位，既不当位，又不得中。比喻初六虽然想要上进，却被九四近君大臣所阻挡，所以有"晋如摧如"之象。此时，初六唯有固守正道，才能得吉。这是因为初六以卑下的地位处于上进之初，必然无法在短期内获得在上位者的信任。然而，即使无法获得信任，初六也应宽裕自处，不应因小有挫折就抑郁不满，唯有耐心等待时机的到来，才不至于招致过错。这样的卦义，与我们在需卦和渐卦所看到的"舒缓从容，待时而后进"的教谕，也是若合符节。

由此可见，需卦所蕴涵的儒者精神，其实贯串在《周易》经文之中，需卦绝不是孤例。

结　语

儒家丰润宽厚的生命型态和坚韧执着的道德情操，使得儒家的文化传承得以历两千多年而不坠。《周易》透过其古奥的经文所披露出来的处世哲学，正是儒家精神气象的一个活水源头。要探究、诠释"儒"的本义，与其从东汉许慎的《说文解字》寻索，不如直接从成书于殷末周初的《周易》古经切入。

儒者重视修己的工夫，不急于有所施为，但绝不是消极软弱。儒者或从事教育，或辅佐人君，其所秉持的仍是入世、淑世的信念。他舒缓从容，不干位躁进，但绝不是对现实盲目妥协，也不会任由违礼悖义的事恣意蔓延。《论语》里对孔子的描述是"温而厉，威而不猛，恭而安"（《述而》）。这种"内方外圆"、"内刚外柔"的处世态度，正是《周易》的精髓。

儒者积蓄才德，待时而动，"学而优则仕"，可是他也知道"用行舍藏"，谨守"天下有道则见，无道则隐"的原则。即使从政，也是从"修己"出发，循序渐进——从"修己以敬"、"修己以安人"，以迄于"修己以安百姓"（《论语·宪问》）。若是邦国无道，人君不堪辅佐，他就退而著书立说，藏诸名山，传诸后世；或是述而不作，广收弟子门生，以系传承。

儒者最忌枉道从势，曲学阿世。在当前以工商为主的现代社会中，权力运作更为赤裸，各种诱惑更是五花八门。做为现代知识分子，只有更加沉潜自持，捍卫"智慧王国"，也才能抗拒"权力王国"的收编；只有更为厚植实力，宽裕自处，才能面对横逆顿挫。在现代社会中，《周易》古经所蕴涵的儒者精神，或许更值得吾人深思吧！

（《社会科学战线》1997 年第 1 期）

从句式论孟子的"文气"

（香港）何沛雄*

引 言

论文章气势的雄健闳肆，历代学者皆推孟子为首。苏洵《上欧阳内翰书》说："孟子之文，语约而意尽，不为巉刻斩绝之言，而其锋不可犯。"① 确是的论。我们读孟子的文章，例如：

> 居天下之广居，立天下之正位，行天下之大道；得志，与民由之；不得志，独行其道。富贵不能淫，贫贱不能移，威武不能屈，此之谓大丈夫。

自然感到一股滔滔不绝，如排山倒海的气势，令人慑服。事实上，孟子的文章，是富有雄辩性和说服力的。②

孟子自称："我善养浩然之气。"他所说的"气"，本与文章无关，是一种人格的修养，但孟子能够在立论行文的时候，把"浩然之气"化为"文章之气"，故苏辙《上枢密韩太尉书》说：

> 孟子曰：我善养吾浩然之气。今观其文，宽厚弘博，充乎天地之间，称其气之大小。③

韩愈的文章，也是气盛弘博，如长江大河，浑浩流转，一泻千里，而他的文章，却是学孟子的，故吕祖谦《古文关键》说："韩文简古，一本于经，亦

---

* 作者单位：香港大学中文系。

① 《嘉祐集》卷 10（《四部丛刊》本），第 214–215 页。

② 参看罗锦堂：《孟子的文学价值》，《大陆杂志》第 36 卷第 3、4 期（1968 年 2 月及 3 月），第 67–73、129–134 页

③ 《栾城集》卷 22（《四部丛刊》本），第 235 页。

学孟子。"① 韩愈为文，很注重"气"，他的《答李翊书》说：

> 气，水也；言，浮物也。水大而物之浮者大小毕浮。气之与言犹是也，气盛则言之短长与声之高下者皆宜。②

"气"可以影响"言"；反之，"言"亦可影响"气"。孟子文章亦即其"言"，具有气盛的特色。本文试从其"言"中的句子结构，③ 探讨孟子文章气盛的因素。我认为孟子擅长运用偶句、排句、叠句和设问句，藉以加强语气，造成一种"力"和"势"。以下逐一举例说明。

一、善用偶句

说话或行文，凡是用字相等，句法相似而并列的两个句子，叫做偶句，若更讲究内容、声调、规格等技巧，则称为对偶了。④ 偶句有单偶句、复偶句和叠偶句三类。这些句式，以表列之，截然可见：

单偶句 {──

复偶句 {── ──

叠偶句 {── ── ──

孟子经常采用这类句子，有三、四、五、六、七、八、九等字句，兹逐一举例于后（为省篇幅，每类只举一例）：

（甲）单偶句

1 三字句

　　不肤挠；

　　不目逃。

2. 四字句

　　行一不义；

① 《古文关键》卷上（清·胡氏刊本），第 1 页。
② 《韩昌黎文集校注》，香港：中华书局，1972 年，第 99 页。
③ 文章的特色，可从内容和写作技巧（包括结构，练字、修辞等）两方面来讨论，这里仅从造句的形式来考察而已。前贤讨论孟子文章所用的虚字、譬喻、寓言等的专著不少，不在此处赘述了。
④ 参看陈望道"对偶"，《修辞学发凡》，上海：新文艺出版社，1955 年，第 199-201 页，及傅隶朴"对仗"，《中文修辞学》，新加坡：友联出版社，1964 年，第 80-86 页。

　　　　杀一不辜。

3. 五字句
　　　量敌而后进；
　　　虑胜而后会。

4. 六字句
　　　穷则独善其身；
　　　达则兼济天下。

5. 七字句
　　　见其礼而知其政；
　　　闻其乐而知其德。

6. 八字句
　　　傅说举于版筑之间；
　　　胶鬲举于鱼盐之中。

7. 九字句
　　　未有仁而违其亲者也；
　　　未有义而后其君者也。

（乙）复偶句

1. 一、三字句
　　　仁，人心也；
　　　义，人路也。

2. 一、四字句
　　　志，气之帅也；
　　　气，体之充也。

3. 一、五字句
　　　仁，人之安宅也；
　　　义，人之正路也。

4. 二、三字句
　　　善政，民畏之；
　　　善教，民爱之。

5. 二、五字句
　　　恶莠，恐其乱苗也；
　　　恶佞，恐其乱义也。

6. 三、二字句
　　　学不厌，知也；

教不倦，仁也。

7. 三、四字句

道在迩，而求诸远；

事在易，而求诸难。

8. 三、五字句

恶利口，恐其乱信也；

恶郑声，恐其乱乐也。

9. 三、六字句

自暴者，不可与有言也；

自弃者，不可与有为也。

10. 四、三字句

长君之恶，其罪小；

逢君之恶，其罪大。

11. 四、四字句

生于其心，害于其政；

发于其政，害于其事。

12. 四、五字句

人必自侮，然后人侮之。

家必自毁，而后人毁之。

13. 五、二字句

为渊驱鱼者，獭也；

为丛驱爵者，鹯也。

14. 五、四字句

地之相去者，千有余里；

世之相后者，千有余岁。

15. 六、二字句

莫之为而为者，天也；

莫之致而至者，命也。

16. 六、三字句

言近而指远者，善言也；

守约而施博者，善道也。

17. 七、五字句

禹思天下有溺者，由己溺之也；

稷思天下有饥者，由己饥之也。

此外，仅差一二字而造成的复偶句也不少，以下的长句，可作一例证：

> 越人关弓而射之，则己谈笑而道之，无他，疏之也；
> 其兄关弓而射之，则己垂涕泣而道之，无他，戚之也。

（丙）叠偶句

1. 一、三、四字句

> 事，孰为大？事亲为大；
> 守，孰为大？守身为大。

2. 四、二、四字句

> 孰不为事？事亲，事之本也；
> 孰不为守？守身，守之本也。

3. 四、四、五字句

> 万乘之国，弑其君者，必千乘之家；
> 千乘之国，弑其君者，必百乘之家。

4. 四、四、六字句

> 堂高数仞，榱题数尺，我得志弗为也；
> 食前方丈，侍妾数百，我得志弗为也。

5. 四、五、四字句

> 鸡鸣而起，孳孳为善者，舜之徒也；
> 鸡鸣而起，孳孳为利者，蹠之徒也。

6. 一、四、四、六字句

> 富，人之所欲，富有天下，而不足以解忧；
> 贵，人之所欲，贵为天子，而不足以解忧。

此外，有些叠偶句，字数不是完全一样，但结构相同，而意义是相承或相反的，例如：

> 五亩之宅，树之以桑，五十者可以衣帛矣；
> 百亩之田，勿夺其时，八口之家可以无饥矣。

又如：

> 自反而不缩，虽褐宽博，吾不惴焉？
> 自反而缩，虽千万人，吾往矣！

具有一气呵成之势。

二、巧用排句

排句是把同范围或同性质的事象，用结构相似的句子，依次排列，使相连比，通常是三、四句排列一起的。① 排句有单排句、复排句和叠排句三类，若以表列，则的然可见；

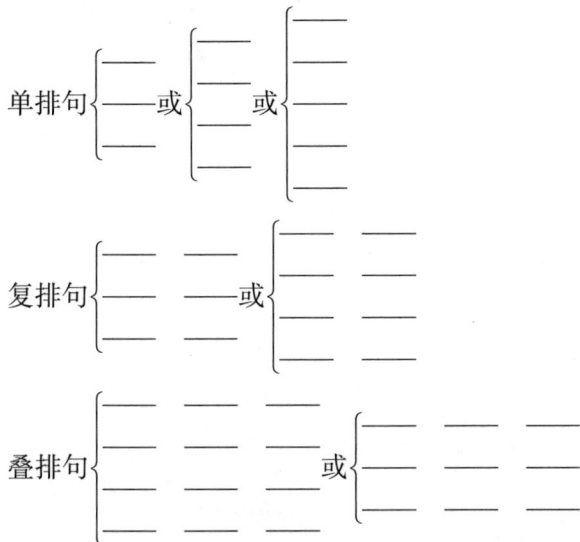

在先秦诸子作品之中，孟子是最擅长运用排句的。单排句俯拾即是，复排句、叠排句为数亦多。兹举例如下：

（甲）单排句

1. 四字句

> 父子有亲，
> 君臣有义，
> 夫妇有别，
> 长幼有序，
> 朋友有信。

2. 五字句

> 可以仕则仕，

---

① 参看陈望道"排比"，《修辞学发凡》，上海：新文艺出版社，1995 年，第 201–203 页。

可以止则止，
可以久则久，
可以速则速。

3．六字句
诐辞知其所蔽，
淫辞知其所陷，
邪辞知其所离，
遁辞知其所穷。

（乙）复排句

1．二、三字
君仁，莫不仁；
君义，莫不义；
君正，莫不正。

2．四、二字句
恻隐之心，仁也；
羞恶之心，义也；
恭敬之心，礼也；
是非之心，智也。

3．四、三字句
爱人不亲，反其仁；
治人不治，反其智；
礼人不答，反其敬。

4．四、四字句
恻隐之心，人皆有之；
羞恶之心，人皆有之；
恭敬之心，人皆有之；
是非之心，人皆有之。

5．四、五字句
哭死而哀，非为生者也；
经德不回，非以干禄也；
言语必信，非以正行也。

6．四、四及五、四句
天子不仁，不保四海；
诸侯不仁，不保社稷；

卿大夫不仁，不保宗庙；

士庶人不仁，不保四体。

7．四、六字句

为人臣者，怀利以事其君；

为人子者，怀利以事其父；

为人弟者，怀利以事其兄。

8．五、四字句

口之于味也，有同嗜焉；

耳之于声也，有同听焉；

目之于色也，有同美焉。

有一些复排句，仅有一二字的出入，连串而下，更显出千钧的气势，例如：

恶莠，恐其乱苗也；

恶佞，恐其乱义也；

恶利口，恐其乱信也；

恶郑声，恐其乱乐也；

恶紫，恐其乱朱也；

恶乡原，恐其乱德也。

（丙）叠排句

1．一叠三句的排句

可以取，可以无取，取伤廉；

可以与，可以无与，与伤惠；

可以死，可以无死，死伤勇。

2．连叠四及三句（字数出入一、二）排句

尊贤使能，俊杰在位，则天下之士，皆悦而愿立于朝矣；

市廛而不征，法而不废，则天下之商，皆悦而愿藏于其市矣；

关讥而不征，则天下之旅，皆悦而愿出于其路矣；

耕者助而不税，则天下之农，皆悦而愿耕于其野矣。

3．连叠八句（字数稍有出入）的排句

左右皆曰贤，未可也；诸大夫皆曰贤，未可也；国人皆曰贤，然后察之；见贤焉，然后用之。

左右皆曰不可，勿听；诸大夫皆曰不可，勿听；国人皆曰不可，然后察之；见其不可焉，然后去之。

左右皆曰可杀，勿听；诸大夫皆曰可杀，勿听；国人皆曰可杀，然后察之；见可杀焉，然后杀之。

此外，孟子行文之中，有单排句和复排句一起运用的，例如：

> 有见行可之仕，
>
> 有际可之仕，
>
> 有公养之仕，
>
> 于季桓子，见行可之仕也；
>
> 于卫灵公，际可之仕也；
>
> 于卫孝公，公养之仕也。

三、擅用叠句

叠句是把同一句子，承上而下，重叠运用，有紧接相连，也有隔离复用，藉以增强语气，或连锁推理，或相较对比。① 兹举例于后：

> 人不可以无耻；无耻之耻，无耻矣！

三句连用三个"无耻"，语气一层加深一层。又如：

> 人皆有不忍人之心。先王有不忍人之心，斯有不忍人之政矣。以不忍人之心，行不忍人之政，治天下可运之掌上。

"不忍人之心"，重叠三次；"不忍人之政"，重叠两次。运用连锁推理，指出治天下无如推行"不忍人之政"。又如：

> 桀纣之失天下也，失其民也；失其民者，失其心也。得天下有道，得其民，斯得天下矣。得其民有道：得其心，斯得民矣。得其心有道：所欲与之，聚之，所恶勿施，尔也。

起首四句，叠用四个"失"字；继而七句，叠用七个"得"字。十一句里，重叠运用了"天下"、"其心"三次，"其民"四次，使文意层层推进，说理明显。又如：

> 君子深造之以道，欲其自得之也。自得之，则居之安；居之安，则资之深；资之深，则取之左右逢其源。故君子欲其自得之也。

后句叠用前句，造成联珠格。起句"欲其自得之也"，末句重复"欲其自得之也"，正是首尾呼应，结语有力。又如：

---

① 参看陈望道"复叠"，《修辞学发凡》，第171–178页。傅隶朴"反覆"，《中文修辞学》，新加坡：友联出版社，1964年，第175–178页；陈圣勤"反覆"，《孟子文辞今析》，上海：新文艺出版社，1995年；台北：正中书局，1980年，第288–289页。

孔子之谓集大成。集大成也者，金声而玉振之也。金声也者，始条理也；玉振也者，终条理也。始条理者，智之事也；终条理者，圣之事也。

一段之中，借助虚字"也"、"者"的运用，复叠了"集大成"、"金声"、"玉振"、"始条理"、"终条理"等词句，造成一种欲罢不能的气势。又如：

一乡之善士，斯友一乡之善士；一国之善士，斯友一国之善士；天下之善士，斯友天下之善。

这段文字，以两句为一组，每组的第二句，只转换两个字，重叠上一句，由"一乡"至"一国"、由"一国"至"天下"，有攀峦登峰之势。

四、妙用设问句

设问，是胸中早有定见，故意提出疑问。① 这种设问，有为提醒下文而问的，例如《公羊传》：

元年者何？君之始年也。

春者何？岁之始也。

有激发本意而问的，答案在后，使人深思。例如《古乐府·长歌行》：

百川东到海，何时始西归？

少壮不努力，老大徒伤悲！

有质疑听者而使其辞穷理屈的；这种设问，通常一连数句，造成一种气势，令听者难于抵挡。孟子与人辩论时，最长于运用这种设问。② 例如他问梁惠王：

"为肥甘不足于口与？

轻暖不足于体与？

抑为采色不足视于目与？

声音不足听于耳与？

便嬖不足使令于前与？

王之诸臣皆足以供之，

而王岂为是哉？

一连串的设问，都是早有定见的，梁惠王的答案自然是孟子所料的：

① 参看陈望道"设问"，《修辞学发凡》，上海：新文艺出版社，1995 年，第 143–144 页。陈圣勤"设问"，《孟子文辞今析》，台北：正中书局，1980 年，第 227–231 页。

② 根据陈圣勤的分析，《孟子》中的设问共五十二条。见陈圣勤"设问"，《孟子文辞今析》，台北：正中书局，1980 年。

"否，吾不为是也！"于是孟子继续宣扬他的仁政可以王天下。又如孟子答匡章论齐国之士陈仲子，很难他是"廉士"，遂提出一连串的设问：

> 仲子所居之室，
>
> 伯夷之所筑与？
>
> 抑亦盗跖之所筑与？
>
> 所食之粟，
>
> 伯夷之所树与？
>
> 抑盗跖之所树与？

答案早有定见，就是"未可知也"。又孟子与告子论人性和仁义在内、在外的问题，告子说："性，犹杞柳也；义，犹杯棬也；以人性为仁义，犹以杞柳为杯棬。"孟子不直接反驳，却设问以诘难：

> 子能顺杞柳之性，
>
> 而以为杯棬乎？
>
> 将戕贼杞柳，
>
> 而后以为杯棬乎？
>
> 如将戕贼杞柳而以后为杯棬，
>
> 则将戕贼人以为仁义与？

使语气磅礴，然后说出自己观点："率天下之人而祸仁义者，必子之言夫！"一棒打下，力比万钧。

小　结

孟子"善养浩然之气。其为气也，至大至刚，以直养而无害，则塞于天地之间。其为气也，配义与道，无是，馁也；是集义所生者，非义袭而取之也。"故他说话则"理直气壮"，发为文章则"雄健遒劲"。章学诚《跋香泉读书记》说："古之能文者，必先养气；养气之功，在乎集义，读书服古，时有会心，即札记所见，存于目录，日有积焉，月有累焉，久而久之，充满流动，然后发为文辞，浩乎沛然，将有不自识其所以矣；此文章家集义而养气也。"这些话可解说孟子"能文"而"浩乎沛然"的原因。

大家都知道孟子的文章，气势雄健，但从来没有尝试以句式来讨论他的文气，本文撷取《孟子》中的一些偶句（包话单偶句、复偶句和叠偶句）、排句（包括单排句、复排句和叠排句）、叠句和设问句，证明文气雄健是有迹可寻的。

文气的产生，除了内容所谓"理直气壮"之外，句式也是重要的，因为一句是一层力量，偶句是双层力量，复偶句和叠偶句是几层力量；排句的力量更佳，单排句已有"连骑出阵"之姿，复排句和叠排句更具"排山倒海"之势；一排整齐的句子，使人非读至终段不能停顿；一连串的设问句，使对方透不住气的回答；或设问之后，继给予肯定的答案，使对方难言以对。

　　文气有待朗诵然后完全表达出来，本文上述的例子，读者不妨高声朗诵，相信可以体会孟子雄健的"文气"了。

（《社会科学战线》1998 年第 2 期）

关于阳明学者所谓的异端

〔日本〕松川健二*

王守仁直接提及"异端"这个词，有以下三则。

> 与愚夫愚妇同的，是谓同德，与愚夫愚妇异的，是谓异端。(《传习录》下)

> 良知之外，更无知，致知之外，更无学。外良知以求者，邪妄之知矣。外致知以为学者，异端之学矣。① (《文录》三)

> 人伦明于上，小民亲于下，家齐国治而天下平矣。是故明伦之外无学矣，外此而学者，谓之异端。(《文录》四)

王守仁以上的言辞，并不是杂乱无章的，表现了王守仁以万民共有的良知为立足点的实践伦理观，这是阳明思想的特征之一。为了知道这三则所表现的阳明异端论的独到性如何，对阳明学者的影响如何，缕述思想史上与此有关的各种观点是不可或缺的。以下，为了解阳明学者异端论的实际状况，作为一种方法，就应追溯《论语·为政》"攻乎异端章"的解释史。由于事实的性质，把握宋代以前的情况必须费些笔墨。

一

何晏谓："攻，治也。善道有统，故殊途而同归，异端不同归也。"
何氏只说了这些，对于善道、异端未作具体说明。

---

* 作者单位：日本东京二松学舍大学中国文学部。

① 在《文录》二里，可见到以下的文字："区区所论致知二字，乃是孔门正法眼藏，于此见得真的，直是建诸天地而不悖，质诸鬼神而无疑，考诸三王而不谬。百世以俟圣人而不惑。知此者，方谓之知道；得此者，方谓之有德。异此而学，即谓之异端。离此而说，即谓之邪说。迷此而行，即谓之冥行。"

到了皇侃、邢昺两疏，则把善道疏解为与儒家经典相合，而与非儒家相异的观点。首先皇侃的《义疏》谓：

> 此章禁人杂学诸子百家之书也。攻，治也。古人谓学为治。故书史载人专经学问者，皆云治其书，治其经也。异端，谓杂书也。言人若不学六经正典，而杂学于诸子百家，此则为害之深。

皇侃进一步解释何晏注说：

> 善道即五经正典也，有统统本也，谓皆以善道为本也。殊途，谓诗书礼乐为教之途不同也。同归，谓虽所明各异而同归于善道也。诸子百家并是虚妄，其理不善，无益教化，故是不同归也。

在这里，皇侃明确地把异端解释为诸子百家。

如果从邢疏里摘出与何晏注有关的部分，可以看到这样的话：

> 善道有统，故殊途而同归。异端则不同归也。五经是善道也，皆以忠孝仁义为本，是有统也。四术之为教是殊途也。皆以去邪归正，是同归也。异端之书则或秕糠尧舜、戕毁仁义，是不同归也。

这些话，就是对皇疏的重复。

以上把攻解为治，把诸子百家当成异端的皇邢两疏的内容，在以下的朱熹《四书章句集注》中几乎没有任何改变。

如下注引：

> 范氏曰：攻，专治也。故治木石金玉之工谓攻。异端，非圣人之道而别为一端，如杨墨是也。其率天下于无父无君，专制而欲精之，为害甚矣。

又引程颐的话：

> 佛氏之言，比之杨墨尤为近理，所以其害为尤甚。学者当如淫声美色以远之，不尔则骎骎然入于其中矣。

但这是在阳明学范围以外揭示异端的含义。如果不采用此范围以外的程子的话，古注与新注其思路是一致的。但新注形成的背景，可以有完全不同的解释，并不是那么单纯，我们把考证再推进一节。

二

与程颐同为北宋思想界之雄的张载，说过下面的话：

> 攻乎异端，攻，难辟之义也。观孔子未尝攻乎异端，道之不同谓之异端。孟子若自事攻乎异端，故时人以为好辨。（《张子语录》中）

张载的这些话，朱熹在《论语精义》中并未采用，对朱熹而言，这是不得不关注的内容。《精义》中做了严厉的批判。

> 张子之言，若有是孔非孟之意，与其平日之言行有不大相似者，盖不可晓然。谓孔子不辟异端，则其考之亦不详矣。当时所谓异端，固未有以见其为谁氏，姑以杨墨论之。如墨氏之无父则悖德悖礼之训，固以深辟之矣。杨氏之无君则洁身乱伦之戒，又深辟之矣。若以好辨为孟子之疵，则彼世俗之毁誉，又岂君子所屑意哉。(《论语或问》)

以把攻解释成攻击为例，最早可见于任昉《王文宪集序》、孙奕《示儿编》① 之中。在这种情况下，张载之说确有妥协，值得注意。②

另外这种妥协的解释，皆见于程门弟子之论。做为朱熹批判对象的这些论点又各有不同。吕大临说：

> 君子只反经而已。经正斯无邪慝，今恶乎异端，而以力攻之，适足以自蔽而已。(《蓝田吕氏遗著辑校·论语精义》)

朱熹对吕大临之说做了如下的批判：

> 若吕氏之所以为说者则善矣，然亦非也。盖不务反经，而徒与之角其无涯之辨，固所以自苦，然熟视异端之害，而不一言以正之，则亦何以祛习俗之蔽，而反之于经哉？盖正道异端如水火之相胜。彼盛则此衰，此强则彼弱。反经固所当务，不可以徒反，异端固不必辨，然亦有不可不辨者。熟观孟子之所以答公都子好辨之问者，则可见矣。(《论语或问》)

下面是谢良佐之说：

> 隐于小成，暗于大理，皆所谓异端。然当定哀之时，去先王犹近，故其失亦未远，姑存之，则未甚害也。欲攻之则无征，无征则弗信，弗信则民弗从，其为害也莫大焉。恐其不免推波助澜，纵风止燎也。故夫子于怪力乱神特不语而已，无事于攻也。彼有一识吾之门墙，能以善意从我，则其于异端，岂待吾言而判哉？若孟子之于杨墨不得不辨，则异乎此。(《论语精义》)

对此朱熹做了如下的批判：

---

① 以后，也有明太祖的《古穰杂录摘抄》中所引的说法。

② 自古以来，收集"异端"一词用法可信度很高的书，有猪饲敬所的《论语说抄》。敬所举出《孔子家语》、《史记》、《春秋传》等10余部著作中的用例，论证"异端"这个词并不指诸子百家而言。此章所言：人心不同如面不同。故各各执守所有，其端绪相异。当修德以服之。遽攻其非，欲使归是，必至忿争，彼此无益。攻如鸣鼓而攻之攻，后世之儒者党同伐异，喷喷相争，宛若仇雠，有害无益。以此牵连"异端"之义，也就不甚明了。这是来源于张载型异端论的言论。

谢氏以夫子为不辟异端，则亦若张子云也。然其所谓姑存而无害者，吾恐圣人之忧天下虑后世，不如是之浅且近也。谓其识吾门墙，能以善意从我，则于异端不待言而判者，其乖于事理益以甚矣。夫吾之所以辟之，正为其不识吾之门墙，而陷于彼之邪说耳。若既识于正而从我矣，则又何辟之云乎。（《论语精义》）

在《论语精义》里，更有杨时"异端之学，归斯受之可也，如追放豚则有害矣"的言论，朱熹以"亦正类此"（《论语或问》）评价之。

换句话说，对朱熹而言，除去程颐的"攻乎异端则害于正"，范祖禹的"攻，专治也"，还有尹焞之说三者外，连周敦颐的有关论点在内，也不可不全部加以批判。他担心前人的言论，再加谢良佐等的说法，甚有可能开辟出一条价值相对主义的途径。黄震对这中间的情况做了解说。他以朱子学拥护者的立场对朱说做了首肯。

孔子之本意似不过戒学者它用其心耳。后有孟子辟杨墨为异端。而近世佛氏之害尤甚，世亦以异端目之。凡程门之为佛学者遂阴讳其说，而曲为回护，至以攻为攻击，而以孔子为不攻异端。然孔子时未有此议论，说者自不必以后世之事，反上释古人之言，诸君子又何必因异端之字与今偶同，而回护至此耶！（《黄氏日抄》一）

三

前节暂且不论，从古注新注之不同，可以确认攻作进攻解的张载型观点的存在。按这种观点解释"异端"，就是"道不同谓之异端"，对于什么是所谓道却漠然置之，以下，从"攻"的问题再回到"异端"的问题来进一步探讨。

以下是朱熹的论敌陆九渊的观点。

陆九渊把天赋的觉醒做为第一义，把与之相异的道称为异端。

此天之所以予我者，非由外铄我也。思则得之，得此者也。先立乎其大者，立此也。积善者，积此也。集义者，集此也。知德者，知此也。进德者，进此也。同此之谓同德，异此之谓异端。（《陆象山全集·与邵叔谊》）

但它与释老的关系及觉醒的方法如何呢？可见《张子语录》以下的话：

先生云，今世儒者，类指佛老为异端。孔子曰攻乎异端，孔子时，佛教未入中国，虽有老子，其说未著，却指那个为异端？（《陆象山全集》三四）

到了这个地方，则反驳了新注所采用的阳明学范围以外的程颐对释老的批判。陆九渊所言如下：

　　盖异字与同字为对，虽同师尧舜，所学异绪，与尧舜不同，此所以为异端也。(《陆象山全集》三四)

所谓"所学异绪"就成了如同问学对象如何那样的方法论问题。并说：

　　先生因徵学者攻异端曰：天下之理将从其简且易者而学之乎？欲其繁且难者学之乎？若繁且难者果足以为道，学者何苦于繁难之说。简且易者，又易知易从，又信足以为道，学者何惮而不为简易之从乎？(《陆象山全集》三四)

这样就成了为学方法的问题。所谓繁难之说就是异端，不知简易之道，迷于繁难之道，就不外乎是攻异端。这决定他和朱熹之说相背离。这样，本文开头所揭载的王守仁关于异端的三则语录，则是沿袭了陆九渊的所谓简易之道。其中所谓同德与异端，愚夫愚妇之类的言辞就汲取了陆九渊丰富的平民性的思想要素，也强调出被王守仁所继承的思想要点。

四

把繁杂称为异端的陆九渊型的异端论，正如本文前言中所录，被王守仁以愚夫愚妇相异，不致良知，不知明伦的形态加以发展，而在阳明的学生之中，又是怎样被继承的呢？

首先，王艮说：

　　圣人之道与百姓日用无异，凡有异者皆谓之异端。(《王心斋全集》二)

这样说，正是祖述王守仁之说。

下面，能看到王畿更详细地祖述王守仁之说的记录。

遵岩子曾谓：

　　学术不出于孔氏之宗，宗失其统而为学者，其端有二，曰俗与禅。若夫老氏之学，则固吾儒之宗派，或失于矫则有之，非可以异端论也。

王畿对此问题做出回答说：

　　异端之说见于孔氏之书，当时佛氏未入中国，其于老氏尚往问礼，而且犹尤之叹。庄子宗老而任狂，非可以异端名也。吾儒之学自有异端，至于佛氏之家，遗弃物理，究心虚寂，始失于诞，然今日所病却不在此，惟在俗耳。世之儒者不此之病，顾切切焉。惟彼之忧，亦见其过计也。良知者，千圣之绝学，道德性命之灵枢也。致知之学，原本虚寂而未尝不离于伦物之感应。外者有节，而内者不诱，则固圣学之宗也。何偏之足病。

（《龙溪王先生全集·三山丽泽录》）

文中的"俗"即作为异端的"俗"，是"吾儒之学，自有异端"的重复。相反，这里对于禅的态度，是值得认真注意的地方。

并且，在《传习录》中这个"俗"，王守仁大致认可王嘉秀的观点：

> 仙佛到极处，与儒者略同。但有了上一截，遗了下一截，终不似圣人之全，然其上一截同者，不可诬也。后世儒者，又只得圣人下一截，分裂失真，流而为记诵、词章、功利、训诂，亦卒不免为异端。是四家者，终身劳苦，于身心无分毫益，视彼仙佛之徒，清心寡欲，超然于世累之外者，反若有所不及矣。今学者，不必先排仙佛，且当笃志为圣人之学。圣人之学明，则仙佛自泯。

在这之中，虽说不该忘记关于上一截下一截的发挥是被王守仁所批判过的地方，记诵、词章、功利、训诂四者也还是相重复的吧。

如果进一步举证王畿的异端论，还要补充以下两则：

> 先师提出良知两字，范围三教之宗，即性即命，即寂即感，至虚而实，至无而有，千圣至此骋不得一些精采，活佛活老子至此，弄不得一些伎俩，同此即是同德，异此即是异端。（《龙溪王先生全集·东游会语》）

> 先师曰：心之良知是谓圣，同此者谓之同德，异此者谓之异端。虚而适变，寂而通感。千圣之秘藏也。后世之学徇典要涉思，终身溺于义，袭而不自知，语及虚寂，反哄然指以为异。圣学何由而明乎？（《龙溪王先生全集·孟子告子之学》）

五

陆九渊的简易志向的异端论，经过王守仁，直到王畿，像前节叙述那样，与释老相异和通感的因素已被淡化，演变为提倡现实的良知，并且加以彻底的发挥。儒者对非儒者的看法，已经崩溃消失，真儒与俗儒的比较则成为判断异端的尺度。以下姑且列举王艮、王畿以后的王守仁直系的异端论。

焦竑谓：

> 我有一端之学，而人与我异，此异端也。今懵不知学，而指他人为异端，如露处而讥人之宅为不美也。善乎王汝止之言曰：同乎百姓日用者为同德，异乎百姓日用者为异端，学者试思百姓日用者为何物耶？姑无急异端之攻也。（《焦氏笔乘续集》一）

> 人之未知性命，强诃佛老者，以孔子有攻异端之语也。斯时佛未东来，安知同异？且令老子而异也，何孔子不自攻。而今之人乃攻孔氏之所

不攻者耶。王汝止有言，同乎百姓日用者为同德，异乎百姓日用者为异端，学者试思百姓日用者诚何物耶，姑无论异端也。（《焦氏笔乘续集》二）

姚文蔚谓：

愚夫愚妇同者是谓同德，愚夫愚妇异者是谓异端。异端是泛言，凡与吾道二者皆是。攻要看得深，害要说得大。（《四书闻》）

李颙谓：

理者人心固有之天理，即愚夫愚妇一念之良也。圣之所以圣，贤之所以贤，亦不过率其与愚夫愚妇同然之良而已。此中庸平常之道也，乃世之究心理学者，多舍日用平常，而穷玄极赜，索之无何有之乡。谓之反经，而实异于经，谓之兴行，而实不同于日用平常之行。其发端起念固卓出流俗词章之上，而流荡失中，究异于四书平实之旨，是亦理学中之异端也。故学焉而与愚夫愚妇同者，是谓同德，与愚夫愚妇异者，是谓异端。（《二曲集》三一）

以上是焦竑、姚文蔚、李颙在王艮、王畿之后对王守仁"与愚夫愚妇异的是谓异端"之说的直接间接的继承。

因而，这种趋向在我国的阳明学者中也得以继续。

佐藤一斋谓：

金谷谓不同尧舜，是异端也。姚江谓与愚夫愚妇异的是异端。① 语虽不同，意则归一。（《论语栏外书》）

东泽泻谓：

按陆象山谓与尧舜异是异端，王文成谓与愚夫愚妇异是异端。二说相发，孔子之时无杨墨，而老佛之说盛于后，不必以二者为异端也。（《论语撮说》）

回过头来看，在从王守仁到王畿的对释老不断增强的容忍路线上，带有三教融合倾向的异端论，就自然而然地凸显出来。

林兆恩谓：

或问：何以谓之三教者流也。林子曰：三教者流，乃三教之流散，三教之异端也。林子曰：仲尼之时中也，黄帝老子之清静也，释迦之寂定

---

① 佐藤一斋关于《传习录》下的"与愚夫愚妇同的，是谓同德……"这句话在《栏外书》里说："文成异端，是就性情上说，得人心所同然为同德，则非人心所同然者为异端。凡索隐行怪、功利刑名、记诵词章之徒皆在，不独杨墨释老然。"

也，悉皆本之于心者端也。彼三氏者流，而不知所以求端于心者，异端也。故儒教吾知所以求端于心之孔子，则时中在我，亦不异于孔子。道教吾知所以求端于心黄帝老子，则清静在我，亦不异黄帝老子。释教吾知所以求端于心之释迦，则寂定在我，亦不异于释迦。

或曰：二氏之学，世人谓之异端者，何也？林子曰：异端之说，非必二氏之学与儒者异，而后谓之异端也。学儒而不知尽心知性，便谓儒门之异端也，学道而不知修心炼性，便谓道门之异端也，学释而不知明心了性，便谓释门之异端也。（《林子全集·四书标摘正义疏》）

李贽谓：

人皆以孔子为大圣，吾亦以为大圣。皆以老佛为异端，吾亦以为异端。人人非真知大圣与异端也，以所闻于父师之教者熟也，父师非真知大圣与异端也，以所闻于儒先之教者熟也，儒先亦非真知大圣与异端也，以孔子有是言也。（《续焚书·题孔子像于芝佛院》）

管志道谓：

端即两端四端之端，所谓几、动之微也。人心真几所动其端必同，非几所动其端必异。异端不可长，生其心必害其事，故人攻之未著。试考此章前后之篇，前接学思之弊，后接诲汝知之。例皆只可见治心之事，杨墨佛老则可谓之别传，谓之异端则不可。而佛老亦非杨墨之伦。杨墨之为我兼爱，其端偏离仁义，遂流于无父无君之地，则其初几就谓之异端亦可。乃老氏则吾夫子之从所问礼者，佛氏尤有大焉，子思所为道并行殆不相悖。（《师门求正牍》）

杨起元谓：

周末文胜，道术始离，而孔子述古先之教，不敢以执一之说格后世。孔子没，异端出；杨墨子莫争驰，孟子辟之。其说曰：所恶执一者，谓贼其道，举一废百。由此观之，凡执一者，然后谓之异端，不执一则道，道可辟。孟子没，圣学失传，汉兴董仲舒强勉于学问，遂成大儒，慨然罢黜百家，欲宗孔子。至唐，韩愈之《原道》叙尧舜之传至于孔孟，欲庐佛老之居，火其书，其辞甚伟。然二儒者，实开后执一之端。直至宋儒追寻孔孟微言，究极宗儒体用，阐明表彰不遗余力，独汉唐训诂之儒匪敢所望，虽董韩其杰然者亦当退舍。盖真有所自得，独其我见之胶固，莫觉名心，只惜其攻佛之甚。而考其学之所由入，则无不自佛者。夫古道受一言之益，终身不敢忘。宋儒之于佛，奚啻只一言之益，区区胜名心，而忍攻之，卫道愈严，执一愈甚。于孔子何有？（《杨复所全集·证学编·送刘布衣序》）

六

以上，在与愚夫愚妇相异为异端的解释上补充了林兆恩、李贽、管志道、杨起元一派各自有微妙差别的对释老肯定的异端论。这一节更加着重叙述的是这个时代张载型的对异端采取温和态度的解释。

欧阳德谓：

> 自大贤以下，学，固未必尽是；不善，固未必尽知；过固，未必能尽见而内自讼；所资于问辨者正惟在此。非必以为权度，而一天下之长短轻重也。况至于诋谪辨诘，如讼如仇。此中无不亦有心病。故尝疑鲁论攻乎异端一语，恐非谓专治异端之道者。盖虽同志同学，而端倪必不能无小异。惟取以相辅，则皆得益。苟执以相攻，则将增胜心而长己见，为害不少。且彼一是非，此亦一是非，使天下之人无志者得借口以自委，有志者亦皇惑而莫知所从。此其害又有不可言者。(《欧阳南野先生文集》五)

葛寅亮谓：

> 攻字，攻其恶，以鸣鼓以攻看，当作攻击。端则未至显然相悖，端倪不过微有不同。此际能潜消默化，犹如无迹可泯。若直加攻击，则固一异之端，相激相争，至无所不异，构寡败谋，害且立见。(《论语湖南讲》)

章世纯谓：

> 说异以足相济，必不足相伤。知其一端不知他端，徒以异己攻之，其失所济，丧己利。说攻之，使人成败之功不可得，为学为治皆不可也。(《章子留书》)

欧阳德等的这种异端论的特征是与异端拉开一段距离，以回避有关问题为方向，提倡与异端共存。"攻则有害"的解释与张载相通。

回过头来看，这个时代依然是程朱型的异端即释老的模式占多数，这是事实。

邹守益谓：

> 勿惑异端空寂，勿溺俗学泛滥。(《邹东廓文集·原道堂记》)

罗洪先谓：

> 盖必有见于千里之谬，始于毫厘。夫是之谓异端。虽然经千有余年以来，只止以弃伦理遗事物为释之谬。而毫厘之间，卒不可指。信否，似是非者，非圣人莫能明。(《罗念庵文集·异端论》)

冯从吾谓：

> 云异端者，其发端处，吾谓与儒异。(《辨学录》)

张元谓：

> 圣贤辟异端……圣贤非好辨，诚不得已也。今之儒者则欲混儒释而一
> 之，且有三教一途这说，良知二字为范围三教之宗旨。呜呼，何其悖也。

（《不二斋文选·寄冯纬川》）

吕坤谓：

> 人皆知异端之害道，而不知儒者之言亦害道也。（《呻吟语》）

以上这样的例子，不胜枚举。在这种情况下，既不是以释老为异端而加以
排斥，也不是以繁难非良知为异端而加以批判。在那范围以外，一种标榜相对
主义的欧阳德的异端论，可以评价为价值观的多样化吧。①

结　语

通贯古注与新注，非儒家即异端之说，在经典中的解释是动摇不定的。所
谓儒家思想经陆九渊、王守仁之手以心学的形式再生并发展时，把反天赋之
心、反良知之说称为异端，是浅而易见的道理。本文仅提示有关资料而已，从
中得到的一个成果是，儒学思想史上也存在张载型的含有妥协因素的异端论，
特别是指出还存在欧阳德等从伦理相对主义立场出发的异端论，价值观的多样
化，是明末思想界呈现的盛况。

（陈涤　译）

（《社会科学战线》1999 年第 6 期）

---

① 还有，清代焦循的异端论，可以视为对如上相对主义的发挥。关于焦循的异端论，
请参考水上雅晴《焦循〈论语通释〉》（收入拙编《论语思想史》，汲古书院，1994 年）兹
引《论语通释》一则：人之技，若己有之，为保邦之本。己所不知，人其舍诸？是为举贤
之要。知之为知之，不知为不知，是为力学之根。克己则无我，无我则有能容天下量，有
容天下量则仁矣。惟事事欲出己，则生嫉忌之心，嫉忌之心生则与人不相同，而相异。不
同于人而异于人，小道也，异端也。执其一端为异端，执其两端为圣人。

后殖民主义的尾声：
反思自主性、世界主义和流散

〔加拿大〕戴安娜·布莱顿*

有人提出后殖民理论已经走入了一个死胡同，是"超越"后殖民理论的时候了。我却认为后殖民计划还需要更加充分的阐释。特别是关于确定该计划的目标、其合理的起点以及转换频繁的术语及其局限性等问题，尤其是在当前，全球化似乎已经占据了其大量的话语空间时更应如此。斯图亚特·霍尔在《后殖民是何时出现的》一文中认为，有必要在与全球化对话中重新思考后殖民主义这个问题。

我打算指出：后殖民主义尚未耗尽元气，尚未被规范化；而另一方面，我又认为其批判的锋芒确实需要重新磨砺，需要重新制定方向。另外，这种磨砺或许可以通过综合思索诸如自主性、世界主义和流散等概念来实现。特别是自主性这一观念，它是这一问题的关键。既然它游移于其他两个概念内部所标示的民族的模糊地带，这些模糊之处通过后殖民主义对于民族的过度沉迷和跨民族主义朝向后民族的明显超越，而产生持续不断的共鸣。依据其形成方式，自主性可以标示民族的自决；以其自主性之名义寻求打破其民族的无国家群体（stateless groups）的自决；拒斥所有诸如集体性等观念的新自由主义的个人；或者标示在全球层面上，集体创造公平的统治之民主形式的乌托邦式的目标。钻研自主性因此也似乎成为超越当前的僵局和促使后殖民分析向未来转变的关键。在当前的后殖民文化研究和大众性辩论中，虽然"世界主义"和"流散"颇为流行，但"自主性"这一概念并不那么为人所熟悉。人们重新觉察到世界主义的魅力，它一方面补充了方兴未艾的流散研究领域，而同时也与后者形成一种张力。两者都产生于全球化的兴起。而"自主性"却另当别论。虽然它标榜一种潜在的具有解放性的理想，但这种理想却背有沉重的意识形态包

---

* 作者单位：加拿大西安大略大学英文系。

袄：自主性常常被构筑为帝国主义西方所独有的一种特质，或者是相对于南方的北方特质。虽然人们常常把它和与一种自由的、人文主义的自我相联系的过时的个人身份之概念相提并论，许多思想家都从不同的角度，力图追寻这一概念以表述一种迥异的流动性，而非像当代世界主义和流散研究所标榜的那样，例如，考尼列斯·卡斯陶瑞第斯所依循的是新马克思主义的思想传统，劳瑞恩·寇德运用女性主义的模式，而当代的原住民群体使用的则是他们自己的文化遗产。一方面，世界主义和流散诸概念在一个后现代框架中顺畅地流行于各个学科，而另一方面，自主性似乎在不同的学科和学术传统内，在政治传统和地理位置中，产生了不同的回响。于是，戴维·海尔德在政治理论的自由主义传统的设想提出："自主性的原则位于民主计划之核心，并且如果想理解民主存在的理由，那么这一原则就必须得抓住"①，而提莫太·J. 瑞斯在沟通后殖民"虚构的想象"所探讨的哲学疆域与文学疆域时，就可以构建一种"反对自主性"的复杂论述。②

按照我的理解，后殖民理论用以描述"一系列问题和一种思想类型，这些问题和思想类型因殖民主义及其余续而得以成为可能，它们寻求重新思考并重新描述殖民主义自身的形成条件"（塞司 214）。这样一个计划非常近似于卡斯陶瑞第斯所认为的自主性计划。此种定义的含义超越了特瑞萨·艾伯特所注意到的"理解后殖民性的两种截然不同的方式"之间的分歧，一个是作为"文化政治学"，另一个则是作为"国际劳力分工的表达"（204—205）。虽然此类辩论仍然充斥着当前关于世界主义和流散的很多讨论，但是批评家们努力用以沟通、突出或补充这些分歧的方法也不容易被化约成艾伯特的两项选择。

沃尔特·米格诺洛认为"全球化是操控世界的一套设计方案，而世界主义则是意在普天狂欢的一套计划"（157），他指出有"必要从殖民性的视角去重新构想世界主义"，他把这项计划称作"批判性世界主义"（159）。他将批判性世界主义视为"一个愈来愈跨民族（并且是后民族）的世界上的必要计划"（161）。在他看来，这些问题不能通过他所谓的包容性"改良计划"进行阐述（174），我认为这一点是正确的。但是，当他得出如下结论时，我就发觉其论点不那么具有说服力了："代替分离主义的另一选择是边界思考，是从下层人民的角度去认识、去转变霸权想象。边界思考因而也就变成了批判性世

---

① Ibid，第 345 页。

② 提莫太·J. 瑞斯：《反对自主性：文化交流的全球辩证法》，斯坦福：斯坦福大学出版社，2002 年。

界主义之计划的一个'工具'"（174）。对我而言，边界思考同流散研究一样，似乎又引发出自身的新问题。我推测，自主性或许恰恰是指向更加具体并真正解放性的方向，这也是卡斯陶瑞第斯和寇德所重新思考的。

尽管如此，米格诺洛的"全球多样性"（或者作为一个全球性计划的多样性）的观念值得进一步关注，他认为"全球多样性"应该"从下层人民的视角，作为从伦理上和政治上进行计划和想象的新形式被设想出来"。① 在某些方面，他就像《在一片古老的土地上》中的阿米塔夫·高司那样，似乎是在主张回到詹尼特·阿布卢高德《在欧洲霸权之前》中所分析的那种机制中去。我在想，高瑞·维斯万那森对高司的文本所提出的（同样的）批评，此处对于我们所概括的米格诺洛的公认的粗略计划，也许不会提出同样的批评。她认为高司"致力于将罗曼司式的融合作为宗派主义、民族主义、种族中心主义和宗教容忍的出路，这就引发了一种本身就令人不安的怀旧情绪"（2）。她的结论是，要解决当今这些棘手的问题，单纯怀念早先世界体制中那些不同的基础规则是远远不够的。

这样，如果努吉·瓦·赛永革所谓的"大脑去殖民"仍然描述了后殖民主义那有点过火的训令，那么，这一训令已经在许多领域内得到了阐释，并使之流通于一个不断扩展的、有时又是包含冲突的议事日程之中。献身于社会改革获得建制上与职业上成功的激进运动的矛盾之处继续困扰着实践者们，不论他们希望将这一领域导向过去，回到其 12 世纪世界体系中的源头或后殖民主义的抵制运动，还是向前迈进，与全球化的当代状况进行直接的协商，也不论他们聚焦于后殖民主义与革瑞汉姆·胡更所谓"贩卖边缘"的共谋，或者寻求扩展对先前处于其阐释边缘的领域（如遗传学）的参与，抑或拒绝该领域中臭名远扬的"对区别和分类的抵制"（郝沃德 XI），对这种抵制的拒绝，要么是通过试图将其缩小为一个具体的焦点，如罗伯特·弗瑞泽对于一种后殖民小说的诗学的描绘（2000）；要么更加激进，譬如皮特·郝沃德就试图重新表述这些争论据以发生的理论基础（2001）。

在所有这些争论中，理论家的建制上的原在系所大有干系，这样，传统的学科分支的自主性看上去就岌岌可危了。弗瑞泽和郝沃德（与许多其他人一道）试图重新赢回文学研究的领地，而其他如戴维·斯各特等人却相信它应当更加全面地致力于传统上认为是属于社会科学领域所关心的那些课题。在

---

① 沃尔特·米格诺洛：《世界城邦的许多面孔：边界思考与批判性世界主义》，载卡罗尔·A. 布瑞肯瑞支等编《世界主义》，达勒姆：杜克大学出版社，2002 年，第 157–188 页。

《重塑未来》中，斯各特指出，是将讨论从"认识论的政治学"和"殖民主义者的表述"转换到"后殖民政治学的新概念化"上来的时候了（224），这也代表了许多人的观点。但是重新构形必须确实仍然关注词汇是如何被理解、知识是如何形成和被估价的。斯各特对后殖民语境中关于认识论的调查的开展方式表示出不耐烦，尽管我对此怀有同感，但我相信，在这一焦点之中，也仍然有大量的工作要做，并且我在卡斯陶瑞第斯为自主性提供的定义中为这些分歧找到了一些解决方法，卡斯陶瑞第斯将该定义看作协商通过想象之力建制化了的社会和正在进行建制化的社会的一种关键性的力量。由于"建制化了的社会决不能成功地以一种绝对的方式支配其基础权力"，因此还有政治的空间，这种政治被定义为"旨在明晰（具有反思性且是审慎的）的确定的集体活动，其目标是社会本身的建制"。所以，"作为一种萌芽，自主性出现于明确而无限制的诘问当场爆发之时……因为无论是个人的还是社会性的自主性计划都是一种计划"。① 从这一视角看来，后殖民计划与自主性计划是紧密地结合在一起的（或许也因而证明与哈特和尼格瑞在《帝国》中所确认的计划颇为一致，虽然他们自己并不愿意承认）。

显而易见的是，到2002年，"后殖民"领域在这一标签下在建制上的巩固，已经使得安·麦克林托克所呼吁的"从历史上细腻地表述的理论和策略的增殖扩展"成为可能，她是在一篇很具有影响力的论文《进步天使："后殖民主义"一词的陷阱》（1992）的结尾发出这一呼吁的。后殖民主义的文化研究工作现在确实是多学科，有时是跨学科的，并且已经超越了文学研究领域的三位思想家的影响：霍米·巴巴、爱德华·赛义德和佳亚特里·查克罗沃迪·斯皮瓦克，罗伯特·J.C. 杨曾经称他们为该领域的"神圣的三位一体"。

杨自己的作品就体现了这些变化模式。其《白色神话：书写历史和西方》（1990）较早地介绍了有助于型塑巴巴、赛义德和斯皮瓦克之后殖民贡献的欧洲理论背景。紧接着杨的下一部著作《殖民地欲望：理论、文化和种族的混杂性》（1995）以混杂性追溯后殖民理论之魅力的复杂谱系，分析了"历史上欲望的出现、欲望的谱系及其在种族化了的思想史中被拒弃的情形"（XI）。到20世纪末，他又出版了《后殖民主义：一个历史性导言》（2001），这部书"在很多方面重写并拓展了《白色神话》，使之具有更宽广的视角，这一视角具有三大洲的反现代性的历史挑战性"（427），在基于更宽的范围内返回这一

---

① 考尼列斯·卡斯陶瑞第斯：《权力、政治和自主性》，载《哲学、政治与自主性》，戴维·艾美斯·克提斯译，牛津：牛津大学出版社，1991年，第151-163页。

计划时，反思了这一时期内发生在这一领域的主要变迁。这包括朝着下列方向的运动：（1）将文学理论和哲学理论之叙述深植于物质性和历史性的语境中，试图调和反殖民运动的能动性与高深理论的解构能量之张力；（2）避开与后现代主义的争论，而转向对现代性、另类现代性和反现代性的重新思考；其中的一些研究表明：殖民地文化远非出自现代性或晚于现代性，相反，殖民地文化（和西方与之发生的接触）以复杂的方式构成了现代性；（3）将历史主义重新思考为塑造西方历史的条件；（4）继续寻找一个比后殖民主义更能充分地刻画该领域的术语，大多数使用者对后殖民主义一词不断产生出不满情绪，有些人现在认为它已为全球化所代替（最明显的是将后殖民主义等同于后现代主义的那些人）。

　　杨希望用三大洲来代替后殖民主义，他解释说："1966 年在哈瓦那举行的非洲、亚洲和拉丁美洲人民团结组织第一次大会，即众所周知的'三大洲'……标志着……反对帝国主义的全球性联盟的发端"。在他看来，后殖民主义"作为一个基于反对欧洲中心主义话语的三大洲的反知识，最好也被称为'三大洲主义'"（序言 ix）。杨扩展了后殖民特征且将其复杂化，超越了英帝国和英语语言的控制，超越了殖民地话语的特权，标志着 20 世纪 90 年代的一些主流趋向。纵观 20 世纪 90 年代，批判"后殖民"这一概念，尤其是其中"后"字之作用的作品源源不断。批评者指出其危险性在于它的化约性、同质化、线性的进步主义、非历史性和为时过早的欢呼，这引起了人们的关注。当代的研究工作作出如下尝试：（1）重铸辩论所用的语汇（避开文化主义/唯物主义的二元观点或避免专注于表述的双重场景）；（2）将该词（后殖民）转向一种更加广泛的思考分析，这种思考支持辩论并为之提供参照语汇（见查克拉巴第 2000；督塞尔 2002；郝沃德）；（3）更加细致地检视自身内部某个分支的潜能，如贱民研究。譬如，维那亚克·查图维第在《绘制贱民研究和后殖民》（2000）中指出："到二十世纪八十年代末，贱民研究是（后殖民研究内）最富有活力的部分"，到 2000 年它已经"获取了一种全球性学术建制的地位"（vii）。

　　1994 年戈彦·普拉卡实在《殖民主义之后：帝国的历史及其后殖民移位》一书的导言中写道："我们有好几种关于被殖民者进行抵制的叙述，但将其抵制作为理论性事件的却寥寥无几"。（5）贱民研究将这一理论化阐释定位于社会科学与人文学科的交汇地带，以便重新思考阶级的状况、文化生产、历史主义和政治理想之间的关系。第派什·查克拉巴第基于他的贱民研究计划经验，提出"将欧洲乡村化"的论点，他认为"欧洲思考模式对于帮助我们彻底全面地思考非西方民族的政治现代性之经验，既是不可或缺的，但又是远远不够的"（16）。这一陈述包含了当前该研究领域的要旨，并引起了反响：戴维·英格瑞穆为容纳后殖民主义这一范畴提出了一种理性作为选集的主要方法，这种选集致力于阐述政治的大洲哲学。① 然而，作者们阐述这一困境的方式和定位以及给予其中贱民代理的重视程度，却是大相径庭的。

在所有这些新方向以及与它们平行的方向中，很多作品在继续阐发并修正着许多思想家的奠基之作所提出的、现已成为基石的洞见，现在看来，这些思想家的工作是不可或缺的，它将后殖民文化研究巩固统合为 20 世纪 90 年代早期颇具影响力的修正式计划，并为之提供了独特的语汇。尽管巴巴、斯皮瓦克和赛义德各人的作品之间存在着很大的差异，而且复杂纷呈，但他们已被联系于后殖民主义之名下，秉持着流放的、世界主义的、流散的视角；他们与将世界作为文本来阅读这一文学模式也是无法分开的。霍米·巴巴集中探讨"想象的共同体的混杂性的跨民族感和转译感"（5），似乎颇具代表性。尽管巴巴像他的批评者一样也注意到 20 世纪晚期"进行国际联系的基础有了变化"，并且视后殖民性为"与'新'世界秩序和多国劳力分工的持续的'新殖民'关系的一种有益的提醒物"，读者从其作品看到的却往往是他对文化差异、移民情感、身份的运作以及将"离家的忧虑"作为"一种殖民和后殖民境况的典范"（9）。巴巴最近的作品多与边界、流散和世界主义理论有关，它们有时似乎模糊了后殖民主义与美国多元文化主义的界限，正如他的"定位政治学"的观念不断地在这些事情上激发出一些互相矛盾的立场。

佳亚特里·斯皮瓦克将《后殖民理性批判：走向一种即将消亡的当下之历史》一书描述为"在全球性的后殖民性和后殖民迁移间搜寻边界"（373）。与爱德华·赛义德一样，巴巴和斯皮瓦克都同意赋予知识分子的流亡身份一个优先角色。保尔·吉尔若伊的《黑色大西洋：现代性与双重意识》（1993）修改了分析，从以民族为基础的研究转向对多重流散形成、旅行文化和旅行理论的思考。吉尔若伊关于"作为现代性的一种反文化的黑色大西洋"（1）的论述以流散为基础，呼应了在后殖民领域内向重视流动性而非凝滞状态的普遍转移。这种思考的逻辑包含在泰加斯威尼·尼兹加纳的观点中，尼兹加纳赞同使用"转译一词，并不仅仅是为了表示一种语言之间的转换过程，而是为整个问题命名"。② 紧随这批作品之后，塞尔曼·拉什迪的《魔鬼诗篇》替代了先

---

① 戴维·英格瑞穆：《论政治》，牛津：布莱克威尔出版公司，2002 年，第 10 页。

② 泰加斯威尼·尼兹加纳：《为转译定位：历史，后结构主义和殖民地语境》，1992年，第 8 页。

前世代的加利班怪兽隐喻，成为某一类后殖民论述的典范文本，集中探讨世界主义、流散和"新意进入这个世界"的方法等问题。拉什迪文本对自主性的暧昧态度，当然也引起了人们的注意，但却没有得到同样的关注。

流散，从一个鲜为人知、具有专门用途的词汇，现在已发展成为一种对当代经验的整合性解释，与全球化相提并论。阿君·阿帕杜莱声称，这种新颖之处就在于"流散是事物的秩序：'美国总是将自身看作是一个移民国家，（现在）却发现自己淹没于这些全球性的流散者之中，不再是一个熔炉施展其魔法的封闭空间，而不过是另一个流散者的转换点，人们来这里寻求发迹梦，但却不再满足于将他们的祖国抛在身后'"（转引自丹尼斯·奥特曼的《全球之性》）。依据这种观点，流散既促进了对美国研究的再思考，同时也是在保持其美国中心的前提下对全球性的重新思考。

作为归属之范畴的民族与流散之间的关系是令人忧虑的。约翰·伍瑞指出"虽然现在只有200个国家，但据说至少有2000个民族，所有这些民族或许都感到各式各样的位移和定位的模糊"（154 伍瑞对科恩的阐释）。流散曾被典范式地与犹太人的经历联系在一起，一旦流散这一概念失去了与残酷的大屠杀、强迫性丧失和痛苦的创伤之特定关联，那这2000个社群中就有许多确实可被看作流散的。伍瑞借鉴了罗宾·科恩的思想，提倡一种更加多样化的类型学：关于受害的流散者的（譬如被贩卖为奴的非洲人）、关于劳工流散者的（譬如在美国的意大利人）、关于贸易流散者的（譬如黎巴嫩人）、关于帝国的流散者的（譬如锡克教徒）以及关于文化流散者的类型学（吉尔若伊所谓的"黑色大西洋"，1993）（伍瑞154）。

旧的流散概念含有人民分散各地而仍有对故土的坚持之意，而其新概念则强调跨国流通、多方向流动，以及占有多处地域的能力。联系到黑色大西洋，这也许牵涉到将非洲看作流散的（皮欧特，SAQ）。但如果流散在这个层面上是事物的秩序，就需要区分不同种类和不同用途的流散了。詹姆斯·克利福德认为流散只有在被具体地阐释之后才会有用：他"坚持在具体的地图上/历史中规定流散之路线……如此被赋予历史意义之后，流散不可能成为现代的、复杂或地位性身份的一个主宰性比喻或'形象'，而是被种族、性、性别、阶级和文化所横切，并被它们置换"（茹茨266）。然而，它似乎越来越多地被作为一个主宰性比喻来使用，与其他词汇如混杂性互相置换，并且凯亚·冈古利提出，在克利福德的《路途》中，流散一词就起着这样的作用，甘古利自己则做出了相反的断言。

科恩相信"全球化提高了流散者实践的、经济的和情感方面的作用，显明他们是适应力特别强的社会组织形式"（176）。这种阅读与其他对于流散群体的阐释相反，后者认为，流散群体无法适应寄住国文化；可是，与那些理论家一样，科恩也相信流散群体会对民族国家及其确保社会凝聚力的传统方法构成威胁，并因此而感到不安。近来这种担忧似乎激发了很多对流散的研究兴趣，尤其是像"大都会"这样一些颇具规模的项目，它们接受了政府的巨额资助，并尝试将一系列利益共享者拉进他们的发展计划。对于像艾安·保考穆这样的文学批评家来说，大西洋众系谱备受称颂，因为他们称自己"为一种'担忧本源和基础'的批评模式"（3）。

罗宾·科恩与斯第温·沃陶维克一起区分了各种不同的流散：作为社会形式的流散（xvii）、作为一种意识的流散（xviii）、和作为一种文化生产模式的流散（xix 移居、流散和跨民族主义），但无论怎么调节，流散也没有一种统一的形式。很有必要进行跨学科合作以便弄清楚这些不同模式的流散是如何同时发挥作用的。

詹姆斯·克利福德认为"当前广为传布的流散话语和历史将要恢复非西方的或不只是西方的世界性的生活模式，恢复不结盟的跨民族主义，置身于民族国家、全球性科技和市场内部并与它们进行斗争，它们使共存变得令人担忧"（277）。森金·塞司于后殖民主义中看到了一个类似的可能性："如果说后殖民主义果真为这个世界提供了一种隐喻或意象的话，那这种意象也不过是存在和观察的无数方法之一，这些方法种类繁多，无法以民族和国家的形式来编码或表述；数量同样过多，'普泛的和特定的'替换性选择根本没有意义。如此说来，后殖民的世界无法通过西方思想中现有的范畴充分地表达出来"（226）。流散显然就是这样一种范畴。我们是直接将这些范畴弃之不理呢？还是对它们进行更加详尽的盘查、探索被早期的理论家或许仓促丢弃的批判模式呢？

但是凯亚·冈古利却认为："在现代性中（也包括其中的后殖民的文化结构）从经验出发的具体化的结果/重要性，似乎已消失在有关边界跨越、阈限区域、后殖民性的困境、表述行为的或策略性的本质主义等许多论点的激增的众声喧哗之中了"（4）。她指出"我们最好不要过多地关注主体心理形成的'非疆域化'的特征，而比较适合探询领土占据的各种特征"（53）。如果说在当前的流散研究中有赋予"经验（一种）富有表达力的自主性"（53）的话，那么流散研究的理论家将仍需要由历史唯物主义发展而来的辩证批判来揭开其重要性，重新引导其能量。卡斯陶瑞第斯在其著作中坚定不移地将自主性的表达能力置于政治之内，我发现这是大有裨益的。

优先探讨边界跨越、流散和流动性的文本如雨后春笋般大量涌现，甚至在它们完成其有时预想的、知识生产与知识机构的重新定位之前，人们在此领域内就可察觉到一种青睐地方性和定位性的反作用力。虽然在整个 20 世纪 90 年代很多马克思主义的批判都令人困扰，但对文化批判、文化唯物主义和马克思主义理论的重新操用，却再次为后殖民研究注入了新的活力。

当代研究工作的一个重要分支在当前致力于重新阐述这种"换个方式阅读"的计划，即以不同方式阐述为"恰当地仇恨传统"（拉萨如引用阿多诺）；"将欧洲地方化"的计划（查克拉巴第）；通过将贱民研究改编为"我们时代的一种策略"来阐述"一种新人文主义"计划（罗缀盖兹转引斯碧瓦克）；或者在当代全球化话语内部重新启动修正版的马克思主义方法论的计划等等。譬如阿君·阿帕杜莱在《论现代性：全球化的文化特征》（1996）中让后殖民研究与全球化直接对话，"着力开始重新建构令许多马克思主义者都深恶痛绝的马克思主义叙述（通过强调滞后和断裂）"（201）。诚然，阿帕杜莱的著作受到了批评，但人们至少已经开始了争辩。正如森吉·斯瑞瓦斯塔瓦在《建构后殖民印度：民族性与 Doon 学校》所提出的，"将全球化视为我们时代的代表性经验和首要的分析框架（在阿帕杜莱所指的意义上说）就是掩饰各种话语的不同层面间以及走向构成后殖民化了的存在的不同的权力立场之间的错综复杂的联系；这并非是说阿帕杜莱的著作在这方面是幼稚的，而是说他似乎对理论之定位本身重视不足"（220）。这一批评与布瑞南对当代"世界理论"的批评是相同的：即在倡导全球化视角时，实际上掩盖了其美国基础。

斯瑞瓦斯塔瓦提醒我们，全球状况"既与权力的施行有关，同样也与（阿帕杜莱的）'柱身'有关"（220），这表示，在当代后殖民研究领域有一种普遍的焦躁，这些研究围绕世界主义和流散展开了很多讨论。用斯第芬·斯莱蒙的话说，"无论一种全球化了的后殖民理论家将我们导向何处，我们都要记住，对殖民主义霸权的抵制总会在地方性的层面上找到物质性在场"（《混杂》31）。我在想，这话现在是否还正确。赛蒙·翟肯第在《全球化与后殖民地声言》一文中指出："从最根本上来说，后殖民理论是在对社会领域的诊断和表述中对文学性的中心地位的坚持，我们曾一直在全球化的旗号下讨论该社会领域"（647）。我觉得这一观点发人深省却不敢苟同。斯图亚特·霍尔提出了"'后殖民'是何时出现的"这一问题，仍是 21 世纪初后殖民批评所面临的主要挑战，我对此是深信不疑的。霍尔写到："当前关于'迟来的现代性'的争论可分为两半：后殖民和对全球性资本主义的新发展的分析，它们实际上差不多是在相对孤立地各自发展着，并且双方都为此而付出了代价"（254）。只有将这两种话语进行综合研究，我们才能充分估量诸如自主性、世界主义和流散之类的概念在学术界和不同的公众领域内所发挥的作用，这些概念的使用越来越频繁，却很少受到充分的质询。仔细地研究一下卡斯陶瑞第斯有关

"建构性想象"的复杂讨论，或许可以使我们能够重新铸造这些辩论中的语汇，使之更加富有成效。

（生安锋　译）

（《社会科学战线》2003 年第 5 期）

科学与意识形态[*]

〔美国〕约瑟夫·熊彼特[**]

一

今天的经济学家远不像一个世纪前的经济学家那样对他们的成就感到兴奋。但我要指出,如果真有什么值得得意的话,我们今天有更多的理由比一个世纪前甚至比四分之一个世纪前更为得意。就对事实(不论是统计事实还是历史事实)的掌握而言,这一点显然是正确的,对此我不需要强调。如果这一点就我们对事实的掌握而言是正确的,那么它对所有应用领域也是正确的,因为它们的进步主要依赖于事实发现。我要强调指出的是,我们的分析能力也与我们的事实存量一同增长了。统计方法的新工具已经出现,这在某种程度上出自我们自身的努力。这种新工具对我们的意义肯定会像它对所有科学(例如生物学或实验心理学,在这些科学中现象是用频率分布来描述的)一样重大。回应这一发展或是与之一同发展,我们的分析工具箱已经极大地丰富了:工具意义上的经济理论——这种意义上的经济理论既不是指关于政策最终目标的教义,也不是指解释性的假说,只是我们处理事实方法的总和——已经像马歇尔和帕累托所预见的那样增长起来。

这一点未被多数人认可,经济学家(更不用说公众了)对我们科学的状态经常给予轻蔑的判断。之所以如此,原因有多种。尽管这些原因已被人们所熟知,我还是应该再列举出来:在一个建筑场所上旧的结构正被颠覆,新的结

---

* 本文是 1948 年 12 月 28 日熊彼特作为美国经济学会会长在该学会第 61 届年会上的讲话。译自《美国经济评论》1949 年第 3 期。

** 作者单位:哈佛大学经济学系。

构正在建立，这不是一件赏心悦目的事；并且，新结构在应用上不够成熟，这也使新结构不受欢迎；最后，建筑面积不断扩大，每一个工人都不可能理解他本人所属小圈子以外的所有事情。斯密、老穆勒、小穆勒和马歇尔能够在不同程度上成功地写出一部统一的并获得普遍赞同的无所不包的著作，现在则很难做到这一点了。因此，尽管每个领域的工作者都对他们自己的工作感到高兴，但他们很可能不赞成其他人的工作方式。这是很自然的事，建设人类知识的大厦，需要多种多样的头脑，这些头脑彼此互不了解。科学是技术，科学越发展，就越完全超出公众的了解范围，越超出研究者本人的理解范围（除了他本人选择的专业以外）。程度不同，但处处如此。尽管在物理学中训练的同一性更高，专业工作的纪律性更强，使得冲突减少，出现了类似秩序的现象。然而众所周知，混乱还有另外一种根源，我们前进的道路上还有另一种障碍：我们中的绝大多数，不满意于他们的科学任务，屈从于公共责任的要求，受制于为国家为时代服务的愿望。在这样做的过程中，他们将其个人的价值观、个人的政策主张和政治学——包括个人心灵追求在内的全部道德个性带进了他们的工作。

我不想重新讨论价值判断或集团利益这些老问题。相反，我必须强调科学成就本身并不要求我们剥离自己的价值判断或拒斥为某种特定利益进行辩护的使命。一方面是研究事实或开发研究工具，另一方面是从某种道德或文化的立场进行评价，这两者在逻辑上不是一回事，也不一定是相互冲突的。同样道理，某种利益的辩护者也能从事诚实的分析性工作，为他所忠实的利益去证实某一点的动机本身未必会证明与其分析性工作一致或冲突的任何事情。更明确地说，辩护并不就是欺骗。它的确会造成为了使事实或来自事实本身的结论服务于一种理想或一种利益而歪曲事实或结论的不当行为。但这种不当行为未必就是一个研究者从"价值论前提"出发所进行的争论或辩护本身的固有内容。经济学者曾证实了许多对其含义毫不赞同的命题，这种情况很多。这里只举一个例子：确立描述一个社会主义经济状态（方程）的逻辑一致性，对大多数人来说，似乎就是得到一个赞成社会主义的论点，但做这件事的恩里克·巴隆（Enrico Barone）却是一个对社会主义理想或团体毫无好感的人。

然而，我们头脑中还有另外一种关于经济过程的先入之见，这种先入之见对我们知识的累积性增长和我们分析工作的科学性质更为有害。价值判断或某种特别的辩护是我们能够控制的，而这些先入之见却似乎在我们的控制能力之外。尽管它们之间经常是相互关联的，但我们还是应当将这些先入之见分离出来，单独加以讨论，我们称这些先入之见为意识形态。

二

意识形态一词在 18 世纪末和 19 世纪最初 10 年流行于法国。其含义与同时或较早时的道德哲学或我们自己的社会科学（在其被大多数人认可的意义上，包括心理学）的含义大体相同。拿破仑讥笑理论家（ideologues）是没有任何政治现实感的教条主义空想家，意识形态一词因此被他赋予了贬义。此后不久，该词条像目前常用的那样，被用来指代观念体系，这种用法对意识形态和价值判断不加区别。我们与这些用法或其他用法都没有关系，但有一种用法是和我们有关的，这种用法最好参考马克思和恩格斯的历史唯物主义来介绍。按照这一学说，历史决定于生产结构的自发的进化：社会政治组织、宗教、道德、艺术和科学只是由经济过程生成的"观念的上层建筑"。

我们在这里无需探讨这一概念本身的优势，对我们的目的来说，只需要考虑它的一个侧面。这一侧面几经变化，发展出了与马克斯·舍勒和卡尔·曼海姆的名字联系在一起的那种知识社会学。大致到 19 世纪中期，科学的进化已被认为是一个纯粹的智力过程——一个对在经验上给定的宇宙的探索序列，或者换句话说，一个前进中的发现或分析性思想的繁衍过程，虽然这一过程影响着社会历史并在许多方面受社会历史的影响，但它有其自身的规律。马克思将"科学"与社会历史其他部分的这种依赖关系转变成科学对社会结构的客观事实的依赖关系，特别是对科学工作者的社会地位（它决定着科学工作者对现实的看法，因此决定科学工作者看什么和如何看）的依赖关系。他是第一个这样做的人。严格贯彻这种相对论——当然不应与任何别种相对论相混淆——在逻辑上要求有一种新的科学观和一种新的科学真理概念。就连数学、逻辑学的科学工作者对问题的选择、解决问题的方法都成为社会性规定的了；物理学更是如此。因而，一个时代科学思想的形态也成为社会性规定的——正是在这种意义上，我们说科学是意识形态，而不是客观科学真理的永远准确的认识。

然而，几乎不会有人否认，在逻辑学、数学和物理学中，意识形态偏见的影响仅限于对问题和方法的选择，也就是说，社会学的阐释至少在过去的二三世纪中并没有挑战研究结果的"客观真理"。不能只根据命题提出者的社会地位来断定一个命题的正误，对一个特定命题的客观真理性只能从其他方面进行质疑。之所以如此，是因为逻辑学、数学和物理学等科学所研究的问题在很大程度上与观察者的社会地位无关，实际上也与历史变化无关：不论是资产者还是无产者，一块下落的石头都是石头。社会科学没有这种优势。对社会科学的发现不仅可以用质疑所有命题的方法进行质疑，还可以用另外的方法，指责它们只是反映了作者的阶级属性。似乎不考虑作者的阶级属性，就没有办法决定对错，无法断定科学是否进步。我们用意识形态或意识形态偏见来表示事物的这种状态，我们的问题是确定意识形态偏见在何种程度上是被称为科学经济学（这或许是个错误名称）的发展中的一个因素。

在对意识形态因素的认识方面，可能有很多不同看法。一些作者实际上否认经济学中存在"正确"观察的事实和"真"命题存量的积累。另一小部分人则完全否认意识形态偏见的影响。大部分经济学家处于这两个极端之间：他们愿意承认意识形态的存在，虽然他们认为这种偏见只是别人才有，他们自己从来没有，马克思就是如此。然而，他们并不认为意识形态就是无法摆脱的符咒，并不认为意识形态会从根本上败坏经济学，提出问题的正是这种中间立场。因为意识形态并不就是谎言，它们是对一个人认为他所看到的一切的真实陈述。中世纪骑士像他希望的那样看待自己，现代官僚也同样如此，这两种做法都失败了，都未能看到所有那些可以用来反对他们将自己看作脆弱的、无辜人们的保护者和公共利益捍卫者的证据。与此相类似，每一个社会团体都发展出一种保护性意识形态，这种意识形态如果不是真诚的，便什么都不是。如果我们意识不到我们自封的合理性，我们怎么可能识别并防范它们呢？

在进一步阐述之前，我要再说一遍：我所谈论的是作为技术的科学，使用这种技术所得出的结论和价值判断或偏好一起，提出单个的建议或建议体系——例如重商主义体系、自由主义体系等等。我不是在谈论这些价值判断和这些建议本身，有些人坚持认为关于终极价值——例如公共利益——的判断，除了作为历史研究的对象外，不属于科学的研究范围，就其本质而言，它们是意识形态，科学进步的观念只是在其所使用的工具可以不断完善这一意义上才适用于这些意识形态。对这种观点我是完全赞同的。我也同样相信，说资产阶级自由主义的观念世界比中世纪的观念世界优越或社会主义的观念世界比资产阶级自由主义的观念世界优越，是毫无意义的。实际上，我还坚信，除了个人偏好，没有别的理由认为我们的政策比都铎或斯图亚特王朝或查里曼大帝的政策包含了更多的智慧和知识。

三

一旦我们意识到意识形态偏见的可能性，找到它就不困难了。为此目的，我们需要做的只是仔细审视科学的程序。科学程序始于我们希望分析的一组相关现象的感觉终结于一个科学模型，在这一模型中，这些现象已被概念化，它们之间的相互关系已经被以假定或命题（定理）的形式明确地表述出来。这种很原始的陈述方法可能不会令逻辑学家满意，但对我们捕捉意识形态偏见的目的已经足够了。有两件事情应该注意。

第一，对一组相关现象的感觉是前科学性的行为。为了给予我们的头脑某种事物，进行科学研究——指示研究对象——这一步是必不可少的，但它本身并不是科学的。然而尽管它是前科学的，却不是前分析的。它不只是我们的一种或几种感官所感知的事实。这些事实必须已被认为拥有某种意义或相关性，能够使我们对这些事实的兴趣得到合理的解释，而且这些事实必须被认为是彼此相关的——我们因而可以将它们分离开来——这里便包含了我们的想象力或常识所进行的某些分析性工作。我们将这种感觉与前科学分析的混合物称之为研究工作者的"看法"（vision）或直觉（intuition）。在实践中，我们当然不会从零开始，因此，"看法"的前科学行为不完全是我们自己的。我们从我们的前人或同时代的工作开始，或从我们身边大众头脑中的观念出发。在这种情况下，我们的"看法"至少在某种程度上包括以往科学分析的某些结果。然而，这种混合物仍然是授予我们的，在我们自己开始科学工作之前已经存在。

第二，如果我一直将"模型构造"与以"看法"提供的材料为基础进行的科学分析视为一回事，我必须补充说我打算赋予"模型"一词以非常宽泛的意义。我们今天的含义明确的经济模型以及其他科学中的类似构造当然是科学发展到近期才出现的结果。然而，在本质上，这些模型并没有对早期形态的分析工作增添任何新的内容，早期形态的分析工作也可以说是用原始的不完整的和无效率的模型作出的。这种工作的内容包括：选择某些事实，对这些事实进行分类，积累更多的事实补充和替代前面选定的事实，确定并改进感知的关系——简单地说，它由"事实性"的和"理论性"的研究所组成，这些内容被彼此处于一个无始无终的授受链条之中，事实补充了新的分析工具（理论），新的分析工具又反过来引导我们认识新的事实。我们感兴趣的对象可以是分析一份历史报告也可以是证明薛定谔方程。在这两种情况下，事实和理论的关系都是一样的，尽管在特定情况下，在发现事实和分析这两种工作中可以有一种最为突出，以致于另一种工作被掩盖了，脱离了人们的视线。小学教师可能会谈论归纳和演绎，甚至将二者对立起来，以此证明这一点。但这样做会造成许多问题。不论我们如何解释，基本的方面仍是那种双方——以清晰的概念和认知结论为一方，以新事实和对新事实的变动所进行的处理为另一方——之间"无始无终的授受"。

一旦我们完成了奇迹，知道了我们所不能知道的，即我们或别人的意识形态偏见的存在，我们就可以发现它的来源。这种偏见来源于我们对打算进行科学处理的现象的初始"看法"。科学处理本身是受到了客观控制的，这里的客观控制是指在特定的知识状态下，我们总是能够确定一个特定的陈述是否可以证实或证伪。当然，在这一过程中仍然会有失误或作伪，也会有许多类型的错觉。但在这一过程中，确实不会出现那种我们称之为意识形态的错觉，因为有关的检验标准与任何意识形态都没有关系。相反，初始的"看法"却不受这种控制。在那里，满足分析的检验标准的元素按其定义来说，就是无法与那些不能满足检验标准的元素相区别的。初始的"看法"就其本质来看是意识形态，可能包括任意数量的错觉，这些错觉可追溯到一个人的社会地位，追溯到他看待他本人或他的阶级或团体以及他所属阶级或团体的敌人的方式。他个人的偏好、状况也会使他的观点与众不同——甚至可以出现数学头脑的意识形态和对数学反感头脑的意识形态，这种特异性没有团体特征。

在讨论事例之前，有必要对我们的问题重新做一阐述。既然意识形态源于我们对经济过程以及其中何者重要问题的前科学的或超科学的"看法"，既然这一"看法"通常会在后来接受科学处理，它便会被分析证实或毁灭。在任一情况下，意识形态的影响都应该消失。那么，意识形态会在多大程度下残留下来？意识形态面对不断积累的不利于它的证据，会在多大程度上维持其本身的地位？它会在多大程度上破坏我们的分析性程序，污染我们的知识？

在一开始就很清楚，在很多方面，意识形态的危险像在物理学中那样微乎其微。制造业总投资的时间序列可能好也可能坏，但它到底是好还是坏，每个人都可以自由探讨。瓦尔拉体系可能有唯一解，也可能没有，但每个有资格的人都可以做出精确的证明。这些问题也许不是最吸引人的，在实践上也不是最急迫的，但它们却构成了我们工作中特别科学部分的主体。它们在逻辑上是意识形态中性的，尽管在实践中可能不总是如此。并且，随着我们分析工作的理解力的逐渐改善，这些领域也不断地扩大。经济学家以往认为，劳动价值论为劳动者赢了分，边际效用论使劳动者丢了分，这样的时代已经过去了。可以证明，就与意识形态有关的问题而言，这就像用无差异曲线替代边际效用或是用一个简单的一致性公理（萨缪尔森）替代无差异曲线一样，不会有多大不同。我想，仍然有人会觉得边际分析不适合他们的"看法"，但可以证明这种分析的逻辑结构可以与任何人所拥有的对任何经济现实的"看法"相容。

四

我们现在来找一找三种最有影响的经济思想结构——斯密、马克思和凯恩斯著作中的意识形态因素。

在亚当·斯密的情形中，令人感兴趣的不是没有意识形态偏见，而是意识形态没有造成损害。我不是指他的受时代和国家局限的关于自由放任、自由贸易和殖民地等等的实践智慧，因为——这一点不论如何重复都不过分——个人的政治偏好和建议本身完全超出了我评论的范围，或者说只有那些支持它们的事实和理论的分析才属于这个范围。我只是考虑这一分析工作本身——只考虑他的陈述而不考虑他的愿望。理解了这一点，首先要提的问题是我们认为他所拥有的意识形态是什么。按照马克思的原则，我们应该考虑他的社会地位，也就是说，考虑他个人和他祖辈的阶级属性，此外还要考虑形成或有助于形成我们所谓的"看法"的那些影响的阶级含义。他是一个做过公务员的"学术人"。他的亲属也大都类似，他的家庭不是一文不名但也不富裕，维持着某种教育标准，在当时的苏格兰属于望族。但他又不是商人阶级。他对社会经济事物的看法完全再现了这些特点。他冷眼旁观当时的经济过程，本能地寻找着机械性的而不是个人性的解释因素，例如劳动分工。他对土地拥有者和资本家阶级的态度是外部观察者的态度，而且他清楚地表明他认为地主（不劳而获的"懒惰"地主）是不必要的阶级，他把资本家（资本家雇佣"勤劳的人们"，并为他们提供生计、原材料和工具）看作必要的邪恶。后一种必要性源于节俭的美德，这种赞美显然出自他苏格兰灵魂的深处。除此之外，他的同情完全投向了劳动者，他们"为每一个人提供衣物，自己却衣衫褴褛"。此外，他还像他所属团体的所有人一样，厌恶英国官僚的无效率和政治家的腐败。这些就是他意识形态的全部了。显然我没有时间来解释这在多大程度解释了他所勾画的画面，我必须强调指出，这一"看法"另一个成分——他早年接受的自然法哲学，影响了他的意识形态背景。自然的行动自由、工人对全部工业品的自然权利、个人主义的理性论等等，所有这些都是他在幼年时学到的——也许根本不需要人教，他本来就是呼吸着这种空气长大的，然而——这一点是很有趣的——这些意识形态不论如何强烈，却几乎没有对他的科学成就造成任何损害。除非我们考虑他的经济社会学，我们从他那里获得的是充分有效的事实性的和分析性的教诲，这些教诲无疑有时代的痕迹，但从意识形态角度却没有什么可指责的。某些意识形态性质的、半哲学性的修饰是存在的，但它们可以消除而无损于他的科学论证。支持他的有保留的自由贸易结论的分析不是建立在人在本质上买卖自由、随心所欲这一命题基础上的。全部事物是劳动的自然补偿这一命题出现了，但它没有分析性的用途——意识形态在语词中消耗自己，其他时候则在科学分析面前退却。至少在某种程度上，这是这个人的优点：如果不负责任他就什么都不是；他的朴素、有时有些枯燥的常识使他因事实和逻辑而获得尊重。在某种程度上这是好运气：如果他的分析被作为心理学而放弃，这没有什么关系，只要它作为经济行为的逻辑构造被保存下来。仔细考察，经济人（作为《道德情操论》作者的亚当·斯密实际上是这一概念的创始者）实际上是一个没有害处的稻草人。

马克思是一个为我们发现意识形态并理解意识形态的经济学家。这一发现比弗洛伊德早50年，这是个一流的成就。然而，奇怪的是，他对意识形态对他本人的危险却完全视而不见，对他来说，只有别人，即资产阶级经济学家和空想社会主义者才是意识形态的牺牲品。与此同时，他的推理前提的意识形态特征和他的论点的意识形态的偏见却到处可见。甚至他的某些追随者（例如梅林）也认识到了这一点。描述他的意识形态并不难，他是一个与资产阶级激进派决裂了的资产阶级激进派，他在德国哲学中成长起来，在19世纪40年代没有感到自己是个经济学家。然而，到那时为止，也就是说在他开始严肃的分析工作之前，他关于资本主义过程的"看法"已经形成，他的科学工作只是使用这一"看法"，而不是要改正这种"看法"。这种"看法"并非由他首创。巴黎激进派圈子里弥漫着这种"看法"，它甚至可以追溯到18世纪的某些作者，例如林格（Linguet）。历史被认为是资产者和无产者这两大阶级间的斗争，一个阶级受另一个阶级的剥削，少数有产者的财富不断增长，而无产者却日渐贫穷和堕落，历史不可抗拒地走向大爆炸，这种"看法"充满了激情，他不断用他所处时代的科学工具像加工原材料一样地加工，这种"看法"意味着许多命题将不能经受住分析工具的检验。实际上，当他的分析工作成熟以后，马克思不仅扩充了许多与该"看法"无关的科学分析，而且也扩充了与该"看法"不完全一致的部分，例如他起初不得不接受的那种消费不足危机论或生产过剩危机论后来都消失了，但这些在他的著作中仍然留下了少许痕迹（这使他的阐释者深感困惑）。他保留原有的（即意识形态的）"绝对的"（即抽象的）规律所生发的其他分析结果，同时却承认起反作用的各种力量的存在，以此来解释规律与现实生活的偏离。该"看法"的某些部分最终遁入谩骂式的词句，这些词句并没有影响论点的科学成分。例如，不论是对是错，他的剩余价值剥削论总是一种真正的理论分析，但他那些关于剥削的激烈词句也曾经被人也许同样适用于其他理论，庞巴维克的理论就是其中之一，想象穿着马克思服饰的庞巴维克，泄怒于从劳动产品中扣除时间贴现部分这种残酷剥削劳动者的惯例是何等容易？

他原有"看法"的某些部分——特别是驱使大众走向革命的日益增长的贫困却是站不住脚的，但对他来说却又丢弃不得。它们与他的预言的最深层的含义关系太密切，太深地植根于他生命的意义之中，因此是决不能丢弃的。并且，也正是这些成分吸引了追随者，唤起了追随者的赤诚。没有它们，理论将会令人生厌，失去生命。能够解释组织效应，或者说创造党派效应的正是这种成分。因此，在这些情况下，我们看到意识形态战胜了分析：一种"看法"的后果全部变成了教条，因而使分析变得苍白无力。

凯恩斯的"看法"——凯恩斯主义的全部来源——似乎最初出现在《和平的后果》一书导论的开头几段中。这些段落创造了当代停滞论——在此以前，从 Britannia Languens（1680）开始，已有许多经济学家显示出了停滞论者的情绪，说明了它的基本特征——成熟的、患了动脉硬化症的资本主义社会（在这种社会里储蓄大于投资）的特征。这一"看法"后来再未消失——我们在《货币改革论》及别处再一次与它相遇，但在 20 世纪 20 年代，其他问题吸引了凯恩斯的注意，直到很晚后它才被分析性地运用。D. H. 罗伯逊在其《银行政策与价格水平》一书中所做的工作在某种程度上相当于这种储蓄中断思想的应用。但对于凯恩斯来说，甚至在《货币论》中，这一问题仍然只是一个细枝末节问题。也许只是世界危机的冲击才使他从原有束缚中解脱出来，充分地阐释他的思想。当然，向公众传播这类信息的也是世界危机的冲击。

同样又是意识形态——对腐朽资本主义的"看法"，它在当前社会的许多特征中寻找腐朽的原因——而不是他 1936 年著作的分析性运用取得了胜利。分析性的运用如果没有赢得广泛支持的意识形态的护航，将会遇到更多的批评。但话又说回来，这一概念结构不仅是一个出色的心灵的产物，而且也是一个成熟的头脑的产物，是一个马歇尔派分子的思想产物。在整个 20 年代，凯恩斯都是马歇尔派，虽然后来他激烈地抨击自己的忠诚，但他从未偏离过马歇尔的路线，除非绝对必要。直到 1914 年，他依然故我，仍然是一个理论技巧大师，他因而能够为自己的"看法"披上盔甲，防止其追随者看穿其中的意识形态成分。当然，这一点对凯恩斯的贡献进入分析工作的主流起了促进作用。并不存在要吸收的新原理，消费不足均衡和缺少支出——这一术语比储蓄更准确——的意识形态，已经很方便地包含在少数强调特定（实际的或假定的）事实的限制性假定中。利用这些假定，人们可以像他所认为的那样去解决问题，走自己的路。这使得凯恩斯主义的争论还原到了技术科学水平。缺乏制度支持，使那些信条令人信服的条件的变化又使得这些信条淡出。甚至连我们时代的最坚定的麦克洛克也一定会飘游到几种位置中的一种上去，很难说这些位置是否包括了对原有教义的放弃、重述还是误解。

<h2 style="text-align:center">五</h2>

我们的例子可能意味着分析性的、未加控制的思想在经济过程作为整体的那些宽泛的概念领域起着排他性的作用。这一领域构成了分析性努力由以出发

的背景，对这一背景除了局部外我们从来难以完全把握。这一点在某种程度上当然是不错的——我们研究工作的主体面对的是那些给予纯粹"看法"很小活动范围的细节，而且受实践经验标准的严格限制——但并不总是如此。例如，出现在凯恩斯主义体系的大语境下的储蓄也可以从事实上或理论上作为其本身来对待。从杜尔阁和斯密开始——实际上还要早——到凯恩斯时代关于其性质和效果的全部命题已日积月累地发展起来了，从我们今天掌握的大量事实来看，已经没有多大可能提出不同意见了。在这一问题上，做一种大多数职业经济学家认为理所当然的概括应该是很容易的。歌功颂德或谩骂诋毁式的鼓吹是有的，而且总是存在的，这些鼓吹在名词概念游戏（如混淆储蓄与不支出）的帮助下成功地造成了不同学者之间的虚假对抗。对那些既没有事实依据又没有分析性基础的学说的歧义的强调总是体现着一方或双方的意识形态偏见——在储蓄理论问题上它表示着对资产阶级生活方式的不同态度。

这类派系意识形态的另一个例子可以在许多人对于垄断（寡头）和合作定价（勾结）有关的事物的看法中见到。这种看法从亚里士多德和莫利纳（Molina）以来就没有变过，尽管其含义在现在工业条件下发生了部分变化。目前与那时一样，大多数经济学家会信奉莫利纳的格言：垄断是邪恶和祸害。与我的论点有关的不是这一价值判断——你可以不喜欢当代大企业，正如别人不喜欢现代文明的许多方面那样——而是达到这一结论的分析以及这一分析所展示的意识形态影响。读过马歇尔《原理》的人，特别是读过《工业与贸易》的人，应该知道，在这些术语所涉及的诸多方面中，许多是对经济效率和消费者利益有好处而不是有害的。更现代的分析家会更明确地认为这些陈述并不都是普遍或无条件地正确，规模、专卖、歧视和合作定价本身并不足以证明结果会比在纯粹竞争下的结果更坏——换句话说，经济分析并不支持无差别的反托拉斯活动，这方面的支持只能在极个别的情形内去寻找。不过，许多经济学家是支持这种无差别的反托拉斯活动的。有意思的是，在这些人中，对私人企业制度的热情支持者特别多。这些人的意识形态是：如果没有垄断或寡头的妖魔作祟，纯粹竞争的神杖可以使资本主义令人称羡地履行其社会职能。没有人费心争论关于大企业的业绩、大企业出现的必然性、摧毁现有结构的社会成本和神化了的纯粹竞争理论的苍白无力。

即便如此推广，我们的例子（它们很好地说明了什么是意识形态）仍不足以告诉我们意识形态的影响范围。这种影响最强烈之处是经济史，它最清楚地展示了意识形态前提的痕迹。在别处，这些意识形态前提很少被如此大量篇幅地描述。经济发展中的角色被分配了政府的积极性和政治，这一点提供了出色的例子：作为团体，经济史家系统性地低估了或高估了这种积极性的重要性，他们毫无分歧地坚持了前科学信仰。甚至连统计数据也丧失了客观性，当出现意识形态问题时，这种客观性本来是十分可贵的。我们岸边的社会学、心理学、人类学和生物学的水流被意识形态严重污染，注视着这些领域中的某些状况，经济学也许会通过比较获得安慰。如果我们有时间，我们可以到处看到同样现象：意识形态结晶下来，成为不可置疑的信条，许多捍卫者全身心地为之奋斗。

　　说某些独立心灵存在，不受意识形态的影响，假定意识形态偏见可以消除，这些并不能给我们多少安慰。这样的心灵或许是有的。某些社会团体相对说来也较容易远离意识形态在其中获得活力的社会生活，但他们仍然会发展出自己的意识形态，其歪曲程度并不必然比别人的意识形态更轻微。但如果说，没有哪一种意识形态会永远持续，而且似乎可以肯定，我们终将从一种意识形态中走出，这还是令人欣慰的。之所以如此，不仅是因为社会格局在变化，每一种经济意识形态不可避免地衰落，而且也是因为意识形态与我们称之为"看法"的前科学认知行为之间的关系。这种行为诱发研究事实、进行分析的行动，不能通过研究与分析检验的任何意识形态在稳定的社会世界中都无法生存。随着时间流逝，检验手段会不断完善，检验会更迅速、更有效。然而，总有某种意识形态与我们共存亡。我确信如此。这并不是灾难。我们有必要记住意识形态和"看法"关系的另一方面。作为意识形态根源的前科学认知行为本身也是我们科学工作的前提。没有这种前科学认知行为，科学里的任何新起点都是不可能的。通过这种行为，我们获得科学研究的新材料，拥有某种要整理、捍卫和批判的事物。我们的事实和工具存量在这一过程中增长和更新。因此，尽管我们的意识形态使我们步履缓慢，但若没有它们，我们也许只能原地踏步。

（宋春艳　译，马春文　校）

（《社会科学战线》2003 年第 5 期）

荀子思想中"解蔽"、"正名"的政治意义

〔韩国〕 张铉根*

一、荀子所谓的"蔽"

荀子认为治乱在于"心之所可中理"或"失理"。那么，心在何种情形之下，对"所可"开始能中理，而不至于失理？简单地说，心在"大清明"的情况下，"所可"必然中理；反之，心若有蔽塞时，"所可"便会失理。所以荀子把蔽塞看作"心术的公患"，进一步提出解除蔽塞的方法。

荀子所说的"蔽"，是指因认识不通明，滞于一隅，所造成的思想上的偏失。他说："凡人之患，蔽于一曲，而暗于大理。治则复经，两疑则惑矣。天下无二道，圣人无两心。"(《荀子·解蔽篇》，以下均不列书名，只列篇名) 这是解蔽的总纲领。我们在此显然可见，荀子解蔽的目的在消极方面就是避免做一曲之士，也就是说知其一而不知其二；在积极方面却是在于阐明大理，以窥其全貌。

什么叫"蔽"？荀子在解蔽篇中，列出十种蔽塞，① 例如："故为蔽，欲为蔽，恶为蔽，始为蔽，终为蔽，近为蔽，远为蔽，博为蔽，浅为蔽，古为蔽，今为蔽。凡万物异则莫不相为蔽，此心术之公患也。"(《解蔽篇》) 荀子以蔽为"心术之公患"，凡有蔽皆不得其明，故所谓的十蔽皆是其所知、所好停滞于一隅，终成积蔽。其实，此十蔽是抽象的概念，如果按名词本身的意义

---

* 作者单位：韩国龙仁大学中国学科。

① 在我们的生活中，蔽塞的种类并不是只有这十种，荀子接着说："凡万物异，则莫不相为蔽。"陈大齐由此发挥，陈述荀子所未尝说及而常人容易触犯的蔽塞十一类，如习惯的蔽、成见的蔽等，以补充荀子，可供参考，见陈大齐《广解蔽》，《大陆杂志》第4卷第2期，第1-6页。

看，荀子所说的十蔽并不一定是蔽，所以我们需要加以说明，如"欲"并不一定为蔽，有欲没有节制才能生蔽；"始"、"终"也一样，虽然是两端，但并不一定为蔽，不能终始条理贯通才能生蔽等。①

荀子说蔽，同时举出若干具体的事例以为佐证。在那些事例中，不仅说明蔽塞的祸，而且列举不蔽的福，正反两面，说来都是非常精到。荀子所举的事例可分为两种：一种是历史上的事实，就是对前代君主和臣下来说的；另一种是批评诸子，就是以当时学者们的蔽塞来说的。在《解蔽篇》中，我们可以读解，乱国之君如桀、纣，乱政之臣如唐鞅、奚齐等，他们因心受蔽塞，所以国破身亡。济世之君如成汤、文王，辅治之臣如召公、吕望等，他们因心不受蔽塞，而能使天下"正理平治"，所以功成名就四方。

关于诸子百家的蔽塞，荀子说："昔宾孟②之蔽者，乱家是也。墨子蔽于用而不知文。宋子蔽于欲而不知得。慎子蔽于法而不知贤。申子蔽于势而不知知。惠子蔽于辞而不知实。庄子蔽于天而不知人。故由用谓之道，尽利矣。……由天谓之道，尽因矣。此数具者，皆道之一隅也。夫道者体常而尽变，一隅不足以举之。曲知之人，观于道之一隅，而未之能识也。故以为足而饰之，内以自乱，外以惑人，上以蔽下，下以蔽上，此蔽塞之祸也。孔子仁知且不蔽，故学乱术足以为先王者也。一家得周道，举而用之，不蔽于成积也。故德与周公齐，名与三王并，此不蔽之福也。"（《解蔽篇》）

荀子批评墨翟、宋秉、慎到、申不害、惠施、庄周等人有所蔽，只见到"道之一隅"，还不能"虚一而静"，所以他们都是"不尽"、"不全"、"不粹"，成为一曲之士，也不能明白大道理。荀子积极赞美孔子，他觉得只有孔子在当时是最能"全"、能"尽"、能"粹"的圣人智者。孔子为什么不蔽呢？是因为他仁智兼备，能知"道之全体"。

二、解蔽

蔽塞既然是心术的大患，也是祸乱的根源，然则如何才能解除蔽塞？荀子主张"兼陈万物，而中县衡"。所谓"中衡"，就是不预存成见（滞于一隅）

---

① 参见韦政通：《荀子与古代哲学》，台北：台湾商务印书馆，1985年，第133页；魏元珪：《荀子哲学思想》，台北：谷风出版社，1987年，第270页和第271页分析得更为详细。

② "孟"依照俞樾的解释，应当读为"萌"，就是民氓。战国时代，往来诸侯国家的一些游士，叫作宾萌。在此，荀子把他们看成乱家。

而保持心知虚静的意思。就如"博"、"浅"、"古"、"今"蔽而言，荀子主张"以浅持博，以今节古"来解除博蔽与古蔽。建立一个客观的标准，据以衡量一切事物，此种面面顾及到用来解蔽除偏的方法，就是荀子所说的"中衡"或"兼权"。荀子说："圣人知心术之患，见蔽塞之祸，故无欲、无恶、无始、无终、无近、无远、无博、无浅、无古、无今，兼陈万物而中县衡焉。是故众异不得相蔽以乱其伦也。"（《解蔽篇》）

"欲恶取舍之权：见其可欲也，则必前后虑其可恶也者；见其可利也，则必前后虑其可害也者，而兼权之，孰计之，然后定其欲恶取舍。如是则常不失陷矣。凡人之患，偏伤之也。见其可欲也，则不虑其可恶也者；见其可利也，则不顾其可害也者。是以动则必陷，为则必辱，是偏伤之患也。"（《不苟篇》）

蔽是指心对外物的错觉，错觉发生的原因，有属于心本身的，也有属于外物的。所以"兼陈万物"，多面观察，仔细分析，才能没有偏蔽。如果只顾及一方面，未及兼顾他方面，依然不免有所蔽塞，有所偏颇。所以荀子既消极地说我们不可以有蔽塞，不可以有偏颇，又积极地指示我们，要利害兼权，"然后定其欲恶取舍，如是则常不失陷矣。"

万物毕陈之后，孰是孰非，必须有一个衡量的标准。"道"就是权衡的标准。荀子说："何谓衡？曰：道。故心不可以不知道；心不知道，则不可道，而可非道。人孰欲得恣，而守其所不可，以禁其所可？以其不可道之心取人，则必合于不道人，而不［知］合于道人。以其不可道之心与不道人论道人，乱之本也。夫何以知？曰：心知道，然后可道；可道然后守道以禁非道。以其可道之心取人，则合于道人，而不合于不道之人矣。以其可道之心与道人论非道，治之要也。何患不知？故治之要在于知道。"（《解蔽篇》）"道者，古今之正权也。"（《正名篇》）荀子所谓的"道"，就是礼义。《荀子·正名篇》说："先王之道，仁之隆也，比中而行之。曷谓中？曰：礼义是也。道者，非天之道，非地之道，人之所以道也，君子之所道也。"由此可知，荀子所谓的"道"，是人为的，是圣人制作的，确实是指礼义来说的。人心在通观万物以后，再以礼义来作标准，加以选择判断，符合礼义就说它为是，不符合礼义就说它为非，"是故众异不得相蔽以乱其伦也。"如此，使心术的患得以解消，无所蔽塞，才能达到"万物莫形而不见，莫见而不论，莫论而失位。坐于室而见四海，处于今而论久远。疏观万物而知其情，参稽治乱而通其度，经纬天地而材官万物，制割大理，而宇宙里矣"（《解蔽篇》）的境界。

三、正名

荀子当时正是战国名辩思潮高涨的时代。名家、墨家对"名实关系"纷纷提出他们的看法。① 荀子学宗孔子，承袭儒家"春秋正名"的大义。不过，孔子正名的重点在于恢复封建社会的秩序，使君、臣、父、子各得其位。荀子的正名论不止如此，有其一套逻辑思想体系，既与当时名家和其他诸家相抗衡，② 又把它作为统治人民的一种积极手段，他说："其民莫敢托为奇辞以乱正名，故壹于道法而谨于循令矣。"(《正名篇》) 就是说，正名可以使人民认识一致，思想统一，遵守秩序，服从法令。就此统治观念的正名来说，荀子的正名论一面近似于孔子正名的原旨，一面把正名论往逻辑的领域推进一大步，对中国名学发展有卓越的贡献。③

荀子关于"名"的理论，集中于三个问题。他说："若有王者起，必将有循于旧名，有作于新名。然则所为有名，与所缘以同异，与制名之枢要，不可不察也。"(《正名篇》) 第一问题"所为有名"，意义在于阐发制名的目的，同时提示用名的准则；第二问题"所缘以同异"，意义在于阐发同名异名的所由起；第三问题"制名之枢要"，意义在于阐发制名的原则，同时顾及名的种类和名的用法。此"立三标"问题互有关联，分别论述于下：

1. 制名的功用　荀子说："异形离心交喻，异物名实玄纽，贵贱不明，同异不别；如是，则志必有不喻之患，而事必有困废之祸。故知者为之分别制名以指实，上以明贵贱，下以辨同异。贵贱明，同异别，如是则志无不喻之患，事无困废之祸，此所为有名也。"(《正名篇》)

制名的目的在于"上以明贵贱，下以辨同异"，要是没有公、侯、伯、子、男等名，就使得人的贵贱不明，造成身份秩序紊乱。如果没有玉、金、银、铜、铁等名，就使得人的贵贱不明，会引起人们的价值观念混淆。所以贵贱的划分，等级的分别，上至治国，下至衡物，制名都发挥了作用。这也就是

---

① 《墨子》经说、大取、小取各篇，以及《庄子》天下篇，《公孙龙子》诸篇，对名实问题都有论述。

② 详考荀子逻辑思想的基本观念，似乎是和墨家后学的名学站在同一面上，详细内容请参见赵文秀《荀子的知识方法论》，台北，撰者刊行，1974年，第120–122页。

③ 在专论荀子哲学思想的论著中，对荀子正名论分析最详尽的是唐君毅《荀子正名与先秦名学三宗》，《新亚学报》第5卷第2期，第1–22页；陈大齐：《荀子名学发凡初稿》，《文史哲学报》第2期，第1–66页，可以参考。

荀子礼治的主要功能之一，荀子的礼有"分"和"养"两大功能，"贵贱等级之分别"是"分"功能之一。①

2. 制名的根据　荀子说："然则何缘而以同异？曰：缘天官。凡同类同情者，其天官之意物也同。故比方之疑似而通，是所以共其约名以相期也。形体、色理以目异；声音清浊、调竽、奇声以耳异；甘、苦、咸、淡、辛、酸、奇味以口异；香、臭、芬、郁、腥、臊、[酒酸]漏、奇臭以鼻异；疾、痒、沧、热、滑、铍、轻、重以形体异；说、故、喜、怒、哀、乐、爱、恶、欲以心异。心有征知。征知，则缘耳而知声可也，缘目而知形可也。然而征知必将待天官之当簿其类，然后可也。五官簿之而不知，心征知而无说，则人莫不然谓之不知。此所缘而以同异也。"（《正名篇》）

一切事物都有共同的客观性质，如果人类的感官和这个客观性质互相接触，其结果所获得的印象大致相同。因此，能比拟而通，相约以制名。这就是荀子制名的根据，含有客观论理性。

3. 制名的原则　荀子说："同则同之，异则异之，单足以喻则单，单不足以喻则兼；单与兼无所相避则共；虽共不为害矣。知异实者之异名也，故使异实者莫不异名也，不可乱也，犹使[异]同实者莫不同名也。"（《正名篇》）

这是说，名为实所规定，名是说明实的，实相同则名亦相同，实相异则名亦相异。所谓"单与兼无所相避则共"，是说事物虽有具体差别，但也有相同的性质，此等就可归之一类。这里所说的"共"，是指"类"概念。荀子说："故万物虽众，有时而欲偏举之，故谓之物；物也者，大共名也。推而共之，共则有共，至于无共然后止。有时而欲[偏]便举之，故谓之鸟兽。鸟兽也者，大别名也。推而别之，别则有别，至于无别然后止。"（《正名篇》）荀子所谓"大共名"是大类，是无所不包含的最普遍的"类"概念。"大别名"就是逻辑上的中间概念，是小类，小类包涵于大类。荀子的这些思想表明了他已经认识到概念中的从属关系。还有，"同则同之，异则异之"是制名枢要的根本原则。

关于名词如何形成，荀子提出"约定俗成"的主张。他说："名无固宜，若之以命，约定俗成谓之宜，异于约则谓之不宜。名无固实，约之以命实，约定成俗，谓之实名。名有固善，径易而不拂，谓之善名。"（《正名篇》）荀子认为，最适宜的名是"约定俗成"的，就是根据人们长期交流思想习惯中所

① 参看张铉根：《荀子政治思想中"礼"的功能》，《韩国政治学会报》第 26 辑第 3 号，1993 年 4 月，第 23—45 页。

形成的。在这里，荀子所提出的"名"是社会历史的产物，富有社会性。

制名对人民日常生活确实有很大的作用，具有统治国家、安定社稷的功用，"故王者之制名，名定而实辨，道行而志通，则慎率民而一焉……其民莫敢托为奇辞以乱正名，故壹于道法而谨以循令矣。如是则其迹长矣。迹长功成，治之极也，是谨于守名约之功也。"（《正名篇》）

四、三惑及三验

荀子制名以指实，也就是说先求正名，然后使贵贱分明，同异有别，名实相符。基于此点，荀子指出当时流行的逻辑错误有三"惑"，也就是三类谬误。荀子说："后王之成名，不可不察也。""见侮不辱"，"圣人不爱己"，"杀盗非杀人也"，此惑于用名，以乱名者也。验之所［以］为有名，而观期孰行，则能禁之矣。"山渊平"，"情欲寡"，"刍豢不加甘，大钟不可乐"，此惑于用实，以乱名者也。验之所缘［无］以同异，而观其孰调，则能禁之矣。"非而谒楹"，"有牛马非马也"，此惑于用名以乱实者也。验之名约，以其所受，悖其所辞，则能禁之矣。凡邪说辟言之离正道而擅作者，无不类于三惑者矣。故明君知其分而不与辨也。"（《正名篇》）

在上述引文中，我们可以发现，第一类"惑"是"用名以乱名"者，是指由名词的含混不清造成的谬误。如果有人说"杀盗非杀人"，则此人就是"用名以乱名"者，因为"盗"字里已经包含"人"之意。"惑于用名以乱名"就是违反了前述的"所为有名"原则而起的过失。①

第二类"惑"是"用实以乱名"者，是把个别事实现象错误地当作一般普遍现象。如果有人说"山渊平""大钟不可乐"，也许会有这种特殊现象，但一般情况不是这样，这就是一般人"惑于用实以乱名"的。"惑于用实以乱名"就是违反了前述的"所缘以同异"原则而起的过失。②

第三类"惑"是"用名以乱实"者，是以利用不同名词来抹杀明有的事实，说"有牛马非马"者就是。"惑于用名以乱实"是违反了名约，也就是说违背了前述的"制名之枢要"原则而引起的过失。③

荀子进一步提出"三验"，就是克服三惑的方法。"惑于用名以乱名"的

---

① 详参陈大齐：《荀子学说》，台北：中国文化大学出版部，1989 年，第 154–156 页。
② 详参陈大齐：《荀子学说》，台北：中国文化大学出版部，1989 年，第 156–157 页。
③ 详参陈大齐：《荀子学说》，台北：中国文化大学出版部，1989 年，第 157–159 页。

过失，原因在于违反了"所为有名"，所以禁止的方法在于"验之所以为有名，观其孰行，则能禁止矣"。就是分别制名以指实，然后用它来解除此种祸害。其次，纠正"惑于用实以乱名"的过失，最有效的办法是观看大家感觉的实际情况如何，然后"验之所缘以同异而观其孰调，则能禁止矣"。另外，克服"惑于用名以乱实"谬误的办法，是"验之名约，以其所受，悖其所辞，则能禁止矣"。

五、辩

上述三惑，都是辩正①名实相乱的过失。所以荀子进而主张："君子必辩"（《非相篇》）就是说，辩说的目的在解释此三惑。"君子必辩"就是基于时势所迫，不得已而有的现象。战国末期，是"天下乱，奸言起"的时代，所以必须对事物加以反复解说，使得道理明确，这就是"王业之始也"。所以"君子必辩"。

君子所要辩的是奸言。什么叫奸言？荀子说："凡言不合先王，不顺礼义，谓之奸言；虽辩，君子不听。法先王，顺礼义，党学者，然而不好言，不乐言，则必非诚士也。故君子之于言也，志好之，行安之，乐言之，故君子必辩。凡人莫不好言其所善，而君子为甚。故赠人以言，重于金石珠玉；观人以言，美于黼黻文章；听人以言，乐于钟鼓琴瑟。故君子之于言无厌。"（《非相篇》）不合先王之道，不顺礼义之统的，都可称之谓奸言。奸言是扰乱是非的，可是"是非不乱，则国家治"（《王制篇》），所以辩别奸言是君子所应尽的责任。不过，君子的责任并不是在于为辩说而辩说的，而是在于更积极地辩明是非以使它不乱。就是应该以先王之法、礼义之统作为辩明是非的标准。荀子主张"君子必辩"的最重要理由，在积极主动宣扬"法先王，顺礼义"的"统类"。

荀子把"辩"分为三科，以"士君子之辩者"自居，以"圣人之辩者"为理想，而以"小人之辩者"为论敌。荀子说："有小人之辩者，有士君子之辩者，有圣人之辩者。不先虑，不早谋，发之而当，成文而类，居错、迁徙，应变不穷，是圣人之辩者也；先虑之，早谋之，斯须之言而足听，文而致实，博而党正，是士君子之辩者也。听其言则辞辩而无统，用其身则多诈而无功，上不足以顺明王，下不足以和齐百姓，然而口舌之均，噡唯则节，足以为奇

---

① "辨"就是"辩"。荀子书每借"辨"为"辩"。

伟、偃卻之属，夫是之谓奸人之雄。圣王起，所以先诛也，然后盗贼次之。盗贼得变，此不得变也。"（《非相篇》）圣人的辩说，不但其"心合于道（治道），说合于心，辞合于说"（《正名篇》），又要"成文而类"。"类"是礼义法度，再说礼义就是辩说的真正标准，所以荀子说："多言而类，圣人也。"士君子的辩说，以"言仁"为其内容，"以仁心说，以学心听，以公心辨"（《正名篇》），所以他"言而足听，文而致实，博而党正。"小人的辩说，时常"言无用而辩，辩不惠而察"，这是指责惠施、邓析来说的，荀子觉得他们都是捣乱治道的人。所以荀子说："多言而类，圣人也。少言而法，君子也。多少无法，而流缅然，虽辩，小人也。"（《非十二子篇》）

辩说既然如此重要，那么君子辩说的态度自然要格外谨严公正。荀子说："有兼听之明，而无矜奋之容；有兼覆之厚，而无伐德之色。说行则天下正，说不行则白道而冥穷。是圣人之辨说也。"（《正名篇》）"以仁心说，以学心听，以公心辨。不动乎众人之非誉，不治观者之耳目，不赂贵者之权势，不利传辟者之辞。故能处道而不贰，［吐］咄而不夺，利而不流，贵公正而贱鄙争，是士君子之辨说也。"（《正名篇》）这表示，从事辩说者不但应该力求做到至仁至公的境地，而且辩说所使用的语言也切切不可违背"约定俗成"的正名，又要有博大的心量，然后能"兼听"、"兼覆"，而达到"天下正"。

结　语

荀子生于遽变的战国末期，他的寿命长，阅历丰，涉猎广，眼见儒术衰败，天下由秦之法家而即将统一，是以"嫉浊世之政"而"推儒、墨、道德之行事兴坏，序列著数万言。"（《史记·孟子荀卿列传》）他的政治思想以儒术为宗，重礼乐而明分使群，重人治而尚贤使能，重君臣之道而以民为本。

荀子认为辩说、正名的任务及目的在于"象道"，所以说："辩说也者，心之象道也……道也者，治之经理也。"（《正名篇》）"象道"就是指符合于治道的意思。①

总而言之，荀子的正名思想，有破有立，其主旨在辨奸言而立正道。《荀子·正名篇》说："王者之制名，名定而实辨，道行而志通，则慎率民而一焉。"在"圣王没，天下乱，奸言起"的特殊状况下，他不得不立三标而禁三惑，行辩说而正是非。

---

① 参见陈大齐：《荀子学说》，台北：中国文化大学出版部，第98–99页。

荀子的“解蔽”、“正名”富有政治意义，不过他的立足点在于注重权威制度意义的“礼”，仅仅把人民看作“礼义统类”的外在统治对象。他忽略了人类本身自觉、自理的内在思想自由，而似乎流入于外在的权威主义。

（《社会科学战线》2004 年第 1 期）

神话与历史的对应

——美索不达米亚神话意象在大卫王权崛起中的回响

〔美国〕杰弗瑞·斯丹克*

古代以色列和位于埃及、莱凡特、安纳托利亚和美索不达米亚的那些邻国一样，无论从民族和宗教上都认识到自己的不同，且通过与周边帝国的对抗和自己特色鲜明的宗教文学与宗教实践以显示自己的个性。① 然而，以色列并非存在于文化真空状态之中，而是更大的古代近东文化环境中的一个全面参与者，常公开地向邻近民族借鉴文化营养。这种文化相似和彼此互动的例证十分丰富，并有完好的文献记载。我们可以举出几个有代表性的例子：（1）美索不达米亚创世故事和洪水故事与《创世记》中远古记录的姻亲关系，证明了美索不达米亚对以色列的强烈影响。② （2）在《诗篇》第29篇中，耶和华被描绘为雷神，显示了以色列对迦南巴力/哈达德神话传统的特别认知。（3）以

---

* 作者单位：芝加哥大学神学院。

① 由于了解古代以色列历史和宗教的主要资料是希伯来《圣经》，它在结构和编辑特征上显示出迟至希腊化时代的证据，铁器时代甚至波斯时期的以色列和犹大在其文本中的表现并不清楚。实际上，很难肯定希伯来《圣经》有志于表达一种我们现代意义上的公平、客观的历史画面。由于这一原因，正如《圣经》文本所指出的那样，古代以色列和犹太很有可能并不反对融合异族文化。《圣经》文本中大量强烈的分离主义观点似乎是相对晚近时期发展出的现象。参见 Rainer Albertz, *A History of Israelite Religion in the Old Testament Period*, trans. John Bowden; 2 Lols; Louisville: Westminster/John Knox, 1994。

② See, E. G., *Enuma Elish*, *Atrahasis*, *Gilgamesh Tablet 11*, and *Eridu Genesis* for Mesopotamian accounts of creation and the great deluge. 这些文本的英译本见 Benjamin R. Foster, *From Distant Days: Myths, Tales, and Poetry from Ancient Mesopotamia*, Bethesda, MD: CDL, 1995); Stephanie Dally, *Myths from Mesopotamia*, Oxford: Oxford University Press, 1987; Andrew George, *The Epic of Gilgamesh: A New Translation*, London: Penguin, 1999; Thorkild Jacobsen, *The Harps That Once*………: Sumerian Poetry in Translation, New Haven and London: Yale University Press, 1987.

色列与古代近东联系之争新近的一个例子是《出埃及记》第 20 至 23 章的 "约典"律法集成与《汉谟拉比法典》在文献上的直接关联。① (4) 最后还可以举出一个与本文研究主题相关的借用例证——王权——它甚至被希伯来《圣经》文本所承认:《撒母耳记·上》8:5 引证说,以色列人请求(是要求!)一位王:"为我们立一个王治理我们,像列国一样。"以色列对此甚至在自己的民族文献中也承认它的君主制政体是仿制其邻国的。

在以色列与其邻国文化关联的视野下,本文将考察大卫登上以色列王位的描述与《埃努玛·埃利什》中对马尔杜克崛起为宇宙神王的描绘的对应关系,以说明文本彼此在观念、主题和文学表现上的一致性,同时也将使《圣经》里关于大卫描述中的美索不达米亚更具普遍性的王权意象得到凸显。最后,笔者将由本文考察所引出的古代神话与历史的本质思考作结。

其他《圣经》文本和其他古代近东文本相较之下,彼此之间概念差异常常不大。与此不同,从《撒母耳记·上》跨越到《埃努玛·埃利什》或许会被认为是异想天开。例如谈到创世故事或洪水故事,每种文化讲述的故事在类型上是一致的——它们都是神话。"约典",特别是其中的决疑式段落是如此,《汉谟拉比法典》的情形也是如此,二者表现出相似的律法程式和类型。与此形成对照的是,就这二者而言,明显缺乏这种形式上的对应。前者是历史编纂,② 写的是人间,后者是神话,关乎的是神界。因此,学者们尚未对这两种根本不同的文本尝试讨论一点也不让人感到惊奇。确实,学术界对以色列/犹大文本与美索不达米亚文本,特别是美索不达米亚神话文本的比较,很少超出《创世记》第 1 至 11 章中的远古历史和挑选出的与创世有关的《诗篇》中某些作品的范围。

从我们所说的有关《圣经》的"历史文本"的情况来看,更通常的做法

---

① David P. Wright, "The Laws of Hammurabi as a Source for the Covenant Collection (Ex 20:23–23:19)," *Maarav* 10 (2003): 11–87; idem, "The Compositional Logic of the Goring Ox and Negligence Laws in the Covenant Collection (Ex 21:28–36)," *ZABR* 10 (2004): 93–142.

② 历史编纂是对古代近东作品的一种精细的分类,这是因为这一类作品造成了一种对这些文本年代错误的态度。也就是说,像马克·Z. 布莱特勒(Marc Z. Brettler)曾对圣经历史文本讨论过的那样,尽管古代文本无疑提供了"一种表现过去的叙述"(*The Creation of History in Ancient Israel*, London and New York: Routledge, 1995),但是它们却几乎无意讲述一个客观、全面和科学的关于过去的故事。因此,像下面要论证的《撒母耳记·上》与《埃努玛·埃利什》那样,如果古代历史和古代神话之间的区别确实存在的话,通常也是难以证明的。

是将之与那些以第一人称形式记录的楔形文字的历史编纂文本进行比较。例如，赫伯特·M.沃尔夫（Herbert M. Wolf）就从大卫的故事和赫梯文献对哈图斯利斯三世（Hattusilis III）的记载中找出了类似之处，他甚至提出《圣经》文本依赖于赫梯文献资料的观点。① 沃尔夫的老师哈里·豪夫纳（Harry Hoffner）同样比较了哈图斯利斯征战与大卫同歌利亚战事的场景表现，② 并且通过指出《圣经》文本与《特利皮努公告》（Telipinu Proclamation）的对应，扩大了大卫故事与赫梯文本的比较范围。③ 在近期，迈克尔·B.迪克（Michael B. Dick）又将大卫故事的结构与新巴比伦国王拿波尼度（Nabonidus）以及波斯国王居鲁士、大流士的政治辩护记录进行比较，以证明在王位继承不合法的情况下，古代近东地区的王权自身需要一种类似的辩护性叙述结构。④ 像在他之前的沃尔夫和豪夫纳一样，迪克也将他的比较限定在历史编纂文本上，没有考虑特别的神话因素作为大卫崛起历史背景的可能性，跨越神话与历史之间稳固边界予以探讨的新路径因此依然敞开。

当从"目的"的角度来考虑《撒母耳记·上》与《埃努玛·埃利什》的对应时，我们所了解的两种文本间的差异就小得多了。⑤ 二者都服务于王室的宣传：前者寻求大卫登上以色列王座的正当性，后者同样是为了说明马尔杜克

---

① H. M. Wolf, "The Apology of Hattusilis Compared With Other Political Self-Justifications", *Unpublished Dissertation*, Brandeis University, 1967.

② Harry A. Hoffner, Jr. "A Hittite Analogue to the David and Goliath Contest of Champions?" *CBQ*30, 1968, 220–225.

③ Harry A. Hoffner, Jr. "Propaganda and Political Justification in Hittite Historiography," in *Unity and Diversity: Essays in the History, Literature, and Religion of the Ancient Near East*, ed. H. Goedicke and J. J. M. Roberts; Baltimore: Johns Hopkins University Press, 1975, pp. 49 –62.

④ Michael B. Dick, "'David's Rise to Power' and the Neo-Babylonian Succession Apologies," in David and Zion: *Biblical Studies in Honor of J. J. M. Roberts*, eds. Bernard F. Batto and Kathryn L. Roberts; Winona Lake, Ind.: Eisenbrauns, 2004, pp. 3–19.

⑤ 先说明一下本文在结尾对神话和历史的分析，我在此强调的是神话的一种功能性的定义：神话是为创造一种公共的现实服务的，常常在（遥远的）过去为这样的现实建立基础。See, E. G. Anna Maria G. Capomacchia, "Heroic Dimension and Historical Perspective in the Ancient Near East," in *Historiography in the Cuneiform World* ed. Tzvi Abusch et al; part 1 of Proceedings of the XLVe Rencontre Assyriologique Internationale; Bethesda, MD: CDL Press, 2001, pp. 91–97。

在巴比伦神权中崛起的合理性。① 尽管这个共同的目的对证明两种文本之间具有一种联系并不充分，但它却为进一步思考提供了动力。除了共同的目的之外，这一分析将揭示出《撒母耳记·上》和《埃努玛·埃利什》在具体的情节因素、主题发展和性格塑造上也具有相同之处。我们现在就来考察这些细节。

大卫故事和马尔杜克故事之关联

从最基本的层面看，无论《撒母耳记·上》还是《埃努玛·埃利什》都呈现的是过去的故事，因此广义上说，二者可以被理解为是"历史的"叙述。②《撒母耳记·上》描述了以色列君主制国家的起源和大卫如何非正常获取王权的过程，而《埃努玛·埃利什》以诸神起源的"历史"记录开篇，继之以马尔杜克的崛起。两种文本之间的第二个相同之处，是主人公形象身处的社会地位。大卫和马尔杜克都是并不具有继承王位明确权利的青年形象。《圣经》记述了耶和华对扫罗的弃绝并以膏油的形式选择了大卫（撒上，15–16），但是，正常的王位统绪几乎是不可能只是由于神的准许就被颠覆的。相反，大卫必须能进入皇室，这一功业是通过与米甲的联姻来实现的。大卫和扫罗之间的这种家庭关系在《撒母耳记·上》的第 24 和 26 章得到进一步加强，大卫称扫罗为"我父"（24：11、21），而扫罗则以"我儿"来回应大卫（24：16，26：17、21、25）。

同样，《埃努玛·埃利什》的作者也要证明马尔杜克继位的合法性，因为尽管马尔杜克在古代美索不达米亚被承认为神祇，但他在历史上却不是众神之首。因此，《埃努玛·埃利什》必须处理好一位神登上王座的问题，也就要预先使这位神显出卓尔不凡。为了做到这一点，《埃努玛·埃利什》以对人间王权的理解方式描绘了神界的王权及其潜在的获得者：安沙尔、安努、埃阿和马尔杜克诸神在这个神界王族中彼此是代际关系。③ 与大卫在《撒母耳记·上》中的情况不同，马尔杜克是王族谱系中合法的成员，因此作者不需要为他和王

---

① 例如，将《撒母耳记·上》作为大卫王权崛起的论述，可参见 P. Kyle McCarter, "The Apology of David", *JBL* 99，1980, pp. 489–504。

② See Brettler, *Creation of History*, 12.

③ 诸神中的家族关系和王位统绪问题在美索不达米亚是人间王权发展的一种反映。诸神在此被描绘为具有家庭联系，因为文本中更重要的问题是王权，而王权在人间是由家族掌控的。See Thorkild Jacobsen, *The Treasures of Darkness*：*A History of Mesopotamian Religion*, New Haven：Yale University Press, 1976, pp. 78–81.

族之间建立联系。但是，马尔杜克却并非王储，而且主神安沙尔也没有理由从统治众神的至高位置上走下来，让马尔杜克承袭自己的位置；马尔杜克的祖父安努和父亲埃阿是否服从这样一种继承的顺序也不得而知。因此，《埃利玛·埃利什》必须使马尔杜克获取王权具有正当性。

特别有趣的，是两个文本证明各自主人公擢升的合理过程。简言之，每个故事中年轻的未来君王都在表现争战的段落里与一个"怪物"作战并将之打败。大卫战胜的是巨人歌利亚，马尔杜克打败的是被神化的深渊怪物提阿玛特。在《圣经》故事里，尽管大卫理所当然地表现出了锐不可当的青春活力，但他愿意出战是应扫罗的要求，因而消除了对其具有野心的指控（撒上，17：25）。作者还引入了几个有倾向性的细节，用以补充这个情节及其意图。① 首先，大卫与扫罗相遇是因为自己的音乐才能，他以此来减轻这位以色列王的病痛（撒上，16：14-23）。其次，对大卫的描绘是按他侍奉扫罗和放牧其父亲的羊群的不同时间分别描绘的（撒上，17：15）。最后，为了回应扫罗反对他出战巨人的疑虑，大卫介绍了自己曾搏杀过一头熊和一头狮子的本领（撒上，17：33-36）。

从《撒母耳记·上》与美索不达米亚王权观念形态对应的角度看，这些通常被认为是民间传说的因素具有特殊的重要意义。国王的形象首先被视为音乐家，一位王有这样的音乐才华在《舒勒吉赞美诗B》（Shulgi Hymn B，第155-173 行）中同样得到了证明，那位国王夸耀自己在乐器演奏和作曲上的才能，大体上就堪比《圣经》文献中大卫的情况。大卫作为牧羊人则与古代近东，特别是美索不达米亚国王作为牧羊人的形象具有悠久的一致性：《汉谟拉比法典》的结尾（47：42-45）就提供了那位国王将自己描绘为其百姓牧者的例证。在《撒母耳记·上》中，国王作为牧羊人证明了大卫统治者的形象：注意当撒母耳立耶西的一个儿子时（撒上，16），大卫甚至是被置于一片牧场的语境描写中，这就直接将大卫认同为未来的国王了。

如同认同国王的牧羊人形象，国王作为猎狮者的形象也是美索不达米亚王权观念的特征，并为古代近东地区这样一种观点提供合法基础：认为国王是神权在地上的代表，负有建立秩序、保持和平的责任。② 亚述人的肖像画中就充

---

① 注意《撒母耳记·上》16：18 描写大卫所用的词汇，读之仿佛就是对这位以色列王理想品质的一个列表："善于弹琴，是十分勇敢的战士，说话合宜，容貌俊美，耶和华也与他同在。"因此，申典历史家带有倾向性的笔墨是不加掩饰的。凡·塞特斯也承认，对大卫的这一描写预示了后面的叙述（In Search of History，265）。

② See, E. G., the Epilogue to Laws of Hammurabi（47：10-11）.

满了国王作为猎狮者的例子。① 我还应该在此强调，在所引述的与大卫作为音乐家有关的《舒勒吉赞美诗 B》中，也提供了国王作为猎人的记述。② 大卫自己所说的制服野熊的壮举，提供了与"自传性的"舒勒吉文本的进一步联系，并凸显了他据有王位的正当性。③

马尔杜克同样是通过对怪物提阿玛特的英雄般的胜利来接近神王宝座的。埃阿设计了一个挑战提阿玛特的计划，可以使马尔杜克被引见到安沙尔面前。马尔杜克同意，但增加了一个条款：如果他获胜，他就要成为诸神之王（II，156-162）。于是，像大卫一样，马尔杜克也被要求先做侍奉。如此，马尔杜克也不能被指控具有不恰当的野心，因为他得到这个位置是通过协议而非强求。况且，同意给予他回报是诸神一致的意见（III，130-139）。还应注意《埃努玛·埃利什》包含有安努和埃阿与提阿玛特争战失败的记述（II，80-82，104-106）。假如这些神中的任何一个取得成功，马尔杜克都不可能成为神王。然而，正因为他们每一个都缺乏这种能力，马尔杜克超越安努和埃阿的承袭之路才被铲平。因此，通过证明马尔杜克的杰出能力，《埃努玛·埃利什》使他超越父亲和祖父而继位获得了合法性：马尔杜克战胜了混沌怪物，而这是依统绪而位在其前的诸神做不到的。更重要的是，在这场胜利中，马尔杜克是宇宙秩序的伟大建立者，既创造了人类劳动大军，也为诸神安排了各自的职能位置。关注的重点于是由马尔杜克的野心转向了其给王国带来的好处，为了这位新的神王，《埃努玛·埃利什》体现了"目的使手段正当化"的一种隐含辩护。

《撒母耳记·上》与《埃努玛·埃利什》之间另一组对应的因素，集中在对每位主人公的主要对手——扫罗和提阿玛特的描绘上。特别是，每一种文本都采用极为相同的模式来诋毁对手的品质。在考察这种一致性前，我要先说一下《撒母耳记·上》中大卫的敌人问题。"申典历史家"的评述廓清了大卫与扫罗之间的敌对关系，因此这位以色列的第一位国王应该恰当地被称为《圣经》文本中大卫的敌人。歌利亚当然也是大卫的敌人，但是他作为敌对者的角色并不持久，不能与扫罗角色的发展相提并论。与此形成对照，是提阿玛特

---

① See, E. G., *the Reliefs of Ashurnasirpal II from His Palace at Nimrud*, *for Photographs and Discussion*, Pauline Albenda, "Ashurnasirpal II Lion Hunt Relief BM 124534", *JNES* 31, 1972, pp. 167-178.

② See Castellino, *Two Shulgi Hymans*, pp. 37-41 (Shulgi Hymn B, lines 57-100).

③ 大卫作为耶和华神圣的至高权力的代表这一主旨在如《诗篇》第 2 和第 89 篇这样的作品中有重要的发展。前者将大卫式的统治者描绘为神的儿子，后者则确认了大卫在世界万王中的地位："我也要立他为长子，为世上最高的君王。"（诗 89：27）。

而非马尔杜克要取而代之的那位神王安沙尔才是他在《埃努玛·埃利什》中的敌人。或许有人在此会对两个故事中的敌人提出异议，因为二者在性质上并不相同。①

为了回应这样的论点，应该回顾一下扫罗与歌利亚在作品中的联系。像歌利亚一样，扫罗也是一个"巨人"：他高过以色列的所有人（撒上，9：2），因此从逻辑上说他才是歌利亚的对手。但是，扫罗拒绝与巨人歌利亚争战，从而使年轻的大卫抢占了先机。进而言之，通过击败歌利亚，大卫象征性地杀死了扫罗，以获得扫罗之女作为奖赏的方式进入了王族。此时，大卫超过扫罗就只是个时间的问题了。因而，就作品叙述内容来说，扫罗在真正的意义上和歌利亚一样都是大卫的手下败将，大卫砍掉了巨人的头（撒上，17：51），也就去除了扫罗在以色列的地位（撒上，18：7）。此外，尽管《埃努玛·埃利什》没有强调这样的关系，即马尔杜克获取神权的对手不是提阿玛特而是安沙尔、安努和埃阿，但是，通过与"外部"敌人——怪物提阿玛特交战，马尔杜克在挽救了社会的同时也就颠覆了家族内部竞争对手的地位——那位神王以及在继位统绪上先于自己的诸神。这种情形的设计与大卫对歌利亚和扫罗的行为如出一辙。

在对大卫和马尔杜克的敌人做如此定义的同时，我要证明扫罗和提阿玛特形象塑造上的一致性。首先来看前者，在申典学派的历史中，扫罗的形象品质一直就是负面的。② 有众多的例证可以援引，但是对我们讨论的问题来说，几个特别的有关扫罗负面特征的例子值得关注，因为它们与《埃努玛·埃利什》中提阿玛特的特征相类似。首先，按照《撒母耳记·上》第15章的叙述，扫罗没有"灭绝"亚玛力人，在他应该这样做的时候却玩忽职守，但是，这位鲁莽的国王却要杀死他的儿子约拿单，只是由于自己军队的劝阻，才未实现如

---

① 大卫获得扫罗女婿地位与马尔杜克与安沙尔关系中地位的相似性，即如同马尔杜克必须颠覆安努和埃阿的地位，大卫必须也超越那些宣称有优先于他继承王位权力的人：他必须颠覆扫罗子孙的地位，包括王储约拿单。不过，这个圣经故事从未将约拿单描绘为一个对王位认真地提出有继承权的人，相反，他是大卫最好的朋友，甚至警告自己这位在政治上有野心的朋友扫罗有谋害他的意图（撒上，20：20—38）。

② 几个有代表性的例子足以说明问题：《士师记》对与扫罗有关的便雅悯支派和基比亚城的描述带有负面的色彩（士，19—21）。在《撒母耳记》中，一个支持大卫的作者似乎拒绝对扫罗出生的叙述，而将这段叙述分给了先知撒母耳。注意《撒母耳记·上》1：28a 中划线的部分："所以我将这孩子归于耶和华，使他终身归于耶和华。"这里的"他"在原文中明确提到是"扫罗"。还有，在撒母耳立扫罗时，他竟躲避这位先知（撒上，10：21—22）。

此残忍的行为（撒上，14：36–46）。即使如此，扫罗最终还是做出了不合适的杀戮之举：《撒母耳记·上》第22章第6至第19节叙述了扫罗"灭绝"了祭司城挪伯中的所有生灵。扫罗的这一形象特征被作者用来与英雄人物大卫相区别。大卫在清除其政治对手的时候从未被描绘成一个嗜杀者，即使是扫罗追杀自己时，他都放过取扫罗性命的机会，还指出这位王是"耶和华的受膏者"（撒上，24：10；26：9）。大卫最后还秉持公义追讨杀害扫罗及其家人者的血债（撒下，1，4）。这幅画面是清晰的：值得赞赏的是大卫，而不是扫罗。

《埃努玛·埃利什》同样贬低其主要反角提阿玛特。像扫罗一样，提阿玛特当杀的时候不杀：她被描绘为一个坏妻子，她的孩子们必须刺激她去为丈夫的死复仇（I，111–124）。提阿玛特的特点同样是在不该杀戮之时却偏要杀戮：在马尔杜克战场上的致辞中，他给她贴上了企图谋杀自己孩子的坏母亲的标签（IV，77–87）。这就像在《圣经》故事中那样，正反角色间的最终摊牌在《埃努玛·埃利什》的前面部分就已经预示出来。如同大卫和扫罗，马尔杜克和提阿玛特走上了不可避免的冲突轨道，而作者对此已然作出了预判：提阿玛特是"做恶者"（II，3），马尔杜克却是"诸神的阳光"（I，102）。

大卫权力的崛起：神话与历史的对应

《撒母耳记·上》中这位新王崛起的故事与《埃努玛·埃利什》之间的相似，具有一种意想不到的重要意义。虽然这样的相似之点并没有那么多和那么严格，可以让我们断定一种直接的、文献上的关系，但是，在确证的观念上、主题上以及文学表现上的一致性都表明，事实上，在这两种似乎无法类比的作品之间，并没有那么大的差异。而且，存在于一种历史文本和一种神话文本之间的这些相似之处，引起了这样一个问题：这两种文学种类的区别是什么？

格林兄弟和其他一些人给神话下的经典定义是："一个关于诸神的故事。"① 然而因其狭窄，不能直接适用于《圣经》资料，在《圣经》和古代近东学者中，对这样一个定义是不乏反对意见的。例如布莱瓦尔德·柴尔兹（Brevard Childs）提出，处理《圣经》文本时对神话采用现象学的研究方法是最恰当的。对柴尔兹来说，《圣经》和古代近东神话最终关涉到创造生成的现

---

① 关于神话和这个词汇在与《圣经》关联时应如何理解的一个出色的综述，可参见 Robert A. Oden, Jr., "Myth and Mythology", *ABD* 4, pp. 946–956。

实。① 伯纳德·巴淘（Bernard Batto）同样将神话作为一个社会创造意义的企图。由此来看，基于其对社会现实和宇宙实在相应的表达力，神话的定义常常被重新阐述甚至是被抛弃。② 如果循着这些学者的线索，那么我更倾向于对神话的一种功能性的定义，即将之集中在神话做了什么，它对一个社会成就了什么。就《撒母耳记·上》和《埃努玛·埃利什》来说，如同我们已经指出并逐渐被学者们所接受的那样，这种功能是以宣传为目的的。

那么，这两种政治意识形态的区别是什么？我们已经说过，《埃努玛·埃利什》处理的是神界事务，而《撒母耳记·上》主要与人世相关。然而，《圣经》素材展开的这一人间层面似乎是为其更大的宣传目标服务的，正像《埃努玛·埃利什》的神界也只不过是观察人间政治问题的一个透镜而已。再者，这是可以预料的，因为《圣经》独尊耶和华的倾向，一种以色列文本是不会体现出那种诸神的世界的。因此，像《撒母耳记·上》和《埃努玛·埃利什》这样有意于政治的文本的不同社会环境，并没有阻断文本之间特殊的紧密关系。的确，每种叙述都试图创造出一种符合其目的的世界观，而且它们各自都以令人惊异的相同方式而为。

我们并不清楚，《圣经》的作者和当时的读者、听众或任何一种古代近东的文明是否在神话与历史之间做出了区分。前面说过，神话文本叙述的是一种过去，正如古代的"历史"文本也是叙述过去一样。马提亚胡·茨埃瓦特（Matitiahu Tsevat）就反对在神话和历史之间做一种古代意义上的区分，坚决主张，对古代希伯来人的认识来说，"诺亚之水像西罗亚水一样真实"。③ 历史与神话相互影响的一个美索不达米亚的例子是非常明确的：埃尔纳坦·魏瑟特（Elnathan Weissert）已经阐明，辛那赫里布的第八次战役的叙述直接依赖于《埃努玛·埃利什》，这位人间之王的征战是按照这一神话中的宇宙战争的意象来描绘的。④ 在此，神话成为历史宣传的丰富资源。

---

① Childs, *Myth and Reality*, pp. 17, 24–27.

② Bernard F. Batto, *Slaying the Dragon：Mythmaking in the Biblical Tradition* Louisville：Westminster/John Knox, 1992, pp. 11–12.

③ Matitiahu Tsevat, "*Israelite History and the Historical Books of the Old Testament* ", in *The Meaning of the Book of Job and Other Biblical Studies：Essays on the Literature and Religion of the Hebrew Bible* , New York：Ktav, 1980, p. 184.

④ Elnathan Weissert, " *Creating a Political Climate：Literary Allusions to Enuma Elishi in Senacherib's Account of the Battle of Halule* ," , in *Assyrien im Wandel der Zeiten：XXXIXe Rencontre Assyriologique Internationale*, Heidelberg, pp. 6–10. , Juli 1992, ed. Hartmut Waetzoldt and Harald Hauptmann；HSAO 6；Heidelberg：*Heidelberger Orientverlag*, 1992, pp. 191–202.

埃利克·沃格林（Eric Voegelin）同样认为："这一以历史形式出现的典范叙述，与以宇宙论形式出现的神话是等同的。"① 换言之，历史与神话之间的一个根本区别是故事的背景而不是效果。在评价古代近东历史观下英雄的尺度问题时，安娜·玛利亚·卡坡玛齐亚（Anna Maria Capomacchia）提出，像神话人物阿达帕那样的渔夫在现实中并不存在，也不会有真正的国王像吉尔伽美什一般。确切地说，这些有关英雄人物的文学经验既被他们在其中发挥作用的社会群体的历史现实所塑造，同时也塑造着这种现实。② 这同样可以用来对大卫进行讨论：他击杀歌利亚的过程几乎不可能像《撒母耳记·上》所说的那样发生，就像他的王国从来不可能在古代以色列或犹太被复制一样。这些通常被分别划归为神话和历史的故事的典范性特质，缩小了它们彼此间的裂隙。

当我们进一步引入史诗这一类别时，神话与历史对应的问题会变得复杂一些。约翰·凡·塞特斯（John Van Seters）提出"史诗"这个概念可适用于《埃努玛·埃利什》，因为马尔杜克在通向宇宙统治者的道路上既实现了杀死提阿玛特的英雄功绩，又确保了对安努一方的胜利。然而，在讨论美索不达米亚的历史编纂时，他却对这种"神话"型的史诗和"历史"型的史诗做了区分，后者"由于很少涉及神话情节而集中在历史人物和历史事件上，并且……用高级的诗体来表现其叙述。"③ 凡·塞特斯援引《提库尔提—尼努尔塔》（Tikulti-Ninurta）作这样一种"历史型"史诗的例子。对古代文本予以这样分类引起的一个问题是，在这些文本范围内，内容类型的差别是否需要有对文本不同的理解，即神话与历史对应的内容需要"神话的"对应"历史的"阐释吗？此外，《埃努玛·埃利什》的诗体意味着这是它与散文体的《撒母耳记·上》的根本区别吗？有趣的是，贾森为《撒母耳记·上》中大卫与歌利亚的叙述推断出了一种"可能用诗句形式编写的"资料。④ 尽管保留了诗歌和散文的区分，凡·塞特斯也还是试图用形式上的区别在文本之间铸造起一种联系，他的结论是：

> 在更多书写神话、传说和历史的方式中，史诗只是其中的一种，但其他任何方式都绝非史诗专有的领域。史诗运用各样的技巧和不同于散文形

① Eric Voegelin, *Order and History*, Vol. 1: *Israel and Revelation* Baton Rouge: Louisiana State University Press, 1986, p. 124.

② Capomacchia, "*Heroic Dimension*", pp. 94-95.

③ John Van Seters, *In Search of History: Historiography in the Ancient World and the Origins of Biblical History* New Haven and London: Yale University Press, 1983, pp. 92-93.

④ Davidson, "*Story of David and Goliath*", p. 66.

式的那些创作套式，但是在史诗和散文体的历史编纂之间，双向影响的交互性是常常发生的。①

因此，尽管史诗作为一种一般类别对我们是有帮助的，但最终也许只能证明是一种表面性的描述工具，并不真的有助于对神话与历史文本做出区分。

就此我们得出结论：神话与历史之间的分界似乎是模糊的，就《撒母耳记·上》和《埃努玛·埃利什》的例子来看，由于具有共同的意图，很难充分说明是什么将这两种文本真正区分开来。大卫故事的世俗环境与《埃努玛·埃利什》的神界的相互反衬并不能最终证明是一种有重要意义的区别。实际上，如果大卫故事被视为是"历史的"，那么《埃努玛·埃利什》应该被认为是"非历史的"也就并非理所当然：每一种文本都表现了一种过去，或是传达出对一种未来现实的希冀，或是使当前的现实合理化。至少在这种情况下，古代神话和历史叙述之间的区分似乎只是一种人为的、学术上的构建，反映出的更多是现代性的假想，而不是古代世界观念中的现实。

（丁蒙　译）

（《社会科学战线》2008 年第 6 期）

---

① Van Seters, *In Search of History*, p. 96.

《论语》的句子有意义吗?

——《论语》、维特根斯坦和意义问题

〔美国〕潘忠明[*]

在本文，我提出了关于如何从历史的观点解读《论语》的一系列相互关联的问题。针对《论语》等文本的某些意义阐述出现的一些难题，比如《论语》的句子是否有任何意义，[①] 如果有意义，我们是否可以知道它。

根据意义的读者回应论（reader response theories of meaning）模型，梅约翰（John Makeham）对历史性的诠释（historical meaning）与经义性的诠释（scriptural meaning）做了区分。历史性的诠释是指《论语》在当时对其作者

---

* 作者单位：美国南方大学哲学系。

① 在本文更长的一个版本中，我也讨论了加德纳（John Gardner）对读者回应论的误用，他宣称《论语》中的句子本身完全没有意义。他所依赖的是在伦理学中已经遭到彻底批判的那种素朴的相对主义：在其《朱熹对〈论语〉的解读》（Zhu Xi's Reading of the Analects）中，加德纳问道："《论语》这部经典的真实意义到底是什么？事实上，它没有一种真实意义。正如我所表明的，《论语》的真实意义就在于真实的读者（对他们来说文本是有意义的）在其中发现的真实意义。"尽管加德纳并没有为他关于静态意义缺失的观点辩护，但他已经说得足够明确。不过在没有什么论证，没有对它的尖锐批评进行成功回应的情况下，这种方案不可能站得住脚，它还需要大量的论证。在他的论述中所隐含的对这种观点的最直接的论证肯定是不可靠的，因为他的论证大概是下面这个样子：历史上曾经赋予《论语》以各种意义。因此不存在唯一真实的意义。但我们知道，这一论证是无效的，就像对普遍伦理真理不存在这一命题的相应论证无效一样。因为由人们对某一事实意见不一并不能导出事实真相不存在。虽然人们曾就地球是否是太阳系的中心产生过争论，但这并不意味着此问题无解。类似地，人们也争论过是否可以对犹太人施用毒气，但这并不意味着这些行为没有对错。关于对伦理相对主义的经典论证，参见 Ruth Benedict，"A Defense of Moral Relativism，" *The Journal of General Psychology*，Vol. 10，（1934，pp. 59–82。对这一论证的批判以及我所介绍的观点，参见 James Rachels，*The Elements of Moral Philosophy*，New York：McGraw-Hill，2002，pp. 20–24。

· 223 ·

和听者的意义。经义性的诠释是指该文本对后来读者的意义，他们通过创造性的解读找到了《论语》所揭示出来的大写的真理。鉴于我们对《论语》创作时的语言和历史的有限了解，梅约翰对领会《论语》的历史性的诠释感到绝望。尽管有一些合理的证据表明《论语》的句子具有含糊性，但我根据维特根斯坦对意义的看法断定，梅约翰的绝望是不成立的。

一、意义的不确定性（Indeterminacy of Meaning）

关于如何翻译《论语》句子的分歧依赖于含糊性的各种来源。① 我的讨论涉及语法上的含糊性，以及关于"为仁"和"仁"的意义的理论分歧。

《学而》篇第 2 章：有子曰："其为人也孝弟，而好犯上者，鲜矣；不好犯上，而好作乱者，未之有也。君子务本，本立而道生。孝弟也者，其为仁之本与！"

梅约翰讨论了该章中"为仁"的两种不同理解：如果把"为"理解为表示同一性的"是"，那么该章就应当理解成：

A. 正是孝悌才"为""是""仁"的基础。

如果把"为"理解为"做"，那么《学而》篇第 2 章就应当理解成：

B. "正是孝悌才是为仁之本（将'仁'付诸实践的基本方法）。"（梅约翰，第 237 页）

这两者有很大差别。在第一种解读中，我们必须认为孝悌先于仁；而在第二种解读中，仁被认为已经先于孝悌而存在，但是还没有付诸具体运用。② 梅约翰指出，A 反映了包咸、王弼和黄侃的理解，而 B 则反映了朱熹的理解，朱熹遵循程氏兄弟的看法，主张仁先于孝悌，孝悌是将仁付诸实践的一种方法。这种解读完全依赖于朱熹对孔子学说的总体解读，因为它沿袭了朱熹的看法，认为仁是一种完善的样式（pattern）或性情（nature），对样式（性情）的运用不同于那些模式（性情）本身。（梅约翰，第 239 页）这种差异也反映在英文翻译中：

1. Filial piety and fraternal submission! Are they not the root of all benevolent

---

① 意义的不确定性主要来源于缺少特定的语境，比如情况背景、语法背景、文化背景、理论背景等等。这种罗列并不能穷尽一切可能，它们相互之间也并非完全独立，比如有些语法上的背景模糊同时也可以是理论上的，就像《论语·学而》篇第 2 章那样。

② 这种对"仁"与应用之关系的看法把"仁"看作一种运用于具体个例的抽象理念或原则，虽然它作为原则或理念的特征并不会受到这种应用的影响。它是自足的和整体的。

actions（为仁）?（*Legge*）①

2. Might we not say that filial piety and respect for elders constitute（为）the root of Goodness（仁）?（Slingerland）②

在最一般的层面上，梅约翰宣称含糊性是由对历史语境（historical context）不够了解造成的。由于澄清这些含糊之处所需的历史知识并不是现成的，我们往往会依赖于对文本任意的"经意"（scriptural）解读或"应有"（normative）解读。仅凭这一点，我们可以说，梅约翰为这个关于《论语》含糊性的论题提供了一种初看起来合理的理由，不过他的讨论最终是否有道理，我们还要看他的论证以及对这些不同类型的语境不确定性（contextual indeterminacy）的处理是否成功。

二、语义虚无主义（Semantic Nihilism）的威胁

关于《论语》中许多句子的缺失，梅约翰的讨论依赖于他对应有意义（他称之为经义性）和历史性的诠释的区分。③

> 我所谓的"历史性的诠释"是指由它的原作者和/或其最初的听者所编写的文本。而"经义性的诠释"则是指在文本的后续历史中实现的意义。我在下面提出，这两种类型的意义之间的区分为我们提供了一种有用的策略，可以用来遏制肆意的解读和无限制的指号过程（semiosis）。（梅约翰，第20-21页）

梅约翰的解释学策略就是，用历史性的诠释来约束经义性的解读：

> 除非我们视读者为文本意义的唯一决定者，从而热心地为有无限多种潜在可能性的指号过程大开方便之门，就必须考虑历史语境。对《论语》的解读/阐释有负责任的和不负责任的；通过承认历史语境的正当界限，我们能够更好地在各种不同解读中做出裁决。在其他条件不变的情况下，建立在能够独立查证的历史语境基础上的解读要比无法做到这一点的解读

---

① James Legge, *The Four Books: Confucian Analects, the Great Learning, the Doctrine of the Mean, and the Works of Mencius*, Paragon Book, 1966.

② Edward Slingerland, *Confucius Analects with Selections from Traditional Commentaries*, Indianapolis, Cambridge: Hackett Publishing Company, 2003。类似的翻译还有：Rosemont and Ames: *As for filial and fraternal responsibility*, it is, I suspect, the root of authoritative conduct（ren）; Huang, *Filial piety and brotherly obedience are perhaps the roots of humanity*, are they not?

③ John Makeham, Transmitters and Creatovs: *Chinese Commentators and Commentaries on the Analects*, Cambridge: Harvard University Press, 2003, p. 9.

更为可取。（梅约翰，第 17 页）

梅约翰提出要用准确的历史性的诠释来限制经义性的诠释的泛滥，而根据他本人的推理，这种策略注定是行不通的。因为他声称，我们无法知道《论语》的历史语境。所以根据他的观点，这种策略无法运用到《论语》上。不仅如此，这一策略所依赖的基础不仅是对两种意义的一种成问题的区分，而且还有对每一种类型的意义所要求的东西的一种可疑论述，接下来我就来论证这一点。

三、维特根斯坦澄清理解和意义

梅约翰关于意义的推理印证了维特根斯坦所谓的哲学图像："A picture held us captive, And we could not get outside it." 意为："一幅图像使我投身图中，而无以挣脱。"①

图像是一种关于事物必须如何的哲学幻想，它使我们在说出某种东西时对它的意义有一种哲学上的直觉。例如，我们很容易抽象地认为，如果我知道某种东西，那么关于它我就不可能出错。但是根据这种图像，接下来必定会得出结论说，我或者一无所知，或者知之甚少。这些关于知识的直觉仅仅是从一种抽象的图像中产生的，它与我们对知识概念的日常使用和反应相抵触。所以即使这些图像带给了我们关于事物必定如何的直觉，② 特别是在做哲学时，但它们往往会扭曲语言实际运作的方式。

虽然我这篇论文主要是想说明，梅约翰建立在历史性的诠释与经义性的诠释或应有意义之区分基础上的历史性的诠释理论是错误的，但他关于历史性的诠释的论述乃是建立在一种哲学图像的基础之上，主张文本的历史性的诠释可以还原为说话者的意图。根据这种图像，为了把握说话者的意图，我必须知道一句话的许多语境，特别是通过与说话者共享那种语境来达到。但我们读到的历史文本均已脱离其写作语境，所以我们无法把握作者的意图。尽管这为我们提供了一种关于文本意义的诱人图像，但它仅仅是一种图像，而且是一种令人

---

① Ludwig Wittgenstein, *Philosophical Investigations*, New York: MacMillan, 1969.

② 除了批评哲学图像，维特根斯坦还对通过诉诸直观来说明我们如何懂得（比如说）计算一个公式表示怀疑。Ludwig Wittgenstein, *Philosophical Investigations*, New York: MacMillan, 1969, pp. 213–214。

误解的图像。①

因为这种意义图像并没有涵盖我们接受意义概念的许多普通方式。维特根斯坦提出了一些类似的问题，表明我们是根据语词或句子在语言游戏（language game）中的用法来思考其意义的：

> 根据我们使用"意义"一词的大量事例（虽然不是所有事例），可以做这样的定义：一个语词的意义就是它在语言中的使用。②

他并没有将这种看法当成一种意义理论，而是当成一种富有启发性的矫正，它有助于我们关注语词是如何运用于日常语言的特定语境的。③ 如果语词的意义就是它在语言游戏（language game）中的用法，那么"意义"的意义同样也是在语言游戏中的用法。作为对使用"意义"一词的狭隘看法的矫正，他要我们用"什么是对一个词的意义的解释"来思考"什么是一个词的意义"这个问题。④ 那么，我们如何来解读《论语》句子的意义呢？通过维特根斯坦的策略来思考《论语》句子的意义，要比通过把握说话者的意图来思考意义更加可靠。考虑下面这个例子。

比如我正在学习维特根斯坦所说的建筑工人的语言。⑤ 我学习将"石板"用于石板，"隔石"用于隔石，"石料"用于石料等等。过程是这样的：当工头喊出"石板"时，我就递给他一块石板；喊出"隔石"时，我就递出一块隔石，如此等等。在一个更加复杂的语言游戏中，我们可以添加"这里"和"那里"等一些词，句子有可能变成"石板，这里"，"隔石，那里"。当工头喊出"石板，这里"时，我就递给他一块石板，等等。我们还可以添加时间指示词，如"现在"、"5 分钟内"，附带相应的行为要求等等。这些语词的意义就是它们在这种语言游戏中的用法。要想理解它们的意义，只要知道如何用它们来做事情。

现在假定除了这些句子的主要用法，我还学会了在伴随着笑声时，原初的

---

① 梅约翰还考察了这样一种观点，即意义是同时代的读者对文本的回应。出于同样的理由（第 12–13 页），这种说法也是有问题的。虽然他对两种观点都不满意，但他从来也没有能够提供一种意义解释，他只是为用历史解读来限制书写解读寻找借口。

② Ludwing Wittgenstein, *Philosophical Investigations*, New York：Macmillan, 1969.

③ 请注意，他并没有说他给出了意义的充分必要条件。在某些语境下，他也承认其他种类的意义观念也是有可能成立的。不难想象，这就是《论语》中所谓"正名"的维特根斯坦版本。

④ Ludwig Wittgenstein, *The Blue and Brown Books：Preliminary Studies for the "Philosophical Investigations"*, 2nd edition, New York：Harper and Row, 1960, p. 1.

⑤ Ludwing Wittgenstein, *Philosophical Investigations*, New York：Macmillan, 1969.

句子可以被幽默地使用。这种幽默的使用可以被称为这些句子的次要用法。例如，工头按照顺序快速地喊道："石板，这里，现在"，"隅石，那里，现在"。我无法一次性地捡起和递出所有这些东西。我很狼狈，于是工头和其他几位工友笑了。我于是学会了和其他人一起笑以及自我嘲笑。

我们可以这样来理解工头的意思：他的每一个句子都意指它们通常的意思（递给我一块石板，现在），但他的意思却是要跟我开个玩笑。所以我也知道他并不指望我真的去严格按他的要求行事。我的意义归属由他的行为得到了最佳的理解。正如维特根斯坦所说，这种理解使我获得了一种继续参与语言游戏的方式。如果我知道如何继续下去，那么在这样做的同时，我便通过我的行为展示了对其意图的一种正确理解。① 比方说，如果他的叫喊只不过是一个玩笑，那么我应当也能笑出来，但我将不再遵守他的命令。如果我发现他仍然希望我将所有物品一次性地递出，那么我就知道我对意义的玩笑解读不成立，工头的所有句子在这个语言游戏中并没有被赋予任何确切的意义。

通过类似这样的工作，维特根斯坦试图减小"理解是一种心理过程"这一图像对我们的控制。要想理解一个句子，就是要知道如何在语言游戏中进行，而不是在头脑中形成一副图像，比如关于工头的意图，或者关于我下一步怎样做的规则。此外，在这一过程中，我并不是从一开始就独立地领会了他的意图，而是通过领会如何回应他的话而将游戏继续下去，从而理解了他的话在语言游戏中的功能。即使懂得如何继续下去是表达我的理解的基本方式，比如通过和他人一起笑，我也可以用"这不过是一个玩笑"来表达我对他的话的理解。

在这些例子中，对意义的领会就在于，通过一种无需语言共同体的其他成员纠正的方式将游戏继续下去。要想理解这种关于意义和意义解读的论述，我们必须假定有一个说话者的共同体存在，他的行为展示了意义对这个共同体的规范。要使一个句子有意义，就是让它在一个语言游戏中发挥作用。要想领会意义，就要去掌握这个游戏并且知道如何将它进行下去。将意义赋予文本一般不会提供不同于我在建筑工人的例子中所介绍的那些策略，即使解读《论语》的语言游戏有所不同，也更加复杂。要想理解文本中的语词和句子的意义，我们必须要理解这些词句内嵌于具体语言用法的语境中的方式，需要能够根据各

---

① 维特根斯坦主张，理解并不是一种心理过程，它主要并不依赖于解释。必须通过某种方法认识到，这并不是一种解释，而是一项活动或习俗中的一段插曲，或者用孔子的一个词来说，就是"道"。

种正当的可能变化将句子的意义最大化。在解读文本意义以及对它进一步解释的过程中，我们的解释必须能够产生与文本及其他读者互动的策略，才能视作能够成功地继续下去。然而，这只是思考《论语》句子意义的开始，它还需要进一步发展下去。

在将维特根斯坦对意义和理解的论述运用于《论语》时，我假设了一个读者共同体以及内在于这个共同体中的阅读活动。① 汉代以降，这样一个读者共同体就一直存在着。不仅如此，我们还有一些关于古汉语语义学的一流研究，古代中国著述活动以及士大夫阶层（即学者共同体）发展的一些基本信息，他们是早期著作所面向的天然对象。② 这一共同体写出了注疏，作为理解《论语》的初级读物。然而，这并不意味着或者并不要求他们彼此同意对方的解读。他们虽然提供了不同的解读，但这并不违背一个事实，即他们求助于那些使得解读活动慢慢积累起来成为可能的知识。关于术语含义的知识已经出现，一如关于历史事件和人物的信息。由同时代读者所组成的共同体将包括所有那些曾经参与了历史共同体并且成为解读这些文本的杰出实践者的读者。这并不是说同时代的读者会彼此同意对方的意见，或者同意先前读《论语》的人的看法。然而，这并不意味着有能力的实践者在为自己的解读辩护的同时会希望能够诉诸共同的解读原则。他们以先前的读者共同体为基础，同时又找到了拓展它的方式。

为了良好地运作，一个共同体需要就特定文本培养读者的基本阅读技巧。抽象地说，《论语》的读者共同体似乎受到了时间、语言和文化等方面差异的阻碍。但在这种背景下，起关键作用的是一种关于解读和理解的重要原则——"宽善原则"（principle of charity），它隐含在我对维特根斯坦的讨论中，梅约

---

① 在《哲学研究》（*Philosophical Investigations*）（段 199–206）中，维特根斯坦指出，这种相对化步骤使我们不再能够区别正确地理解意义和不正确地理解意义。

② 认为共同体是由赞成共有的结论和共有的解读主张来定义的，这是一种十分诱人的想法，但共同体实际上应当通过一种更深层次的共识来理解，这就是维特根斯坦所说的"生活形式"。（这或许非常类似于托马斯·库恩所说的共享一种"范式"。）在维特根斯坦看来，共识在于对基本活动和原则的一致意见："只有人们所说的才有真假；他们都同意自己所使用的语言。这并非意见上的一致，而是生活形式的一致。"（*Philosophical Investigations*，段 241）。考虑到活动和原则的复杂性，在特定情况下对判断的需要，以及可能对赋予证据的权重看法不一等等，他们对特定的解读结论也将存在着不同的意见。也许在一些情况下，我们无法通过进一步的推理来解决分歧，但这时负责任的读者就会承认这一点。关于对质询传统起作用的方式的讨论，亦参见 *Alasdair MacIntyre After Virtue*, Southbend：Notre Dame University Press, 1984。与麦金太尔不同，我并不认为一种健康的传统需要压制。

翰的论述并没有恰当地考虑这一点。学徒工必须判断，在对工头的话所做的两种不同解读（即开玩笑，或者没有意义）中，哪一种是最有意义的。他将在这种语言游戏中遵照这种最能理解工头行为的解读行事。在这种语境中，就是要宽善地解读。

宽善原则要求，在其他条件不变的情况下，面对着有充分理由的各种解读，我们采用那种能够使文本的意义和合理性最大化的解读。这并不是说要置那些意义明确的解读于不顾，一心只想使文本中的句子成真或合理，而是意味着要将那些观点归诸文本，挑选出诸多可能解读中最为合理的看法。我认为，文本虽然为解读提供了最基本的信息，但往往不足以确定正确的解读。但恰恰是由于文本解读的这种不确定性，我们才需要和有可能援引宽善原则。也就是说，只有当两种不同解读都得到了文本（以及其他相关证据）支持时，我们才可以援引宽善原则。

例如，即使我们缺乏历史证据来完全确定《论语·学而》篇第 2 章是何人说的，他想表达什么意思，① 但我们可以通过考虑这些解读中的哪一种最为宽善这样一个问题来处理这种不确定性。通过回答这一问题，我们就可以知道《论语·学而》篇第 2 章的意思。当然，这将需要一场哲学争论和一个获胜者。但生活毕竟是艰难的。如果我们不去考察它的起源史，不去确定哪一种解读是这些观点中最合理的，那么我们甚至无法就一个文本的意义发问。梅约翰所做的区分依赖于这样一种考虑，即有可能在不研究文本的应有意义的情况下研究历史文本。但这是错误的。只要承认这一点，我们就可以重新开始确定《论语》句子的意义。

（张卜天 译）

（《社会科学战线》2008 年第 10 期）

---

① 我并不认为孔子真的曾经说过这句话，在这个意义上，我同意梅约翰的观点，即有一些关键的历史信息缺失了。我们也不知道这句话的作者是谁。但我们往往通过其他因素来理解句子的意义。

"理想读者"的解释：
以《易经》为例

〔美国〕A.P. 马蒂尼奇*

关于比较哲学的恰当方法，我认为，应该让理论出于实践，把分析哲学的各种技巧和理论运用于中国哲学中的一些问题。这就要求我阅读中国哲学家的著作，并调整我先前的哲学信念，以应答这些问题。与中国哲学家的商谈，可以揭示出我的方法中的问题以及对于中国哲学的误解，这样可以提升我的实践。这篇论文就是关于比较哲学研究方法的一个例子。

两年前我曾谈论过"理想作者"的解释。今天我想谈另一种适合于《易经》的读者或使用者的理想解释。我要讨论的并不是《易经》迷信的使用，而是一种精致的使用，诸如朱熹在回答某个问题时所使用的那样。

《易经》的卦象该如何解释，在阐明这个问题之前，有必要预先作三点说明。首先是描述性的解释与理想解释之间的区分。几乎所有的解释理论都是描述性的，它的目标是确认文本的实际意义。"理想"的解释与此不同，它的目标是确认文本的意义"应该"或"应当"是什么，它要给出一个文本所可能有的最好的意义。而当文本是圣贤行为的或"太极"的作品，文本的作者就是理想的，那么文本的理想意义与实际意义就是等同的。《易经》的使用者一般总是相信，卦象就是这样的作者或原初的原理的产物。所以这个作者就是或相当于是实际的理想作者。

第二点与第一点有关，即理解卦象的恰当方法在一般解释理论中的位置问题。意向主义与读者—反应理论是两个似乎可行的候选者。我们一开始可能倾向于把卦象解释置于读者—反应理论之中。那个理论有若干类型，与此处有关的一个是个体读者—反应理论。按照这一理论，意义的首要处是在个体解释者之中。这样，两个人阅读同一个文本，可以有对文本的两种不同解释，而并不

---

* 作者单位：美国德克萨斯大学哲学系。

互相矛盾。读者—反应理论的所有标准模式的共同点，就是主张意义的首要处所是读者。然而，这种对于卦象意义的理解是不正确的。运用《易经》卦象来回答某个问题的人相信，无论答案由谁或哪种力量给出，都是由有待解释的卦象决定的。询问者只是提出了解释，而不是文本的意义。这样，意义的首要处或者在文本自身，或者在它的最终创造者那儿。幸运的是，我并不需要在文本主义和意向主义观点之间作选择，因为就我必须对询问者的目标所说的，它们是相同的。

人们可能提出反对，说我不应该让卦象具有交流的可能性。可能认为，只有当最终创造者打算让读者作出某种反应的时候，交流才可能发生，然而卦象并不是以这种方式产生的，它们是某个精细原则的产物。我的回答是，卦象的最终创造者是否为一个人，这并不重要。这有两个原因。一是，如果文本解释与一般的世界解释是一致的，那么即使一个卦象并不是一个严格的文本，它也有自然的意义或意蕴，并且是能够被理解的，正如我们理解任何其他具有非自然意义的对象一样。

卦象的最终创造者是否为一非意识的原初原则，这是无关紧要的，其另一个原因是，在此对于卦象的解释类似于对一个复杂的符号系列的解释，后者可被理解为一首诗。因此设想大海和风的活动在沙滩上留下了这样的印迹：

像一朵云，我孤独地漫游着。高高飘浮，越过溪谷与山坡。

如果文本主义是真实的，那么这个变动着的沙滩就是一个文本，并有某种意义。

需要说明的第三点是，我把《易经》当作一种预言手册，即解答人们生活中的重要问题的一种方式，而不是关于自我道德修养的理论论著。答案来自于由50根蓍草组成的一个卦象。本来每一个卦象被理解为宇宙的基本方面或元素的一个代表。在某个时候文王写下本文，周公为每一爻加上注解。既然多数人都使用本文和注解，并且它使得我的解说更为简洁，我将按照这种用法来描述解释卦象。我随意选择了第19卦䷒（临卦）作为例子。

假设一个人要用《易经》来回答这个问题："我该接受这个新工作吗?"组成卦象的过程，结果是19卦能给出答案，它的本文（或判词）一开始说，在未来有最大的成功，坚持能带来回报。（原文为："元亨，利贞"—译者注）这个例子的答案似乎相对而言为毫不含糊的"是"。然而文本接着又说，到了八月，灾难将会降临，所以询问者要预防命运的反转。

这样我们可以指出解释卦象的一些细微差异。既然总共只有64卦，那么对于潜在可能有无限的问题，似乎只有64种回答。然而，一个卦象中有某些爻称作"活爻"，它能引出一个或两个附卦，此附卦被构成和解释为总体解释的一部分。所以回答的总数可达数以千计。

可能仍有这样的反对意见，如果潜在可能的问题数量是无限的，那么只有数千种回答似乎仍是不充分的。但我认为，答案的不确定性正好提供了对于反对意见的正确回应的线索。人们所使用的许多句子，也许是多数句子，都是不确定的。"李太高了"这个句子，可能用来表明：李太高，不能成为一个体操运动员；或者李太高，不能入伍、不能穿这种衣服，等等。"李太高了"这句话的不确定性，并不是给出充分信息的障碍。为了让它发挥作用，语境的知识是必要的，并且如我们看到的，对于卦象的恰当的理想解释来说，语境的知识也是必要的。

卦象解释的语境，包括询问者的信念的复杂网络。这些信念形成相关联信念的一个整体。"所有的人都是要死的"，这个信念是与"苏格拉底是要死的"信念相关联的。某些信念是比其他信念更强的。"这个世界非常古老"，这个信念就比"在我们的银河系存在着智慧生命"的信念更强。"某人乘飞机将会准时起飞"，可能是个比较弱的信念。一个人的信念网络包含着裂缝，是能够也必定会被填充的。某人相信李在早上8点离开她家，9点到了办公室，这可能并不包含这个信念：李是步行，还是驾驶她自己的车，或是驾驶朋友的车，乘公交车或出租车去上班的。在这些信念中，有些可能是一定会获取的。所以如果问题是，李去上班是否拖拖拉拉，人们就很可能加上这个信念：李并不是拖拖拉拉地去上班的。这就导向了信念网络的最后一个特征。它是动力性的；它总是处于更新之中，就像一个人具有新的感受和思想。多数的新信念仅保持很短的一个时期。总之，为了解释卦象，询问者必须对语境作出贡献，就是他自身的信念网络。当然，在这些信念中，有些信念是比其他信念更为相关的。但通常并不能清楚地知道哪些是相关的或它们有怎样的重要性。

恰当地解释卦象，其程序的一部分是要理解，卦象的本文和注解是如何能最适合于所问问题和信念网络中的相关信念的。我想这个描述提出了一个明显的问题。询问者如何才能防止把卦象解读为他们想要的答案？几乎每个人在某些方面都是自欺的，而许多人则在许多方面是自欺的。一个需要《易经》的帮助来回答问题的人，是很有可能自我欺骗的。为了防止这种可能性，卦象的构造和解释都是程序化的，并且包含着某种训练方式。

有些形式的问题是恰当的，而有些则不是。这就是为什么一个人常常是在《易经》专家的帮助下提出问题，《易经》专家督导着这个过程。专家面南而坐，询问者朝北。《易经》放在位于房间中央的一张桌子上；在另一张等高或略矮的桌子上，放着一个香炉和签筒。询问者向权威磕头，把一枝点燃的香插进香炉。他右手平握着签，顺时针方向对着香雾绕三次："他或者口说或者默念先前准备的问题，精神高度集中，心里没有任何杂念。"设计这样的仪式，是为了让询问者进入开放和无成见的心灵框架中。这并不是说，这个方法就是万无一失的。即使一个有着良好意愿的询问者，也可能并不能钝化或消除他的偏见。重要的是，那些仪式的设计给予询问者最好的机会，来准确地解释卦象。恰当的解释要求询问者把他或她自己转化为一个"理想"的读者，就是这个意思。

一个简单的例子可以说明这一点：假设一个询问者仍保持着对其配偶的感情，但又由于配偶持续的坏行为而正考虑离婚。询问者问："我是否该与配偶离婚？"假设构成的卦象是第 11 卦，泰卦。此卦的本文是："小往大来，吉，亨。"注解强调婚姻和谐的神圣本性，并预言"小人道消"。

现假设询问者在使用《易经》之前相信，配偶的行为是其自身的缺点，是其品格缺陷的结果。询问者心中的信念网络的某些因素导致她抱怨其配偶，而构成卦象的准备过程有可能清除这些因素。一旦心中的这些偏见被清除，给询问者带来不同信念的通路就被打开，这有助于她理解自身的处境。询问者通过清心可让其信念重新排列，有些以前被看重的信念，其重要性在下降，而其他不重视或根本未考虑到的信念则在涌现。询问者可能发现，他或她自身的品格缺陷可能导致了这种糟糕的处境，而作出一些改变则可能修复婚姻。

这些信念的重新安排及其重要性的重估，是由卦象的本文和注解激起的。不同的卦象可能激起不同的信念和重要性的估计。然而，按照这一实践的倡导者，实际构成的卦象应该是一个能给予询问者以正确信息的恰当的卦象，只要询问者把自己置入适当的心灵框架之中。所以，卦象的最终源泉和卦象的读者都是"理想"的。

对于本文的主旨来说，只有"读者是理想的"这一意义才是重要的。卦象的理想读者的标准，与朱熹划定的四书的理想读者的标准颇为不同。卦象的理想读者所解释的卦象是以他所特有的相关信念背景为依托。四书的理想读者则不同，他要倾空任何心理或生理要素。

> 为学当体之于身，得之于心，道理者自出于己心始得。(《朱子语类》卷10)

朱熹认为，读"四书"的目的在于成圣。"道理并非立于我对面之一物；道理存于我心"(《朱子语类》卷9)，甚至小人也存有道心。经书的观念就是无私无偏的道心的表达。道心需要从心理或生理之私中解脱出来，我相信，朱熹对于原本的、无私的道心之信念，是他"学者须心常'空'，心常'开'"(《朱子语类》卷11)观念的基础。

相反，走向《易经》的询问者并不是从自己的心中得到答案的。卦象的意义并不是在我们之中，而是在卦象之中。询问者提供了背景知识，以之为依托，卦象的意义便能够被理解。具体怎么理解取决于背景或语境信息。另外，询问者所从事的，在某种程度上就像人们解释他们的梦一样。实际的梦系列在某种意义上不如解释者所加于其上的解释重要。解释者把梦的一些成分与他或她的情感生活的特征联系起来。梦系列的不确定性和经常的不连贯，把解释者从他或她的有关特定事件的寻常信念和情感中释放出来，让它们重新排列，重新估计它们的重要性，从而带来产生洞见的可能性。

（林丹　译）

（《社会科学战线》2008 年第 12 期）

激进浪漫主义：
技术崇高时代的艺术

〔荷兰〕约斯·德·穆尔*

在这里，我先要简单说明一下此文的写作背景。20 世纪六七十年代，很多摩洛哥和土耳其人去欧洲西部的一些国家从事劳动力低廉的工作（有点像中国的农民工进入城市务工）。那个时候人们希望几年之后他们会返回祖国，但是，其中的很多人邀请家人来到欧洲，现在，成千上万的摩洛哥和土耳其人居住在欧洲（在荷兰，占人口总数的十六分之一）。这些人中很多是穆斯林，这引起了西方核心文化的颇多关注，很多西方人害怕欧洲最终会变成穆斯林大陆——欧拉伯（Eurabia）。这种恐惧更因为"9·11"、穆斯林恐怖分子袭击马德里和伦敦以及穆斯林原教旨主义谋杀荷兰导演 Theo ban Gog 等事件而加剧。在西方社会特别是那些不喜欢穆斯林的人们将此与启蒙运动联系起来，他们说正如启蒙运动批评基督教，我们现在要批评伊斯兰教。但是，经常可以看到，这些移民的第二代开始世俗化了，所以，我不相信伊斯兰教会威胁欧洲。我更倾向于浪漫主义的态度（那就是对核心文化保持热情，而不是激进的态度）。浪漫主义者认为，所有形式的原教旨主义（如穆斯林或者其他一些启蒙版本的东西），在追求绝对性问题上，与启蒙思想是相通的，这对世界而言是危险的。

浪漫主义一般会让我们联想到月光下树林里的情侣或者是热带的海滩，这种熟悉的甚至是老生常谈的场面。这种印象也许可以叫做情感的甚至是伤感的，冷眼一看，单纯无比。Rüdiger Safranski① 让我们相信浪漫主义并不如我们一般认为的那样单纯。在 Safranski 的 *Romantik*② 这本书里，他向我们展现了这样一场运动：开始于 1800 年左右，这场运动带有德国人豪爽的自我憎恨

---

* 作者单位：荷兰伊拉斯穆斯大学哲学系。

① Rüdiger Safranski（1945—），德国哲学家，2005 年莱比锡图书奖获得者，对席勒、尼采、叔本华、海德格尔等人的理论有研究。

② Rüdiger Safranski, *Romantik*, Munich：Hanser, 2007.

的气质，一种艺术、宗教和政治因素掺杂在一起的运动，这些将欧洲文化带到了无底深渊的边缘。

Safranski 说，一些诗人，如诺瓦利斯（Novalis）、荷尔德林（Holderlin）和施莱格尔（Friedrich Schlegel），他们的浪漫主义欲望是希望有一个更好的同质的世界，这样的愿望很容易被认为是天真的和不健康的情感而被迫放弃。而当后来的浪漫主义者比如马克思、瓦格纳（Wagner）和尼采想要自己真正实现这个愿望的时候，事情就完全变调了，从那时起，到 Joseph Goebbels 所说的"被偷走的浪漫主义"（stählerne Romantik）只有一步之遥了。

欧洲上两个世纪的灾难似乎唐突地把德国人从浪漫主义晕眩中惊起。在 Safranski 看来，1960 年代的反文化，以红色军团党团的恐怖暴力结束，对当时的社会结构进行了严厉的批判，告诉我们浪漫主义欲望对根源于启蒙运动的民主文化是一种持续的威胁。

浪漫主义，被视为一种反启蒙运动的形式，使人们沉溺于非理性主义和民族主义中，最终陷入暴力。这是一种很流行的描述。20 年前，Alain Finkielkraut 在他的 *La défaite de la pensée* 一书中讲述了一个相似的故事。① 在后文中，我将为一种相反的阐释观点进行辩护。

Safranski 提到的使欧洲人在上两个世纪备受折磨的那些灾难，我认为并不是根源于过度的浪漫主义，而是由于浪漫主义的欠缺才发生的。因此，在一个思想家们很乐于回头查阅激进启蒙主义的时代和国家里，值得对激进浪漫主义的思想遗产重新阐释。

一、激进浪漫主义

与 Safranski 和 Alain Finkielkraut 所说的相反，年轻的浪漫主义者们当时对启蒙思潮的理想不是持有憎恶态度的，他们当中的很多人是法国大革命的热烈支持者。法国大革命根源于启蒙思潮，但是，这场革命产生的血腥的雅各宾恐怖使年轻的浪漫主义者们明白了启蒙思想并不能保证一个更好的世界。在这一点上，浪漫主义者跟随了席勒（Friedrich Schiller）的分析。席勒在颇具影响力的信件集《论人的审美教育》中分析：灾难是由启蒙思潮片面的理智主义思想导致的，还没有达成人的感性激情与他的崇高的理性理想之间的平衡。

启蒙运动发起对世界的"祛魅"，也导致了原初的功利主义。浪漫主义哲学家谢林（Friedrich Wilhelm Joseph Schelling）1800 年讽刺地指出，我们生活

---

① 此书英文译为 *The Defeat of the Mind*，New York：Columbia University Press，1995。

在这样一个时代："mangelwurzel（一种用作牛饲料的甜菜）被我们算作人类心灵的最高成就。"在康德和席勒之后，浪漫主义者所提出的补救，是对生活和世界的美学化，即，使它们成为一件巨大的艺术品，以便为道德理想增加感性的东西。

在一种不受宗教约束的后宗教文化中，只有艺术可以给我们之前宗教给我们的灵感和社群精神。Novalis 在 1798 年左右指出：通过赋予普通的东西高深的含义，赋予通常的事物神秘的外貌，通过把未知的尊严加在人们所知的东西上面，把无限的外表加在有限的东西上面，就可以使事物浪漫化。这个程序是为着更高深的、神秘的、无限的东西而反转进行的……它的含义通过普通的事物而得到表达。通过这种运作，谦卑的自我与一个更好的自我同一了。

Safranski 在他的书中指出将浪漫主义称为通过美学手段的宗教的继续，这种说法具有真实性，但是延续的区别值得注意。欧洲的主要宗教战争和法国大革命的灾难让浪漫主义者们注意到在宗教、政治和爱上追求绝对，会容易导致血腥的暴力，当人们坚信这些东西能够而且必须实现的时候，武力也就是必要的了，如果有必要通过武力。对于浪漫主义者们来说，他们悲惨地认识到追求绝对的欲望这个目标是不能实现的。用赫尔德林的一句诗表达：浪漫主义欲望是一种"庄严的清醒"。

这也是为什么谢林将浪漫主义欲望定义为"一种在热情和反讽之间的震荡"。没有热情（这个词源自于希腊语 enthousiasmos，意思是神圣的拥有权），个人或者社会将会坠入犬儒主义（cynicism）和虚无主义（nihilism）。但是没有反讽，所有崇高的理想会很容易导致恐怖。当浪漫主义者观望着理想并反讽地呼唤着它时，他们是在防止这种理想凝固化，并阻止自己被人类幸福的可操控性的危险幻觉所迷惑。因此，浪漫主义的讽刺远远超过一种简单的形式主义的比喻。更多的是，它具有一种本体论意义，表达了我们实现无限欲望的能力的一种极大的有限性。同时，这种讽刺的态度表达了浪漫主义欲望的超越性特征。反讽使我们超越了现存的信仰和真理。因此它体现了对新经验的基本的开放性。

激进浪漫主义是一种富有启发性的欧洲文化模式。它强调在后宗教文化中寻找灵感的新形式的必要性，避免我们掉入教条主义和狂热主义陷阱。由于浪漫主义者们的使命很快地淹没在无边的现代化热情中，它的作用就显得更为重要。从浪漫主义者的观点看，政治、科学和艺术现代性以反讽的极度匮乏为特征，正是由于未能看清这一点，Safranski 和 Finkielkraut 所要重建的欧洲历史才出了偏差。

不应否认，马克思和共产主义的现世理想曾受到早期浪漫主义热情的激发。但是，马克思和他的革命继承人却完全缺乏反讽的感觉，而这种感觉同样是浪漫主义的显著特征。这就是 Safranski 将马克思说成是浪漫主义者的不当之处。但是，马克思的朋友亨利希·海涅（Heinrich Heine）却明显表现出浪漫主义立场，海涅在很多方面都同意马克思的共产主义思想，他以犀利的嘲讽警告了过度热情的危险。在 Almansor 一书中，海涅表述道：他们烧了书，他们将最终烧了人类。瓦格纳梦想可以通过将德国文化转变成"总体艺术"（Gesamtkunstwerk）而对之进行彻底更新，瓦格纳可以因为相同的原因与马克思一样被称为半浪漫主义者，特别是他彻底的反犹太主义的民族主义的立场以及他对基督教的回归，表明了他明显缺乏反讽距离感的事实。

尼采是一个更复杂的人物。年轻的时候他是瓦格纳歌剧的一个崇拜者，但是很快就开始排拒瓦格纳作品浓郁的神话色彩。在对瓦格纳的迷醉中清醒过来之后，尼采写道，也许在未来我们可以欢笑。但是，此后的欧洲历史却没有给人们欢笑的理由。无论怎么看，国家社会主义都没有呈现出什么反讽性的自嘲，它所导致的结果也表明这一点。1960 年代的反文化造成了恐怖主义的极端行为，这些行为却无可争辩地是在反讽被压制、狂热激情占主导时发生的。即使在世俗的伪装下，如果排除了反讽的钳制，无条件坚信绝对实现的可能性也不会为任何东西阻挠。

现代的特点是过于热情。认识绝对的可能性的一个无条件信念（在宗教、政治和爱的范畴内），后现代反应则是激进地嘲弄绝对。将浪漫主义从现代和后现代两极分离出去的原因是：浪漫主义没有将自己划入两极中的任何一级，而是在热情与反讽之间摇摆。结果是对于"绝对"的一种模棱两可的态度，浪漫主义变成了一种最有歧义的东西。在浪漫主义关于崇高的概念上，这种模棱两可和摇摆性最为清楚。

二、从自然崇高到技术崇高

当我们称一处风景或者一幅艺术作品为"崇高"（sublime），我们表达的实际上是它具有一种独特的美或者出众之处，这种"崇高"不仅仅是一种审美的描绘，或是一种高尚的道德行为，无可比拟的足球射门也可以叫做崇高。"崇高"是指超出一般。这个意思在德语和荷兰语的词汇中有很好的表达，叫做 das Erhabene。

崇高这个词有很长的历史，从拉丁词 sublimis 来，sublimis 用于书面语时意思是在空气中高高在上，比喻意为崇高的或者伟大的。Sublime 最早出现在有历法以来的"On the Sublime"一文，这篇文章一直被认为是朗吉弩斯

（Longinus）① 所作，也许不对。作者没有给出 the sublime 的定义，一些古典派甚至怀疑 the sublime 是否是希腊语 hypsous 的正确翻译。作者通过使用古典文学中的一些引语，来讨论什么是崇高的，什么不是崇高的。其中一点是这个词必须讨论重要的伟大的对象，并与强烈的情感相关。比如说，这个词一定讨论过重要的议题并与强大的情感相关。对于伪朗吉弩斯者们来说，崇高的风景甚至触及到神。自然"在我们的灵魂中种下了不可战胜的激情，比我们自己更伟大和神圣"。

朗吉弩斯的文章在同时代很少被提及，在其后的几个世纪里也很少被提到。朗吉弩斯的文章最初在 1554 年才在巴塞尔发表，在 Boileau 翻译成法语、Smith 翻译成英语之后才开始了其在欧洲文化历史中的胜利之旅。从标志着浪漫主义顶峰的巴洛克时代开始，崇高开始成为美学的核心概念。那时，崇高经常与自然经验联系在一起，我们发现 18 世纪"崇高"在英国作家的欧洲和阿尔卑斯山的伟大之旅中作为描绘自然的词汇经常被使用，出自豪门的年轻人经常使用这个词是一种普遍的现象。他们用"崇高"把令人敬畏的群山景观变成词语。

崇高指野性的、无边界的伟大的自然，这种宏伟壮观的自然景色因此被与更和谐的美的体验进行对比。Edmund Burke 将崇高定义为恐怖的愉悦，自然的力量会让观众忘我地狂喜，当然，这是观众在安全的距离内。但是，在德国浪漫主义那里，崇高失去了它无辜的特性，特别是在康德的著作中，在《判断力批判》中，康德跟随 Burke 的观点，为美（beautiful）和崇高（sublime）下了明确的定义，"美"是指那些给我们愉快感觉的东西，这些东西使我们充满了欲望，因为它们使我们坚信我们生活在一个和谐的和有效率的世界中。一个美丽的日出给我们的印象是生命挺美好的，确实如此。而"崇高"，与那些使我们希望和谐的愿望变得沮丧的经验相联系，崇高被那些超越我们理解和想象的东西唤醒，因为它们的无边界、过度或者混沌特性。

康德进一步区分了数学崇高和力学崇高。首先，数学崇高，指那些巨大的不可衡量的以及无限的理念。当我们注视巨大的山峦景象或者抬头看苍穹时，我们意识到自己的渺小和有限。康德接下来解释力学崇高，认为力学崇高是一种自然界不可抗拒的力量。他用的例子包括火山爆发、地震和海啸。这里，我们也感受到自己的渺小和有限，但是在力学崇高的例子中，我们认识到这些自

---

① Longinus，约 213—273，古罗马时期希腊学者、修辞学家、批评家。著有《论崇高》，继承了贺拉斯的古典主义观点，一般认为其第一次明确阐述了"崇高"这一审美概念。

然的力量可以用巨大的能量毁灭我们。力学崇高唤起敬畏和恐惧，引起负欲望。吸引和排斥融合于一个暧昧的模棱两可的经验之中。

由于崇高在康德的著作中保留在基本的美学类别词中，康德强调，对崇高的体验以保持安全距离为特征。当看到一幅海上风暴的画，人可以在博物馆里一边休息一边注视自然的不可抗拒力量，但不是在海上！席勒在他一系列的文章中更进一步并将崇高从审美经验这个安全的茧里解放出来。

为了完成这种解放，席勒在 1793 年《论崇高》（*Vom Erhabenen*）一书中重新阐述了康德关于数学崇高和力学崇高的区分。席勒认为数学崇高应该贴上"理论假设的崇高"的标签，不可衡量的高山和夜晚的天空引起我们一种对纯粹的无限反思性体悟。而当自然以破坏力呈现时，我们经验到了实际的崇高，这直接影响到我们自卫的本能。最重要的是，席勒认为，我们需要另外一种区分。当我们从一个安全的距离看到危及生命的力量时，比如说在安全的地方看海上的风暴，我们可能经验到风暴的宏伟，但不是崇高的特性。一个经验只有在我们生命真正受到自然不可抗拒力量威胁的时候才能成为崇高，而且即使这样也不够，人类有一种将自己在肉体和道德上都躲离自然界危险的急迫感……在席勒的著作中，崇高从一种模棱两可的美学词汇变成一种同样模棱两可的生命词汇。

但是，历史没有停止，在 19 世纪和 20 世纪，这种"崇高"的模棱两可的经验性逐渐从自然范畴转变到了技术范畴。我们目前的时代被视作世俗化的时代。上帝正从自然中撤退，自然在这个进程中日益丧失了其神秘性。正如朗吉弩斯所说。自然已经不再深植于我们，我们基本上受到了技术的控制，神的规矩基本上变成了人的工作，神圣的自然的力量已经转换成了人类技术的力量。在这个意义上，崇高变成了朗吉弩斯所说的：一种人类技术形式。但是，技术并不是一些人文技术（alpha technologies）①，比如说修辞学之类的，而是，我们发现自己处在自然技术（beta technologies）的边缘。现代人被自然击败的次数越来越少，取而代之的是精力旺盛地控制自然。

正如 David Nye② 在《美国技术崇高》中指出的：美国人开始拥抱技术崇高时的热情就像他们开始拥抱自然崇高时一样，对自然崇高的崇拜，如我们可

---

① 原文用 alpha technologies 和 beta technologies。在西方，人文科学表述为 alpha-sciences，自然科学表述为 beta-sciences，社会科学表述为 gamma-sciences，根据这点，作者将技术区分为 alpha technologies 和 beta technologies。

② David E. Nye，南丹麦大学历史学教授，2005 年达·芬奇奖章获得者，著有《美国技术崇高》一书，*American Technological Sublime*，MIT Press，1994。

能在大峡谷所体验到的，被工厂、航空工业、汽车工业和军火的崇高所取代。

然而，如果认为我们取消了崇高的黑暗面就太不成熟了。随着神圣的自然能量转变到人类技术，崇高的模棱两可的经验也在后者中孕育了。我们现代崇高的体验是技术不可抗拒的力量。在技术时代，正是技术本身在与自然的战争中获得了一种让人混淆的特性。一方面，技术是对人类伟大的智慧的反映，但同时，我们在享受着进步的同时，也被技术控制并受到威胁。技术，比如核能量和基因控制，具有双面效应：它们聚集了我们对富裕的希望，这个技术可以为人类带来的，也有我们对于技术失控的潜在的毁灭性的恐惧。

但是，现代人拒绝非技术性，我们曾经的自然生境（biotope）已被彻底转变为技术生境，我们已经创造了一个技术世界，离开它我们无法生存。那种我们重返自然的想法是不切实际的超世俗的幻想。如前所述，我们不需要后悔。对于技术成果的热情是正当的。现代技术给普通的欧洲人和美国人带来舒适的生活，这是王权时代无法想象的。但是，战争也告诉我们，适用于一般崇高的东西也适用于技术崇高，如果缺乏反讽性的疏远，技术手段所带来的野蛮后果要远远超出他所平抚的麻烦。将所有纳粹的罪行都归咎于非理性主义未免太简单化了，我们很多问题都是由于对技术崇高过于热情引起的。

在 David Nye 看来这就是为什么整个 20 世纪对技术崇高的热情变成了恐惧，特别是原子能和基因技术让我们恐惧，我们可能创造了一种最终毁灭自己的技术。

三、超越热情与反讽的对立

我的意思绝不是说反讽可以解决所有的问题。拒绝对技术反讽与无批评地接受技术同样幼稚。事实上，现代热情引起的惨败预示了我们将因为过多的反讽为自己挖战壕。这时候后现代主义就在批判现代主义的伪装下开始。作为现代欧洲暴行的一个结果，后现代主义的声音越来越大。后现代对现代的热情提出批判，但是当反讽占上风的时候，热情就会消失，只剩下犬儒主义和虚无主义，这对文化同样致命。

我们从对激进浪漫主义的分析可以知道的是，我们不得不在热情与反讽之间保持不稳定的平衡，就像我们走钢丝。谈到技术崇高，我们需要超越那种无建设性的热情与反讽的对立，以及乐观和悲观的对立。在高科技的今天，我们不再可能期望艺术可以拯救我们。然而，这并不是说艺术已经失去了存在的意义，艺术可能会帮助我们舒缓压力。

浪漫主义摇摆着，永远徘徊在热情与反讽之间，也许这是欧洲多元文化社会下的正确态度。在这样的社会中，一种热情很容易激怒一种反对情绪，这就解释了为什么启蒙运动的原教旨主义（fundamentalism）经常与穆斯林的原教旨主义相似，试图走极端战争。如果历史可以教给我们些东西，那就是这些激进主义可以确保狂言肆虐。反讽是一个很好的灭火器，特别是当它对准我们的热情的时候。但是我们不要忘记过度的反讽也会使我们失去目标。

（华铭　译，邢立军　校）

（《社会科学战线》2010 年第 3 期）

经济全球化，9·11事件与马克思

〔美国〕汤姆·洛克莫*

我们的讨论可以从对全球化下定义开始。经济全球化与数学（例如 0 的概念）和自然科学（例如制造火药和纸张的方法）方面的发明、发现和信息在全世界的传播存在着差别。本文将集中探讨经济全球化，而不是政治、文化或者其他形式的全球化。在最近一些年份，政治全球化是以一种政治体系在世界范围内的蔓延而出现的，小布什政府把这种政治体系称为"民主"。文化全球化与某些形式的文化的扩散相关联，米老鼠和可口可乐在全世界所引起的兴趣就是佐证。经济全球化有多种形式，各大银行之间的彼此纠结的超复杂关系链的形成就是形式之一，在发生于 2008 年早期的所谓次贷危机期间，广大公众注意到了这个现象。

在经济全球化（人们普遍地如此称呼它。它也被称为全球主义、全球经济、世界经济等等）之中，发生在 9·11 之前的、期间的和之后的事件，今天正在当代资本主义日益扩展到全球范围的语境之下发生着，以后或许将继续发生。"全球化"这个词相对比较新，直到最近才出现在标准词典上。但是，它所指代的现象，即资本主义向全球范围持续不断的蔓延，却古老得多。一种理解认为经济全球化源自现代资本主义的开端，从其萌发以来，就一直在全世界的每一个国家稳定地扩张了。还有许多对经济全球化的不同理解，它们把全球化看作许多二战以来所出现的一些新趋势，这些趋势包括商品、金钱、信息和人员的日益巨大的国际流动；技术、组织、法律体系和容纳了上述流动的基础设施的发展。

经济全球化并没有确切的含义，人们以不同的方式把握它。保罗·克鲁格曼（Paul Krugman）将它简单而乐观地描述为资本和技术从高工资国家向低工

资国家的转移，这导致了后者的劳动密集型出口增加。① 阿马蒂亚·森（Amartya Sen）提出人们要注意两种与克鲁格曼的描述不同的对全球化的解释。第一种解释：全球化是一种有用的西方产物，它是西方人对其他每一个人的馈赠。第二种解释则与第一种完全相反：全球化是西方人通过帝国主义的蔓延对其他每一个人的控制。② 这两种解释都指出了当前形势的某一方面，但是它们都没有关注全球化的经济寓意，包括全球化与资本主义的关系，以及它对于经济、政治、宗教以及其他层面的多面效应。我所理解的（经济）全球化，是各个国家的经济以不同的方式融入国际经济。③ 两个彼此相关联的现象展现在我面前：一种现象是，资本主义有一种需要持续扩张市场的趋势，要做到这一点，它或者通过开发业已存在的市场的途径，或者是通过在将自身扩展到全世界的过程中进入其他市场的途径。这个过程已经达到了顶峰，或者将在某一天达到顶峰，在这一峰值点上，它所未曾触及的东西已经荡然无存了。当达到了峰值点时，标志着资本主义的经济扩张进程将抵达其自然界限，这是它的终点站，资本主义将不会有越过它再进一步发展的可能性了。另一种现象是，全球化的效果，即资本主义在追逐利润最大化的过程中，侵蚀、黏附、转变它所遇到的所有东西的方式。全球化的这种面目绝不是仁慈的，它极具威胁性，对于各种形式的（本土）社会"组织"而言甚至是致命的。这些"组织"包括区域性的风俗习惯、传统和经济结构，但又不限于这些内容，资本主义试图移除这些内容，并代之以这些东西的资本主义版本。

全球化已经成为一个特殊的研究领域，对全球化的完整阐述不在本文的范围之内。④ 在这里，我的兴趣着眼于全球化之于历史事件的效应。换言之，我要指出的是，全球化在经济上是有用的，或者说至少是良性的，但在社会上有时却具有危害性；在提高许多人的生活水平上大有裨益，同时却以多种方式呈现出社会危害性。

我不想否认经济全球化的积极方面，它对提高全世界每一个人（无论贫

---

① 参阅 Paul Krugman, *The Return of Depression Economics and the Crisis of* 2008, New York: Norton, 2009, p. 25。

② 参阅 Amartya Sen, *Identity and Violence: The Illusion of Destiny*, New York: Norton, 2006, p. 125。

③ 参阅 Jagdish Bhagwati, *In Defense of Globalization*, New York: Oxford University Press, 2004, p. 3。

④ 关于全球化的基本状况，参阅 Manfred B. Steger, *Globalism: The New Market Ideology*, Lanham: Rowman and Littlefield, 2002。Steger 整理出了他称之为"全球主义"的五种核心主张，这很有用处。参阅 *Five Central Claims of Globalism*, chapter 3, pp. 43—80。

富）的生活水准方面有巨大贡献，这是贸易增加的结果。我在这里主要想提醒人们注意与全球化的积极方面相伴相生的消极方面。如同阿马蒂亚·森所指出的，问题之一就是如何发现一条更加公平地分享全球化的巨大益处的途径。这个困难既可以回溯到斯密的有关资本主义的看不见的手的观点，又可以向前与这种观点在最近的供应端经济学的化身相联系。很显然，让每个人都获益是不够的，因为每个人都必须以"平等"的方式获益。① 关于这一问题的各种观点差异非常大。雅格迪什·巴格沃蒂（Jagdish Bhagwati）不赞同全球化在经济上有益但是在社会上有害的提法。② 保罗·克莱尔（Paul Collier）对他作出了反驳，他相信，正是由于全球化，世界上 80% 地区的贫困率才迅速降低。③ 但是，克莱尔也承认，部分上是由于全球化，大约 50 个国家正在无助地陷入越来越严重的贫困。④ 问题之二，是如何应对中产阶级的削弱、工作保护的丧失以及工资的下降压力等全球化的结果。⑤ 问题之三是约瑟夫·斯蒂格利茨（Joseph Stiglitz）所讨论的，这些问题与掌控全球化的规则的不公平性相关，包括物质价值至上的信条、发展中国家自主权的式微、经济全球化所导致的经济发展的不公平本性、强加于发展中国家的经济要求所招致的反感——例如 IMF 就这样做，在该机构里，针对第一世界的政策总是优先于针对第三世界和第四世界的。⑥ 托马斯·弗里德曼（Thomas Friedman）认为，经济全球化铲

---

　① 参阅 Sen, *Identity and Violence：The Illusion of Destiny*, New York：W. W. Norton & Co. 2006，p. 132。

　② 巴格沃蒂是全球化最为著名的辩护者之一。在他最近的一本著作中，他审视了全球化在经济上有益但在社会上有害的说法。他强烈赞同全球化在经济上有益的观点，认为全球化在社会上有害的观点是错误的。参阅 Bhagwati, *In Defense of Globalization*, Oxford：Oxford University Press, 2004。

　③ 参阅 Collier, *The Bottom Billion：Why the Poorest Countries Are Failing and What Can Be Done About It*, Oxford：Oxford University Press, 2007。

　④ 参阅 Collier, *The Bottom Billion：Why the Poorest Countries Are Failing and What Can Be Done About It*, chapter 6："On Missing the Boat：The Marginalization of the Bottom Billion in the World Economy," pp. 79—98。

　⑤ 想了解这方面的讨论，参阅 Joseph Stiglitz, "A Progressive Response to Globalization," *The Nation*, April 17, 2006。

　⑥ 关于相关政策列表，参阅 Joseph Stiglitz, *Making Globalization Work*, London：Penguin, 2006。如同书名所表示的，作者提出了一系列政策建议。

平了游戏场，因而所有选手都可以在经济游戏中平等地、公平地竞技。① 其他人则认为，早期的经济竞争形式中的竞争劣势会被带入全球化之中。② 与我们相关的另外一个问题，是如何认定和评估经济全球化对传统的生活形式的影响，这种影响经常是负面的。它的最不矫饰的形式，就是简单地把阻挡商业自由的自由资本主义的扩张的一切东西都"连根拔起"。

经济全球化的效果和社会的经济层面的重要性，一直被习惯性地低估，特别是在西方政治哲学中。现代时期的西方政治哲学曾经对契约论深感兴趣。这种建立在虚幻的社会契约基础上的理论立场如果被随意地认同的话，将确立起自政治形态、正义和道德理论的一系列主题的合法性。许多最为重要的现代政治思想家信奉契约论，包括霍布斯、洛克、卢梭和被英语世界普遍地看作20世纪最重要的政治思想家的罗尔斯③ 以及最近的高蒂尔（Gauthier）、斯坎伦（Scanlon）和努斯鲍姆（Nussbaum）。社会契约论的政治哲学主张与对财产的维护相关联，这是现代时期的一个中心主题。一长串现代哲学家，从霍布斯、洛克、黑格尔、马克思直到罗尔斯和诺齐克，都围绕着财产权构建政治理论。我无意提出没有财产也可以形成国家。但是，财产的主题不应该篡夺或者主宰了政治哲学的所有领域，以至于将诸如幸福和自由的其他主题排除在外。我也不相信虚构的社会契约是今天切入政治哲学的最有效的路径。通过这条路径很难说明这样一个世界难题，即涨起的潮水托高了所有的船，但是，与此同时，如同已经指出的，生活在世界上最贫穷的国家的最底层的十亿人却一直被困在一个可怕的向下的漩涡，愈陷愈深。

人们可以以不同的方式理解贫困的概念，但是，他们不应该对这个概念视而不见，或者置之不理。贫困与经济学相关联，而经济学是现代世界里值得信服的唯一重要的维度。出于各种各样的原因，以经济学把握历史现象的重要性没有得到足够的重视。人们的注意力过于经常地被美国政府在世界上的所作所

---

① 参阅 Thomas Friedman, *The World is Flat: A Brief History of the Twentieth Century*, New York: Farrar, Straus and Giroux, 2005。

② 关于斯蒂格利茨对弗里德曼的观点的简要批评，参阅 Joseph Stiglitz, *Making Globalization Work*, pp. 56–59。关于更多的详细的批评，参阅 Ronald Aronica and Mtetwa Ramdoo, *The World is Flat? A Critical Analysis of Thomas L. Friedman's New York Times Bestseller*, Tampa: Meghan-Kiffer Press, 2006。

③ 参阅 Gerald Cohen, *Rescuing Justice and Equality*, Cambridge: Harvard University Press, 2009。

为所吸引，而没有投向经济领域。① 海德格尔注意到与存在者相对应的存在的普遍缺场，他对历史的分析就是基于这一点。在基本上不采用经济学术语对历史进行研究这一方面，他是最近的思想家中很突出的一个。在无数个提出非经济模型，因而掩盖了社会现象的越来越得到认同的、唯一重要的解释因素的思想家当中，海德格尔非常具有典型性。一系列重要的思想家（亚当·斯密、黑格尔、马克思、韦伯）以各种不同的方式表明现代时期只有以经济为背景才能得到最好的把握，而现代时期的主导性的经济背景就是资本主义。资本主义也有不同的形式，这些形式都是围绕着资本的累积② 和市场经济③ 而展开的。

我可以联系9·11事件来解释我为什么强调社会现象的经济维度的重要性。提起9·11，我不仅会想起发生在美国的、由穆斯林极端主义分子所实施的有组织的系列攻击事件，还会想起9·11前后所发生的一系列相关事件，9·11事件只是其中之一。针对这些事件有三种最为著名的立场，它们分别来自美国总统布什、政治理论家塞缪尔·亨廷顿（Samuel Huntington）和中东历史学者伯纳德·刘易斯（Bernard Lewis）。在布什看来，这一系列事件体现了一种现代的宗教形式和一种已经过时了的宗教形式之间的冲突。在文明或文化冲突理论的奠基者亨廷顿看来，包括9·11事件在内的冷战之后的所有未来冲突，都可以用非经济范畴加以解读。他的这套理论利用了刘易斯的观点。刘易斯认为，穆斯林社会由于未能跟得上现代世界而对西方心生嫉妒。这几种立场的拥有者都没有经济学资历。但是，甚至一些具有经济学资历的学者也没能将人们的注意力转到这个方面。资深经济评论家马丁·沃尔夫（Martin Wolf）就未能发觉9·11事件与经济学的相关性。④

---

① 约翰逊就是一个例子。他十分敏锐地意识到了美国对待其他国家的方式。他写道："别人恨我们并不是由于我们的民主、财富、生活方式以及价值观，而是由于我们的政府对全世界人们的所作所为。"参阅 Chalmers Johnson, *Nemesis: The Last Days of the American Republic*, New York: Metropolitan-Henry Holt and Company, 2006, p. 2。

② 经常在本文出现的"资本主义"一词，可以有多种多样的理解方式。我将跟从 Boltanski 和 Chiapello，在非技术意义上使用这个词来表示一种最低要求，它的特征就是资本的无限然而和平的累积。参阅 Luc Boltanski and Eve Chiapello, *Le Nouvel Esprit du Capitalisme*, Paris: Gallimard, 1999, p. 37。

③ 在 Braudel 看来，虽然市场经济先于资本主义出现，它并没有预先决定资本主义的出现。参阅 Fernard Braudel, *Les Jeux de l'échange*, Paris: Armand Colin, p. 263。

④ "2001 年 9 月 11 日以后的一段时间，全球化的话题似乎显得有些不合时宜"，Martin Wolf, *Why Globalization Works*, New Haven: Yale University Press, 2005, p. viii。

上述见解的艰难之处在于它们忽视了这场冲突的经济学成分。围绕着维护财产而形成的政治理论也需要考量财产在资本主义席卷一切的稳定发展中所起的作用，而不必计较这种考量对它本身的理论后果。人们应该拒斥那样一种研究9·11事件的理论立场，即简单地否认经济学是把握现代世界——包括9·11之前的铺垫和远期后果——的一个关键的解释因素。第一个值得注意的要点，就是世界各国之间经济的相互依存度的稳定提高，2008年秋季开始的全球经济危机就表明了这一点。① 第二个要点，就是要明确认定经济全球化与9·11事件之间存在着清晰关联。尽管事件的发生具有偶然性，但是，9·11并不仅只是发生在冷张结束以后的一个偶然事件。在这一时期，美国越来越在国际上确立了自身作为冷战存续下来的唯一超级大国的地位。

我对9·11事件的解释是建立在两种假设的基础上的。第一，9·11事件应该与之前的和之后的事件联系起来才能得到澄清。第二，这些事件应该被放在一个总体的经济语境之中加以把握。这至少说明，要把握9·11事件，我们就必须理解经济和其他因素在现代世界中影响人类行动的方式。把包括9·11事件的历史还原为经济历史是错误的，但是，在考量历史的时候把经济因素排除在外同样是错误的。所以，在对9·11事件所做的分析中，所有那些青睐其他因素，却简单地把经济成分加以排除或者把经济成分最小化的做法都不足以充当一种解释模型。9·11事件与全球化之间的联系，并没有经常被人窥见。

在我看来，9·11事件不能被还原为全球化，但是，也不能将它与全球化相割裂。完整的解释将超过本文的限度。在这里，我要说的是，这一系列事件不能被看做现代资本主义和那些固守最保守的伊斯兰形式的人之间的一种社会矛盾和截然的冲突。资本主义的特征是不停息的扩张，它扫除了道路上的所有障碍，并用自身置代本土的社会结构和文化。因而，今天能够在北京发现几十家麦当劳并不是偶然的。伊斯兰则被描述为相同的东西从一代人到另一代人的全无差别的复制。对9·11事件的最好解释，是将其看做一种防御性的举动。这种举动是那些致力于恢复并延续先知早在7世纪的时候就述说过的那种生活方式的人所采取的。无论我们如何看待这种生活方式，它的确由于现代资本主义在传统的伊斯兰空间之中的不断扩张而身陷险境。在有些人看来，这种生存方式比生命还重要，为了维系这种生存方式，他们会不惜任何代价地同那些不

---

① 还不清楚应该如何为这场开始于2008年晚期的巨大金融危机来定性。Baverez声称这不是一场美国的危机，而是全球资本主义的第一场危机。参阅 Nicolas Baverez, *Après le Deluge. La Grande Crise de la Mondialisation*, Paris：Perrin, 2009, p. 12。

尊重这种生活方式，甚至常常不承认这种生活方式的人进行不懈的斗争，而不管他们是穆斯林还是非穆斯林。

　　我将以对马克思的理论在当代的重要意义的评述结束本文。目前，西方看待马克思的态度分为两派。一些人将马克思和马克思主义混为一谈，并认为前者已经过时了。另外一些人则相信，最近的经济衰退说明马克思的理论还有用武之地。我自己的观点与他们的有所不同。在我看来，马克思是一个研究资本主义的哲学家，他第一次为我们展现了现代世界中资本主义的本性及其至关重要性。我相信，只要资本主义存在，马克思就会继续具有生命力。在本文中我曾指出，马克思有助于我们把握9·11事件，因为这个事件是由于经济原因发生的，而大多数人们却没有识破这一点。我也敢于确定马克思与当代中国之间具有相关性。由邓小平所发动的改革导致了许多现象的复发，而马克思早在19世纪中期就分析过这些现象。

（邢立军　译）

（《社会科学战线》2010年第9期）

中西价值：跨文化对话的方法论反思

〔德国〕卡尔—海因茨·波尔（卜松山）[*]

文章将关注不同文化间的对话，这种对话可以作为一种化解国际舞台潜在矛盾的手段。我将从以下几个基本假设出发：

首先，关于文化的概念。我对文化的理解与克利福·德格尔茨（Clifford Geertz）[①] 相同，认为文化是生活中传达身份和定位意义的继承体系，它的核心是价值体系（根据文化的"冰山模式"，它潜藏在水面以下，却是冰山中起着决定作用的部分）。用查尔斯·泰勒的话说，我们也可以将这种价值体系叫做"意义的地平线"。泰勒的观点与文化身份的观念相关联：在他看来，对外在于或者超越于我们自身、有意义的事物的意识是释明我们身份的前提，换句话说，我们需要一种"领悟的背景"以明晰我们的身份。

但是，我们应该记住，文化不是静态的实体，它改变着历史——文化内部的和跨文化的——因此它是动态的。文化在其内部也经常容许相当多的差异。然而，对文化的动态理解不应该将我们领入极端，比如，我们经常发现后现代话语基本上都起始于各种文化的杂糅。与后现代主义的流行观点相反，我要强调文化变化进程的缓慢性，或者说文化的惰性。因为，本质上，历史的进程是相当漫长的，而且在价值体系中，对突然的变化存在一定程度的排斥。所以，我们可以大体上觉察到文化的某种主流和重心。

其次，我已经充分注意到简单两分法的危险，在多元文化主义信条与反本质主义意识形态盛行的年代，这种方法已经类同于政治不正确了。但是，我仍

---

  * 作者单位：德国特里尔大学汉学系。

  ① 美国著名人类学家（1926–2006），普林斯顿大学教授，其象征人类学理论（Symbolic Anthropology）产生广泛影响，代表作《文化的诠释》 （*The Interpretation of "Cultures"*）。

然认为，如果要进行基本的比较，简化仍然是很有用的方法，尽管不是必不可少的方法。由于这种原因，我将引用历史上在世界的不同边际所演化发展的某些特定的文化模式，比如，以中国为文化中心的东亚汉文化模式以及西方欧美文化模式。

再次，跨文化对话是一种理解他者的诠释学尝试，采用伽达默尔的说法，是促进不同视阈的相互重叠与融合。当然，要做到不同文化间的相互理解是很困难的。跨文化立场试图呈现一种不同文化之间的虚拟立场，但是，严格地讲，我们不能（即使在社会科学领域）彻底地跨出由我们的价值体系、个人经历、历史、阅读及时代精神等相关偏好所构建的预想视阈。毕竟，理解也许会被视为只是误解的另一种形式。因此，接下来我的思索在最后也许提供的只是一种可能非常主观的理解，误解了文化的阐释和文化间的动态，用中国哲学家庄子的话说，这是有关跨文化解释学的"井底之蛙"的见解。

一、文明间的对话：方法论思考

我们应该怎样走进东西方文化间的对话？哪些参数影响它，什么样的条件是有利的，它应该解决什么问题？

首先，我们必须将一些基本的对话条件弄清楚，这些条件大多数时候我们没有意识到。所以我想建议对以下几个方法论问题进行思考。

（1）由参与对话双方的关系开始。尽管人们认识到对话是以彼此平等为基础，但由于政治、经济、文化及军事力量的不同，或者由于发展的水平不同，现实中的双方关系常常并不对等。

（2）对话中使用何种语言的决定——如今多为美式英语——也导致不对等。

（3）不同的历史经历对于评价某些有争议的问题是至关重要的因素。比如说，欧洲政治话语形成于毁灭性的宗教战争、激烈的国家竞争、对新世界的征服、惨绝人寰的种族屠杀及启蒙哲学，而我们在东亚的历史中很难发现任何类似的经历。在西方，人们自然认为，对话中的东亚伙伴应分享其批判理性主义（及批判性的公共领域）的观点，而未意识到此类观点在欧洲启蒙运动中有着特定的基础与现实。这些因素在一些有争议的问题的讨论中至关重要，它们与阿斯曼所说的"集体（文化）记忆"相关。

（4）除语言外，象征指向也是一种文化身份的基础，非常重要。象征指向包含了多种不同的文化架构，它们关涉神话、形象、典故以及文化、艺术、宗教与哲学背景。

（5）在跨文化理解中的一个重要阻碍是种族中心态度，然而，这种中心主义在所有文化中都非常普遍，即人们只是认同自己所知道的那些东西。

（6）不过，种族中心主义仍然有另一面：从文化诠释学的角度看，在走向对方之前，首先我们需要一个坚实的"中心"，一个指引方向的框架。"反思的"种族中心主义意识到了这种必要性。但是，非批判性的种族中心主义仅仅将文化表现视为表面现象，并且忽视了它们在观念史中的基础。（比如，今天，西方人消极地看待中国人的一种仪式性的礼貌，却不知道它在中国伦理中的根源，也不知道其内在的积极意义）

（7）另一个缺陷是依据自己的理想对对方的现实进行判断，而不考虑历史发展和历史进程，或任由自身现实被对方理想化评判。

（8）我们经常看到将对方文化中的前后不一视做逻辑错误，而不是将其看作自然的含混（或者意识到自己的文化之中也存在矛盾现象）。

（9）人们易跌入相似性陷阱，因其表面相似而认为所处理问题的方式也没什么不同。（此谬误首先体现在语言学习中，刚刚提到的礼貌的例子则是其在文化现象方面的表现）

（10）从普遍主义思想观念出发，西方文化内部或者跨文化对话的一些最热情的支持者主张尽快消除文化差异，并将之看作文化对话的途径。这种立场无益于开展彼此间的对话。

（11）我们必须意识到"西方"及世界"其他地区"处于不同发展阶段（例如基本权利的履行方面）。这种觉察的结果不是文化相对主义，而是历史相对主义。

（12）不同文化间的对话不能被理解为一方接受另一方观点，如同学生接受老师。对话在很大程度上应该建立在平等基础上，相互充实，扩大相互理解。

考虑到这些基本情况和不利因素，跨文化间对话应该注意以下四个方面：

（1）对我们自身标准的历史反思与自觉。
（2）了解对方文化的各个层面，特别是其价值体系的逻辑。
（3）寻求共同理念。
（4）向对方持开放的态度，并愿意从对方那里获得新体认。

二、对我们自身标准的历史反思与自觉

很自然地，我们以自己的（政治上）标准和价值观念为基础从事跨文化对话。也就是说，我们对现代社会以美国模式作为标准模式，把后工业社会、

个人主义、多元化、自然主义、自由主义、多元文化和多种族的移民社会作为基本标准。但是如果我们这样做，我们就忘记了世界上多数民众既不生活在这样的社会，他们也不一定认为这样的标准对他们就像对我们一样具有吸引力，也意味着忘记了导致我们标准形成的历史进程及其影响因素。

作为文化核心的价值体系可以在传统宗教之中找到其根源。至于我们自己所说的西方文化，无论我们喜欢与否，基督教思想和价值观仍然是西方社会的基础，尽管大多以一种世俗化的形式呈现而不易为人所察觉，因此我们最好称其为后基督教价值。

因此，以坚实的基督教价值取向为基石，一整套世俗化的思想和价值观念得到发展：个人主义、理性主义、科学主义和进步意识形态的聚合物。它成为将西方风格的现代化转变为全球性的、普遍性的宏大进程的驱动力。在这个进程中，不仅全球一半被欧洲殖民化，而且一种"发展的一维秩序"被强加到世界及其众多人群之上。如同曾经主持联合国教科文组织"普遍伦理"工程的韩国哲学学者 Kim Yersu 所说的："这个综合论在人们心目中地位牢固，以致人们几乎一致认为：西方化是保证其未来生存的唯一手段。在现代化的旗帜下，他们抛弃了既有的真理、价值及生活方式，而以西方化程度来衡量进步与退步。"①

因此，"西方"（欧洲和北美）已经成功地将其最初的以基督教教义为基础的价值体系普世化。随着科学与（军事）技术的发展，并以寻求发现为驱动力，普世化过程完成于殖民主义和帝国主义时代。新的西方后基督"公民宗教"（公民社会的理想、自由主义等）继承了普遍主义理想、最初的传教热情及其宗教先驱的绝对主张。

如果我们将东亚儒家和西方基督教产生的影响进行比较，我们认为儒教在功能上可以相当于基督教信仰（尽管儒教在严格意义上不是一个宗教，在历史上也不像基督教那样多样），儒家价值观在中国（和东亚）2000 余年的时间里产生了深远的影响。儒学同样宣称其教义具有普世意义。然而，较之于基督教，其缺乏热情的传教士精神。儒学作为一种和谐社会及道德秩序的典范教义传播到东亚其他地区。尽管作为儒学的建制（不同于基督教的教堂）随着中国封建社会的终结而消失，但是，它却在某种程度上形成了"后儒家文化"，并仍然构建着中国社会的伦理基础。

---

① Yersu Kim, *A Common Framework for the Ethics of the 21st Century*, Paris, 1999, p. 9.

三、了解对方文化的各方面及其价值体系的逻辑

首先，跨文化对话的议题可能是各自的哲学和宗教传统。尽管宗教的影响已经在欧洲世俗社会中消退了很多，不过，不考虑宗教价值世俗化为社会政治理想以及道德变为法律条款的演变历程，就不可能正确理解后基督教价值体系。"心灵的习性"是传统塑造的，而对其运作机制，我们所知甚少。

当然，正像那些西方人，中国人（和东亚人）的传统是多种多样的，不过总体而言，我们仍然可以发现一些异于西方人的共同的性状。

（1）正确的与人相处之道（正统实践）要比对于启示的信仰和为人们所接受的教义（正统观念）更为重要。

（2）超验的东西并不神圣，世俗的事物和那些寻常的、尘世的东西，诸如人与人之间责任的履行（儒家），以及那些自然的东西（道家/禅宗—佛教），才是神圣的。

（3）不同的学派之间不互相抗争，也不试图彼此排挤，他们容忍彼此，并因而融合而成为一个统一体。

这说明中国人的宗教/哲学思想，不同于西方主流，不追求准先验的或认识论问题（感性世界和形而上世界之间的关系）；撇开包容性多于排他性不谈，他们所关注的，更多的是世俗和理性务实的东西。

中国独特的宗教传统导致了一种独特的政治文化，为了在社会上共存和获得共同利益，他们有不同于西方的优先问题。中国和大多数东亚国家给社会和谐和稳定以最高优先权，这种偏好根植于儒家思想。众所周知，儒家思想从中国传播到韩国、日本、越南，它把社会和国家视为由家庭推演而来，将共识和和谐当作双方生存的关键。因此，在这里，我们看到的是一种共识的文化，它建立在来自家庭和亲缘的社会凝聚力之上。与之相比，西方社会，尤其是在现代自由民主时代，建立在一种冲突的模式之上，它把个人作为其基本元素。根据后者，历史、政治和社会通过对立的力量（选举战、劳资矛盾、阶级斗争、最近的性别歧视等等）间的争斗而发展，并迈向一个独立自主个人解放的世界。

平等是法国革命的仅次于个人自由的主要战斗口号。法国革命背景是1789年革命前的旧制度下的阶级社会，大多数资产阶级被一小撮贵族和神职人员所压制。在现代西方社会，平等得到世俗的基督教后代的大力辩护，用今天的话说，就叫做社会公正。中国社会以儒家的家庭模式为摹本，在这种家庭模式中，父母和子女之间有着自然的等级秩序，因此，平等问题在中国社会中

从来都不曾出现（除了"文化大革命"那个年代）。取代平等问题的是，男人们和女人们都被置于关系网络之中（今天依然如此）。在关系网中，有地位高低的差别，这种差别取决于资历高低和学术成就多少的原则。因此同西方的平等文化相对照，我们可以将中国文化视为以地位导向（status-oriented）为特点的文化。

最后，中国社会的形态主要来自特殊的关系和网络，强调对等原则以及职务和职责（这也适用于其他东亚社会）。这与西方传统形成了截然的差别。西方传统强调权利和主张应该与自然法和实在法相吻合，并为每个人都同样制定了普遍的规则。由于这一点，我们可以遵从 Fons Trompenaars 在描述西方和中国文化时所作的普遍性和特殊性的区分。

如前所述，作为一种分析模式，这种非黑即白的二分法过于简单化。不过，由于不仅会得到统计数字的支持，还因为这种模式突出了某些特征和趋势，如果处理得适当严谨，它仍然是有效的。举个例子，社会和谐的价值可能会因为许多和谐和共识在中国似乎未能起到关键作用的实例（从最早期一直到晚近）而受到质疑，但是，我们不应该对特定的理想（不等于精神）在文明的历史中所起到的实实在在的重要作用视而不见，即使这些理想根本不可能实现。西方文明也是如此。诸如宽容、爱好和平、平等和在上帝面前每个人的独特性等理想已经凭借其世俗化的或者政治化的形式——社会福利、和平使命和法律面前的平等，人的尊严和权利——无可辩驳地塑造了我们的思想和实践，尽管浸淫着基督教的西方世界 2000 年的悠长历史似乎与宽容和和平相去甚远。也就是说，我们应该小心谨慎，不要轻意通过剔除某些突兀的特殊事件而排除某些理想的塑成力量。

四、寻求共同理念（跨文化普世概念）

简单地说，作对比时，我们可以突出相似性或者是差异性。刚才我们关注的是差异性，现在，我们应该寻找相似性。事实上，长期以来，在不同文化中寻求共同理念一直是比较文化研究的主流。这些理念有时候被称做跨文化共性。比如，在儒家和基督教传统中都有（正面和负面形式的）黄金法则概念；在孟子那里我们发现了性善论，这与亚里士多德的观点相对应，也和自然法和现代人的尊严概念相对应。孟子还提出"人道政府"（仁政），即政治学中的民贵君轻思想。在孟子那里，我们也看到道德自律的人的理想，所有这些在西方思想史中都有并行的对应物。

但是，我们必须认识到，这些理想发挥了与其在西方不同的影响，也导致了不同的哲学和社会政治历史。比如，道德自律的人的理想并没有产生西方哲学意义上的主体解放的概念，而是产生了一种所谓的"个人主义"，意指个人道德修养应该升华成为一种对于共同利益的责任感——这是一种我们可以在清官传统中发现的态度，宋王朝伟大的改革者范仲淹所说的"先天下之忧而忧，后天下之乐而乐"就将其呈现了出来。简单说，他所呼吁的不是对自我的确立，而是对自私的克服；不是今天所流行的自我实现，而是自我超越。换句话说，是把自己从一个微小的、以自我为中心的个体培养成为一个宏大的、包容万物的个体（近似于佛教中对自我的虚幻性的认识，这实际上就是启蒙）。

因此，我们不得不警惕相似性的陷阱，并把这些在不同语境之下发展起来的相似的哲学和政治理想牢记在心。它们之间的主要差别在于，围绕着启蒙运动和法国大革命，西方思想中生发出一种国家（政府）和个人（公民）的对立。这种对立引发了公民社会与公共领域的理念，在这种理念之下，个体和公民批判性地、独立地面对着国家。然而，在儒家传统中，知识分子理应忧国忧民、报效国家，同时也应清正廉洁，这一观点仍盛行于东亚社会。

西方普遍主义者大都忽略了这种语境，他们试图在东亚观念历史中寻找诸如个人自律或者个人人权、尊严、多元化以及民主观念等启蒙思想的遗迹，并伴之以对中国人没有坚持自己的传统标准、他们的做法与传统相矛盾等等责难。按照这样的逻辑，一个中国的普遍主义者也可以争论说欧洲或者美洲人可以在他们的传统中发现了仁慈、平等、正义和博爱等理想，但是却辜负了它们，他们同第三世界国家及人民的关系即是例证。除此之外，东亚普遍主义者们也许更愿意寻找其他跨文化共性，也许是责任的观念，也许是无私奉献或者是利他主义等观念。这就是说，我们在寻求这些普世概念时不得不谨慎小心。这些概念不应引导我们在对方文化的传统（理想）与现实之间寻找逻辑错误或矛盾。

五、向对方持开放的态度，并愿意从对方那里获得新体认

同欧洲和美国不同，东亚也已经有了近百年的向西方进行跨文化学习的历史。下面一位非洲人所做的评述对于东亚知识分子来说也是适用的："哪个欧洲人有资格自誉（或抱怨），他也像成千上万第三世界知识分子在学习另一个'传统'社会时投入那么多的时间与精力？"就相互开放和乐于互相学习而言，这是一个显著的进步。它会告诉我们，在跨文化学习方面，欧洲人（也许还有美国人）应该在哪些地方奋起直追。在这种局面之下，中国模式也许会为我们西方美好社会蓝图充当一个批判映像。该批判映像将促使我们清点西方文

明的家底，并推测西方文明在未来会在全球发生怎样的影响。换句话说，我们将不得不追问 21 世纪的文明蓝图是什么样子。现在，我们已经可以清晰地看到，西方模式——尽管已经成为空前的成功故事并被全世界复制——却有着严重的缺陷从而在很多方面不能代表文明的标准，至少它的含义并不完全吻合今天广为使用的"文明"一词。（这样的洞悉促成了甘地著名的机智妙语。有人问："甘地先生，你怎样看西方文明？"他回答说："西方也有文明吗？"）我们现在已经知道，发展与增长的意识形态（建立在对自我利益的正面理解之上）之下的当前资本主义体系，迟早会因为自然资源和世界人口增长的限制，达到其经济和生态上的极限。资本在全球市场（普遍性的）之中快速而无限制地流动所内蕴的风险已经十分明显，这不仅导致了 1997 年的亚洲金融危机，而且导致了最近发生的更为严重的美国金融危机。科学的发展带来了巨大的物质进步，但是，如同伊曼努尔·沃勒斯坦所指出的，科学主义信念的弊病不仅在于它们是以欧洲中心主义为前提的，还在于它们已经导致了社会科学之中真与善的相互分离。我们把社会的多元化看作大步向前的解放性跨越，但是，我们也越来越意识到社会解体的危险、社会团结的衰减和社会道德的沦丧，家庭以及其他曾赋予我们社会稳定与团结的机制的破碎。简而言之，意识到社会结构的日趋衰弱。我们将认识到这一点：我们这代人为我们的浪费将不得不向后代道歉，不仅仅是自然的，而且也是为了社会的和伦理资源的浪费——"我们死后，哪管洪水滔天"（après nous le déluge）① 这样一种精神下产生的浪费。当社会成员彼此之间仅仅存在着契约关系的时候，我们到哪里去寻找社会凝聚力？这样的问题，我猜想，会在 21 世纪日程中占据最高位置。

结　论

因为民族中心主义的无处不在，我们在全世界的文化与文明中都可以发现普世主义价值体系。"西方"由于成功地把最初以基督教为基础的价值体系普遍化，而显示出格外明显的普遍主义特点。可以确定的是，西方（基督教及后基督教）传统中有着重要的普世讯息。儒家传统中有着同样重要的因素，其他文化之中这类因素也屡见不鲜。正是由于今天西方世俗价值统治着全球，这些因素至少发挥出一种地域性价值的补偿或补充作用。西方国家的社会问

---

① 此句子被认为是 Madame of Pompadour 在 1957 年法国对普鲁士战争失败后的一次活动上所说。

题，以及我们今天所面对的由欧洲中心主义模式所导致的生态危机，都会使我们意识到，异于西方的思维方式对于全世界大有裨益，因此，我们应该欢迎其他文化的知识分子对我们共有的问题提出解决方案并作出贡献。对于在这个星球上的人类而言，这些非西方价值或许同我们西方的先验价值一样重要。除此之外，还要看到，普世价值——譬如人权——不可以被假设为先验的，因为它们的奠定过程有着历史发展的差异性。因此，我们应更多关注通过商谈而得来的普世概念，而不是由假设而来的普世概念。

在跨文化交流中向任何其他文化传统敞开心扉，意味着意识到自己会随着集体记忆、经历、历史、时代精神（zeitgeist），即文化而演化，从而做到将自己的标准视为相对的。或者更进一步，仅仅将之视为暂时且不完整的。换句话说，跨文化的开放和对话也许会帮助我们意识到我们自己文化、政治和意识形态定位中的盲点。当然，这种姿态也同样适用于其他文化。

所以，跨文化理解所要求的，不是一种理论的或者意识形态的立场，而是一种实践的和解释学的立场。把查尔斯·泰勒（Charles Taylor）和汉斯—格奥尔格·伽达默尔（Hans-Georg Gadamer）的观点融合在一起，我们可以这样描述这个任务：在全面感知自身意义视界之时，向对方文化中的意义视界迈进。如果这种努力在一种开放思想潮流中进行，我们就可以切实达到目的，即使没有达到融合，也至少达到视阈的重叠。这也许能使我们把异于西方的特别文化背景所滋养的关于人类终极目的的另一概念，不仅仅视为一个不同的概念，而且还视为这个星球上一个丰富人类事业的概念。

（华铭 译 邢立军 校）

（《社会科学战线》2010 年第 11 期）

孔子与中国的教育

（台湾）伍振鷟*

自汉武帝罢黜百家、表彰六经之后，儒家学说便一枝独秀，长期居于中国学术思想的主流，一直到辛亥革命以后，始有所改变。孔子与儒家学说何以在中国如此受到重视与推崇？乃是由于孔子及其后的儒家，在教育事迹与教育思想方面有着卓越的成就与不可磨灭的贡献，所以才受到广泛的认同与长期的尊敬。兹仅就孔子的教育事迹与教育思想及其对于后世的影响，略述梗概。

一、孔子的教育事迹

关于孔子的教育事迹，史记中有简要的叙述："孔子以诗书礼乐教弟子，盖三千焉，身通六艺者七十有二人。"从这一段简短的文字，使我们对孔子当年的教学活动，有一轮廓的认识。首先，孔子是中国教育史上重要的私人讲学的代表人物之一。我国上古时期"学在王官"，所有国学与乡学都是由政府设立，而教师亦都是政府官吏，通称为学官。然自平王东迁，"王官失守，学在四夷"，官学衰废，开始有私人讲学的风气兴起。在孔子之前，有郯子、苌弘、师襄、老聃等，都是孔子的老师，孔子曾向他们问学；与孔子同时，有王骀与少正卯，据传说："鲁有兀者王骀，从之游者，与仲尼相若。"（《庄子·德充符》）而少正卯当年授徒讲学，曾使"孔子门人三盈三虚，唯颜渊不去"（《论衡·讲瑞》）。由此可见，孔子并非是私人讲学的第一人，但为最重要的一人，则无可置疑。

其次，孔子的学生是些什么人？由于孔子主张"有教无类"，并说："自行束修以上，吾未尝无诲焉。"（《论语·述而》）这在中国教育史上也是重大

---

* 作者单位：台湾师范大学。

的突破。因为在西周以前，教育具有阶级性，平民接受教育的机会极少，国学的大学入学资格，为"王太子、王子、群后之子，以至公卿大夫元士之适（嫡）子"，而孔门弟子，如子赣、季路、子张，均为"鄙人"，而颜涿聚，更为"梁父之大盗"（《吕氏春秋·尊师》），没有身份的限制，从教育机会均等的观点看，不能不说是一大进步。

再次，孔子教学的内容是什么？史记提到"诗、书、礼、乐"与"六艺"；六艺后代称为六经，即《诗》、《书》、《礼》、《乐》之外，再加上《易》与《春秋》。《诗》《书》《礼》《乐》本为三代国学教世子的课程，《礼记·王制》："乐正崇四术，立四教，顺先王诗书礼乐以造士。"及至孔子"赞《易》象，作《春秋》"，遂以此六者为教材，传授其学生。也就是说上古教育贵族子弟的教育内容，孔子都用来教导一般平民子弟。以此，近人推崇孔子在这方面的贡献说："以六艺教人，或不始于孔子，但以六艺教育一般人，使六艺平民化，实始于孔子。"确非溢美之词。

最后，谈到孔子如何教导其学生。据《论语》记载："子以四教：文、行、忠、信。"又："德行：颜渊，闵子骞，冉伯牛，仲弓；言语：宰我，子贡；政事：冉求，季路；文学：子游，子夏。"前者指教学内容的领域，后者则是学生学习专长的成就；二者有互为表里的关系，即德行是行，言语属信，政事为忠，文学是文。尽管当时没有像今天大学院、系、所的划分，但孔子以不同的教育内容来教导学生，而学生亦各有其专长与成就，其教学的成功，值得肯定与敬佩。

但要以相同的教育内容教导学生，而又使其有各自不同专长与成就，尚必须有一个先决的条件，那便是适应个性、因材施教。在鉴别学生的个性方面，孔子采取非常客观的观察规则："视其所以，观其所由，察其所安。"（《论语·为政》）由于观察入微而且标准客观，因此孔子对于学生个性的认识与判断，极为精密而正确，如说："柴也愚，参也鲁，师也辟，由也喭。""师也过，商也不及。"（《论语·先进》）又说："以貌取人，失之子羽。"（《史记·仲尼弟子列传》）孔门弟子三千，当然不是同时施教，但面对不同程度的学生也不宜一视同仁。对此孔子所采取的方式，即以学长辅导学弟。学弟是初入学或程度较低的学生，称为门人，而弟子则是学长或程度较高的学生，可以辅导帮助学弟学习。又弟子中尚有"升堂"与"入室"之分，子路是升堂而未入室的弟子，所谓"由也升堂矣，未入于室也"（《论语·述而》），而曾子传孔子之道，则是入室的弟子。孔子这种以"高弟转相传授"的方式，汉代经师讲学，多有仿效；亦与近代班级教学的"导生制"（Monitorial System）有不谋而合之处。

二、孔子的教育思想

孔子的教育事迹，已略如上述；兹进而探究孔子关于教育的主张与见解，即孔子的教育学说或思想。孔子教育思想的总纲领，可以"志于道，据于德，依于仁，游于艺"（《论语·述而》）四项标题概括。这个纲领分而言之有四，但整体来说却只有一个理想：即培育健全人格的全人教育（wholistic education）。孔子健全人格之全人教育的理想，其最高境界是圣人，但圣人的境界不易企及，孔子尝自谦："若仁与圣，则吾岂敢。"（《论语·述而》）因此孔子退而求其次，说："圣人吾不得而见之矣，得见君子者斯可矣。"（《论语·述而》）也就是说教育的终极理想是圣人，具体切近的目标则是君子。《论语》中关于君子的界义列论甚多，并常以君子与小人对举，但最为切要的莫过于孔子所说的："君子之道三：仁者不忧，智者不惑，勇者不惧。"仁、智、勇三者，是孔子心目中君子所应具备的条件；而达成这三个条件的途径，则是不忧、不惑与不惧。后儒关于不忧、不惑与不惧铨说甚多，但仍以孔子所自言的"好学近乎智，力行近乎仁，知耻近乎勇"（《礼记·中庸》）最为简要。由此可见，孔子关于教育的理想，健全人格的全人教育，自最高理想的圣人，到中间目标的君子，以及达成中间目标的条件仁、智、勇，及其途径不忧、不惑、不惧，与具体方法好学、力行与知耻，均原始要终、提纲挈领，且巨细靡遗，要言不烦，予以提示；《论语》中有详尽的记载，可以查阅，此不赘述。

其次，谈到教学理论。《论语》是孔子死后由弟子及再传弟子纂辑而成，可说是一部最可靠的孔门教学活动的纪录；探讨孔子的教学理论，包括原理与方法，舍此莫由。《论语》中所提示的学习原理，简要而言，有以下几个原则：

1. 兴趣原则　　孔子对于学习，首重兴趣，说："知之者不如好之者，好之者不如乐之者。"（《论语·雍也》）并且形容自己是"发愤忘食，乐以忘忧，不知老之将至云尔"（《论语·述而》）。因为兴趣是学习的原动力，对学习感觉兴趣，便会主动学习而不以为苦，如孔子"在齐闻韶，三月不知肉味，曰：'不图为乐之至于斯也'"（《论语·述而》）。以此，孔子对于学生能乐于学习，便极力称许，说："贤哉回也！一箪食，一瓢饮，居陋巷，人不堪其忧，回也不改其乐；贤哉回也。"（《论语·雍也》）学必至于乐，然后成就可期。

2. 努力原则　　学习兴趣固然重要，但努力亦不可偏废；专恃兴趣而不知努力，学习仍难有成就。必须日积月累，黾勉以赴，学业才有成就的可能。

孔子勉励学生，说："日知其所无，而月无忘其所能者，斯可谓好学也已。"（《论语·子张》）又说："学如不及，犹恐失之。"（《论语·泰伯》）对于畏难而不肯努力的学生，孔子则予以斥责，如："宰予昼寝，子曰：'朽木不可雕也，粪土之墙不可污也。'"（《论语·公冶长》）而冉求借口："非不说子之道，力不足也。"（《论语·雍也》）孔子便训诫说："力不足者，中道而废，今女画。"可见孔子重视为学必须努力之一斑。为学固当孜孜不倦，近德尤须全力以赴，孔子所说："有能一日用其力于仁矣乎，我未见力不足者。"（《论语·里仁》）便是指此而言；其余所论尚多，不详列述。

3. 自动原则　　兴趣与努力外，孔子主张学习必须自发自动而不宜被动地接受，所以孔子说："不愤不启，不悱不发；举一隅而不以三隅，则不复也。"（《论语·述而》）孔子教人注重启发诱导，必待愤悱而后启发，如学生不能自发自动学习，由于缺乏学习动机，不仅教学成为注入式，而且学习效果亦必不佳。

4. 力行原则　　为学有讲明，有践履，讲明属知，践履是行；以为学五步而言，博爱、审问、慎思、明辨、笃行，前四者为求知，后一则系力行。学必至于能行，始可说是完成其程序，尤其由于孔子的哲学思想体系，是伦理道德的学说，不能实践，岂不流于空谈？所以孔子期勉学者说："弟子入则孝，出则弟，谨而信，泛爱众，而亲仁；行有余力，则以学文。"（《论语·学而》）证之王阳明知行合一之说："真知必能行"，"不行不足以谓知"，实有至理存乎其间。

5. 有恒原则　　有恒是为学的必要条件，见异思迁，一曝十寒，学业必无所成。《论语》以"人而无恒，不可以作巫医"为例，说："不恒其德，或承之羞。"为学而无恒，孔子比之为："譬如为山，未成一篑，止，吾止也；譬如平地，虽覆一篑，进，吾往也。"也就是说，为学的成败决定于是否有恒，其责任由学者自行承担。所以孔子说："善人吾不得而见之矣，得见有恒者斯可矣。亡而为有，虚而为益，约而为泰，难为有恒矣。"（《论语·述而》）常言"有恒为成功之本"，学者当铭记在心。

接着，谈到有关学习的方法，从《论语》中可以发现约有以下数种：

1. 循序渐进　　学不躐等，宜盈科而后进，孔子曾以自己为学的经验为例："吾十有五而志于学，三十而立，四十而不惑，五十而知天命，六十而耳顺，七十而从心所欲，不踰矩。"为学有如"行远必自迩，登高必自卑"（《中庸》），唯有循序渐进，拾级而登，自然瓜熟蒂落，水到渠成。否则，揠苗助长，好高骛远，反而欲速则不达，宜以为戒。

2. 学思并重　　孔子主张为学要学思并用，说："学而不思则罔，思而不学则殆。"因为"学不寻思其义，则惘然无所顾；不学而思，终卒不得，徒使人精神疲殆"，故宜二者并重，交互为用。这与康德（I. kant，1724—1804）所说的"没有内涵的思想是空的，没有概念的直觉是盲的"若合符节。可见古今中外哲人的见解，是不谋而合的。

3. 博约相须　　为学求博与守约，缺一不可，因为二者是相辅相成的。以此孔子主张："博学于文，约之以礼，亦可以弗畔矣夫。"所谓"博学于文"，是指"敏而好学，不耻下问"，如"子入太庙，每事问"之类；至于"约之以礼"，则是要能"一以贯之"，《论语》载："子曰：'赐也，汝以予为多学而识之者与？'对曰：'然。非与？'曰：'非也，予一以贯之。'"孔子所谓的"一以贯之"，便是"约之以礼"。至于二者的关系，则是先求博而后守约，既能博学，而又守约，则可守礼而不悖于正理。

4. 新故兼顾　　孔子尚主张为学要兼顾故与新，说："温故而知新，可以为师矣。"（《论语·为政》）又说："学而时习之，不亦说乎！"（《论语·学而》）因为新知识系建立在旧经验的基础之上，"温故知新"，合于知识的类化原则，不但新知识的获得较易，并有利于记忆；而"学而时习"，不仅加强记忆，而且合于精熟学习的原理。孔子在数千年前便已发现有利于学习的原理，并应用于实际的教学活动中，称之为伟大的教育家，可以当之无愧。

5. 讨论问答　　讨论与问答，是求学不可或缺的方式，也是极具价值的学习方法，因为由于脑力的激荡，可以爆发新的灵感与创见。《礼记·学记》关于讨论问答有生动的描述："善问者，如攻坚木，先其易者，后其节目，及其久也，相说以解……善待问者，如撞钟，叩之以小则小鸣，扣之以大则大鸣，待其从容，然后尽其声……"孔子教导学生便常用此种方法，鼓励诘问与讨论，如说："吾有知乎哉，无知也；有鄙夫问于我，空空如也，我叩其两端而竭焉。"（《论语·子罕》）《论语》中关于此类的记载甚多，兹略举数例："子适卫，冉有仆，子曰：'庶矣哉！'冉有问：'既庶矣，又何加焉？'子曰：'富之。'曰：'既富矣，又何加焉？'曰：'教之。'"又："子路问君子，子曰：'修己以教。'曰：'如斯而已乎？'曰：'修己以安人。'曰：'如斯而已乎？'曰：'修己以安百姓。'"由此可见孔子是如何重视师生间的诘问与讨论，而门弟子亦善于运用此一学习方法。以上所提到的孔子关于教育理想与教学理论的论说，仅系举其荦荦大者而言；孔子教育思想博大精深，如宫墙万仞，非此一短文可以尽述，有志于研究孔子的教育思想，可就有关的资料（主要为《论语》）自行探索。

三、孔子对后世的影响

孔子生前被推崇为"大哉孔子！博学而无所成名"。但死后的评价，则认为他最伟大的成就及对后世最重要的影响，是在教育方面。谈到孔子在教育方面的成就与贡献，只要从"至圣先师"与"万世师表"的尊称，便不难想见。但尊之太高，较之"五四"时期的"打倒孔家店"与"文革"运动中的"批孔扬秦"，又贬之过甚，均非持平之论。客观地说，孔子对中国文化与教育的贡献及影响，简要而言，有以下三方面：

1. 建立儒家哲学　　儒家"祖述尧舜，宪章文武，宗师仲尼"（《汉书·艺文志·诸子略》），以此儒家哲学的实际建立者是孔子。由于孔子所建立的儒家哲学，体系庞大，内容精深，难以备述，简要而言，乃是以仁为中心概念的伦理道德思想。仁从"人"从"二"，所涉及的是二人以上的人际关系。良好的人际关系，须是人与人之间，以偶相遇，以人相待，即待人如人，平等对待，互亲互尊，而不是待人如奴，或待人如物。所以关于仁的诠释，自以孔子所说的"仁者，人也"（《礼记·中庸》）最为恰当，即是做人的道理。《论语》中关于仁的论说甚多，据统计有 58 章，仁字共出现 105 次；与仁字连属的德目，如忠、恕、孝、悌等，更多达 44 项之多，几乎儒家所称许的德行均可涵摄在仁的概念之下。然而，为学有讲明，有履践，儒家倡导的伦理道德哲学不仅只重讲说，而且更重在能够实践。仁的道德如何实践？兹举上述德目的忠、恕、孝、悌为例：孔子说："吾道一以贯之。"（《论语·里仁》）曾子予以诠释，认为"夫子之道忠恕而已矣"，即忠、恕可以贯道（仁）。又《论语》有谓："其为人也孝弟，而好作乱犯上者，未之有也；孝弟也者，其为仁之本欤！"（《论语·学而》）乃以孝、悌为行仁之本。因此，实践仁道，自以忠、恕、孝、悌四者最为切要。不幸历代专制帝王于四者之中，特别重视并提倡忠、孝两项，以致"父慈子孝"与"君义臣忠"相互对待的行为准则，被扭曲为"君要臣死，臣不得不死，父要子亡，子不得不亡"的单方面义务要求的"愚忠"、"愚孝"。因此被批评为"吃人的礼教"，而孔子甚至被"掘墓鞭尸"，显然有悖于孔子所建立的仁道哲学思想的本义。其余如贞、节等，亦类此，篇幅所限，不详论述。

2. 整理文化遗产　　孔子虽自谦"述而不作"，但"删《诗》书，订《礼》乐，赞《易》象，修《春秋》"，赋予古籍以新意义与新生命，对于维护与传承文化遗产，贡献极大。缘我国上古时期，学在王官，无私人著述之例，但孔子之时，"周室微而礼乐废，诗书缺……"经过孔子一番整理，使其得以保存并流传至今，从"六经皆史"的观点看，关系着民族国家的继绝存亡，其重要性无与伦比。就当时现实的作用看，如"孔子成《春秋》，而乱臣贼子惧"；及"古者诗三千余篇，及孔子去其重，取可施于礼义……三百五篇，孔子皆弦歌之，以求合韶武雅颂之音"，移风易俗，振奋人心，其所产生的影响，实亦难以言喻。

3. 塑造师道典型　　孔子当年讲学，以其"学不厌、教不倦"的精神，塑造了我国师道的典型；及门弟子无不推崇备至，如："子曰：'若圣与仁，则吾岂敢，抑为之不厌，诲人不倦，可谓云尔已矣。'公西华曰：'正唯弟子不能学也。'"（《论语·述而》）"子贡曰：'学不厌，智也，教不倦，仁也；仁且智，夫子既圣矣。'"（《孟子·公孙丑上》）而颜渊于孔子的循循善诱，更赞叹不绝，"颜渊曰：'仰之弥高，钻之弥坚，瞻之在前，忽焉在后，夫子循循然善诱人；既竭吾才，如有所立卓尔，虽欲从之，末由已也！'"（《论语·子罕》）以此，太史公评断孔子，认为"天下君王至于贤人众矣，当时则荣，殁则已焉；孔子布衣传十余世，学者宗之，中国言六艺者，折中于夫子，可谓至圣矣"。

自此以后，历朝历代基于政治的考虑，莫不尊崇孔子，对于孔子及其后裔累有封赠，并于中央国子学（监）及地方州县学内，普建孔庙，形成中国特有的左庙右学的"庙学制"；春秋两季，皇帝或太子均亲临致祭，一直奉行到清末。甚至到了民国时期，祭孔大典仍每年举行，并且将孔子诞辰定为"教师节"，尊孔在中国已成为一种传统。不仅如此，孔子的师道典型，更影响后代师道文化的发展，尊师重道已成为中国文化的特色之一。历来的儒家学者倡导尊师重道的言论，不胜枚举，而以荀子最具代表性；荀子认为师道之隆退，关系国运之兴衰，说："国将兴，必贵师而重传；贵师而重传，则法度存。国将衰，必贱师而轻传；贱师而轻传，则人有快，人有快，则法度坏。"并且主张："言而不称师，为之畔，教而不称师，为之倍；倍畔之人，明君不内，贤士大夫遇诸涂，不与言。"（《荀子·大略》）其强调尊师重道的精神，溢于言表。又唐代韩愈作《师说》，提出"古之学者必有师；师者，所以传道、授业、解惑也"的见解，于师道的阐扬，亦不遗余力。其余限于篇幅，不备述。

此种情势，到了辛亥革命以后，大为改观，"尊孔"已不再列为国家的教育宗旨，"读经"亦摒除在学校课程之外。"五四"及"文革"，甚至对孔子"掘墓鞭尸"，"将线装书丢到茅厕坑里去"，矫枉过正，鄙视历史文化过甚，对教育的根本伤害极大。

最后，尚有不得已于言的，是时至今日，事过境迁，孔子的教育学说未必能完全适用于现代的学校教育，其影响更是早已式微，然衡情度理，不涉主观，孔子的教育事迹与教育理论，对当代的教育设施，特别是大学教育仍不无可供参借之属。简要而言：首先，孔子全人教育的理想，今天的大学仍当引以为主要的教育目标与功能。不可否认的，我国近代兴办的新式教育，因受西方的影响太深，大学的院、系、所分工细密，以培育专才为首要目的，制造许多"科技人"、"法律人"与"财经人"，这批"一曲之士"，大抵心胸狭隘，眼光浅短，并且师心自用，见树不见林；凡事只从本位观点出发，缺乏中国传统知识分子的高瞻远瞩，以天下国家为己任的气概，更谈不上"为天地立心，为生民立命，为往圣继绝学，为万世开太平"① 的使命感。可说是今天我国大学教育的最大缺失。其次，人文精神亦是今天大学教育设施所缺乏的。在西方功利思想与资本主义狂潮的席卷下，大学已成为名利竞逐的场所，所关怀的不是追求真理，创新知识，促进社会进步，以造福人群，而是斤斤计较"智慧财产权"，孜孜于"知识经济"，以创造更多财富。"民胞物与"的人文关怀，生态与环境的爱护，更完全置之度外。如何以人文的陶冶，完成崇高的理想人格，应是今天大学教育的当务之急。再次，重振师道尊严，亦属现今大学教育不可推卸的责任。末俗不尊师重道，固由于世衰道微，但"行有不得，反求诸己"，今天大学教授是否形象不佳，予人不良印象，难以令人肃然起敬，亦不可不自我反省。如何振衰起敝，重建师道尊严，必须从大学本身做起；庶几达到《礼记·学记》所谓："夫学，严师为难，师严然后道尊，道尊然后民知敬学。"而在这方面，培养师资的师范校院所负的责任更大，不仅只培训经师，更要能养成人师，使尊师重道在基层扎根，然后形成社会风气，重整师道尊严便可水到渠成。

（《社会科学战线》2011 年第 3 期）

---

① 《张载集》，北京：中华书局，1978 年，第 320 页。

应用伦理学之金规则辨析

——如何在理论与实践上作出正确抉择

〔奥地利〕 杰哈德·泽查 （Gerhard Zecha）*

2008 年爆发的金融与经济危机发展成一场全球性灾难，原因很多，后果也难以预料。① 专家学者对危机的成因各持己见，而达成的一点共识就是：专家们没能提醒广大公众和政府注意，他们研究的所有经济模式都具有不稳定性和局限性。这些专家"有责任告知这些模式的局限性以及他们的研究被误用的可能性，这一点是不容忽视的"②。此外，经济学家们的"理性预期模式已经使他们对行为者之间相互作用（比如信任）的影响视而不见"③。专家学者对于商界缺乏道德态度的问题还做了解释，道德决定要建立在道德准则的基础上，而道德准则要能够传达可靠、清晰、经过检验的信息，这是很重要的指数。能够达到这些标准的一个著名指数就是金规则。人们最熟知的金规则的一个设想是"按照自己想要被对待的方式对待别人"。通向理性伦理学④ 的途径不止一条，其中任何一条都应受到公正的对待。本文将一一描述和探讨金规则或互惠伦理学的各种变体。鉴于它是最著名同时可能是最难以理解的伦理工

---

* 作者单位：奥地利萨尔茨堡大学。

① *The Dossier on the Firancral and Economic Crisis*，University of St. ，2009；another summary can be found in *Financial crisis of 2007-2010*（2010）that offers a list of 12 causes and explanatory attempts；particularly clear is the analys is *Financial and world economic crisis*：*What did economists contribute?* by Schneider/Kirchgässner，*Financial and World Economic Crisis*：*What did Economists Contribute?* 2009.

② Colander *et al.* 2009：4；quoted in Friedrich Schneider and Gebhard Kirchgässner，2009：223.

③ Friedrich Schneider and Gebhard Kirchgässner，*Financial and World Economic Grisis*：*What did Economists Contribute?* 2009：224.

④ See Ulrich 2008：44-48，"The Golden Rule and the Judaeo-Christian commandment to love one's neighbour. "

具，本文将论证：如果人们能给予恰当的理解，那么它将成为道德责任的最有效的指数之一。如果人们在合理的尺度内思考这一规则，它将有助于把危机所带来的巨大经济和道德损失最小化，这一点愈来愈明显。在理论与实践中，金规则都是负责任的应用伦理学的坚实基础。

一、对金规则的传统理解

在伦理学中，我们一般把金规则区分为肯定表达和否定表达。

1. 金规则的肯定表达　"按照自己愿意被对待的方式对待别人。"① 这一说法似乎因包含了"规律与预示"而成了基本准则，换句话说，掌握这一行为准则并按其行事能够确保我们道德行为的正确性。

人们对此持典型的反对意见的理由是：人的欲求无奇不有。比如一位受虐狂患者可能希望伤害别人，因为他愿意让别人伤害他或以某种方式对他施暴。为避免这类问题，我们可以选择下面第六条所述的明确的一致原则，表明我们的行为应该与欲求和谐一致，使我们与别人做换位思考。实施道德行为首先要求一种道德决定，为作出这种决定，我们应该把自己看成能够以良知和公正的态度观察局势的人。另外我们可以考虑下文第 7 条中《圣经》的语境，在圣经的语境中，上帝首先把爱给了我们，人类都是他的孩子并得到他的爱，因此人类就应该像他爱我们那样爱他，并且彼此相爱。

2. 金规则的否定表达　"人不应该以自己不愿意被对待的方式对待别人。"② 对此人们往往是说来容易做到难。这种说教的方式主要用于摩西十戒。如果把"人不应该以自己不愿意被对待的方式对待别人"视为主要的道德观，那么对别人什么都不作为在道德上就是正确的。尽管这么做可能还存在疑问，但这意味着一个人与世隔绝就不会触犯金规则。另外，有些行为我不喜欢，但是别人未必不喜欢，比如我的孩子们喜欢在家里大声放流行乐曲，他们喜欢而我不喜欢。再如我不同意给孩子们很多零花钱，他们说我"太大方了"。显然，金规则作为单独的规则不能充当特定的道德工具，只是提供了某种正式的指标。

---

① The Bible: Luke 6:3, can also be expressed as "Treat others just as you want to be treated"; or: The Bible: Matthew 7:12: "So whatever you wish that others would do to you, do also to them, for this is the Law and the Prophets."

② Mahabharata, *Anusasana Parva*, 113. 8, similar the expression from China: "What you do not wish upon yourself, extend not to others," This negative version is sometimes called "the Silver Rule".

　　金规则还有三个变体。汉斯·雷纳在潜心研究金规则的过程中，提出要区分三种原则，因为它们体现了人们的不同理解并作出不同的行为。① 雷纳对金规则三个变体做了如下分析。

　　3. 同情原则　　金规则的这一变体要求我们根据自己的经验和苦痛来考虑自己的意志。这种意志应该作为自己行为的尺度而被采用："对别人所做的事是自己喜欢体验的"或"不要对别人做自己不愿遭受的事"。以想象的方式换位思考，我个人的意志就成为如何对待别人的尺度。这样，同情原则就有了个人主观的色彩。它并不告诉我们应该做什么才合乎道德，因为同情是建立在我的感情基础上的意志，这一意志表达了该原则的意义。同情原则是金规则的一个基本变体，它同时依赖于下面的自主原则和互惠原则。

　　4. 自主原则　　金规则中的自主原则这样表述："你因判定了他人行为的道德正确性而礼遇他人"和"你因判定了他人行为的道德错误性而不礼遇他人"。这一原则关注的不同于上述同情原则所讨论的个人意志。我并非考虑个人的体验或感情，而是关注别人的行为，然后我对这种行为的道德评价成为我自己行为的尺度。我们一方面认定他人行为的道德正确性从而遵循之。另一方面，我们识别出他人行为的道德错误性从而避免之。② 在判定别人的行为是否符合道德的过程中，我们是自由而道德自主的人。把同情原则和自主原则结合起来就产生了互惠原则。

　　5. 互惠原则　　当我的意志并非只受主观的原因所驱动，而主要是建立在典型的道德立场上时，对同情原则的理解可略有不同。我接受别人对我的所作所为不仅由于主观的原因，而且由于他们的行为符合道德的标准。互惠原则接近同情原则又超越了它，因为它注重相互和互惠。互惠原则最常见的表达方式是：（1）以换位思考的方式做别人希望你做的事；（2）以换位思考的方式不做别人不希望你做的事。这两种表达方式都超越了同情原则，因为它强调相互帮助以及为他人考虑。

　　金规则三个变体都建立在某种假设的基础上，同情原则被设定为类似"x正确＝我喜欢x"，"x错误＝我不喜欢x"的基本价值观，x代表某一种动作、

---

　　① Reiner 1974：353 ff. where the author not only explains different rules implied by the Golden Rule, but also traces them back to their historical and literary roots.

　　② This Rule of Autonomy resembles Immanuel Kant's Categorical Imperative, but Reiner 1974：364, points out that these two are not the same. Whereas the Rule of Autonomy considers a single case of behavior only, Kant's Imperative requires me to find out if I can will the underlying hypothetical imperative (the "maxim" of my act) to become a universal law.

行为、思想或意图。而自主原则预设了某种道德标准，这种道德标准可能源于良心、教育或二者兼而有之。互惠原则既然没有详细说明特定的、公正的道德价值，它也可能受到批评并亟待进一步完善。

哈里·金斯勒提出了金规则的一致性原则，他的专著《规范伦理学》①探讨该原则，他认为：金规则严格表达了行为一致性要求。

6. 一致原则　　金规则并不建议我们在特定情况下该怎么做，没有出现"对客户友好"或"对邻居友好"或"不管谁冒犯了你都泰然处之"之类的劝告。它倾向于一致原则，表明我们的行为应该与自己的欲求和谐一致，让我们与他人换位思考。金斯勒的准则是："不要让自己的行为与欲求失调。"②如果你希望或渴望他人以礼貌的方式问候你，那么你就要以礼貌的方式问候他。如果你希望同伴、朋友或同事原谅你的过错，那么你先原谅他们的过错。换言之，道德行为得以形成都首先要求一种道德决定，为作出这种决定，你应该把自己想象成能够以良心和公正审时度势的人。例如在行为 A 中，行为人 P1 想要在 Stpc 情形下对另一个人 P2 做某事。如果行为 A 是 P1 可以在道德上接受的，并且如果在类似的 Stpc 情形下，P2 对 P1 做出类似的行为 A，P1 可以接受，那么在这种情况下，行为 A 就应该做。对该情形的描述可以用 t 表示时间指数，用 p 表示地点指数，用 c 表示与该情形相关情况的指数。由此观之，金规则的一致原则暗示着我们无论何时何地在作出道德决定时，都要作出公正而有良心的判断。③

7. 爱邻如己　　这一律令是对金规则的一种圣经式的理解。④ 爱邻如己被视为金规则的例子还在别处可见。表面上看爱邻如己能否有助于更正确、更深刻地理解金规则令人怀疑，因为它经常遭到批评与误解。⑤ 爱邻如己源出于《圣经》的语境，在许多文化与宗教中都似乎作为一个伟大的道德准则而被接受。然而如果没有爱的原则，爱邻如己是不完整的。问题是我们为什么要爱我

---

① Cf. Gensler 1996, chapter 5, where a number of interesting specifications of the Golden Rule are discussed.

② Gensler 1996: 93: "Don't combine (1) acting to do A to X with (2) not consenting to the idea of A being done to you in an exactly similar situation."

③ Gensler 1996: 95 lists four conditions to elucidate this notion of the Rule of Consistency.

④ The Bible: Leviticus 19: 18: "I am the LORD, and I command you to love others as much as you love yourself," Also Matthew 22: 39; Luke 10: 27.

⑤ E. g. Hanfling 1993 who raises three difficulties with it: the scope of "my neighbor", the command to love others and the idea of loving oneself.

们同类中的他人呢？或者用互惠伦理学的术语来说，我们为什么要"按照自己愿意被对待的方式对待别人"？答案就是：爱的原则由两个规训组成。

"'夫子，（摩西）律法中最伟大的规训是什么？''你要尽心尽意、尽性尽力爱你的主，你的上帝。'耶稣回答。'爱上帝'是第一个也是最伟大的规训。'爱邻如己'是第二个规训。所有的律法和预言家都有赖于这两条规训。"①从《圣经》的角度看，宗教的维度是理解金规则的必要条件。"爱上帝"当然是"爱邻居"的充分理由，因为在《圣经》的语境中，上帝首先给了我们爱，而且作为父仍在爱着我们。经由他的创世，人类都是他的孩子并得到他的爱，那么人类就应该像他爱我们那样爱他，并且彼此相爱。从宗教的角度把金规则或互惠伦理学看做一切道德原则的最高道德标准。② 然而还有一个问题，金规则在何种程度上可以抛开宗教假设而显现出道德和理性的有效性？

二、对金规则的误解和混淆

1. 金规则并不是报复原则　　尽管互惠原则是金规则的核心，还是有人对它提出批评。我们要注意哪些情况不属于金规则，这是很重要的。金规则不是报复或反击原则，例如，"既然你对我无情，伤害我欺骗我，我也这样对你"。这与互惠原则的第（2）条不相干，却与第（1）条遥相呼应：既然你在我困难时帮助我借给我钱，或是在我生病时帮我照看孩子，那么我也要同样对待你（在你需要的时候）。这种"正面"的回报得到广泛的接受，因此在道德上被视为是正确的。然而其潜在的原则仍然有问题："因为你对我做了某事，那么我将在类似的情形中对你做某事。"这当然不是道德规则，而是一个观点。但此观点建立的基础是一个有争议的、有回报意味的观点，其价值取向在道德上是令人讨厌的，无论他们是正面的还是负面的。

2. 金规则并不是实现他人意愿的指令　　某些作者如哲学家卡尔·蒲柏建议通过考虑别人的意愿来提升金规则："金规则是正确的标准，只要有可

---

① The Bible: Matthew 22:38-40; also Luke 10:27. In footnote page 230, the very same words about "the Law and the Prophets" were said about the Golden Rule. So it is correct to assume the equivalence of the *complete* Love Principle with the Golden Rule + Christian presuppositions.

② It may be noted that most quotes of the Golden Rule are imbedded in some kind of religious background. Whether Confucian, Buddhist, Islamic, Jewish or Christian thought, without their religious framework, the Golden Rule would not hold; see its different versions referred to in footnote on page 230.

能，就按照'按照自己愿意被对待的方式对待别人'的原则进一步提升金规则。"① 前文第1条到第6条都要求行为人应该以某种形式换位思考，把他人的希望或意愿作为道德行为的尺度。假设你去购物，买了东西得付12欧元。你递给售货员一张20元的票子，她给你找回12元，找错了钱。按照金规则你首先想到："我要是处在她的位置，我希望顾客诚实，还回多找的钱。"出于这样的考虑，你给她还回4元钱。但是"别人的意愿"到底是怎样的呢？在多数情况下，我不知道别人怎么想的，想要什么，我为什么应该做他们想要的事？是什么使他们的意愿比我的更好、更符合道德？家长和老师应该以"按照自己愿意被对待的方式对待别人"的原则对待孩子和学生吗？那有可能造成不好的后果，因此蒲柏的建议并无助益。

3. 金规则并不是遵从他人行为的指令　很多人在心理和道德上都具有不确定性。这种不确定性可能是一种诱惑，在道德经受考验的重要场合，你会像大多数人那样去做事。比如逃税、不忠于爱人、无视于其他公民的合法权利，这些行为实践很多并不源于对金规则的理解，而是以"现在大家都这么做"为借口。所以在这些情况下，金规则显示出的某些模糊之处正被误用，目的是弱化人们的道义感。②

4. 金规则并不是忍受原则　谁的希望、愿望和价值观最重要？行为人的重要还是其伙伴的重要，还是二者同样重要？有时金规则被阐释成一种相互尊敬原则（或忍受原则）。但是不同的人有不同的想法、信念、品味和喜好，无论他们出身的文化背景相同与否。在这个意义上金规则可以理解为："即使不能按照别人的信念对待他，你也应该给他应有的尊重。"但是"应有的尊重"在特定情形下又意味着什么？如果基督教徒面对无神论者嘲笑他们的信仰，他们就不会忍受，而是坚持自己应该受到尊重的权利。容忍是一种美德，但绝不是补救金规则上述种种弱点的良方。

5. 金规则并不是一种激进主义的形式　有人建议把金规则看做有效的、所有人欣然接受的原则，大卫·纪廷建议：金规则应该在所有肯定生命的信仰和世俗的道德规范中被认可，落实金规则并不要求任何信仰或世俗传统的实践。当然它也不排斥这种实践，除非那种传统对神圣的其他体验充满敌视和排斥。人们当然渴望找到在所有肯定生命的信仰和世俗的道德规范中被认可的、

---

① Popper 1969-II. Sometimes such formulations are called "the Platinum Rule": "Do unto others as they want done unto them".

② Reiner Hans: "Die 'Goldene Regel', Die Bedeutung einer Sittlichen Grundformel der Menschheit," *Die Grundlagen der Sittlichkeit*, Meisenheim am Glan, 1974: 354f.

广泛的原则，但是金规则决不含有任何激进的成分，它只是在非常确定的前提下试图推行道德（并不避开前文提到的问题）。而且大卫·纪廷认为落实金规则并不要求任何信仰的实践，但是他在金规则的语境中肯定神的体验甚至神的在场。"互惠"在此如何理解，金规则的信奉者应该信奉怎样的价值观，这些都不清楚。

6. 金规则并不意味着产生荒诞　　金斯勒在书中探讨了很多令人难以置信的例子，给出了避免问题的具体说明。① 行为人必须在相关的状况下考虑其处境，假设一个病人发现自己处于极其痛苦的境地，想应用金规则"按照自己愿意被对待的方式对待别人"的原则，于是想到安乐死：如果你想让你的医生杀死你，那么你可以杀死医生。这当然很荒诞，因为重症病人不想活了这样的事毕竟很少发生，他们也从未想过杀死他们的医生。或者假设我作为纳税人想让财政部长减税，那么我就要减税。在这些例子中，所有相关人的处境都不同，不具可比性，即使在想象中也无法换位。

7. 金规则并不是"权力产生正义"这一断语的翻版　　"掌握金子的人制定规则"体现了现实原则，有人建议也要这样现实地理解金规则。从道德的角度理解，"掌握金子的人制定规则"意味着无论谁有足够大的权力或足够多的财富，他都可以统治别人甚至决定什么是正义与非正义。尽管在日常生活中有些人认为他们有理由遵从这一原则，但是当相关的两人处于不平等的地位时，在道德上这一原则就是不正确的。应用金规则要具有可比较的或同质的条件和环境。

三、金规则在应用伦理学中的例证

为了提升生活质量，澄清公共生活和私人生活中那些复杂的、经常被曲解的理念，我们把金规则作为应用伦理学的基本规则。下面我们选择不同生活经验的事例以便验证本文的观点。

例1：校园生活。每个人都去过学校或其他的教育机构。教书育人是教师的职责与义务，例如教师要给学生传授合适的知识、培养合适的技能、施加适当的训练以完成大纲规定的教育目标，达到一定的能力要求。学校的制度与管理赋予从教人员履行职责的权威，但是他们的道德权威如何建立呢？伦理学家建议坚持金规则——"按照自己想要被对待的方式对待别人"。在应用这条规

---

① Gensler, Harry J., *Formal Ethics*, London: Routledge, 1996, 95 ff.

则时，老师应该把握学生需求，也应该把自己想象成学生，学生愿意看到的是老师的友好、耐心、微笑、理解、支持和原谅，那么"每位老师就应该按照学生希望的方式对待学生"①。

例2：学生生活。应用金规则不仅是对教师的要求，也是对学生的要求。我所执教的大学严禁学生在公共场所吸烟。有些学生吸着烟向教学楼走，进门时扔掉烟头。这恰恰违背了"不要让自己的行为与欲求失调"的原则。显然他们并没有想过，有人得再把烟头捡起扔到垃圾箱里，而他们自己不愿意做这样的事。他们没有把自己置于管理员的位置，也没有想象过如果一位应邀而来的客人走进他们的宿舍把烟头扔到地上，他们会作何反应。从更广泛的意义上说，这个简单的例子中的想象有助于我们形成生态意识，整个世界是我们人类的巨大的家。我们可以扪心自问：我们是否愿意让别人以我们对待自然的方式对待我们的小家？这种想象大有裨益。

例3：美国历史。"1963年约翰·肯尼迪命令阿拉巴马国民自卫队队员帮助两名非常优秀的黑人学生进入阿拉巴马大学学习。在当天晚上的演讲中肯尼迪向全体美国人呼吁'停下来就此事和全美发生的其他相关事件拷问自己的良知。如果一位美国人仅因其皮肤是黑的，就不能到公共餐馆去吃午餐，不能把孩子送到应该去的最好的公立学校，不能选举代表他利益的政府官员……那么我们当中有谁愿意改变自己的肤色、站在黑人同胞的位置？……问题的关键是……我们是否愿意以'按照自己想要被对待的方式对待别人'来对待美国同胞。"② ——显然肯尼迪总统向美国白人尖锐地描述改变黑人肤色将带来的后果，从而委婉使用了金规则"人不应该以自己不愿意被对待的方式对待别人"。但问题是想象的价值观是否在任何情况下对任何人都是真的价值观，换言之，它们是否是真正的道德价值。在怎样的价值标准下，到公共餐馆吃饭、把孩子送到最好的公立学校、选举代表他利益的政府官员才是愉快的？很多人认为参与大选无足轻重，他们不愿把孩子送到公立学校而愿送到私立学校，因此使用金规则"人不应该以自己不愿意被对待的方式对待别人"在某种特殊情况下在修辞上听起来令人信服，正如肯尼迪总统的论点当然令人信服，但是

---

① This formulation of the famous 17th century pedagogue Comenius, I call the "Golden Rule of the Educator" in Gerhard Zecha 2007： "Opening the Road to Values Education," in Pavid N. Aspin and Judith D. Chapman (eds). *Values Education and Lifelong Learning*, New York: Springer Press, pp. 48-60.

② See also the article "Ukrop's Super Markets, Inc.：Values in Action" by Robert S. Ukrop and Jacquelin Ukrop Aronson 2007.

在理性与道德的立场上，未必令人信服。

例4：商业伦理。美国弗吉尼亚州的尤克劳伯超市追求一种非常明确的道德理念，该企业的网站以朴素的语言表达了他们的理念：确切地说，什么是尤克劳伯？我们就是连锁食杂店。但我们的机会在于我们不同于其他常见的超市，我们不仅存在着，我们存在着是为了帮助他人。随便走进一家我们的连锁店，你会感受到友好和关爱。你可以提出特殊的要求，我们会竭尽全力满足您的要求。您买完东西，我们会把商品运送到您的车边，并细心地放到后备箱里（一句简单的谢谢就是最好的小费）。1937年我们的第一家店开张时提供这种服务的想法就形成了。那时，乔·尤克劳伯决定遵照金规则——"按照自己想要被对待的方式对待别人"的原则，经营一家食杂店。这意味着让人们买日用品的钱价值最大化（这些钱在大萧条中真是来之不易），同时这也意味着以最崇高的敬意对待顾客、对待同事、对待每一个人。

在该例子中，店主（或公司）的伙伴就是顾客。我们无从知道尤克劳伯先生是否把金规则也应用到了员工身上，他很可能应用了。该理念的价值假设是每位顾客都愿意受到友好的接待，用一定量的钱买来最好的日用品，消费时心情愉快。店主的策略显然得到了双重互惠体验的确认。店主根据想象把自己愿意得到最好服务的个人价值观念应用到顾客身上，而顾客则把自己（相当自私的）快乐购物的兴趣归功于店主的作用。金规则似乎帮助创设了经典的双赢情境，即能使一场谈判或行动中相关的双方或各方都得以成功的策略。①

结　论

金规则或互惠伦理学的不同变体及相应的阐释本文都探讨了，金规则的7种变体出现在各种各样阐述中，但这些阐述并不体现出把自己作为行为人与他人换位的思想。本文旨在证明在经典的、哲学抽象的意义上，金规则并不能给出明确的道德建议或价值表述，然而如果与认识和想象一起协调运用，它确实有助于开辟出大道行远的前景。

（张国杰、漆思　译）

（《社会科学战线》2011年第6期）

---

① Fisher, Shapiro：*Beyond Reason：Using Emotions as You Negotiate.* New York：Viking/Penguin, 2005.

问题取决于希望[*]

——《希望的原理》前言

〔德国〕 恩斯特·布洛赫[**]

我们是谁？我们来自何处？我们走向何处？我们期待什么？什么东西在等待我们？

许多人只会感到困惑迷惘、不知所措。基础开始摇晃，但是人们却不知道何以摇晃，被什么摇晃。这种社会经济状况令人恐惧，而这种状况变得越是明确，就越是令人害怕。

曾经有个人为了学习"害怕"（Fürchten）远走他乡。过去，人们到达和走进这个地方很容易，那时的人们精于此道。然而，如今我们仅仅清算了害怕的教唆者，而与我们相称的害怕感已不再有效。

问题取决于学习希望。希望的工作不知灰心丧气，希望的工作不爱失败而爱成功。"希望"（Hoffnung）高于害怕，与害怕不同，希望既不是消极的，但也不是关闭在某种虚无之中。希望的情绪不再胆怯，它不是使人的心胸变得狭窄，而是使其变得辽阔。在外部，希望的情绪是与人结合在一起的，但在内部，并不让人完全熟悉它所指向的目标。因此，寻找希望这种冲动的工作不能忍受狗的生活，因为狗只是被动地投入自身的存在者之中，并且感受到全然无法辨认的、甚至悲惨地认识到的某种东西。这个工作，即反对生命的恐惧、驱逐害怕的工作乃是与恐惧和害怕的教唆者（多半昭然若揭）作斗争，而且，这种工作在世界本身中，寻求有助于这个世界的东西。在此，我们能够发现害怕和恐惧的教唆者。

人们无时不在丰富多彩地梦想更美好的、可能的生活。"白日梦"

---

[*] 本前言写作于 1959—1960 年间，即布洛赫与法兰克福/美因祖尔坎普出版社签约出版本书之后不久——译者注。

[**] 作者系德国马克思主义哲学家。

（Tagträumen）恰恰贯穿这种人人渴望的生活，在这种白日梦中，也包含着一部分乏味的、同样令人神经紧张的逃避以及作为骗子的牺牲品。但是，白日梦的其他部分刺激我们，它使我们不满足于既定的恶劣现实，它使我们永不放弃梦想。这个其他部分的实质就是希望，而这一实质也正是可教会我们的东西。我们能够从不规则的梦及其狡猾的滥用中取出希望这一实质。可以说，希望是一种积极的活动，它驱散迷雾，劈开混沌。

没有白日梦，任何人都无法生活。问题在于经常地进一步认识白日梦，借助于此，没有欺骗地、大有裨益地坚持旨在追求正义的态度。白日梦想使人的生活更加丰富多彩，这意味着人通过白日梦增加了冷静的目光。换言之，它不是使我们的意识冥顽不化，而是使之变得更加明晰。充满白日梦的生活不是仅仅观望地接受事物（不论事物如何存在或如何定位），而是在事物可以变得更美好的意义上直接参与并能动地接受事物。实际上，白日梦使人的生活丰富多彩，这意味着人的知性变得更明晰、更专一、更好地认识事物，并且更出色地中介进程中的事物。因此，我们要取其精华，弃其糟粕。

思维就意味着超越。然而，现存的东西不应受到暗中破坏和越过。无论现存的东西处在贫困中，还是为了摆脱贫困而处于活动中，我们都不应当这样做。即使贫困的原因变得一目了然，从中转变的出发点业已变得成熟，我们也不能破坏和越过现存的东西。因此，现实的超越绝不是单纯的狂热和抽象的想象，亦绝不是进入我们面前的真空地带。相反，这种超越包含着这样一种新东西，这东西正是在动荡的现存东西中被中介的东西，尽管为了显露自身，现实的超越最极端地要求指向新事物的意志。

现实的超越不仅认识历史中所具有的、辩证地伸展的趋势，而且使这种趋势活跃起来。每个人活着主要是由于他追求未来。与此相对照，过去姗姗来迟，而且真正的当下几乎还根本不在那里。

未来的东西包含令人害怕的东西和迫切期待的东西；根据人不愿失败的意向，未来的东西仅仅包含希望的要素。我们不断体验希望的功能和内容，在上升的社会中，这种功能和内容不断地变成现实并广泛传播开来。但是，在正在衰落的旧社会中，例如在今日西方社会中，只有某种不完全的、暂时的意向一路下滑，每况愈下。于是，对于无法摆脱这种衰落的人们来说，他们所面对的无非是希望面前的害怕和反对希望的恐惧。于是，害怕和虚无主义就各自显现为危机现象的主观的、客观的假面具。然而，这种假面具仅仅是忍气吞声的人的假面具，而不是真知灼见的人的假面具，这是以泪洗面的人的假面具，但不是采取新的转向的人的假面具。在市民社会的基础上，在业已发生的或与此有关的深渊里，反正这种新的转向是不可能的。即使有人渴望这种新的转向，它也是万万不可能实现的。

市民社会恰恰关注并谋求每一个与这一新的转向正相反的东西，因此必然卷入自身的失败之中。所以，为了减弱对新生活的关注，市民社会把自身的临死挣扎视为一种表面上基本的、存在论的现象。市民存在的悲观绝望干脆被扩展为人类状况一般或存在自身。

然而，长此下去，是徒劳无益的：就像在其中仅仅表达自身的意见一样，市民的空虚化也不具有任何价值，并且，就像献身于自身恶劣的直接性这一假象存在一样，市民的空虚化也不具有任何端正的立场。在时间性和客观性意义上，"无希望"（Hoffnunglosigkeit）是无法忍受的，而且从人的需求上看，这种无希望是完全无法忍受的人生态度。

因此，即使这是一个欺骗，那也为了生效起见，必须与令人感到谄媚的、腐败的希望一同工作。因此，即使这东西关闭在单纯的内在性质中，或者带来彼岸世界上的虚幻慰安，我们在各种讲坛上也对希望称赞有加。正因如此，最近西方哲学的贫困竟然把上升和超越作抵押，说出贫困的哲学。这就是说，人本质上无非是可从未来规定的存在。然而，由于人自身阶级状况的物化，希望也具有某种玩世不恭和自私自利的意义，这就像夜晚酒店的商店招牌一样，人的未来并无未来可言，人的生命就是虚无。

但是，现在死者应当掩埋自身的尸体。死者面对新开始的一天只会感到源自过熟夜晚的漫长拖延而已。对他来说，新开始的一天腐烂不堪，不啻是闷热的、没有本质的、虚无主义的坟茔钟声。每个人的意向都是在或多或少真实的白日梦这一基础上形成的，迄今白日梦的基础时常富于诱惑力，时而像沙洲一样，时而像吐火女怪一样欺骗我们。但是，我们只有通过研究客观趋势和主观意向才能解释和澄清白日梦的基础。

"最佳品的腐化乃是最恶劣的腐化"（Corruptio optimi pessima）。令人眩晕的希望是一个使人神经衰弱的伟大的作恶者，而具体的真正的希望则是最真诚的行善者。因此，主观上，具体地认识的希望在害怕中最强烈地侵入我们的生活，但是，在客观上，这种希望引导我们最出色地排除害怕内容的根源。通晓内情的不满同样属于希望，因为二者都源自对匮乏的否定。

思维就意味着超越。但是，超越至今并未找出十分敏捷的思维。即使在这种超越中发现了某种思维，那也有太多不正确的坏眼睛。这种思维乃是腐朽的代替物，亦步亦趋的代理人，即反动地、图示化地反映时代精神的废物，这种思维势必排挤新发现的东西。与此相对照，在具体的超越的意识化中，马克思却表明了转变。但是，在这周围，一种习以为常、根深蒂固的思维植根于没有"前线"（Front）的世界上。在这个没有前线的世界上，不仅人，而且人的见识都陷于尴尬境地。对新东西的意向从未被谛听为某种预先推定的声调，客观趋势从未被人视为某种预先推定的能力。就像图书馆紧俏的原典一样，唯一崇高的希望特性并未得到好好探究。尽管"尚未被意识到的东西"（das Noch-Nicht-Bewuβte），"尚未成功的东西"（Noch-Nicht-Gewordene）充斥着所有人的意义和所有存在的视阈，但它们不仅没有被表述为语言，更谈不上当做概念来深入探讨。迄今，在哲学中，这个兴旺的问题地带几乎默默无言地被搁置一旁。正如列宁所言，"向前的梦"（Traumen nach vorwärts）未曾反映在人们的意识中。因为对这方面的研究零打碎敲、浮光掠影，所以这种向前的梦不可能作为相称的概念出现。期待和被期待的东西一方面被归入主题；另一方面被归入客体。直到马克思，这种梦的来临在这个世界上并没有产生任何重要观点，即没有发现自身应有的核心位置。

在这个世界上，巨大的乌托邦出现了，然而这一假说几乎没有得到明确的阐明。在所有奇异的无知中，这是一件最引人注目的无知。据说，M. 特伦提乌斯·法罗在关于拉丁语法的最初尝试中，碰巧遗忘了"未来"（Futurum）这一题材。在哲学领域里，迄今"未来"并未得到十分恰当的注意。这导致一种可称之为占主导地位的静态思维方式，这种思维方式并不理解这一未来特性，而且在业已形成的东西中一再结束未来。

假定从观察性的知识上看，只存在可观察的东西，亦即过去的东西，并且源自完成的封闭的形式内容无非是在尚未形成的东西上画上圆圈。按照这种逻辑，即使这个世界是历史地被把握的世界，那它也不过是一种重复的世界或一个伟大的永恒轮回的世界。

正像莱布尼茨命名的一样，这种世界乃是一座坚不可摧的王宫。就是说，事件成为历史，认识成为重新记起，庆典成为对某个曾在的庆贺。这样，迄今为止的一切哲学都以其完结存在的固定形式坚持理念或实体。这不仅在提出假设的康德那里是如此，甚至在提出辩证法的黑格尔那里也是如此。由于此，身体的和形而上学的需求毁坏了人们的胃口，尤其是它被误解为被期待的、像书本一样的东西的饱和。

超越任何"既定存在"（res finita），这意味着，希望具有一种肯定的关系，即尚未完成的此在的明确性，然而，这在科学史上是全然不会出现的关系。希望既不作为心理的本质也不作为宇宙本质出现，但是希望至少作为未曾存在的东西的机关，亦即某种可能的新东西的机关出现。因此，在这本书中，特别地扩展了这样一种尝试，即试图把哲学与希望紧密地联系在一起。希望既像人们居住的最优秀的文化国度一样的地带，也像南极一样未开拓的广袤无垠的蛮荒地带。笔者迄今出版的一系列著作批判地深入探讨了与此有关的内容，这些著作包括《痕迹》、《乌托邦的精神》、《这个时代的遗产》、《主体—客体》等。

因此，渴望、期待和希望需要自身的解释学，我们面前的黎明要求自身特殊的概念，"新东西"（Novum）要求前线概念，这一切都为这一目标服务，那就是通过这一被中介的可能性王国，最终批判地铺设一条通向某种梦寐以求的国度的宽广道路，为此，我们必须辨认方向、认清形势，以便保证这条道路畅通无阻。因此，"已知的希望"（Docta spes, begriffene hoffnung）照明与这个世界息息相关的、须臾不可离的原则性概念，因为这个概念不仅向来都不曾蕴含在这个世界里，而且在哲学上也长期受到冷落。这样，迄今人们未能有意识地创造历史，因此，在说明趋势的方法上，人们以为仿佛目的本身就包含了一切。在其最佳意义上，乌托邦的原理概念地地道道是一个核心概念，它蕴含了希望和人的尊严内容。是的，对于适当地改变一切事物的意识而言，以此命名的概念位于视阈之中，即位于开阔的、进一步开阔的视阈之中。对尚未形成的可能性的期待、希望和意象而言，这不仅是人的意识的基本规定，也是在客观现实之内被具体地校正和把握的总体的基本规定。

自马克思以来，根本就不存在可能的真理探究，也不再存在可以回避世界的主客观的希望内容的某种决断的现实主义。当然必须禁止陈词滥调和死胡同。哲学将成为明天的良心，代表未来的党性，拥有未来的知识，或者将不再拥有任何知识。马克思开启的新哲学乃是关于新东西的哲学，这新东西就是我们大家都期待的、毁掉的或实现的本质一样的东西。哲学意识乃是危险面前及危险条件下去取得胜利的开诚相见。哲学的场所是过程之内的、对象自身轨道之中的客观的和现实的可能性。人们所激进地意向的东西在任何地方都没有得到实现，但在任何地方都没有受到挫败。从主体上看，必须全力加以推进的愿望停留在这真正可希冀的东西之中：我们值得深入研究这一核心事物的功能和内容。

善良的新东西从来都不是崭新的。这东西超越那贯穿人生并为形象艺术所成就的白日梦之中。乌托邦式的希冀引导一切自由的运动，而且所有基督徒都按其本性了解这一点。因为他们十分熟悉出自圣经的《出埃及记》和弥赛亚主义的宴会，并为此深感震惊。"有"（Haben）与"非有"（Nicht-Haben）彼此交织在一起，从中同样可以构成渴望和希望。迄今，在伟大的哲学中，毕竟发掘出了旨在到达存在之家的冲动，例如柏拉图的"厄洛斯"概念、亚里士多德的更深远的概念，即作为趋向本质之可能性的"质料"概念，莱布尼茨的"趋势"概念等等。在康德的道德意识的假设中，希望直接地起作用，在黑格尔的历史辩证法中，希望针对世界间接地起作用。

　　然而，在乌托邦领域里，哲学家们进行了这一切启蒙性的侦察乃至探险，但是他们所发现的不过是被中断的某种东西，甚至是借助观察而被中断的某种东西。这一点最鲜明地体现在探索希望的特征方面走得最远的黑格尔身上，例如在他那里，曾在的东西压倒日益逼近的东西，业已形成的东西的集合体严重阻碍未来、前线、新东西等范畴。

　　无论在古代的神秘世界（尽管由此有了《出埃及记》）中，还是在都市的理性主义世界（尽管有了爆炸性的辩证法）中，乌托邦的原理都没有达到突破性的表现。究其根本，原因全在于，古代的神秘主义精神形式和都市理性主义精神形式都是观察性的和唯心主义的精神形式。因此，作为一种被动的观察形式，这种精神形式仅仅以某种完成的世界为前提，并且仅仅包含其中反映和投射既定东西的那个超越的世界。古代的神秘主义精神追求完备之神，而都市理性主义精神追求理念或理想，但是，正如所谓经验存在中的此岸事实一样，这些东西都不过是自身想象中的既定事实而已。因此，真正的、类似过程的、开放的未来对每一个单纯的观察性思维都是极度冷漠和陌生的。在这个世界上，只有指向变化的、传达变化意愿的思维才适合于未来（我们面前没有关闭的生成空间），而且未来不应理解为窘境，过去也不应理解为魔力。从而重要的是，只有有意识的理论—实践的知识才关涉生成中的东西，与此相对照，从概念上看，观察性的知识却仅仅关涉业已形成的东西。这种特征，即直接地表达过去的东西和业已形成的东西乃是神话中的某种自我沉没，是对尚未预先考虑到的东西的冲动，并且像满载一切事件的固定圆形穹顶一样，充满着类似星相神话般的真正异教徒的特性。那种与过去相联系并与未来相距甚远的方法论表述乃是柏拉图的"回忆"（Anamnesis）或"一切知识都是重新认出"的教义。

　　这就是重新认出出生之前见到过的理念，重新认出远古过去的东西或非历史的永恒。照此说来，"本质"（Wesenheit）压根就是与"过去存在过的东西"（Ge-wesenheit）同时发生的。如果某种生命形态衰老，密涅瓦的猫头鹰就总是在黄昏时起飞。归根结底，黑格尔的辩证法在其"从圆圈到圆圈"的意义上，也受制于"回忆"这一幻象，最终被驱逐到古董店中。

　　直到马克思才反其道而行之，重新确立变化的激情，开始倡导一种旨在反对被动观看和静态解释的理论。这样，过去与未来之间的僵硬区分归于崩溃，尚未形成的东西在过去之中变得可见了。付出代价并继往开来的、受到中介并得以实现的那种过去在未来中显现出来了。因此，孤立地被理解、固定化的过去乃是一种单纯的商品范畴，这是缺乏自身工具意识和连续过程意识的某种物化的意识。但是，当下本身中的真正的行为却发生在"过程"（Prozesses）这一总体性中，无论向前或向后，这种作为总体的过程都绝不会终结。唯物辩证法掌握这一过程，从而成为被传授的和掌握的东西的工具。至今还具有进步意义的市民时代的合理性不过是这方面的最近遗产而已（当然要扣除与具体场所结合在一起的意识形态以及内容上的日趋空泛）。

但是，这一"合理性"（Ratio）并不是唯一的遗产，毋宁说，在这种合理性中，先前社会乃至好些神话都为旨在克服市民社会认识界限的某种哲学提供了进步的遗产。尽管应当重新扣除单纯的意识形态，更要扣除前科学上所保留的迷信。但是，我们必须理解这种社会和神话，特别是启发式地批判接受，并且努力改变其功能。例如，想一想前资本主义世界图像中的目标（向何处、为何）作用，或者想一想非机械的自然概念中的"质"（Qualitate）的意义。想一想普罗米修斯神话，在此想一想关于黄金时代的神话，马克思把普罗米修斯称之为哲学日历上最高尚的圣人，想一想无数被压迫阶级和民族的弥赛亚主义意识中关于未来远景的图像。

马克思主义哲学是这样一种哲学，它最终对生成和上升持最恰当态度，并且在创造性广度中认识全部过去。因为马克思主义哲学除了懂得活着的、尚未得到补偿的过去之外，根本不知道任何别的过去。

马克思主义哲学是未来的哲学，是在过去中蕴含着未来的哲学。因此，马克思主义哲学活在这种集合的前线意识中，从而它是信任历史事件的、献身于新东西的、已知的趋势的理论—实践。在此，重要的是，在光的假象中，努力塑造和推进类似过程的和未完结的总体（Totum），这里，所谓"光"（Licht）就是已知的希望，辩证地和唯物主义地理解的希望。哲学的基本课题是尚未形成的、尚未成功的"家乡"（Heimait），进言之，在新东西与旧东西的辩证的和唯物主义的斗争中家乡是如何得以形成和塑造的。

在此，我们给这一哲学基本课题进一步确立一个标志。这一标志的意义是"尚未"（Noch-Nicht），对此，我们需要正确地理解。与此相称，列宁的一段话意味深长，在很受人们称赞，但并未引以为戒的一段话中，他说道：

"我们应当幻想什么？"我写了这几个字以后，不觉吃了一惊。我仿佛是坐在"统一代表大会"的会场里，坐在我对面的是《工人事业》杂志的编辑和撰稿人。这时马尔丁诺夫同志站起来，咄咄逼人地向我质问道："请问，如果不事前向党的各个委员会请示，自主的编辑部有权去幻想吗？"接着，克里切夫斯基同志站了起来，并且（用哲学家的态度来加深早已加深了普列汉诺夫同志的意见的马尔丁诺夫同志的意见）更加咄咄逼人地接着说道："我进一步问你，如果一个马克思主义者没有忘记，照马克思的意见，人类始终只是提出可能实现的任务，没有忘记策略是同党一起发展的党的任务的增长过程，那么从根本上来说，它是不是有权幻想呢?"

　　想到这些咄咄逼人的问题,我真是不寒而栗,只想找个地方躲起来。我就试试躲在皮萨列夫背后吧。

　　皮萨列夫在谈到幻想和现实之间不一致的问题时写道:"有各种各样的不一致,我的幻想可能赶过事变的自然进程,也可能完全跑到任何事变的自然进程始终达不到的地方。在前一种情形下,幻想是丝毫没有害处的;它甚至能支持和加强劳动者的毅力……这种幻想中并没有任何会败坏或者麻痹劳动力的东西。甚至完全相反。如果一个人完全没有这样来幻想的能力,如果他不能间或跑到前面去,用自己的想象力来给刚刚开始在他手里形成的作品勾画出完美的图景——那我就真是不能设想,有什么刺激力量会驱使人们在艺术、科学和实际生活方面从事广泛而艰苦的工作,并把它坚持到底……只要幻想的人真正相信自己的幻想,仔细地观察生活,把自己的观察的结果与自己的空中楼阁相比较,并且总是认真地努力实现自己的幻想,那么幻想和现实之间的不一致就丝毫没有害处。只要幻想和生活多少有些联系,那幻想绝没有什么不好的地方。"

　　可惜的是,这样的幻想在我们的运动中未免太少了。对这种情况应当负最主要的责任的,是那些以头脑清醒和"熟悉""具体情况"自夸的合法的批评家和不合法的"尾巴主义分子。"

　　我们必须给向前的梦确立其他的标志。本书探讨的无非是超越一朝一夕的希望,本书执笔于1938年至1947年,审阅于1953年至1959年。本书分为五部分,其主题是更美好生活的梦。我广泛地接受、研究和检验了梦的直接特性,尤其是梦的可中介的特征和内容。本书越过小小的清醒之梦,探讨了强烈的清醒之梦,越过动摇不定的可滥用的清醒之梦,探讨了严格的梦,越过变化无常的空中楼阁,探讨了尚在期待的急需的唯一之梦。

　　因此,一开始我们选择了一般类型的白日梦,这些梦是从青年到老年的轻松而自由的梦。这些白日梦填满了第一部分:《报告》,例如,邂逅在大街上的人们的梦和不规则的愿望。然后第二部分,即奠定基础部分广泛奠定和拥有一切愿望的基础,深入研究"预先推定的意识"(antizipierenden Bewuβtsein)。

　　由于是基础,即奠定事实本身的基础,这第二部分的许多读物并非容易阅读,相反,这部分给读者平添了内容上的难度。但是,循序渐进的读者将逐渐熟悉其内容,同样减轻内容上的难度。而且,对研究对象的浓厚兴趣,也会使辛劳变得轻松些,这就好比山顶上的亮光属于登山者,他鸟瞰无限风光。

　　在此,有必要强调"饥饿"(Hunger)这一主要冲动,正像饥饿继续行进到否定的匮乏情绪一样,饥饿也继续行进到最重要的期待情绪:希望。第二部分的一个主题是"尚未被意识到的东西"的解释以及明确的记录。这意味着，另一个侧面即向前的而不是向后的尚未被意识到的东西。这里，所谓另一个侧面系指破晓中的新东西，迄今未曾意识到的东西。但是，这东西并不是某种可以回忆的被遗忘的东西，不是被压抑的或无意识中沉沦于古代的东西。迄今，莱布尼茨发现了潜意识，浪漫主义研究了夜和远古的过去，弗洛伊德尝试了心理分析，然而，这些发现和研究在本质上都仅仅描述和考察了"向后的朦胧"。人们以为发现了这样一个事实：一切当下的东西都储藏在回忆中，即储藏在"不再被意识到的东西"这一过去的地下室中。

但是，人们却没有发现这样一个事实：在当下的东西中，甚至在回忆本身中蕴含着某种推动力和某种被中断的东西，亦即从中蕴含着尚未形成的东西借以孵化和预先认识的东西。这种被中断的和渐渐出现的东西并非发生在所谓意识的地下室里，而是发生在意识的前线。因此，在此问题是日益逼近的东西的心理进程，尤其是刻画青年期、转折期以及创造性冒险的特性，不仅如此，刻画尚未形成的东西寓于其中的一切现象的特征，并且清楚地表达这些特征。预先推定的意识就这样作用于希望的领域里。因此，作为害怕的对立面（因为害怕也是可以预先推定的），希望不仅被接受为情绪，而且被接受为认识形式的本质定位形式。在此，正相反对的概念不是害怕而是回忆。如此标明的未来意向的表象和思维乃是乌托邦的表象和思维，但是，乌托邦一词不再被理解为一种狭隘的、甚至仅仅规定坏东西的概念，不再被理解为类似轻率的绘画作业、抽象的游戏形式等，而是被理解为向前的梦、预先推定等新的正当意义上的概念。因此，在这方面，尽管乌托邦概念忽略一般意义上的贬值，但它绝非必然是抽象的或远离世界的概念。相反，它拥有核心课题，努力朝向世界：超过历史事件的自然进程。所以，不难理解，这第二部分的主题是乌托邦的功能及其内容。这部分详细论述了乌托邦与一系列范畴的关系，例如，与意识形态、原型、理想的关系，与象征、前线、新东西的关系，与虚无、家乡的关系，与现在、在此的关系，等等。

在反对一切无聊的和静态的虚无主义方面，必须牢记这一点：即使"虚无"（das Nichts）是一个极端反乌托邦的范畴，它也是一个乌托邦的范畴。扯得远一点，虚无概念以毁灭为基础，或者以此为背景（这样存在之日就位于两个确定之夜之间）。然而，就像家乡、"一切"（das Alles）等肯定的乌托邦（positive Utopikum）范畴一样，虚无也仅仅作为客观的可能性而"存在"。虚无概念巡回于世界的过程之中，但并非纹丝不动地停留在世界之中。作为乌托邦的特征，作为威胁性的或充满这个世界的结果规定，虚无和一切这两个概念都是尚未确定的。

同样，"现在"（Jetzt）和"这里"（Hier）总是起始于与人接近的地方，二者也是一个乌托邦的核心范畴。但是，与毁灭性交往的虚无不同，与闪闪发光的"一切"不同，"现在"和"这里"尚未进入时间和空间之中。毋宁说，这种最直接的"邻近"（Nähe）内容完全处在"经历过的黑暗瞬间"（Dunkel des gelebten Augenblick）之中，从而成为现实世界的纽结、世界之谜。

乌托邦的意识想要眺望远处的东西。但是，到头来这种意识旨在渗透正好经历过的那个行将来临的瞬间中的黑暗，而一切存在者在这种黑暗中都隐蔽起来活动。

换言之，为了恰好渗透到最近处，人们需要研磨历练的"乌托邦意识"这一最强烈的望远镜。因此，乌托邦意识是最直接的直接性，恰恰在这个直接性里蕴藏着人的"存在状态"（Sich-Befinden）和"此在"（Da-Sein）的核心，同时还蕴藏着世界秘密的全部纽结。下述这个命题并不是秘密，例如，世界的秘密只为不可通达的知性而存在，但"事物"（Sache）本身却明晰透明，或者仿佛自身具有某种静止不动的内容。相反，这一点才是实在的秘密，那就是，世界事物本身存在着，而且世界事物在过程和中途里拥有自身的解决办法。

因此，人当中"尚未被意识到的东西"完全属于这个世界上的"尚未形成的东西"、"尚未查明的东西"（Noch-Nicht-Herausgebrachten）、"尚未显现的东西"。尚未被意识到的东西与尚未形成的东西，特别与历史和世界之中日益逼近的东西相联系，并且交替作用。在这种情况下，预先推定的意识的研究根本上应当有助于这样一个目标，即在精神上、物质上理解某种预先推定的更美好生活的映像以及本真的影像。因此，根据某种"尚未被意识到的存在论"（Ontologie des Noch-Nicht）的基础，我们应当获得关于预先推定的东西的知识。这些就是第二部分的内容，这部分着手分析了希望的主观功能和客观内容。

现在我们回到个别的愿望，在此重新发现可疑之处。在第一部分的《报告》中，我们遇见的是不规则的小小愿望，与此不同，现在却可以看见被控制的、被引导的市民社会的愿望图像。如此被引导的愿望图像不仅会遭到压制，也会遭到滥用，以至于被涂抹成玫瑰色，甚至沾满血迹。第三部分的《过渡》时有重复，但指明了美化之镜中的愿望图像。在此，统治阶级同样渴望弱者所渴望的东西。正像在童话中完全可见的、令人惊异的图像一样，只要镜子源自人民，愿望图像就得到完全的净化。这部书的第三部分充满了镜中所反映的、经常规范化的愿望，作为想象的或真正更美好生活的愿望，五光十色的冲动与这一切愿望是共同的、一致的。化装的刺激、闪烁的橱窗陈列品等都可归入这里，但是，接踵而至的内容是童话世界、旅行中被美化的远方，舞蹈、作为梦的工厂的电影，作为范例的戏剧等等。娱乐工业中的这些内容或者虚幻地预先描绘更美好的生活，或者真实地预先描绘人生本质上所指明的东西。

但是，这种预先描会却过渡到自由的、深思熟虑的构思，于是，人们就处于一种真正的乌托邦，即计划乌托邦或概要乌托邦之中。这些内容填满了第四部分：《构建》，这里涉及的内容不仅仅是关系到历史的内容，而是关系到历史上丰富多彩的内容。这里依次陈述了医学乌托邦、社会乌托邦、建筑乌托邦、技术乌托邦、地理乌托邦以及绘画和文学作品的愿望图像。这样，在此出现了对健康的愿望图像，对没有苦难的社会的基本愿望图像，对技术奇迹以及现存许多建筑中的空中楼阁。在地理发现之旅中，出现了乐园—天堂，在绘画和诗歌中，出现了令我们心旷神怡的环境风景。在智慧中，出现了某种总体的展望。这一切统统包含着旨在超越既定现实的人的渴望。在此，某个业已完成的世界地段和目标图像并不是含蓄地或明确地构筑经验上业已成就的东西，而是典型地刻画和塑造更为本质的现象。

在此，尽管也不乏许多任意的抽象的逃避行为，但是，伟大的艺术作品本质上显示与完满地形成的事物自身息息相关的一种"前假象"（Vor-Schein）。从中，目光转向预先塑造的本质，转向美学—宗教—实验的本质，然而每个这一类尝试都在实验地球尚为拥有某种超越的东西、某种完成的东西。与当时的阶级界限相称，这方面的目光十分多样而具体，但是，当时所谓艺术意志的乌托邦的基本目标并不总是随同其社会一道消失在所谓艺术风格，即意识形态的"剩余"之中。例如，就像渴望石头一样，埃及的建筑乃是变化的意志，它想要的完满性是死亡的结晶；就像渴望"基督的葡萄树"（Weinstock Christi）一样，哥特式建筑乃是生成的意志，它想要的完满性是生命之树。一切艺术作品都凭借显现显示出充实状态。一切艺术作品都象征完满性，都从乌托邦角度推动本质性的终点。然而，在社会乌托邦方面，不言而喻的无非是乌托邦的东西：第一，因为它就是这样被称呼的；第二，"梦的国家"一词多半与社会乌托邦联系起来使用，而且，也不仅仅是抽象意义上的乌托邦。正如人们注意到的一样，乌托邦概念因而不仅不恰当地受到缩小，即被限制在"国家小说"（Staatsromane）上，而且，尤其是通过这种国家小说的压倒性的抽象性，恰恰保留了那种抽象的游戏形式。这种游戏形式为从空想到科学这一社会主义的发展所抛弃和扬弃。尽管疑虑重重，乌托邦一词毕竟是由托马斯·莫尔所创，当时还不是哲学上无所不包的乌托邦概念。

与此相对照，人们很少从乌托邦角度思考其他领域的愿望图像和计划，例如技术领域的愿望图像和计划。尽管弗兰西斯·培根著有《新大西岛》，但在技术领域里，某种"边缘学科"（Grenzland）并没有设定自身的先锋地位和自然中固有的希望内容。而且，希望内容还构成美丽的空间，呈现在塑造的、模仿的和预先塑造的建筑物中，但人们同样很少在建筑学中发现这种内容。与此相似，在绘画和诗歌所显现的境况和风景中，乌托邦内容也没有得到令人惊讶的发现，尽管在绘画和诗歌中，蕴含着异想天开的观点，特别是蕴含着深远地向里观看、向外观看的"可能性的现实主义"（Möglichkeits-Realismen）。但是，尽管内容上有所变化，但在这一切领域中，乌托邦的功能都在发挥作用。在微不足道的意识作品中，这种作用狂热地显现，在伟大的艺术作品中，这种功能则以独一无二的方式（sui generis）精确地、现实主义地显现出来。

人的"想象力"（Phantasie）的充溢连同世界上的一切相互关系（想象力马上变成一种具体的、内行的想象力）都只有借助于乌托邦的功能才能得到应有的探究和清查。正如没有辩证唯物主义，它就无法得到检验一样。艺术所指明的特殊的前假象好比一座实验室，在这座实验室中，进程、人物和特征等均被驱赶到典型的、富于特征的"终点"（Ende），即驱赶到某个深渊或某个终点的极乐境界。人们用简单明了的方法，即"本质观看"（wesentlichsehe）纪录每一件艺术作品的特征和境况，因此我们可以把这一点称之为"莎士比亚最意味深长的类型"，或"但丁最专业的类型"。这种"本质观看"是以业已存在的现实可能性为前提的。在此，展望性的行为和幻想到处指向主观的或客观的梦之路；梦之路从业已形成的东西通向业已成功的东西，通向象征性地环绕的"业已成就的东西"（Gelungenheit）。这样，尚未的概念以及在这方面成形的意向就不再把自身唯一的、甚至殚精竭虑的榜样固定在社会乌托邦中。撇开其他方面不说，社会乌托邦对于某种经过阐明的预先推定的批判认识是十分重要的。

然而，不应当用托马斯·莫尔的方式限制乌托邦事物，或者仅仅根据他的乌托邦把握乌托邦事物，这仿佛是想要把"电"还原为类似琥珀的东西（电的希腊名称源自琥珀，人们从琥珀中首先注意到了电）。的确，乌托邦事物与"国家小说"很少有一致之处。因此为了正确地评价乌托邦所表现的内容，哲学对于一切总体性（有时几乎把总体性遗忘殆尽）都是必不可少的。

因此，第四部分《构建》广泛汇集了预先推定、愿望图像、希望内容等。因此，在描绘关于理想国家之神话的同时，这部分还逐一探讨技术乌托邦、建筑乌托邦、地理乌托邦以及绘画、歌剧和文学中所描绘的固有的愿望风景，此外，还涉及这方面的详尽记录和解释。因此，归根结底，这一部分在铭记哲学智慧中，为各种各样的希望风景的描写和特殊展望保留了场所。在迄今为止的哲学思维中，压倒性的激情是对曾在的关注，并且总是专注于现象与本质这一预期的目标，尽管如此，这种关注清楚地表现出一种乌托邦的极性。所有这一系列社会的、美学的和哲学文化的布局都与"真正的存在"有关，按其本真意义，降落在总是具有决定性意义的某个基础之上，并且归结为这样一个问题：即摆脱了剥削的劳动和负荷的生活，但也是劳动之外的生活，亦即对闲暇的愿望问题。

最后的意愿是当下真实地存在。被经历过的瞬间属于我们，而我们同样属于这个瞬间，从而我们能够对这个瞬间说声："停留一下吧"（Verweile-doch）。在现在和在此中，人终于想成为他自身，他想毫无迟延地、毫无距离地进入他的丰富生活。真正的乌托邦意愿肯定不是无限的谋求，毋宁说，这种意愿只不过是想要单纯的直接性而已，从而，它最终想要中介、照明和实现自身的实际境况和此在，将其成就为幸福的、恰当的东西。这就是"停留一下吧，你多么美呀！"这一浮士德的计划所思考的乌托邦的界限内容。

构建所具有的客观的希望图像必然催逼那些心满意足的人们本身，并催逼与此完全相中介的环境，即家乡。因此，这部书的第五部分《同一性》试图容纳这种意向。这里出现一种旨在成为真正的人的尝试，即各种道德的核心图像（Leitbilder）以及时常相互对立的、关于正义生活的"核心目录"（Leit-tafelen）。然后，出现一系列超越人类界限的虚构形象：唐·吉奥万尼、奥德修斯、浮士德等。特别是，浮士德胸怀彻底地体验世界的乌托邦，但他恰恰走在完满瞬间的半路上。堂·吉诃德则在"梦想—偏执狂"中警告和要求"梦想—深度"。作为呼吁和"远征"（Zug），以及作为直接的、远程传播的表达路线，音乐浮现了。音乐乃是用歌唱和音响所造成的最富于强度的艺术，它属于这个世界上最富于乌托邦人性的艺术。

而后，所汇集的是反对死亡的希望图像。死亡是对乌托邦的最强烈的反击，对于乌托邦而言，死亡是无法忘却的唤醒者。死亡首先与乌托邦的特征所吞并存在的那个虚无打交道。在此，即在坏东西的毁灭没有积极地被吸收的地方，既没有生成，也没有胜利。构建宗教想象的一切福音都反对死亡和命运，从而神秘地到达顶点。宗教的想象力完全是幻想的，但是蕴含着人性的核心，最终都与摆脱邪恶的拯救有关，都与"自由王国"有关。

此后的内容恰恰关系到把世界变成家乡的此岸意向，关系到承载和统摄家乡的空间，即"自然"（Natur）以及未来问题（Zukunftsproblem）。在此，中心问题到处停留在愿望价值问题或"至善"上。就像人自身的当下存在一样，至善的乌托邦作为唯一的必然性也还完全处于一种预感状态中，但它却支配其余的一切。

如果我们走上废除普遍的贫困，我们就能到达和接近较低的至善。在通向这条路以前，我们的财宝首先受到铁锈和蛀虫的侵蚀，然后我们才能通向"停留一下吧"这一锦绣前程。这条道路乃是社会主义，我们都停留在这条道路上。社会主义乃是具体的乌托邦的实践。

所有非幻想的希望图像，所有"现实的可能性"（Real-Mögliche）都通向马克思。尽管依据具体境况，各种希望图像总是变化无常、参差不齐，但都为社会主义的世界变化而工作。借助于此，希望的建筑艺术实际上成为某种与人类（迄今他们把希望仅仅当做梦想，当做高不可攀的、遥不可及的前假象）息息相关的、某种与新的地球息息相关的建筑艺术。其实，在更美好的生活的梦中，总是业已询问某种幸福的形成问题，然而，只有马克思主义才能开启人类如何通向幸福的彼岸。在教育学和幸福内容上，希望图像将为创造性的马克思主义提供一条新的通道，而且这条通道是从新的前提以及主观类型和客观类型出发的。

在此，将广泛地描述所涉及的内容。无论问题大小，我们都要尽可能地加以检验，释放出从中所蕴含的真实的东西。唯其如此，才能根据现实的可能性，把现实可能性之中的存在者、真正尚在期待中的东西（其他一切只不过是诸如单纯的想法、傻瓜的天堂一类的秕糠而已）归入肯定的存在之中。这种肯定的存在乃是我们急需的某种伟大的简单性或"一者"（das Eine）。一部希望的百科全书经常包含着重复，但是任何地方都不发生冲突。关于重复，在此伏尔泰的命题是有效的："他将经常重复，直到人们理解他为止"。这个命题显得越发重要，因为书中内容上的重复是尽可能在新的层次上进行的。换言之，重复不仅使人体验到某种东西，也使人得以重新体验到统一的研究目标。

我们所急需的一者的定位同样存在于迄今为止的哲学中。否则，怎能存在智慧之爱呢？否则，怎能存在与本真的东西持续而全面地相关的伟大的哲学呢？否则，怎能存在能够洞察与真实的模拟相关的本质事物的那种伟大的唯物主义哲学呢？这种哲学如其所是地解释世界（并且确信有能力解释这个世界），孜孜不倦地发现这个世界的幸福（并且确信有能力发现这种幸福）。

但是，直到马克思，迄今为止的智慧的朋友们，甚至唯物主义和被封闭的东西：从朴素的泰勒斯的"水"到绝对的黑格尔的"自在自为的理念"也无不如此。

归根结底，迄今为止的哲学家们始终生活在柏拉图"回忆说"的天花板之下，进言之，包括黑格尔在内的迄今为止的哲学都妨碍了前线、新东西的严肃性，遮盖了辩证的和开放的厄洛斯，使之变成了一种思辨的和好古的东西。这样，哲学中断了展望性，回忆则放松了希望的缰绳。

这样，希望恰恰没有浮现在记忆面前（在过去中的未来面前），同时即便在涉及希望的时候记忆也并没有兴起（这个希望就是历史地传承下来的、摒弃历史学的、具体的乌托邦）。这样，人们似乎已经走在存在的趋势后面，似乎跟在它的后面亦步亦趋。这样，世界的真实过程似乎已经落在了自身的后面，已经处于静止状态，或处于停顿状态。

但是，对真实的、现实的东西的塑造和模拟哪儿都不会中断，否则，在这个世界中，与此有关的过程一开始就是业已决定的。一旦我们与封闭的和静态的存在概念告别，希望的实际向度就会展现出来。更确切地说，世界充满着某物的素质、某物的趋势、某物的潜势，如此预期的某物也正是被意向的对象的实现。这意味着创造更适合于我们的世界，即没有不体面的折磨、恐惧、自我异化、虚无等。但是，这种趋势就像一条河流中的前浪一样，恰恰在"新东西"的前面打算做某事。现实东西的"向何而去"（Wohin）只有在新东西中才展现出自身基本的对象规定性，而这种规定性呼唤拥抱这个新东西的人。

马克思主义的知识意味着日益逼近的某种艰辛过程进入概念和实践。在新东西的问题领域里，充满着无人知晓的知识的"白色原野"，世界的智慧将在其中重新焕发青春，并且变成原创性的东西。如果存在从自身的"从何而来"（Woher）上得到理解，那么它就由此意识到同样是类似趋势的、尚未封闭的"向何而去"（Wohin）。就像加工存在的意识一样，这个限定意识的存在也只有从"从何而来"、"向何而去"的追问以及依据什么的追问中才能得到最终的理解。本质并非过去存在过的东西，恰恰相反，世界的本质本身位于前线。

（梦海　译）

（《社会科学战线》2012 年第 3 期）

主权债务危机还是苏菲的抉择：
论欧洲的悲剧、罪恶与责任

〔荷兰〕约斯·德·穆尔　里斯贝思·努尔德格拉芙*

2011 年欧洲可能会因其连续不断的峰会而名垂史册。这些峰会有着相同的悲剧模式，每次峰会的筹划都以满满的信心为起点，期望危机将会在这次峰会中找到解决方案。以此为契机，期望值高可及天，金融市场一路上扬。而随着会期的临近，期望值日益走低，呐喊声渐小，失败的传闻扩散开来，依靠峰会产生解决办法的可能性受到质疑。在峰会期间，或者当峰会即刻来临的时候，人们已经很清楚，尽管会出台一些解决办法，它们必定也将于事无补。市场在峰会后一段时间内有所改善，但是几天之后悲观主义故态复萌。峰会没有恢复市场信心，反而使其变得更加脆弱：再一次，人们明白了峰会的结论不是最后的解决办法；再一次，新的峰会又将有必要召开。这种情况如同希腊的悲剧剧情，每迈出一步好像都会使我们离灾难更近一步。我们在主权债务危机（sovereign debt crisis）里纠缠的时间越长，就越难找到出路。每一项提议都有一大群的反对者：政治家，政策制定者，金融市场，经济学家，或者是信用等级评定机构。一个建议提出，总会被其他领域的人否定。每个行业有他们自己的利益，尽管这些利益彼此之间相互依存，它们之间还是经常矛盾丛生。那么，对于这样的形势，能做些什么呢？金融系统和欧盟都是人类的发明，但是好像我们的创造适得其反了，使我们倒变成了这些发明的受害者。如果我们干涉局势，不管我们的干涉是怎样的，问题都会产生。起初，我们可能会倾向于认为，情势是我们所不能掌控的，所以，我们不必为此承担责任。无论作为还是不作为，结果都不会有什么明显差别。但是，我们将主张，即使在这种情况下，我们还是可以有所行动，依然可以承担责任。我们认为，希腊悲剧实际上

---

* 作者单位：荷兰伊拉斯谟大学哲学系。

是一种实践智慧，它塑造了这样的主角：他们选择自己的命运。本文将解释希腊的悲剧和最近欧洲的主权债务危机有何种共同点；我将说明悲剧主角将有何种作为；最后，我将指出，在承担道德责任的意义上，在当前的危机当中有所作为意味着什么。

一、俄狄浦斯情结

良好的意愿却导致了违背初衷的结果，这不仅是希腊悲剧的核心模式，也是欧洲主权债务危机的模式。事实上，整个后现代社会都不能逃脱这个模式。我们从对俄狄浦斯的分析开始，对意愿与结果的背离进行论述。

俄狄浦斯陷入了其祖先制造的困境，这种困境是现代家庭治疗师所说的跨代际问题。因为既往的事件，俄狄浦斯注定杀父娶母，尽管他在命运被揭示时就开始竭尽全力防止预言成为事实，不幸的是，他没有成功，事实上，他在不知情的情况下还是杀了他的父亲，之后又娶了她的母亲。俄狄浦斯是命中注定这样做的，但他却不是被迫这样做的。在某种意义上，他是自己操控着命运的。

悲剧事件（比如像俄狄浦斯这个故事讲的）预示着某种程度的人类自由。一次海啸可能是灾难性的，但却不能说是一个悲剧事件；奴隶的命运是值得同情的，但却不是希腊悲剧意义上的悲剧。当灾难事件是人们自导自演的时候，这些事件就成为悲剧事件（Tragic events）。在悲剧中，命运与自由重叠了。一方面，人类拥有一定的自由，但是另一方面他们没有，也不能够把自由完全抓在手中。当意向性行为与给定的情势相结合的时候，就会导致违背初衷的结果。俄狄浦斯不顾他人的警告，按他自己的决定行事（意向性行为）。他绝对没有希求最终的结果（违背初衷的结果），而是被（给定的情势）所摆布。一个悲剧主角的自由总是既存在，又受到限制。

人类不能把这种悲剧的状态归罪于历史。在 1990 年代，乌尔里奇·贝克出版了《风险社会》一书，书中列举了现代社会的多种灾难。他的主要观点是，驱使人们对社会和自然进行干预的知识和技术，不仅为我们带来了解决社会发展问题的办法，也创造了问题，而且可能是更大的问题。知识和技术已经变得如此复杂，以至于无法预测他们对社会发展的干预将给社会带来什么结果。安东尼·吉登斯的《现代性与自我认同》（1991）一书提出了一种类似的理性思考，认为我们不但不得不去应对风险，而且要应对的还有随着基本的不确定性而来的问题，这种不确定性将使我们所有的行为和思想都要遭到质疑。由于未来的发展有可能会降低风险的有害性，我们从而能够将行为产生的结果控制在一定程度内。但是，不确定性的情况则根本不同。我们既然无法得知要重视未来的何种发展，也就根本无法建立不确定性与这种未来发展之间的关联。（因为这个原因，"不确定社会" The Uncertainty Society 作为贝克那本书的书名更为适合）。悲剧传递的信息是，我们运用的知识和技术越多，产生的违背初衷的和无意识的结果就越多。这个悲剧的维度，不仅仅是行为者的一种认识论问题，而且，在更根本的意义上，它是发达技术社会的本体论问题。俄狄浦斯的问题主要是认识论上的，他出现麻烦是因为他不知情，尽管旁观者对情况了然在心。俄狄浦斯如果听取了他们的建议，本是可以预防事情发生的。在不确定社会里（uncertainty society），问题不在于缺少知识和听取意见的人，问题是复杂性太强了。我们所承受的不是单个的俄狄浦斯情结，而是多个俄狄浦斯情结的综合体。当与这种综合体打交道时，我们面对着以技术为驱动的知识处理体系，这些东西似乎拥有它们自己的规则和日程表，非人类意向所及。

主权债务危机和信用危机两者都背负着悲剧性的俄狄浦斯综合体。我们目前的处境很复杂。在文章开头，我指出去年（2011）的欧洲诸多峰会，试图化解这些危机，但是结果却是自信心的流失，各国政府由于努力解困金融机构而麻烦缠身。因为美国政府出台刺激那些没有收入、没有工作、没有财产（Ninja）的房屋所有者而产生了次贷危机，金融机构因为次贷危机而陷入麻烦；结构性产品意在分散风险，结果却使风险无处不在，不能确定其具体所在；红利刺激收益性，却危及金融稳定性；等等。金融界活生生地说明了以对初始条件的敏感依赖为特征的混沌系统的非确定性和不可预见性。在这样的系统内，对于初始状态的最轻微乃至无法计量的偏离，都将导致未来日益增大的（以指数方式递增的）偏差。

对悲剧的机制心中有数，结果也可能是消极的。这会诱使我们得出结论说，当我们不能掌控局面时，最好不要行动。我们可能甚至会得出这样的结论：由于我们不能控制局面，我们将不承担任何责任。但是，悲剧主角却以不同的方式行动着：他们拒绝这种被动性。俄狄浦斯在得知他的可怕行为之后，并没有以不知情或者命运的注定为借口。他"拥抱"命运，因为这出于他自己的选择。他接受命运，以刺瞎双眼、囚禁自己的形式承担起责任。由于这样做，这个悲剧主角扮演了顶罪者的角色，使被玷污了的事情重归纯洁。

二、悲剧主角

为了了解在悲剧的情势下——例如像当下欧洲主权债务危机这种状况下——承担责任意味着什么，我们必须鉴别在面对命定的事件时人们可以选取的三种模式：充当受害者，充当怀有负罪感的人，充当勇于承担责任的人。

人们可以选取受害者的角色。一个受害者与自己所陷其中的灾难无关，命运和自由在这种情况下不相重叠。受害者身份与宿命论和决定论有关，与悲剧无关。如前文所述，当灾难是因人们自己造成的才算是悲剧事件。被陨星砸到是一个灾难，但是与人的自由无关，只能说是运气不好。恐龙也被陨星撞击，但是它们运气好，没有把自己带到金融和主权债务危机中。一言以蔽之，在金融危机的情况下，坏运气被道德的光晕所围绕。

当主权债务和之前的信用危机发生时，大多数欧洲人作为参与者被卷入金融系统中。在民主国家，对于政府政策的结果，每个人承担着悲剧感和负罪感。毕竟，在民主的欧洲国家，人们是自主的。我们清楚，尽管自由的程度并不在人口中均匀分布（例如，在一国的金融管理方面，部长比普通公民拥有更多的自由，后者的自由仅限于每四年左右投一次票），它仍然说明了在主权债务危机发生时作出受害者的姿态是不适当的。这就是为什么说大多数欧洲人是受害者是不准确的。

当下的危机中，欧洲人的处境好比一个司机无意中撞到了一个孩子，尽管他很严格地遵守了交通规则，即使他被法官宣判无罪，而且即使他不会从道德角度被指责，他仍会承受悲剧的负罪感。他有负罪感是因为交通事故至少一部分是由于司机的（即使是非故意的）自由行为所致。毕竟，他不是被强迫开车的，而是自愿开车的。同理，每一个参与金融系统的人也会有负罪感，无论是身为制造了债务的金融政策的制定者还是承受者，莫不如斯。不仅仅那些花费了大价钱的政治家，那些在金融危机形势下接受了天价红利的 CEO 们，那些轻率冒险的投资银行家们，就连那些期望政府花钱的市民，那些寻找属于自己的额外收益的私人投资者们都对金融危机的发生负有责任。可以说，在金融的环境里，贪婪和罪恶是一枚硬币的两面。但是，人人有罪的事实并不必然地意味着所有的行为者都要承担责任。那些承担责任的人，那些悲剧的主角，应该不仅仅接受自由和因践行自由所进行选择而带来的结果（这种结果可能是无意识造成的，也可能是违背初衷的），他们还牺牲自己去承受这些结果。

承担责任的处境并不舒服，故而，人们会找到种种理由，拒绝成为悲剧主角或者顶罪者。具有讽刺意义的是，他们的辩白在一般的悲剧情节中时有出现，在当前的危机中更是屡见不鲜。我们可以列举出一些经常用来逃脱责任的借口，比如，我的意图是好的，为什么我要被责怪？不是只有我这样做，每个人的做法都大同小异；我根据规则行事，我怎么会知道这样可能出错；等等。尽管躲在借口后面诱惑力十足，还是有些人能够大胆发声，承担责任：他们不仅口头宣示，还在行动上承担后果。例如，这种举动可以在金融界的高层执行官当中见到。既然他们很乐意在景气时期邀功，他们就不应该在危机时刻推卸罪责。私人投资者会把收益兑现，但是也不得不接受损失，那些在低利率时借了太多钱的人应该认识到他们在利率上涨时就不得不大掏腰包。这个逻辑也适用政治"领导者"：欧盟是一个政治规划，所以，作为规划制定者的政治家们就应该为其负责。

承担道德责任不只意味着把选择看做命运，把选择当做命运来承受，它还意味着，在这种形势下，一个人不能回避进行再次选择。俄狄浦斯以弄瞎双眼和禁闭自己作为承担责任的方式，这是一种悲剧的并且难以下决心作出的行为，是悲剧主角的杰出范例。悲剧的选择经常是在两种恶中所进行的选择。在威廉·斯泰伦（William Styron）的小说《苏菲的抉择》（1979）中，有一个震人心魄的例子，这个例子比起希腊神话，离现在更近一些。小说描述了一名犹太妇女在到达集中营时，被要求在她的两个孩子中进行选择：只有一个可以跟她在一起，另外一个会被立即送进毒气室。作为母亲，苏菲不得不在两难中进行选择，她知道无论选择哪个孩子，她都意味着失去；但如果不选择，两个孩子都会被杀。她明白无论作出哪种选择，伤痛都将永远伴随着她。但是，即便是意识到了作出选择对她不会有任何好处，也没有阻止她进行选择的决心和行为。作为母亲，她无法逃避这种选择。在这里，母亲的身份让她处在道德的矛盾境地，也迫使她作出了选择。

这次主权债务危机之所以难以控制，正是由于欧盟不具备那种苏菲作为母亲的伦理境地。领导者们不顾一切地寻找着积极的结果，然而却欠缺迫使他们作出决定的原则。在这次危机中，需要的是一种从金融结果向政治原则的转换。

三、朝向政治原则

在最近两年，欧洲的政治家和政策制定者们一直都在面对他们自己的悲剧选择。举几个例子：私营部门是否要捐献稳定基金？希腊是否应该移交国家主权或者希腊政府应该破产？欧洲国家能否在不交出主权的情况下巩固欧盟？英国是否应该在没有适当防护措施下签署条约，或者根本不签署条约？如果欧洲中央银行作为最后的求助贷方，那会增强信心还是会诱发搭便车行为？

回答这些问题阻碍重重，原因有二：首先，一系列彼此矛盾的答案会涌现出来，政治家们和政策决定者们对之难以形成统一意见。比如，欧洲中央银行前主席和德国总理在关于是否让私营部门参与解决债务危机的问题上没有达成一致，其他例子不一而足。其次，所有的解决办法都陆续产生疑问。媒体和专家之间的"协议"日复一日地产生无建设性的批评家和批评言论。结果就是，悲剧的意识已经渗入欧洲：好的初衷会产生无意造成的结果；因此，"一切建议都无济于事"就成为潜在的结论。与苏菲的境况相反，欧洲没有（苏菲的母亲身份）那样的强烈的身份认同，决定因而难产。

二战后，作为一种政治计划的欧洲规划启动了，它意在终结那种苏菲曾经历过的惨剧。然而，从一开始，欧洲规划就过度地取决于金融—经济因素。此外，在全球化时代，这些因素高度依赖其他方面的判断。欧洲的责任感日益被金融媒体和金融市场、经济学家和信用等级评估部门收购，似乎是他们去决定什么应该做什么不应该做。在主权债务危机中，金融经济前景被质疑，因此欧洲人在作出何种决定上遇到了困难。尽管这些金融机构不是民主机构，但它们对欧洲的决策所拥有的发言权越来越大。到目前为止，市场对于政治家们提出的解决方法反应不好，但是市场究竟代表谁，它们认为哪些对策是令人信服的，尚不明朗。而且，欧洲政治家们也不应主张转嫁责任。与苏菲的困境相比，欧洲经济的责任问题主要是关于结果的，而母亲身份所涉及的则是关于原则的。成为主角或者是领袖不只是人的选择问题，它也意味着嵌入某种情境。不像政治家和 CEO 们，苏菲没有逃避责任的机会。

确实，谈及金融危机，金融和经济机构应被指责，但是指责当前欧洲危机完全是由于金融和经济机构引起的，这是不公平的。欧洲政治家陷入了他们自己造成的困境，正像俄狄浦斯，他们被以往的决定裹住了手脚。面对危机，政治家们和欧洲人已经忽略了并继续忽略着其他可能的选择：对于金融和经济利益的关注和此方面的报道压倒了关于欧洲身份认同的报道。欧盟越来越忘记了它建立的初衷，它的创建并不只是为了扩大经济福利，它的创建也是为了纪念2500 年以来的欧洲文化，为了保障和平与团结。在欧洲大陆上，有过辉煌的文化，也有过血腥的战争，欧盟的建立是对弱者、个体和国家的承诺。

对命运事件的美学省视即是悲剧（很多希腊悲剧涉及特洛伊、波斯和伯罗奔尼撒战争），以及悲剧衍生出的欧洲小说和电影以及如葡萄牙发多（Portuguese fado）这样的流行体裁的民谣，不但对于悲剧情感的建立起了关键作用，也大大地增强了人们对于遭受坏运气的个人和欧洲国家的同情感。福利国家和莱茵兰（Rhineland）模式正是欧洲悲剧情感的具体成果。这个意义上的欧洲理想无疑是诱人的，但并不总是受人垂青。目前，它更是置身于危险地带。危机拖得越长，欧洲理想就越可能葬身于金融体制的祭坛之上。

四、主权债务还是苏菲？

在结论中，我想重申我们现在所处的悲剧形势。如果要政治家们和欧洲人民对最令人震惊的危机时刻排一下序，那么，希腊总理 Papandreou 对希腊全民公决的呼吁将无疑高居榜首。2011 年 10 月，在几个星期的政治苦斗后，法国总统萨科齐（Nickolas Sarkozy）、德国总理默克尔（Angela Merkel），得意洋洋地抛出了"默科奇"（Merkozian）计划来应对金融危机。人们对以此计划抱有很高的期望，认为它将化解危机或至少带来短时间和平。计划除了对欧元与欧盟的总体性关注以外，尤为重视希腊问题。希腊已经危在旦夕，"默科奇"计划试图救其于水火，为了阻止近在咫尺的崩塌，希腊将收到解困救助的下一笔款项。希腊可以收到需要的资金，但是条件是：希腊国民为此必须进行更多、更艰苦的改革。非常出人意料的是，希腊并没有感激涕零地接受这个条件。总理 Papandreou 已经在国内外都激烈地批评了此项解决办法，他希望每个人都作出决断，倡议举行全民公决。每个人都惊愕万分。大多数人预料，全民公决的结果将是对改革计划的否决，结果是，希腊将会使欧盟进入更恶劣的天气。但是，称全民公决为悲剧责任的民主化也许更为合适。

如果我们将对全民公决结果的猜测暂且放置一旁，我们会注意到，事实上，希腊总统 Papandreou 是在要求他的人民承担责任。他要人民明白，即使在这个危机时刻，他们仍可以选择，尽管这种选择并不是很吸引人：是要彻底的破产，还是要主权基本丧失外加痛苦的改革计划。这是一种在两个避之不及的可能性中的选择，在两种恶中间的选择，类似于在害虫和霍乱中作出一个选择。无论人们进行何种选择，带来的只有痛苦。认识到这点是困难的，特别是，因为欧盟内部的主流看法似乎是，鱼与熊掌可以兼得。新自由主义天堂——囊括每个人的福利制度似乎在一段时间内是可行的。但是，人们终将发现，新自由主义意识形态也不尽是美好的。

新自由主义已经对劳作在发展中国家血汗工厂里的工人展现了其狰狞面目，现在，轮到欧洲人面对看不见的手的阴暗面了。当前，欧洲似乎面临着如下问题：存在着一种具有人的脸孔的新自由主义的资本主义吗？（与这个问题相呼应的，是与二战以后的东欧集团相伴相随的另一个问题：存在着一种具有人的脸孔的共产主义吗？）希腊是第一个面临着这些痛苦选择的国家，很可能它不是最后一个。然而，我们应该意识到，这些并不是我们能够作出的唯一的胜负攸关的选择。尽管加入欧盟注定使我们身陷两难的经济危局，但是，它却可以使我们暂时摆脱苏菲的抉择。

　　如果我们询问欧洲公民，他们宁可受困于哪种困境——是主权债务危机还是苏菲的抉择——我们可以期待，回答将是清晰明确的。所以，让我们确保不会在这次主权债务危机中牺牲和平、团结和崇高之美吧。政治家的当务之急，是把经济与政治联系起来，在政治和文化的意义上定义欧洲，而不是单纯在经济的意义上这样做。

（华铭　译，邢立军　校）

（《社会科学战线》2012 年第 4 期）

以电影辅助道义伦理教学

〔奥地利〕格奥尔格·卡瓦拉*

引言：电影、哲学和伦理教育

不断增长的出版物数量表明了人们对电影和哲学之间的关联兴趣日增。①一些文章的讨论围绕着电影的美学性质，还有一组文章所关注的问题则是，电影能否充当哲学的工具和讲坛。② 一些哲学家，包括斯坦利·凯维尔、斯蒂芬·穆尔豪尔、克里斯托弗·法尔佐恩和托马斯·沃腾伯格，代表着一种较为大胆的立场，把电影当做哲学研究的一种模式。③ 在这些人看来，电影不仅说明了哲学的论题，事实上还会对之有所贡献，电影即哲学，会抒发自己的哲学

---

* 作者单位：奥地利维也纳大学历史学院。

① Noël Carroll and Jinhee Choi (eds. , 2006), *Philosophy of Film and Motion Pictures. An Anthology*, Oxford：Blackwell Publishing; Jinhee Choi, "Apperception on Display：Structural Films and Philosophy," *Journal of Aesthetics and Art Criticism*, Vol. 64. No. 1, 2006, pp. 165 – 172; Daniel Frampton, *Filmosophy*, London and New York：Wallflower Press, 2006; Gilmore, Richard A. , *Doing Philosophy at the Movies*, Albany：SUNY Press; Leitner, Birgit and Lorenz Engell eds. , *Philosophie des Films*, Weimar：Universitätsverlag, 2007; Nagl, Ludwig, Eva Waniek and Brigitte Mayr eds. , *Film Denken/Thinking Film*, Wien：Synema , 2004.

② Murray Smith and Thomas E. Wartenberg , "Introduction," *Journal of Aesthetics and Art Criticism*, Vol. 64. No. 1, 2006, 1–9. p. 1.

③ Thomas E. Wartenberg, "Beyond Mere Illustration：How Films Can Be Philosophy," *Journal of Aesthetics and Art Criticism*, Vol. 64. No. 1, 2006, p. 21.

观点。① 另外一组作者则认同一种较为谨慎的模式，把电影只看做说明性的。例如，帕伊思利·利文斯顿主张，任何阐释者想要对电影作出一种哲学解读的话，都必须首先向电影中引入清晰定义的问题和解释语境。电影具有重要的教学功能，能够补充哲学文本，也许可以充当启发性的角色，但是，那种大胆的主张则是错误的。②

在教学中经常引入电影的哲学家们似乎总是忽略这些争论。他们采用了实实在在的电影教学法，并指出了在课堂中使用电影的显而易见的好处：它们增进了学生的参与，并使学生更深入地进入哲学问题的探讨。好的电影向我们展示了道德生活的复杂而具体的问题。③ 这些教师尝试最充分地利用电影的教学潜力，有些人给出了如何利用某些场景、如何分析这些场景以及如何促进讨论的指南。④

在本篇文章中，我将说明电影如何会对一般的道义伦理教学和康德伦理学教学有所助益。首先，我将简要地列举康德伦理学的主要概念，然后我将说明康德的伦理辩证法和伦理教育理论。我将特别关注他的有关道德传授的思想，问答法（Katechetik）、决疑法（Kasuistik）和范例法（Exemplarik）是其三个组成部分。尽管这些术语听起来有些陈旧，但是，我认为，这三种类型的道德

---

① Stephen Mulhall, *On Film*, London : Routledge, 2002; Stephen Mulhall, "The Impersonation of Personality: Film as Philosophy in Mission Impossible," *Journal of Aesthetics and Art Criticism*, Vol. 64. No. 1, 2006, pp. 97 – 110; Christopher Falzon, *Philosophy Goes to the Movies: An Introduction to Philosophy*, London: Routledge, 2002; Thomas E. Wartenberg, "Beyond Mere Illustration: How Films Can Be Philosophy," *Journal of Aesthetics and Art Criticism*, Vol. 64. No. 1, 2006, pp. 19–32; Rupert Read and Jerry Goodenough eds, *Film as Philosophy: Essays on Cinema after Wittgenstein and Cavell*, Houndsmills, New York: Palgrave Macmillan, 2005.

② Paisley Livingston, "Theses on Cinema as Philosophy," *Journal of Aesthetics and Art Criticism*, Vol. 64. No. 1, 2006, pp. 15, 16.

③ Ellen Ott Marshall, "Making the Most of a Good Story: Effective Use of Film as a Teaching Resource for Ethics," *Teaching Theology and Religion*, Vol. 6. No. 2, 2003, pp. 93 – 94.

④ Jörg Peters and Bernd Rolf , "Filme im Philosophieunterricht," *Zeitschrift für Didaktik der Philosophie und Ethik*, Vol. 25, No. 2, 2003, pp. 157–164; Jörg Peters, Martina Peters and Bernd Rolf), *Philosophie im Film*, Bamberg: Buchner, 2006; Georg Schöffel, "Willkommen in der Matrix – Was ist die Wirkliche Welt?" *Ethik und Unterricht*, Vol. 2, 2002, pp. 37–39; Nathan Andersen, "Filmmaking in the Philosophy Classroom: Illustrating the Examined Life," *Teaching Philosophy*, Vol. 33, No. 4, 2010, pp. 375–397.

传授提供了在课堂上放映电影时可以应用的系统框架和教学方法。我的结论是，放映电影使学生对康德的伦理学或者广义的道义伦理学更加易于入门，更加易于理解。

　　然而，首先我将简要解释为什么关注康德而不是其他人的道义哲学，以及我为什么探讨康德的道德教育理论与电影之间的联系。确实还有其他多种与康德的道义伦理学相匹敌的伦理学，仅在 20 世纪，就有让·皮亚杰、劳伦斯·科尔伯格、于尔根·哈贝马斯的话语伦理学以及卡尔—奥托·阿佩尔等名字闪现。但是，康德给予了一套其他思想家无法比拟的系统性的深刻分析，而且，迄今为止，他的道德教育理论显然被广泛忽视了。许多人对《道德形而上学原理》和书中对绝对命令的阐析十分熟悉，但是大多数人却似乎忽略了《道德形而上学原理》中的"伦理学方法的要义"以及其他与道德教育相关联的段落。

　　为什么要分析康德与电影的关联？我给出的第一个理由是，目前把二者联系起来的做法为人所习见。凯维尔将《纯粹理性批判》与弗兰克·卡普拉的《一夜风流》（It Happened One Night，The Film By Capra Came Out）相联系的做法广为人知。[1] 对教师来说，当他们在课堂放映会提出道德问题的电影时，可能会十分自然地把话题引向康德。其次，毫不夸张地说，康德的伦理理论极为艰深。结果就是，他可能会变成一个许多人心中所熟知的那个"平直刻板的、缺乏人性的、满口仁义道德的普鲁士怪物"的形象。[2] 把电影与康德伦理学相联系，可能会作出对之更加入情入理，也更加具有趣味性的解释。再次，康德坚持一种十分大胆的论点，认为"通常的人类理性"以他在著作中所描述的那种方式运作。比如，他断定我们都知晓老谋深算或精明与道德之间的区别，断言我们应该把我们的准则普遍化。[3] "最寻常的理解力，也能无师自通

---

　　① Stanley Cavell, *Pursuits of Happiness*: *The Hollywood Comedy of Remarriage*, Cambridge, MA. , 1981, pp. 71–110, Murray Smith and Thomas E. Wartenberg, "Introduction," *Journal of Aesthetics and Art Criticism*, Vol. 64. No. 1, 2006, p. 4; see also Catherine Wheatley, "Der Kantische Imperativ in der filmischen Interpellation," *Leitner and Engell*, *Philosophie des Films*, 2007, pp. 180–192.

　　② Allen Wood, *Kantian Ethics*, Cambridge：Cambridge University Press, 2008, p. xii.

　　③ Immanuel Kant, *Practical Philosophy*, translated and edited by Mary J. Gregor, Cambridge：Cambridge University Press, 1996, Cambridge：Cambridge University Press, 1996, pp. 57, 165, 224, 269.

地区分公理中的何种形式适于赋予普遍法则，何种形式不能"①。如果康德是对的，那么，普通人在其交谈中就会明白基本的道德差别，明白如何评价和判断人们的行为，以及其他诸如此类的问题（电影会折射出这种普通的道德性）。康德毫不犹豫地得出了这种结论。他写道，他发现交谈的时候，不谙哲学者老是回避深刻的理性思辨，但是喜欢论争"这种或那种行为的道德价值，据之可以推断出某人的品格"②。我们常常可以通过这样的理性过程得知判断者的品格。康德声称，许多人十分严格地尝试"根据毫不妥协的道德律"发现和分离出"真实的道德含义"。③ 康德很奇怪，很多教师和教育者没有利用"理性倾向欣然地进入对他们所面临的最微妙的实际问题的检验"④。他建议他们采用传记来展现人物、情境和道德困境，帮助学生形成判断能力。康德可能同其他人一样，想到了《希腊罗马名人传》，蒙田和卢梭就是如此。⑤ 最近，玛塔·努斯鲍姆指出，一些文学作品，例如亨利·詹姆斯的小说，配得上哲学的地位，因为它们能帮助我们更好地理解伦理问题，或者能够引导新的哲学见解，例如关于特殊和普遍的关系的新见解。⑥ 如果我们同意这种看法，那么，再前进一步，就会承认电影至少具有辅助道德教育的潜力（我暂且把它们不止有助于展现理论的主张放在一旁）。在我看来，康德的方法，特别是决疑法和范例法，同样可以运用于电影。在最近几年，我在大学课堂和本科课程中放映了本文中讨论的那些影片。这是一个对于采用电影辅助教授康德哲学和道义论哲学的系统性反思。

① Immanuel Kant, *Practical Philosophy*, translated and edited by Mary J. Gregor, Cambridge：Cambridge University Press, 1996, p. 161.

② Immanuel Kant, *Practical Philosophy*, translated and edited by Mary J. Gregor, Cambridge：Cambridge University Press, 1996, p. 262.

③ Immanuel Kant, *Practical Philosophy*, translated and edited by Mary J. Gregor, Cambridge：Cambridge University Press, 1996, p. 263.

④ Immanuel Kant, *Practical Philosophy*, translated and edited by Mary J. Gregor, Cambridge：Cambridge University Press, 1996, p. 263.

⑤ Lutz Koch, *Kants Ethische Didaktik*, Würzburg：Ergon Verlag, 2003, p. 263f.

⑥ Martha Nussbaum, *Love's Knowledge*, New York and Oxford：Oxford University Press, 1990, pp. 3-53, 125-167.

康德式的道德教育

康德伦理学的关键概念是自律、实践理性、准则、义务以及各种类型的命令。① 自律是"积极意义的自由"或自我立法，是"纯粹的、实践的理性独自制定法律"。② 个人的自我立法行动导致了绝对命令：我们的准则不应与它们自身相违背；它们能够得到普遍化；它们内含一种我们不把他人仅仅当做手段，而是把他们本身当做目的的寓意；它们可以充当"本性的普遍法则"的基础。③ 准则是主观的行动原则，并统摄了多种具体规则于其下。④ 规则更加与情境相关联，而准则则是抽象的，在把它们应用于具体的情境时需要作出具体的判断。典型的准则会是那些有关幸福和自私的准则。⑤ 在电影《倾城佳话》(It Could Happen to You, Andrew Bergman, 1995) 中，查理·郎遵循着诺言应当得到遵守的准则。他的妻子穆里尔·郎则认同有关个人幸福的准则，并因此试图说服她的丈夫不应遵守诺言，不应该把彩票所得的一半送给贫困的女招待伊冯·皮亚奇。康德的观点是，道德准则是自我立法的，同时又能够被普遍化。康德声称，以往的哲学家意识到，"人类由于义务而受到法律的束缚，但是，他们从未想到过，人类只是臣服于自己制定的、普遍性的法律，所以人

---

① Otfried Höffe, *Immanuel Kant*, Beck：München, 1983, Georg Geismann, "Sittlichkeit-Religion-Geschichte," *Kant und kein Ende Band 1. Studien zur Moral-, Religions- und Geschichtsphilosophie.* Würzburg：Königshausen und Neumann, 2009, pp. 11–23; Lutz Koch, *Kants ethische Didaktik*, Würzburg: Ergon Verlag, 2003, pp. 37–105; Johnston, James Scott, "Moral Law and Moral Education：Defending Kantian Autonomy," *Journal of Philosophy of Education*, Vol. 41, No. 2, 2007, pp. 233–245, Allen Wood, *Kantian Ethics*, Cambridge：Cambridge University Press, 2008.

② Immanuel Kant, *Practical Philosophy*, translated and edited by Mary J. Gregor, Cambridge：Cambridge University Press, 1996, p. 166; cf. p. 89. 本段和下一自然段中的引用都出自此书，采用文中夹注。

③ Immanuel Kant, *Practical Philosophy*, translated and edited by Mary J. Gregor, Cambridge：Cambridge University Press, 1996, pp. 72–85.

④ Immanuel Kant, *Practical Philosophy*, translated and edited by Mary J. Gregor, Cambridge：Cambridge University Press, 1996, p. 153; cf. p. 57.

⑤ Immanuel Kant, *Practical Philosophy*, translated and edited by Mary J. Gregor, Cambridge：Cambridge University Press, 1996, p. 288.

类注定要根据自己的意志行事，而人类的意志是一种制定普遍法则的意志"①。我们的任意性或者自由选择总是处于十字路口，我们可以选择实践理性的法则，也可以对之视而不见，被类似于对幸福的欲望那样的趋向所导引。被趋向所导引，并不等于不道德，即使这会与理性的原则相冲突。② 如果我们选择实践理性的法则，而且，我们行为的诱因就是这种法则，那么，我们就尽到了义务：义务是基于对法律的敬畏的行为的必然性。③

绝对命令当中，有一则述及人类自身就是其目的。④ 在改编自安东尼·伯基斯小说的电影《发条橙》（A Clockwork Orange，1971）中，斯坦利·库布里克讲述了身为少年罪犯、黑帮首领和强奸犯的阿历克斯（马尔科姆·麦克道威尔饰演）的故事。当他杀死一个女人并因此被送入监狱时，他的凶残的、不道德的行为因为遭遇到了政府的同样的不道德的行为而显得不那么触目惊心了。当阿历克斯强暴他人时，他利用了他们；而他现在却被内政部长（阿历克斯戏称之为劣政部）当做小白鼠。反对派头领的做法如出一辙：一旦阿历克斯落入他们手中，他就被用来给政府捣乱。这部电影所传输的非人道的气氛在根本上来源于一种对人，即使是罪犯，也以自身为目的的不言而喻的设定。⑤ "你们这伙人就应该被灭绝，就像那些烦人的害虫一样"，一个角色对阿历克斯说。这与康德的主张形成了明显的对比："就算对最粗鄙的人"，我们也不应"剥夺其作为一个人应享有的敬意"⑥——在课堂讨论中，这个观点引起了巨大的争议。只是在这部书的末尾（电影中不是），阿历克斯才把自私的准则丢弃了。他渴望稳定的关系，想结婚生子：以爱和尊重为基础的关系具有了可能性，凌辱女性已成为过去。在康德伦理学中准则十分重要，毫不奇怪，他会要求道德教育应以准则的养成为基础，而不是以"训诫、模范、恐

---

① Immanuel Kant, *Practical Philosophy*, translated and edited by Mary J. Gregor, Cambridge：Cambridge University Press，1996，p. 82.

② Immanuel Kant, *Practical Philosophy*, translated and edited by Mary J. Gregor, Cambridge：Cambridge University Press，1996，p. 66.

③ Immanuel Kant, *Practical Philosophy*, translated and edited by Mary J. Gregor, Cambridge：Cambridge University Press，1996，p. 55.

④ Immanuel Kant, *Practical Philosophy*, translated and edited by Mary J. Gregor, Cambridge：Cambridge University Press，1996，pp. 80，83.

⑤ Immanuel Kant, *Practical Philosophy*, translated and edited by Mary J. Gregor, Cambridge：Cambridge University Press，1996，p. 473.

⑥ Immanuel Kant, *Practical Philosophy*, translated and edited by Mary J. Gregor, Cambridge：Cambridge University Press，1996，p. 580.

吓、惩罚等等”为基础。①

　　在监狱中，阿历克斯被教化成为一个道德机器人，暴力和性的念头让他感到恶心。他不再是能够作出自由选择的人了，而是成为了一只“发条橙”，一架机器。“上帝想要什么？”监狱的牧师以神学术语盘问道。“上帝需要的是善还是善的选择？选择了恶的人，可不可能在某种程度上优于一个被打上了善的标志的人？”② 自由选择是作为自我立法的内部自由的基础，但并不与之相等同。阿历克斯被改造之后的善并不代表康德所说的合法性，并不是真正的道德性。品性上的道德性意指意志形成于对“法则（绝对命令）的直接表现和把它作为一种义务加以遵守”。相反，行动的合法性则意指它们符合道德法则，但是其“诱因”在实践理性之外。③ 阿历克斯变成了一位好公民（他不再谋杀、偷窃和强奸），但是，他不是一个道德意义上的好人（在严格的意义上，他已经不再是人，他的行动出自训导，而不是出自自由选择）。

　　《发条橙》还展现了康德思想的另外一个特异之处。假言命令的形式是“如果你想要 X，那么你就应当做 Y”。行动“仅当它是其他事物的手段”时才是善的。④ 在监狱中，阿历克斯学会了行为乖巧，学会了假装心地善良（以便获得奖赏）。他习惯了康德所说的技艺命令（imperatives of skilfulness，德语为 Geschicklichkeit）和老谋深算，学会了为了自己的目的而利用他人。⑤ 这种结果依然是合法性，而不是品格的道德性。当然，康德强调建基于绝对命令的道德教育的重要性，“有了这些命令，人才得以存在，由此他才能作为一个自由行动的存在而生活”⑥。

　　根据常规的解释，绝对命令是一个用来确保主观准则达到对之普遍化要求

---

　　① Immanuel Kant, *Practical Philosophy*, translated and edited by Mary J. Gregor, Cambridge：Cambridge University Press, 1996, p. 464.

　　② Burgess, Anthony , *A Clockwork Orange*, London：Penguin Classics, 1972, p. 76.

　　③ Immanuel Kant, *Practical Philosophy*, translated and edited by Mary J. Gregor, Cambridge：Cambridge University Press, 1996, p. 261.

　　④ Immanuel Kant, *Practical Philosophy*, translated and edited by Mary J. Gregor, Cambridge：Cambridge University Press, 1996, p. 67.

　　⑤ Immanuel Kant, *Anthropology*, *History*, *and Education*, edited by Günter Zöller ad Robert B. Louden, Cambridge, 2007, p. 448f; Koch, Lutz, *Kants Ethische Didaktik*, Würzburg：Ergon Verlag, 2003, p. 17.

　　⑥ Immanuel Kant, *Anthropology*, *History*, *and Education*, edited by Günter Zöller ad Robert B. Louden, Cambridge, 2007, p. 448.

的试验手段，也是确保主观准则达到自律要求的试验手段。① 相反，约翰斯顿却认为，我们只是偶尔地如此运用道德律，道德律所运作的情境"总是已经堆积着形成于人际的、社会的和公共话语的习俗、规则、法则和义务"。他还指出，绝对命令不是被给予的，而是在"准则的形成过程之中"形成的。② 我倾向于认同约翰斯顿的观点。上文所述的康德关于"普通人类理性"的论点主张，人类通常有内在的道德知识。康德等哲学家，与苏格拉底相类似，要求人们关注其固有的理性原则。③ 这是康德辩证法中的半苏格拉底式的方法的一个基本规定。

康德式的道德教育的关键问题是激励。④ 我们如何才能把学生教育成为自律的行动者，实现他们的自我立法潜能，并以适当的方式塑造他们的准则使之与他人的准则相吻合呢？康德的表述是，道德教育应该寻找"个人提供纯粹实践理性的法律的方式，它通达人心，又施作用于其准则，就是说，一种使得客观的实践理性也成其为主观实践理性的方式"⑤。道德教育的目标——伦理学方法的要义——就是为道德自律创设条件。⑥

康德声称，他是第一个发现了道德教育的唯一可能方式的哲学家（这的确有些语出惊人）。他批评过去的教师们"并没有呈现纯粹的概念，太过于着急激发道德向善而处处暗示，结果过犹不及，他们想使自己的药足够浓烈，却

---

① Johnston, James Scott, "Moral Law and Moral Education: Defending Kantian Autonomy," *Journal of Philosophy of Education*, Vol. 41, No. 2, p. 241.

② Johnston, James Scott, "Moral Law and Moral Education: Defending Kantian Autonomy," *Journal of Philosophy of Education*, Vol. 41, 2, p. 243.

③ Immanuel Kant, *Practical Philosophy*, translated and edited by Mary J. Gregor, Cambridge: Cambridge University Press, 1996, p. 58

④ 务请阅读 Lutz Koch, *Kants Ethische Didaktik*, Würzburg: Ergon Verlag, 2003, p. 11 and pp. 401–416。本文从中受到很多启发。Cavallar, Georg, "Sphären und Grenzen der Freiheit: Dimensionen des Politischen in der Pädagogik," Lutz Koch and Christian Schönherr, eds., *Kant – Pädagogik und Politik*, Würzburg: Ergon Verlag, 2005, pp. 61–79; Kauder, Peter and Wolfgang Fischer, *Immanuel Kant über Pädagogik*, 7 *Studien*, Baltmannsweiler: Hohengehren, 1999; Richard Breun, "Kants ethische Didaktik und Methodenlehre," *Vierteljahrschrift für wissenschaftliche Pädagogik*, 2002, pp. 77–90.

⑤ Immanuel Kant, *Practical Philosophy*, translated and edited by Mary J. Gregor, Cambridge: Cambridge University Press, 1996, p. 261.

⑥ cf. Immanuel Kant, *Practical Philosophy*, translated and edited by Mary J. Gregor, Cambridge: Cambridge University Press, 1996, p. 591; Lutz Koch, *Kants ethische Didaktik*, Würzburg: Ergon Verlag, 2003, pp. 118, 192.

不小心弄砸了"①。例如，《发条橙》中的牧师在布道时宣讲作恶的人会下地狱，而行善的人则会在天堂受到奖赏，其结果只能是意志的他律，而不是自律。康德把这种做法称为"经验诱导"，即把道德与神学相混合。② 康德自己的方法是与这种做法完全相反的。他断言，道德律应该"仅仅由理性的方式"教导。这是"理性的专制"：理性不仅仅表现在自我立法，它还可以充当激励，成为实践的。康德还添加了一种心理假设，认为理性的和纯粹的方法要比理性和经验/实用因素的混合高效得多，因为它不但"对人心的影响"更为强烈，还能升华灵魂。

道德教育包括三个部分：道德激励、道德传授和道德训练（或者说伦理美学），刚刚简要说明了道德激励思想，接下来分析另外两个部分。道德传授又分为问答法（Katechetik）、决疑法（Kasuistik）和范例法（Exemplarik）。我将在以下两个问题中分别以一部影片为例，尝试说明如何把它们与康德伦理学教学相结合。

1. 《纽伦堡审判》与问答法

问答法是教授道德形而上学——善的要旨的方法。③ 这不是那种教师授课学生记忆的纯粹的教义问答法，而是一个蕴涵了学生的理性的半苏格拉底式的对话法：他们必须学会自己思考。④ 教师是帮助学生意识到他们自己的内在的道德想法的助产士。"教师向学生展示案例，在这些案例中，教师不但展示自己对某些概念的偏好，还通过自己的问题引导青年学生的思维路向。"⑤ 对话是半苏格拉底式的，因为它把教义问答法和接生术结合在一起。教师教导学生基本的道德概念和德性的体系，但是这要在他的学生的"通常的人类理性"的帮助之下才能进行。同通常的情况相同，这种形式的道德教导应该保持纯

---

① Immanuel Kant, *Practical Philosophy*, translated and edited by Mary J. Gregor, Cambridge：Cambridge University Press，1996，p. 65.

② Immanuel Kant, *Practical Philosophy*, translated and edited by Mary J. Gregor, Cambridge：Cambridge University Press，1996，p. 64.

③ Lutz Koch, *Kants Ethische Didaktik*, Würzburg：Ergon Verlag，2003，pp. 163 - 173，384-386.

④ Immanuel Kant, *Practical Philosophy*, translated and edited by Mary J. Gregor, Cambridge：Cambridge University Press，1996，p. 591；Immanuel Kant, *Anthropology*, *History*, *and Education*, edited by Günter Zöller ad Robert B. Louden, Cambridge：Cambridge University Press，2007，p. 466.

⑤ 教师是学生思想的助产士，Immanuel Kant, *Practical Philosophy*, translated and edited by Mary J. Gregor, Cambridge：Cambridge University Press，1996，p. 592。

净，即不应与神学相混合。教师暗示学生可以意识到自己的道德自由，康德希望，这种传授最终会导致学习者心灵中道德的善和我们自己的道德能力的"跃升"①。

我认为，在课堂中讨论电影可能有助于这种半苏格拉底式的对话。我将通过法庭片《纽伦堡的审判》说明这一点。这部电影在 1961 年 12 月首映，这时柏林墙（冷战的象征）刚建立不久，一天之后，罪犯阿道夫·艾希曼就在以色列被判处死刑。德国记者们攻击导演斯坦利·克雷默，因为他触动了德国的往昔，搅起了过去的仇恨。克雷默排布了强大的演员阵容，其中包括玛琳·黛德丽，她在二战中曾讲话批评过希特勒、第三帝国和德国人民。主审法官丹·海伍德（斯宾塞·屈塞饰演）提及麦卡锡时代的气候时说道："今天我们国家也有那样一些人，满口保护国家和生存。"他认为，该电影中所对待的问题并不属于遥远的过去。②

以下一些基本观念可以通过辩论和讨论建立起来：（1）公正的概念和法律实证主义；（2）人权和人的尊严；（3）刑法和道德/法律责任的难题；（4）手段—目的问题；（5）义务与趋向。

我将集中谈几个方面的问题。该电影凸显了海伍德（也包括忏悔的德国大法官恩斯特·詹宁）（伯特·兰卡斯特饰演）与其余德国法官们和辩护律师汉斯·罗尔福（马克西米利安·谢尔出色地扮演了这个角色）之间的鲜明反差，前者代表着公正、真实以及单独的人类个体价值（电影 2 小时 46 分，表示为 2：46，后同），后者信奉法律实证主义，声称不知道或者与六百万人的灭绝毫无瓜葛。这种反差可以用作有关法治、公正观念的内容、正义的国家等问题的讨论的出发点。尽管这些是普通的哲学问题，关于这些问题的讨论也可以与对康德的正义原则，③ 对康德对法律实证主义是"一个可能很美丽的头颅，但是却没有脑子"的看法，④ 对康德的正义应当纯粹而严格故而应当舍弃

---

① Immanuel Kant, *Practical Philosophy*, translated and edited by Mary J. Gregor, Cambridge：Cambridge University Press，1996，p. 596.

② Muñoz Conde, Francisco and Marta Muñoz Aunión ， "Das Urteil von Nürnberg," *Juristischer und Filmwissenschaftlicher Kommentar Zum Film von Stanley Kramer* （1961） ，Berlin：BWV Verlag，2006；Abby Mann ，*Judgment at Nuremberg*，New York：Samuel French，2002.

③ Immanuel Kant, *Practical Philosophy*, translated and edited by Mary J. Gregor, Cambridge：Cambridge University Press，1996，p. 387.

④ Immanuel Kant, *Practical Philosophy*, translated and edited by Mary J. Gregor, Cambridge：Cambridge University Press，1996，p. 387.

外在的考虑的立场等问题的阐析相契合。① 刑法问题的一个方面是对责任的追究。谁是大屠杀和其他人道罪行的元凶？是几个施虐魔头和疯子（2：44），还是普通的德国人，或者有意识地参与政府组织的全国性的残暴和非正义体系的那些人？（ch. 15，2：40）海伍德想在他离席的时候搞清楚德国到底出了什么毛病，他时常听到德国人说他们也是受害者。起诉律师泰德·劳森（理查德·威德马克饰演）讽刺地总结道："都怪那些爱斯基摩人。"这个故事中的康德元素，是詹宁最终同意为其罪行承担全部责任，并认可海伍德对其终身监禁的判决的公正性。康德对报复性法则（ius talionis）的认可不仅十分引人反感，还高度可疑，这种认可导致其同意把死刑作为对谋杀的惩罚。② 也可以对这个问题展开讨论。

　　该电影有较大篇幅涉及手段—目的问题。詹宁、罗尔福以及那些试图左右海伍德的美国将军和政客们所信奉的准则的形式不适合"给予普遍性的法则"③，因为它们包含了某种物质性的目的，即它们所属国家的利益。詹宁解释道，作为一个纳粹法官，他认为可以侵犯某些人的权利或把他们用作"献祭的羔羊"，因为"我们热爱自己的国家"（ch. 12，2：17）。在他看来，这个最终目的甚至可以使那些诸如判处他认为无罪的被告死刑的虚假审判和"献祭仪式"合法化（2：20）。后来，罗尔福也如法炮制：为了保住德国人的一点点尊严，他对那些被谴责的人和第三帝国的罪行轻描淡写。自我批评的詹宁评述道："这一次一样，是出于爱国才这么做的。"（ch. 12，2：19）最后，还有那些想要海伍德从宽判决的美国人。冷战已经开始了，西方急需德国人的帮助。从严判决明显缺乏深谋远虑。海伍德则相反，他站在道义论伦理的一边。他代表着从来都不应被用作手段的"单个人的价值"；他还意识到，在国家危机的时刻，为了国家的生存，全体国家面临着牺牲道德和法律原则的诱惑。"当敌人扼住国家咽喉的时刻，生存的唯一途径似乎就是反其人之道，是委曲求全，是把视角倒转过来。"④

---

①　Immanuel Kant, *Practical Philosophy*, translated and edited by Mary J. Gregor, Cambridge：Cambridge University Press, 1996, p. 473；参见 Mulholland, Leslie Arthur, *Kant's System of Rights*, New York, 1990；Rosen, Allen D, *Kant's Theory of Justice*, Ithaca and London, 1996。

②　Immanuel Kant, *Practical Philosophy*, translated and edited by Mary J. Gregor, Cambridge：Cambridge University Press, 1996, pp. 473-477.

③　Immanuel Kant, *Practical Philosophy*, translated and edited by Mary J. Gregor, Cambridge：Cambridge University Press, 1996, p. 161.

④　ch. 15，2：45；这是对麦卡锡时代的又一次影射。

康德最喜欢谈论义务和趋向的矛盾，至少通常的解释这样认为。他一再强调服从道德律并基于义务的行动（与义务的命令相一致还是不够的，这只是导致合法性）总是与"牺牲（Aufopferung）"和"自我克制（Selbstzwang）"相联系。① 海伍德体现了这种道德态度：在所有那些政治压力面前，他在"捍卫某些东西最困难的时刻"，把那些"外部考虑"排除在法庭和裁决之外（2：45）。这是詹宁未能做到的地方，他最终也意识到了这一点。他最后告诉海伍德说："我知道你所面临的压力。"（2：53）正是由于海伍德顶住了这些压力，这位法官才赢得了詹宁的尊重。

这部电影几乎没有留下悬而未决的问题，它的行文方式使得"公正无私的理性旁观者"② 欣然站在海伍德（或者导演克雷默）和他的基本立场一边。

2.《希望与反抗》，范例法与道德兴趣

1961 年，斯坦利·克雷默在他的柏林电影首映式上，鼓励德国电影制作者拍摄第三帝国题材的电影。马克·罗斯曼是最近对这个建议作出了回应的众多导演之一。他的电影《希望与反抗》（Sophie Scholl – Die letzten Tage, 2005）讲述了女主人公从在慕尼黑大学被捕到在 1943 年 2 月被处决的生命最后一段日子的故事。剧本是以审讯笔录、同时代证人的证词以及反抗组织白玫瑰（索菲·斯库勒、汉斯·斯库勒和克里斯多夫·普罗斯特是该组织最著名的成员）的传单为基础写成的。关键的场景是与盖世太保警官罗伯特·摩尔的一段哲学对话（ch. 16）。

同上一部电影一样，可以以《希望与反抗》为材料展开对几个道德概念和问题的讨论。例如：（1）公正和法律实证主义的观念：22 岁的索菲·斯库勒把良心、社会规范和上帝作为道德标尺，而摩尔则是法律实证主义的代表；（2）人权和尊严；（3）手段和目的：斯库勒反对以暴力手段对抗第三帝国；（4）自律与他律：尽管社会化于极权政府之下，斯库勒的理性与良心依然得到了发展和养成，③ 相反，摩尔则复制了纳粹意识形态；（5）美德：索菲展

---

① Immanuel Kant, *Practical Philosophy*, translated and edited by Mary J. Gregor, Cambridge：Cambridge University Press, 1996, pp. 61, 207.

② Immanuel Kant, *Practical Philosophy*, translated and edited by Mary J. Gregor, Cambridge：Cambridge University Press, 1996, p. 49.

③ Immanuel Kant, *Practical Philosophy*, translated and edited by Mary J. Gregor, Cambridge：Cambridge University Press, 1996, p. 530.

现了康德所称之为美德的东西，"人的道德力量在于承担自己的义务的意志"①。

此刻，我想集中探讨一组不同的问题：第一，索菲能够充当道德的范例吗？第二，这对观众会有哪些可能的影响？其道德意义何在？

在康德伦理学中，范例有着突出的作用。范例通常是一个形象，它充当了绝对命令与道德生活中间的一种中介。② 不"向缺乏经验的顾客和孩子索要高价"③ 的店主就是一个范例，被用以说明合法性（对顾客以诚相待是出于店主的个人利益，因为不诚信会毁掉他的生意）与基于尽义务的道德性之间的差别。④ 在这里，范例被应用于中规中矩的道德分析。《判断力批判》对范例的应用则是一种完全不同的情形。在美学中，范例被创造性地加以利用，"它们像是影像或比喻，读者需要发挥其创造性对之加以填充"⑤。读者需要唤起其想象力、解释力和判断力才能把握范例和原则。洛夫里称之为"伦理诗学"⑥。

人能够充当道德范例吗？康德试图在道德传授方法的范例法部分中回答这个问题。⑦ 他的讨论起点是一个自明的道理：教师注定是学生的好的或坏的范例。这是一个事实，但是康德是把它当做一条原则来加以强调的。其他人不能充当道德范例，因为评判的标准才是关键因素，即绝对命令才是评判的标准，而不是他人的行动："美德的准则正是在于每个人的实践理性的主观自律，这意味着，充当对我们的激励因素的，是法则本身，而不是他者的行为"⑧。康

---

① Immanuel Kant, *Practical Philosophy*, translated and edited by Mary J. Gregor, Cambridge：Cambridge University Press, 1996, p. 533, cf. p. 208; Lutz Koch, *Kants Ethische Didaktik*, Würzburg：Ergon Verlag, 2003, pp. 14f, 109; Philipp Bühler, Sophie Scholl, *Die letzten Tage*, Bonn, 2005, pp. 6, 7, 20.

② Lars L'ǿvlie, "The Uses of Example in Moral Education," *Journal of Philosophy of Education*, 1997, 31, 1, p. 416.

③ Immanuel Kant, *Practical Philosophy*, translated and edited by Mary J. Gregor, Cambridge：Cambridge University Press, 1996, p. 53.

④ Johnston, James Scott, "Moral Law and Moral Education：Defending Kantian Autonomy," *Journal of Philosophy of Education*, 41, 2, pp. 239–241, 也谈论了康德举的例子。

⑤ Lars L'ǿvlie, "The Uses of Example in Moral Education," *Journal of Philosophy of Education*, 1997, 31, 1, p. 418.

⑥ Lars L'ǿvlie, "The Uses of Example in Moral Education," *Journal of Philosophy of Education*, 1997, 31, 1, p. 417.

⑦ Lutz Koch, *Kants Ethische Didaktik*, Würzburg：Ergon Verlag, 2003, pp. 181–188.

⑧ Lutz Koch, *Kants Ethische Didaktik*, Würzburg：Ergon Verlag, 2003, p. 593.

德反对模仿性学习，① 甚至那些闪亮的范例也必须首先经过评判，而评判的标准依然是道德律。或者说，如同康德在另一个段落里的表述，是"我们的道德完美理想"②。

这看起来是个令人沮丧的结论。然而，对于范例，康德还是作了一些正面的肯定。虽然模仿在道德教育中没有地位，但是，范例可以激励我们，确保我们"行动符合义务"③。范例不应该刺激模仿（Nachahmung），但是它可以鼓励我们如其行事。④ 这正是像《希望与反抗》这样的电影可以发挥作用的方式。我记得一名学生在观看完这部影片之后说道："整个过程我都不停地问自己：我如果在她的地位上会如何行事？我能够表现出那个角色那样的力量吗？"我猜想，这正是康德通过展示传记等其他美德行为故事所期待的一种反应。⑤ 读者、听众和观众变成了故事的参与者（Teilnehmer）；他们可能把自己当做故事的一个人物，他们可能被感动。在这些情况下，我们增进了对自己的认识，而这种自我认识是一种内在经验。⑥ 在这里，康德又一次回到了其出发点，即专注于"纯粹的道德趋向"而不是外部刺激的道德教育才是最为有效的。因为我们一旦意识到自己应该做的是什么，就会克服自己的趋向（另一个熟悉的论题）并尽到自己的义务。我们触及了道德自由的神秘，用康德满含激情的话来说，就是对我们真正的使命"感到一种神圣的敬畏"。⑦

---

① Lutz Koch, *Kants Ethische Didaktik*, Würzburg：Ergon Verlag, 2003, pp. 182f. , 387.

② Immanuel Kant, *Practical Philosophy*, translated and edited by Mary J. Gregor, Cambridge：Cambridge University Press, 1996, p. 63.

③ Immanuel Kant, *Practical Philosophy*, translated and edited by Mary J. Gregor, Cambridge：Cambridge University Press, 1996, p. 593；cf. p. 63.

④ Kant, Immanuel, *The Critique of Judgement*, translated by James Creed Meredith, Oxford：Oxford University Press, 1973, § 32, Immanuel Kant, *Practical Philosophy*, translated and edited by Mary J. Gregor, Cambridge：Cambridge University Press, 1996, p. 209；Lutz Koch, *Kants ethische Didaktik*, Würzburg：Ergon Verlag, 2003, pp. 186–188；Richard Breun, "Kants ethische Didaktik und Methodenlehre," *Vierteljahrschrift für wissenschaftliche Pädagogik*, 2002, 78, pp. 82–85.

⑤ cf. Immanuel Kant, *Practical Philosophy*, translated and edited by Mary J. Gregor, Cambridge：Cambridge University Press, 1996, p. 163f.

⑥ Immanuel Kant, *Practical Philosophy*, translated and edited by Mary J. Gregor, Cambridge：Cambridge University Press, 1996, p. 289.

⑦ Immanuel Kant, *Practical Philosophy*, translated and edited by Mary J. Gregor, Cambridge：Cambridge University Press, 1996, p. 289. 康德把这种内在体验看作是感受到的，而不是想到的，这一点很重要。

在上一段，我们从道德传授转向道德激励：范例方法的目标是培养学习者的道德判断能力，引发道德兴趣，并鼓励学习者反思自身。学生应该清楚有哪些会导向自律的东西"已然存在"于他的心中和思想中（参见有关人类共同理性的论题）。①

结　语

这些教学法的问题何在？首先，批评者可能会指出，这种学究气十足的方法可能收效甚微。它回避了直接对学生施加影响，而是试图唤起理性的省察。在我看来，康德并不认为这是个不足之处。道德教育不应变成操控和灌输，因为这会与道德教育的观念本身相矛盾（这也是一致性原则的合理要求）。换句话说，为了自律理想的实现，在实用性上大打折扣可能是我们不得不付出的代价。也可能有观点完全相反的批评者。他们会认为灌输才是有效的，因为教义问答式的道德教育不能容纳任何质疑的空间，而学生只能学会理解那些早已存在于他们心中或思想中的东西。然而，需要对存在于康德伦理学中的那些至高无上的道德原则和这些原则在某种具体场合的应用之间作出鉴别。由于这种系统性的差异的存在，具体的解释就会大相径庭。譬如，一个具体的情景和与之相关的道德意义可以以不同的方式被评判。此外，在我看来，许多东西取决于教师、教师的性格以及教师引导辩论和讨论的技巧。这些东西可能沦落成为教条主义和灌输，但是，高明的教师会在道德相对主义和教条主义的灌输两个极端之间保持一种平衡（这体现了亚里士多德的思想，而不是康德的）。分析电影的确需要一种道德框架，但是，伦理学的反思和讨论也是必要的。通过这种方式我们才能培养自己的判断力和道德性情。②

沿着这条思路，我们就可以反击那种认为电影天生地左右人的思想，以及认为电影通过消融复杂性而犯了"简化之罪"的观点。③ 严肃的、理性的讨

---

① cf. Lutz Koch, *Kants ethische Didaktik*, Würzburg: Ergon Verlag, 2003, pp. 269, 376.

② Immanuel Kant, *Practical Philosophy*, translated and edited by Mary J. Gregor, Cambridge: Cambridge University Press, 1996, p. 591; Ellen Ott Marshall, "Making the Most of a Good Story: Effective Use of Film as a Teaching Resource for Ethics," *Teaching Theology and Religion*, Vol. 6, No. 2, 2003, p. 97; Lutz Koch, *Kants ethische Didaktik*, Würzburg: Ergon Verlag, 2003, p. 116.

③ Ellen Ott Marshall, "Making the Most of a Good Story: Effective Use of Film as a Teaching Resource for Ethics," *Teaching Theology and Religion*, Vol. 6, No. 2, 2003, p. 95f.

论将会分析电影的结构、道德寓意以及电影对人可能施加的潜在影响。在观看过程中我们可能被其所惑，但是，超脱的态度和判断力的培养有助于学生清醒过来。康德对自律和人权的强调与现代自由主义的和个人主义的人权文化相吻合。① 虽然攻击"普遍理性"和作为理性主义的启蒙运动的典型代表的康德变得很时尚，但是，我认为，谨言慎行和实践理性意义上的合理性元素，对任何当代道德教育理论来说都是必不可少的。例如，斯蒂金·斯科尔林克和多雷特·德·鲁特尔在最近的一篇文章中强调指出，道德教育的实用目标是教导孩子们对理想怀抱一种"适度的热望"，他们认为这样做会对反击极端主义和政治激进化发挥重要作用。② 他们的观点是，我们不要扼杀学生、孩子或青少年的激情，而是应该帮助他们疏导和限制这种激情，以便与其他人的生活方式和激情相协调。用康德的话来说（多罗思伊·艾米特也同样叙述过），应当把理想当做规范引导性的概念，而不是一种蓝图。③ 这意味着，青少年为实现其理想所采用的手段和方法应该与这个理想本身相一致。"追求理想不应侵犯他人追求其理想的权利，除非他人的理想是非道德的，或者说追求这些理想本身有明显的非道德特征。"④ 这自然需要我们锻炼批判性反思，并培养"认知能力"⑤。

我在本文中所呈现的康德不是那种头脑在云雾里的先验形而上学家，而是一个"人类共有理性"的倡导者。一种广为人知的解释把康德伦理学看做

① David Boucher, *The Limits of Ethics in International Relations*, *Natural Law*, *Natural Rights*, *and Human Rights in Transition*, Oxford: Oxford University Press, Vol. 59, No. 2, 2009, pp. 245–283.

② cf. Sieckelinck, Stijn M. A. and Doret J. de Ruyter, "Mad About Ideals? Educating Children to Become Reasonably Passionate," *Educational Theory*, 2009, Vol. 59, No. 2.

③ Dorothy Emmet, *The Role of the Unrealizable*: *A Study in Regulative Ideals*, New York: St. Martin's Press, 1994; Sieckelinck, Stijn M. A. and Doret J. de Ruyter, "Mad About Ideals? Educating Children to Become Reasonably Passionate," *Educational Theory*, Vol. 59, No. 2, 2009, p. 182.

④ Dorothy Emmet, *The Role of the Unrealizable*: *A Study in Regulative Ideals*, New York: St. Martin's Press, 1994; Sieckelinck, Stijn M. A. and Doret J. de Ruyter, "Mad About Ideals? Educating Children to Become Reasonably Passionate," *Educational Theory*, Vol. 59, No. 2, 2009, p. 191.

⑤ Immanuel Kant, *Anthropology*, *History*, *and Education*, edited by Günter Zöller ad Robert B. Louden, Cambridge, 2007, p. 464.

"对实际人类行为的曲解"①，这种观点可能需要修正了：至少他的道德教学法的某些元素是贴近人类生活的。②

（邢立军　译，华铭　校）

（《社会科学战线》2012 年第 5 期）

---

① Johnston, James Scott, "Moral Law and Moral Education: Defending Kantian Autonomy," *Journal of Philosophy of Education*, Vol. 41, No. 2, 2007, p. 237.

② 想了解新近的对康德伦理学的肯定性评价，参见 Allen Wood, *Kantian Ethics*, Cambridge: Cambridge University Press, 2008。

人类尊严的道路

〔德国〕菲利普·布鲁诺奇*

引　言

在 20 世纪以前，"人类尊严"一词并不属于法学家或者说法律和宪法制定者的工作词汇，然而，在 20 世纪进程中，这种情况发生了根本性改变。这方面，联合国的成立，对于"人类尊严"一词的广泛普及起到了决定性的作用，该词不仅是许多国家法律语言入门的途径，也是为哲学讨论所日益关注的话题。

直到今天，人类尊严这一概念在德国享有某种特殊的地位。这首先与纳粹统治和二战期间令人震惊的经历有密切关系。此外，对于德国来说，从 1949 年 5 月 23 日起，通过联邦基本法 1GG 条款，人类尊严获得了新的品格。人类尊严被置于关于基本权利段落之初，借助于此，强调人类尊严是先于国家的基本原则，从而使其免于国家随意处置。① 再者，由于德国宪法法院不断援引人类尊严，所以这一概念深入人心，得以长久保留在公众意识中。同时，由于国际关系的发展，人类尊严的魅力得到进一步的加强。1948 年以后，几乎每一份联合国人权协议都坚持规定与人类尊严相关的人权，并且，在 20 世纪 70—80 年代，很多新国家的宪法也都涉及人类尊严。②

在这样的框架条件下，哲学讨论不能完全忽视"人类尊严"这一概念。下面，鉴于我们无法全盘把握联邦德国关于人类尊严的哲学讨论，这里只限于介绍

---

* 作者单位：德国卡塞尔大学哲学系。

① 君特·迪里格：《人类尊严原理》，载《公共权利档案》81，1956 年，第 117–156 页。

② 保罗·蒂德曼：《作为权利概念的人的尊严：哲学阐明》，柏林：柏林科学出版社，2012 年，第 3 版，第 1 章，本文注释均为德文版原著或刊物。

一些新近人类尊严概念并进行批评性的讨论。

一、尊严和工具化

对于新近关于人类尊严的哲学讨论而言，这样一种人类尊严的理解，即把人类尊严解释成"禁止工具化"（Instrumentalisierungsverbot）继续扮演着十分重要的角色。这种对人类尊严的理解意味着，对人的工具化最为伤害他的尊严。当然，这种解释激起了各种特别尖锐的异议，而这些异议使得人类尊严的概念本身也显得成问题了。鉴于这种批评，很多新近的观点恰恰都可理解为对这些异议的反应，从而理解为在自身意义上重建人类尊严概念的一种尝试。这种活跃性引发这样一种讨论方式，即从"禁止工具化"入手，依次描述德国当前关于人类尊严哲学的若干阶段。

不言而喻，人类尊严与禁止工具化之间的内在联系始终存在于德国人类尊严的讨论之中。这种联系不仅是被康德在其著作的重要段落中所建立，而且它在1949年以后的法律讨论中也得到了特殊的关注①。据康德的观点，只有理性生物才拥有尊严。在他看来，作为这样的理性生物，人类的尊严存在于他的道德自律里，这意思是说，人的尊严在人的能力中得到论证：作为目的的王国的成员，人不服从其他法则而"只服从自己颁布的法则"②。这样的自律生物并不是由自然的倾向和欲望所决定的。他们不仅有能力摆脱因果法则，而且根据自由地、自主地设定的道德法则来指导自己的行动。因此，这是"普遍立法并同时使自己臣服于该立法的能力"③，进而言之，正是这种能力授予人类自身的尊严。

人类尊严指向人类的道德自律，那么，我们不禁要问，重视人类尊严意味着什么？一个能够自律自决的生物，他"不只是作为受这个或那个意志任意支配的手段"而存在④，而是本身就持有自身的目的。因此，人类的道德自律蕴涵着自身的自我目的性，据此，每一个人都能被视为自由地、自主地在自身意志中

---

① 参见通过迪里格而使大家熟知的对象公式，君特·迪里格：《人类尊严原理》，载《公共权利档案》81，1956年，第127页。

② 康德：《道德形而上学基础》（1785，1786），载普鲁士科学院编《康德全集》第4卷，柏林：德·格鲁特尔出版社，第434页。

③ 康德：《道德形而上学基础》（1785，1786），载普鲁士科学院编《康德全集》第4卷，柏林：德·格鲁特尔出版社，第440、441-413页。

④ 康德：《道德形而上学基础》（1785，1786），载普鲁士科学院编《康德全集》第4卷，柏林：德·格鲁特尔出版社，第428、429页。

立法的生物①。于是，在自身的自律意志以及自身的尊严中，重视一个理性生物意味着：他并不臣服于他者的法则，而仅仅服从于他自己所设立的法律。这意味着，一个人必须考虑到对他人的绝对义务（只要一个人考虑对他人的绝对义务，如下的情况就会发生），如果我没有以一个他人同意的方式对待他人，而是把他看成外来目的，进而看成一个单纯的手段工具化了，那么我就伤害了他的尊严。因此，重视一个人的尊严意味着，用他在理性上可以认同的方式对待他②。所以，人类尊严表明是某种基本的道德概念，一个尊重道德的概念，据此，不准把他人作为外来目的加以工具化。

不过，就对人类尊严的理解而言，这种把禁止工具化移入核心的做法引起了广泛非议：归根结底，尊严概念是一个多余的概念，因为它是一个依赖性的概念，它本身还不足以验明人类尊严的伤害。新近，诺贝特·霍斯特（Norbert Hoerster）把这种非议作为契机，以便清算人类尊严的概念。诺贝特·霍斯特认为，如果我们把人类尊严的概念建立在禁止工具化的基础上，我们就会得到反直观的结果。下述例证说明他的观点是适当的：如果一个孩子在湖里快要淹死了，为了救这个孩子，我们以暴力威胁夺走某人小船的钥匙。在此，按照康德对尊严的理解，我们势必将船主工具化了，因而存在对钥匙持有人尊严的伤害。但是，诺贝特·霍斯特接着说，这是很难理解的。③ 根据诺贝特·霍斯特的观点，这个例子首先表明，关于某种工具化的许可性（Zulässigkeit）是可争辩的。因为显而易见，在道德上，工具化并不是在所有的情况下都是错误的。人类尊严的原则只不过禁止把人当做工具，它本身并不能成为衡量合法行为的标准。我们无法规定所谓道德上的错误行为类别，即我们无法把这种行为作为纯粹的工具化来加以评估。因此，我们还需要附加的理论来说明什么是道德上可以允许的、什么是道德上不可以允许的工具化。④ 这样，人类尊严的概念被证明是一个空洞的概念，因为它依赖于其他规范性的前提。它并不能提供一个原则理应提供的前提条件：即规定哪些行为在道德上是有根据的，哪些行为在道德上是没有根据的。

---

① 康德：《道德形而上学基础》（1785，1786），载普鲁士科学院编《康德全集》第 4 卷，柏林：德·格鲁特尔出版社，第 433-434 页。

② 康德：《道德形而上学基础》（1785，1786），载普鲁士科学院编《康德全集》第 4 卷，柏林：德·格鲁特尔出版社，第 426-427 页。

③ 诺贝特·霍斯特：《胚胎保护伦理学：法哲学随笔》，斯图加特：雷克拉姆出版社，2002 年，第 15 页。

④ 诺贝特·霍斯特：《胚胎保护伦理学：法哲学随笔》，斯图加特：雷克拉姆出版社，2002 年，第 18 页。

但是，对于很多理论家来说，不经进一步讨论就直接放弃人类尊严概念是很困难的。看起来，我们无法简单放弃与侵犯人类尊严现象息息相关的那些词汇。这好像也解释了为什么有很多人觉得自己有义务为一个规范上更有内容的尊严概念而努力。下面，我将介绍一些替代性模式，这些模式不再试图从禁止工具化的角度来接近人类尊严概念，它们试图避免人们对康德式尊严的异议。当然，在此这部分同样不能予以详述并具体讨论。

二、尊严和自我重视

对"康德式"尊严概念的异议也促使彼得·沙贝尔（Peter Schaber）反对把人类尊严阐释成禁止工具化。① 然而他却从对人类尊严的如上批评中得出另外一个结论。和霍斯特不同，他没有放弃人类尊严这一概念，他把人类尊严的概念从工具化的狭隘中提取出来，旨在为一个不一样的人类尊严之理解提供辩护。

就像我们已经看到的，工具化的致命问题就是它依赖于规范性的前提，因此它不能作为区分道德上正确与否的行为的原则。沙贝尔正是在这一点上展开自己的论证，并且试图更加详细地考察这些规范性前提。起决定作用的是，对于沙贝尔来说，禁止工具化和自我目的性是一体两面。禁止工具化不准许把他人仅仅作为手段，因此它组成了自我目的性的另一面（反面）。沙贝尔没有从反面出发，他认为，我们更多地应该对自我目的性进行正面阐述。② 通过这一路径，将会得到一个在规范性方面有更多内容的人类尊严概念。但是，把别人作为自为目的来对待是什么意思？

沙贝尔认为，把他人当做自为目的来对待意味着严肃地对待他人的诉求。顾及他人的诉求是什么意思？对此人们可以有两种解读：关注他人的安康或者不损害其自治能力。然而沙贝尔拒绝了这两种建议。对于第一种建议，沙贝尔的反对理由是：它可能和"能力剥夺（Entmündigung）"③ 联系在一起。如果某人追随一个我们认为糟糕的目标，我们就能够以他的安康为由来阻止他对该目标的追随，确切地说，这并不取决于他本人是否同意这一对待方式。因此，对他人安康的考虑开启了父权式庇护的大门。对于第二种情况，如果我们把自

---

① 彼得·沙贝尔：《工具化与尊严》，帕德博恩：门蒂斯出版社，2010 年，第 1 章。
② 彼得·沙贝尔：《工具化与尊严》，帕德博恩：门蒂斯出版社，2010 年，第 38 页。
③ 彼得·沙贝尔：《工具化与尊严》，帕德博恩：门蒂斯出版社，2010 年，第 42 页。

治理解成道德自治，沙贝尔认为，人们就有可能在不全面地妨碍他道德自治的前提下限制他的自由。人们可以在不损害一个人的道德能力的情况下给他造成损害①。如此这般所理解的自治能力必然是一个太弱的诉求。但是，人们可以把自治能力确定为根据理由自决的能力、深思熟虑的认同的能力，然而这里的认同不是在如下意义里是规范性的，即如果有了"正确"的理由，就会有认同。但是深思熟虑的认同却准许别人对自己侮辱。在他的诉求里，我们的侮辱不会伤害到他，相反，我们更多地是满足了他的诉求。然而我们不会说，由于他自己的同意，我们是把他当成自为的目的来对待的。即使当事者同意了，一个侮辱人的行为仍是糟糕的。被理解成认同能力的自治也只能形成一个很弱的道德判别标准。

相应地处于人类自我目的性以及人类尊严中心的，在沙贝尔看来，是另外一种诉求：对自我尊重的诉求。但这里的自我尊重不能理解成自我珍视。这种自我珍视和心理状态有关，它有程度上的强弱，甚至人们可以赢得它或失去它。② 这种对自我尊重的理解和我们把人类尊严理解成内在固有的尊严矛盾，按此，人类尊严不是时而地，而是永恒地、同尺度地赋予每一个人。相应地自我尊重指称一种和自己以及他人打交道的方式。"自我尊重意味着尊重一个人的能够支配自己生活的本质领域的权利"③。能够支配自己生活的本质领域意味着能够在可接受的选择之间做出选择④。这些选择应当是我自己能说出自己理由的选择，如此，这些选择才是可接受的⑤。据此，损害一个人（包括自己）的尊严就是损害他的自我尊重以及损害他在其生活本质领域内的自主权。在这里，我们可以看到自我尊重和自治的差别。和自治不同，自我尊重给个人的自我支配权设定了界限⑥：我不准许伤害我自己的自我尊重。

从这一"在可接受的选择里做选择的基本权利"中我们可以导出其他权利。这些权利也包括那些直接地或者间接地使我的选择成为可能的权利。那些间接地促进我的自我尊重的权利也关涉那些能让我过上自我尊重的生活的物质手段，这些手段能够保证我行使自我尊重的权利。对基本物质生活的保证、对

---

① 彼得·沙贝尔：《工具化与尊严》，帕德博恩：门蒂斯出版社，2010年，第43页。

② 这样的情况比方说在罗尔斯那里（Rawls 1971, 440），弱化的情况在 Avishai Margalit 那里（Margalit 1996, 124）。

③ 彼得·沙贝尔：《工具化与尊严》，帕德博恩：门蒂斯出版社，2010年，第52页。

④ 彼得·沙贝尔：《工具化与尊严》，帕德博恩：门蒂斯出版社，2010年，第52页。

⑤ 彼得·沙贝尔：《工具化与尊严》，帕德博恩：门蒂斯出版社，2010年，第52页。

⑥ 彼得·沙贝尔：《工具化与尊严》，帕德博恩：门蒂斯出版社，2010年，第61页。

心灵统一的保护都属于此类权利。另外一些权利直接关涉到对尊严的保护。对这类权利的损害直接就是对人类尊严的伤害。这些权利保护的不是必要的手段，它们保护的直接就是尊严，也就是说自我尊重本身。禁止酷刑和奴隶化以及对无视他人意志的行为的阻止都属于此类权利。

自我尊重从哪里获得自己的规范性力量呢？我们为什么要顾及在我的人格以及在他人人格中的自我尊重呢？如是的自我尊重的能力并不能直接构成自我尊重之规范性力量的源泉。从单纯的一个能力并不能导出规范性机制。对自我尊重的要求更多地是来源于自我尊重对于我们的意义。自我尊重对于作为人（Personen）的生活有着"最大的重要性"①，并且因为它重要，人们才带着向他人和自己所提出的自我尊重的诉求生活于世间。

但是，对自我尊重的诉求只是对这样的生物才是有约束力的：他们有自我尊重的能力，也就是说他们有能够支配自己生活的本质领域的能力。但是这种能力对所有人来说并不是一样的。自我尊重把一定的认知能力作为前提，比方说对自我的意识能力或者说发展自我理解的能力。很小的孩子、胚胎和三个月以上的胎儿并不满足这样的前提，据此，人们不能赋予他们尊严。然而根据沙贝尔的观点，对很小的孩子和出生前生命的保护不需要援引人类尊严也可以做到。尊严并不是唯一的道德原则，并不是我们所有的义务都可以还原到人类尊严。②

沙贝尔试图绕过工具化的问题，但他却面对着一些其他问题，在这里我们只提及三个。

首先，沙贝尔把目光聚焦在自我尊重上显得的确有些武断。为什么沙贝尔在和禁止工具化进行论辩时把自我目的性作为尊严概念的核心，并以此为出发点阐发自我尊重，为什么不选取其他的路径来探讨人类尊严，这一切都难以理解，因为在如何对待尊严这一概念上，沙贝尔自己也没有提前给出方法论上的考量，因此沙贝尔的定义筹划显得武断，它是靠直觉提出来的。

就像我们看到的，沙贝尔把自我尊重的道德重量建基在它的特殊的重要性上，该重要性对于我们的生活而言，拥有者支配生活本质领域的能力。据此和自我尊重的意义相关的某些直觉就获得了整个规范性权重。恰好在跨文化的视角下，当文化界限被超越的时候，这种对直觉的回溯在建立尊严的规范性权威方面是不足的。此外，人们完全可以直接怀疑自我尊重的非同一般的重要性。

---

① 彼得·沙贝尔：《工具化与尊严》，帕德博恩：门蒂斯出版社，2010年，第95页。
② 彼得·沙贝尔：《工具化与尊严》，帕德博恩：门蒂斯出版社，2010年，第95页。

放弃支配我们自己生活本质领域的权利的情况并不鲜见。签订这样一份工作合同，它要求很高的灵活性，以至于给从事业余活动或者保持友谊都造成了困难，因此我们的自我支配也就随之萎缩。我们放弃自我决定的权利，然而并不觉得这就是侮辱和对尊严的伤害。① 看来，自我尊重并不具有在任何意义上都无法放弃的价值，据此，自我尊重并不能构成绝对诉求的基础，就像这些诉求和人类尊严联系在一起一样。

由于沙贝尔只把人类尊严看成是各种道德原则中的一个，我们不禁要问：我们赋予这一原则什么样的权重？因为和人类尊严无关的其他义务致使由人类尊严导出的权利受到限制，在什么情况下我们这样做是合法的？沙贝尔自己对上述问题没有作进一步的考量，因此，人类尊严在我们整个的道德导向中具有什么样的地位仍没有得到清楚的界定。

三、尊严和意志自由

和沙贝尔一样，保罗·蒂德曼（Paul Tiedemann）也试图不从"禁止工具化"出发来界定人类尊严这一概念。我们上面详细讨论过，为了证明人类尊严的规范性力量，沙贝尔最终乞求于和自我尊重之意义相关的直觉，而蒂德曼试图比沙贝尔更有力地为尊严的规范性权威奠基。

蒂德曼从"人类应被得到尊严"这一价值判断出发。② 现在的问题是，这一判断从哪里赢得它的有效性。如果说"人类应被得到尊严"这句话仅仅是对在某一个确定的道德共同体内部、已经在事实上被共享的价值判断的描述，或者说是对一个私人的、主观偏好的表达，那么这句话就没有规范性的权重。这句话如果要想获得规范的有效性，那么它应该由所有人提出，被所有人签署③。我们都同意"人类应被得到尊严"，这是可能的吗？

为了表明这一点，蒂德曼试图决定，人类尊严表达了何种价值。蒂德曼说，价值可以理解成客观价值或者主观价值。如果人们把人类尊严理解成以某种方式客观存在的价值，那就会产生很多困难。其中一个困难就是：价值客观

---

① 保罗·蒂德曼：《作为权利概念的人的尊严：哲学阐明》，柏林：柏林科学出版社，2012 年，第 246 页。

② 保罗·蒂德曼：《形而上学是什么？》，达姆斯塔特：科学出版社，2006 年，第 77 页。

③ 保罗·蒂德曼：《形而上学是什么？》，达姆斯塔特：科学出版社，2006 年，第 78 页。

主义无法解释道德亏欠现象。按照价值客观主义的观点，仅仅是对一个价值的知识在强迫我们遵从该价值。如果说现在我伤害了一个人的尊严，也就是说没有践行尊严的价值，那么按照价值客观主义的观点，原因是我过去没有正确认识到该价值。然而这又可能存在很多我没有意识到的原因。如果由于存在我无法解释的原因而使我没有正确认识到该价值，那么我就无法对此负责。① 据此，我对尊严伤害没有罪责。然而先不论上面讨论的情况，我们仍无法明白，为什么对人类尊严这一价值的客观知识能迫使我们采取相应的行动。我还总是可以解释，人类尊严和我无关，我也没必要遵从它。因此，根据蒂德曼，人类尊严只能是主观价值。

主观价值又可以区分成相对价值和绝对价值。人类尊严不可能是相对价值。一件物品的相对价值并不存在于该物品的本质里，而是取决于珍视它的个人。是一个人以及他的兴趣利益决定着该物品的价值，决定着一个价值标准是否可以进入其主观价值系统。然而，人类尊严和个人的价值判断无关，并因此不可能被刻画成相对价值。据此，人类尊严只可能是一个主观的绝对价值。然而，什么是主观的绝对价值呢？

一个绝对的、主观的价值尽管它是主观相对的，但我们并不能支配它，根据蒂德曼，人类尊严正是这样一种价值。② 人类尊严作为绝对价值肯定总还是主观的。它属于我们的主观价值系统。它是由我们（人类）带到这个世界上的我们的价值，同时，作为这样的价值它不受我们的支配。人类尊严归属于我们的主观价值体系，对此我们无法自行取舍，在这种意义上，人类尊严这一价值是无法绕过的。我们无法拒斥它，也无法通过其他价值把它相对化。我们对该价值并无选择的余地，因此在这个意义上，人类尊严是有约束力的。但所有这些还没阐明，这个无法绕过的价值尺度存在于何处。蒂德曼的这个绝对的价值尺度到底在哪呢？

这个绝对的、在一定程度上由我们带入生存的价值尺度，根据蒂德曼，由我们的自由意志组建。③ 在我们的欲求和意愿的对象之下存在着这样一些对象，它们对于我们来说具有突出的价值，比方说生活本身或者说对自我决定的

---

① 保罗·蒂德曼：《形而上学是什么?》，达姆斯塔特：科学出版社，2006 年，第76 页。

② 保罗·蒂德曼：《形而上学是什么?》，达姆斯塔特：科学出版社，2006 年，第80-81 页。

③ 参见保罗·蒂德曼：《形而上学是什么?》，达姆斯塔特：科学出版社，2006 年，第85 页。

生活方式的兴趣。然而除了意愿自身，没有对象具有不可绕过的价值。① 蒂德曼认为，我们无法意愿"不意愿"。因此，"意志的自由"② 拥有一个绝对的价值，一个我们不能支配的价值，拥有自由意志是一种能力，并且是一种通过行动的意志自我决定的能力，该能力给人类的尊严奠基。在自由意志的基础上，蒂德曼试图验明应受到保护的人类生存的不同领域。③ 属于这些领域的有：身心的统一、精神的统一、私人领域的一体化以及生活本身的一体化。对于每一个上述的领域，人们应当剔除那些损害个人自由的对待，并且每个人都有权不理会这些对待。

虽然引入了绝对价值，然而人们还没有解释，为什么我们必须尊重他人的尊严。因为每个人给自己意愿的自由赋予了绝对的价值，但这并不直接地意味着，每个人必须在其行动中尊重他人的意志自由。蒂德曼的解决方式是：他试图指出自己的意志自由和他人的意志自由在一定程度上是一体两面，因此它们不可分地联系在一起。④ 首先，在社会心理学领域，经验的研究结果表明：如果我们不能同时珍视他人的意志自由，那么我们就不能珍视自己的意志自由。据此，自己的和他人的意志自由是相同起源的，他人的意志自由同时是自己之意志自由的条件。⑤ 据此，对他人真实性的不尊重总是导致对自己的异化，并且最终导致自我认同的垮塌，反之亦然。

现在我们不再进一步讨论绝对且主观的价值之可能性的细节，我们来看一下我所认为的该观点存在的两个问题。

蒂德曼从"不能意愿不意愿"推出：自由意志展示着绝对的价值。然而，这一步并不是一下子就能领会的。从意愿相对化的不可能性我们并推不出自由意志的不受支配性。就算我"不能意愿不意愿"是可能的，但这也推导不出我总是愿意自由地，也就是说按照自己的理由来自我决定。相反，我可能意愿一个更有能力的他者替我做决定，因为我期望据此在行动中可以得到一个更成

---

① 参见保罗·蒂德曼：《形而上学是什么?》，达姆斯塔特：科学出版社，2006 年，第 85 页。

② 参见保罗·蒂德曼：《形而上学是什么?》，达姆斯塔特：科学出版社，2006 年，第 85 页。

③ 参见保罗·蒂德曼：《形而上学是什么?》，达姆斯塔特：科学出版社，2006 年，第七章。

④ 参见保罗·蒂德曼：《形而上学是什么?》，达姆斯塔特：科学出版社，2006 年，第 97-98 页。

⑤ 参见保罗·蒂德曼：《形而上学是什么?》，达姆斯塔特：科学出版社，2006 年，第 98 页。

功的结果。我可能更多地去意愿正确的东西，而不是去自由地意愿。看来在自由意志中发现尊严的核心并不具有强迫性。如果上述正确，那么对尊严和尊严伤害的确定以及与此相关的基本权利都必须复核，否则蒂德曼也难逃太武断的指责。

此外我们还可以怀疑，蒂德曼的充分地确立人类尊严之规范性权威的尝试是否取得了成功。一方面，社会心理学的发现仅仅指出了珍视他人意志自由和珍视自己意志自由的因果关联，但是由此我们并不能导出我们有必须尊重他人的意志自由的义务。此外，珍视他人意志自由和珍视自己意志自由的同源性会削弱人类尊严的绝对性品格。如果我们赋予他人以尊严，因为那是自己尊严的前提，那么他人的尊严就有被相对化的危险。他者的自由意志不是由于自身的缘故，而是由于我自己的自由意志才被珍视。因此赋予他人尊严就变得依赖于特定理由，尽管按照蒂德曼，由于尊严的绝对品质，赋予人类尊严是不需要理由的①。这里存在自相矛盾。

四、尊严和辩护理由

法兰克福的哲学家赖纳·福斯特（Rainer Forst）也筹划了一个不通过"禁止工具化"来理解人类尊严的模型。和上述两个哲学家不同的是，他一开始就更加强调人际关系。

福斯特认为，如果我们谈论伤害尊严，大多数情况下指的是伤害基本需求，就像在严重的贫困下所出现的情况。然而仅仅是对基本需求的伤害，人们还无理由去断定这是对尊严的伤害。自然灾难或者其他不受欢迎的情况都可以造成损害。被损害的基本需求一开始也还不被看成是对尊严的伤害，这些损害一方面是人类造成的，而另一方面人类却能够弥补它，但是如果被牵涉的受损人员的诉求被忽视，那就是对尊严的伤害了。② 不仅仅是特定的状况对尊严来说是重要的，人际关系对尊严来说是首当其冲地重要的，就像在诉讼程序中、在交互关系和人类社会结构中所展示的那样③。

哪些人际关系必须被看成是伤害尊严的呢？一个指示已经给出。如果人的诉求被忽视，尊严伤害就出现了。福斯特认为，人类的尊严就存在于此：人是

---

① 参见保罗·蒂德曼：《形而上学是什么？》，达姆斯塔特：科学出版社，2006 年，第 104 页。

② 赖纳·福斯特：《人的尊严与权利辩护》，《德国哲学杂志》2005 年第 53 期。

③ 赖纳·福斯特：《人的尊严与权利辩护》，《德国哲学杂志》2005 年第 53 期。

一种能给出理由、进行辩护的生物，为了在一个群体中过有尊严的生活，人"需要"辩护理由。① 这意味着，每一个人基于他对辩护理由的需求都有一个要求辩护理由的原初权利，也就是说，在面对他人向他提出的要求，他有权利要求别人必须给出提这些要求的理由。如果一个人在某些特定的关系中别人欠他一些辩护理由，他的道德状况受到伤害；如果这个人面对一些别人提出的、没有给出理由的要求，而他要求理由时却被忽视，这时我们才说伤害尊严。当然，福斯特现在面临这样的问题：在什么时候诉求能够被看成是得到辩护的。

福斯特认为，辩护理由必须满足两个标准：普遍性的标准和交互性的标准。② 交互性的意思是：不准许任何人向他人提出连自己都会拒绝的要求，不准许任何人把自己的视角、价值判断、信念等等简单地强加给他人。普遍性的意思是：任何相关人都不能排除在外，并且那些使一个规范合法的理由必须能够被所有人分享。最终这完全就是理性的基本原则以及实践理性在特殊情况下的基本原则。③

福斯特的出发点是：在以上两个标准的帮助下，验明基本诉求，排除那些没有交互性和普遍性的诉求。④ 保护人格、政治参与以及物质保障这样的基本权利都属于这些基本诉求⑤。因此尊严伤害的出现不仅是由于辩护理由的完全缺失，个人沦为陌生的、非法力量的掌上玩物，而且是因为上述的基本权利没有得到保障。⑥

我们为什么要尊重他人要求辩护理由的权利？我们为什么要赋予周围的人以尊严？福斯特的回答是这样一种让步，即：尊严的规范性权威不能够都得到进一步的辩护。人类无条件地要求赋予人类以尊严，相应地这种尊严的赋予不能由非道德的理由承担，既不能由形而上学的理由（就像在康德那里的理性天性）也不能是经验的理由（比方说独特的兴趣利益）。⑦ 我们互相地欠对方辩护理由，没有更进一步的原因。对原因的提问在一定程度上是多余的。⑧ 对

① 赖纳·福斯特：《人的尊严与权利辩护》，《德国哲学杂志》2005 年第 53 期。
② 赖纳·福斯特：《人的尊严与权利辩护》，《德国哲学杂志》2005 年第 53 期。
③ 赖纳·福斯特：《冲突中的宽容》，法兰克福/美因：苏尔卡姆普出版社，2003 年，第 596 页。
④ 赖纳·福斯特：《人的尊严与权利辩护》，《德国哲学杂志》2005 年第 53 期。
⑤ 赖纳·福斯特：《人的尊严与权利辩护》，《德国哲学杂志》2005 年第 53 期。
⑥ 赖纳·福斯特：《人的尊严与权利辩护》，《德国哲学杂志》2005 年第 53 期。
⑦ 赖纳·福斯特：《人的尊严与权利辩护》，《德国哲学杂志》2005 年第 53 期。
⑧ 赖纳·福斯特：《人的尊严与权利辩护》，《德国哲学杂志》2005 年第 53 期。

行动辩护的义务最终是一个"规范性的"现实，它标记着我们的"在世存在"（In-der-Welt-sein），并且我们在道德意识中接受它。①

尽管福斯特的理论很有吸引力，然而它也不能逃脱批评性的诘问。

福斯特一方面在人类学上把人类直接鉴定为需求辩护理由的生物，另一方面他认为人类有要求辩护理由的权利以及尊重他人这种权利的义务。首先在理论上，这两方面的关系没有得到足够的确定。人类有一确定的天性和需求，从中却还推导不出：人类鉴于这种相应的天性和需求就拥有尊严，并且人们从中还可以导出一些确定的权利。此外，人们会问，为什么偏偏是对辩护理由的需求而不是人类的其他基本能力和基本需求在我们身上产生这样强制性的力量。对此，福斯特没有更进一步的详细思考，以至于我们不禁会产生这样的印象：这里有一个对人类的还原主义的规定，从中人们只能得出一个关于人类尊严的武断的规定。

一个有关人类尊严的理论必须有能力确认出范例性的尊严伤害。人们如何能够通过要求辩护理由的权利以及辩护理由的两个基本判定标准来确认尊严伤害，这点福斯特当然刻画过。然而先不论人们是否可以通过普遍性和交互性这两个标准来判定诉求在什么时候被所有人认同，什么时候时候没有，我们仍能够怀疑，这两个标准在判定尊严伤害时是否真的可用。很多我们日常面对的诉求并不能在交互性和普遍性的层面上得到辩护。我们在所有这些情况下都遭遇了人权伤害吗？显然不是！我们还需要附加的标准，借助它们我们把基本的诉求与不太基本的诉求进行区分。否则，可能的尊严伤害的范围将无从把握。然而，到底是哪些附加的标准可以堪当重任，我们不能从福斯特的论点中直接得出，因此，福斯特对人类尊严的筹划并不能直接用在实际的事件上。

五、人（Person）的不可侵犯性和生命的不可支配性

以上的观点都试图给尊严概念以内容上的规定，但这些规定最终却暴露出自己只是个武断的结论。他们好像都犯了哈贝马斯（Jürgen Habermas）所警告的错误：他们把对人类尊严的观点建立在对人类的还原主义的规定上。哈贝马斯认为，在后形而上学的时代，人们不再能够在还原主义的立场上为人类尊严奠基。对人类特殊天性的众多的实体性设想在世界观的多元主义的条件下不再能被还原成唯一一个，而必然是同时并且非还原地存在着许多有关人类天性

---

① 赖纳·福斯特：《人的尊严与权利辩护》，《德国哲学杂志》2005 年第 53 期。

的、互相竞争的阐释①。哪一个可以构建人类尊严的基础？下面我们将更详细地探讨哈贝马斯的观点。

哈贝马斯对人类有实体性规定的观点采取保留态度，鉴于此，他好像愿意从人类在人际关系中的可伤害性出发来思考人类尊严②。人类尊严在哈贝马斯那里也被称作"人（Person）的不可侵犯性"③。哈贝马斯的出发点是：我们作为活生生的人是依赖于一个社会化进程的。我们身份认同的形成依赖于他人的承认，因为只有在健康的社会关系中我们才能成长为一个自治的人。然而，对承认关系的依赖可以使一个人在两个方面受到伤害：外在的物理方面和内在的象征方面④。在这种语境下，人类尊严使依赖于功能正常的承认关系的人之保护需求受到关注，并赋予缺乏承认的每个人以人的身份。据此，哈贝马斯不把人类尊严绑定在特定的天性或能力上，而把人类尊严确定成一个特殊的身份状态，这种身份状态在社会互动的网络中每个人都必须拥有。

哈贝马斯试图为人类尊严构建一个中性的、不以一个特定的人之本性为中心的基础，然而仍把读者置于这样的难题面前：人们仍不清楚，哪些具体的要求可以从人类尊严和对承认的诉求中得出。难题的原因是，哈贝马斯没有解释，从什么时候起出现了对承认之需求的损害，并且损害到什么程度时会形成尊严伤害。

先不论这些疑难，人们仍可以询问，如此理解的人类尊严到底从什么地方获得自己规范性的力量？我们为什么必须相同程度地尊重所有人的尊严？按照哈贝马斯，道德和法律的诉求仅在一个共同体内有效，在这样一个共同体内，成员之间互相有道德的义务并且互相之间有对特定行为的期待。⑤ 对于人类尊严来说，这也是一样的。根据哈贝马斯，人类尊严并不像眼睛的颜色一样是自然天性，它的规范性的权威更多地归功于社会赋予。因此，这里关涉到的是一种身份状态，我们互相授予对方这一身份状态，并且我们有义务尊重它。借

---

① 哈贝马斯：《人的本性的未来：在通向自由的优生学的路上吗?》，法兰克福/美因：苏尔卡姆普出版社，2005 年，第 60-61 页。

② 哈贝马斯：《人的本性的未来：在通向自由的优生学的路上吗?》，法兰克福/美因：苏尔卡姆普出版社，2005 年，第 62 页。

③ 哈贝马斯：《人的本性的未来：在通向自由的优生学的路上吗?》，法兰克福/美因：苏尔卡姆普出版社，2005 年，第 62 页。

④ 哈贝马斯：《人的本性的未来：在通向自由的优生学的路上吗?》，法兰克福/美因：苏尔卡姆普出版社，2005 年，第 63 页。

⑤ 哈贝马斯：《人的本性的未来：在通向自由的优生学的路上吗?》，法兰克福/美因：苏尔卡姆普出版社，2005 年，第 62 页。

此，尊严之赋予成了社会现象。

然而，这一步并不是毫无问题的。因为人们会问：是什么给了共同体权威，让它赋予人类尊严？此外，如果说尊严建基于一个社会赋予之上，那么尊严的赋予就是一个武断的行为。从中我们可以得出这样的结论：尊严也可以再次被剥夺，但是这和我们对尊严的通常理解矛盾，因为按照通常的理解，尊严恰好不能被任意处置。

哈贝马斯关于尊严的观点还面临着另外一个问题。哈贝马斯假设：只有那些能和我们进行直接的、对称交流的人才应拥有人类尊严。据此，所有出生前的人类生命（胚胎、三个月以上的胎儿）都应排除在外。只有当一个人依靠社会性的个体化进程成为一个人（Person），他才享有人类尊严。① 在这里哈贝马斯对尊严的对象圈子采取了一种限定。但这种对对象圈子的限定并不回溯到建基于社会承认之上的理由。在这里，哈贝马斯好像更多是把特定的人类本性作为尊严赋予的重要因素。交流的能力最终被证明是尊严赋予的附加理由，据此，哈贝马斯自己也难逃脱对人类进行还原主义规定的嫌疑。出生前的生命就不再受我们的道德保护了吗？哈贝马斯否定了这一问题，并力图展示，出生前的人类生命保持自己不被任意支配的状态。

对此，哈贝马斯引入了更进一步的区分：人（Person）的不可侵犯性和人类生命的不可支配性。② 不可侵犯性只牵涉到人（Person），而不可支配性也包括出生前的人类生命。人类生命的不可支配性是什么意思呢？

哈贝马斯说，人类胚胎的身份必须保留受争议的状态。③ 原则上，对于胚胎的身份问题，不存在普遍必然的道德上的回答，因为这样的回答必然要求采取自然主义的立场或者形而上学的立场，然而这些立场在后形而上学时代不再是可能的。因此，为了给身份问题一个种类伦理（gattungsethisch）的回答，哈贝马斯认为自己有必要放弃道德奠基的有效领域。

哈贝马斯认为，通过基因技术对自己的后代进行设计之所以特别引人注意，是因为这是对后代按照某种目的进行工具化，而这种目的并不是后代人自己的目的。如果我们认为通过基因技术的方式支配我们的后代是可能的，那么

---

① 哈贝马斯：《人的本性的未来：在通向自由的优生学的路上吗?》，法兰克福/美因：苏尔卡姆普出版社，2005 年，第 64-65 页。

② 哈贝马斯：《人的本性的未来：在通向自由的优生学的路上吗?》，法兰克福/美因：苏尔卡姆普出版社，2005 年，第 59 页。

③ 哈贝马斯：《人的本性的未来：在通向自由的优生学的路上吗?》，法兰克福/美因：苏尔卡姆普出版社，2005 年，第 60-61 页。

据此我们就削弱了我们把自己当做某种类生物的伦理学理解。根据这种自我理解，我们是有能力过自治生活的。我们互相把自己理解成生活的主人，并借此能够把我们自己看成一个道德共同体的成员，这一切的前提都是上述的自我理解。① 哈贝马斯担心，基因技术能够如此地改变我们的种类伦理的自我理解，以至于我们不再能把彼此看成自治的生物，并且借此我们不再能把自己理解成一个道德共同体的成员。基因被改变的人不再能被视为其生活的完全的主人，并因此不再被阐释成在道德和法律上平等的"人（Person）"②。即使出生前的人类生命不享有人格（Person）的不受侵犯性，但在面对他们时，出于种类伦理学的理由我们仍有道德义务。为了我们的自我理解的缘故，我们最终必须把他们看成是不受支配的。③

先不论如此这般的自我理解被削弱的危险会不会真的出现，但是看起来这里仍有对哈贝马斯来说棘手的问题。哈贝马斯的最终策略是：对尊严进行层次划分，赋予出生前的生命和人（Person）以不同的身份状态。但是，如果假定在未来通过基因操作，我们面前将不存在道德上有诉求权利的人，那么，严格地说，对于胚胎我们现在也没有什么道德压力。种类伦理学的立场是从未来相关的人的视角进行论辩的。由于在未来我们可能不必和人（Person）打交道，并且胚胎不再享有完全的保护，哈贝马斯的模型就有出现一个漏洞的危险，该漏洞削弱了出生前的人类生命应该不受支配的观点。

此外，哈贝马斯没有解释，我们到底是如何达到这种自我图景的以及该图景应该如何得到辩护。无论如何，看起来可以确定的是：这种人类图景必然是这样一种图景，即人类有能力本真地、自我建构自己的生活。由于人们在哈贝马斯那里找不到进一步的说明，我们不禁要说：在对人类的规定方面，哈贝马斯自己也难逃还原主义的指责。

---

① 哈贝马斯：《人的本性的未来：在通向自由的优生学的路上吗?》，法兰克福/美因：苏尔卡姆普出版社，2005 年，第 77、121 页。

② 哈贝马斯：《人的本性的未来：在通向自由的优生学的路上吗?》，法兰克福/美因：苏尔卡姆普出版社，2005 年，第 115–116 页。

③ 为了精确，在这个语境下我们还要补充：出生前人类生命的不可支配性仍是受到限制的。和人的不可侵犯性不同的是，原则上对胚胎的生命保护在面对其他物品时是可以权衡的，哈贝马斯：《人们本性的未来：在通向自由的优生学的路上吗?》，法兰克福/美国：苏尔卡姆普出版社，2005 年，第 114–115 页。

结 论

回望一下前述模型，尊严这一概念，和我们前面讨论的问题一起，好像始终被一种内在张力所标识，尊严概念有被这种张力碾碎的危险。如果我们像沙贝尔、蒂德曼和福斯特一样，试图借助人类的本质能力对尊严这一概念进行划分，力图借此越过禁止工具化来阐发人类尊严，那么我们就逃脱不了对人类进行还原主义规定的后形而上学的批评。然而如果我们放弃如此这般的对人类的规定，把尊严概念和社会体系联系在一起，那我们就会像哈贝马斯一样错过尊严的绝对品质，而尊严的这种绝对品质是符合我们对尊严的日常理解的。这一张力好像仍影响着德国目前对人类尊严的哲学讨论。

但是人类尊严概念的检验标准好像是一个其他的东西。从方法论上讲，人类尊严概念形成一个最高原则；从实践来看，这一概念被使用在很不同的讨论和领域中，为了部分地把具体的诉求变得有效，或者提出特殊的要求，并且这一切越过了文化的界限。然而人们要问：尊严概念作为最高原则的身份和尊严的实践相关性这两个维度是否可以真正地统一起来。

作为最高原则，人类尊严是起始，其他的由此而出①。但是为了从尊严中导出具体的判断和要求，没有附加的假设大约也行不通。为了能够在每一个细节上组织具体的人类关系，尊严原则显得太泛了。鉴于世界范围内的价值多元主义，我们能否构建一个实际上被分享的背景假设还是有问题的。此外，人类尊严的概念又会变成一个依赖性的概念，为了指导我们的行动，单单靠它还是不够的。借此，尊严概念又显得有些多余。

上述的一切会得出什么结论，对此我们留一个开放的结尾。在这里我只想提请人们小心那些想援引人类尊严使某些诉求和权利变得有效的做法。在我们这个尊严概念几乎泛滥的时代，把尊严这一概念意识形态化的危险比以往都要大。

（包向飞 译）

（《社会科学战线》2013 年第 5 期）

---

① 奥特弗里德福·霍夫：《作为伦理原则的人类尊严》，载奥特弗里德福·霍夫等编《道德形而上学基因工程》，科隆：多蒙特文学与艺术出版社，2002 年，第 113 页。

那时与现在：中国当代艺术中的全球化与先锋派

〔澳大利亚〕柯提斯·L.卡特*

一

　　在这篇文章中全球化是指全球范围的文化交流或商业过程。在这里关注的焦点是全球化在中国的一种（"一种"很重要吗?）先锋派艺术创造中的作用。除了来自全球性的西方艺术即 17 世纪来自耶稣会艺术家对中国的影响，或者是来自本土要素像道与禅宗对中国的影响，自从 20 世纪第一个 10 年起，先锋派已经逐步在中国建立了起来。它以各种形式继续存在到今天。先锋艺术尽管受到明显的干扰，像 1966 年到 1976 年的"文化大革命"，对官方机构而言它也是一个令人担忧的事物，而且大多数人对全面接受这个与传统艺术假设不相符的、不熟悉的艺术形式充满阻拒，但它依然坚持不懈。最近中国艺术家的全球化动力使他们频繁往返于欧洲与美国的西方艺术中心，他们也在中国与西方之间频繁穿梭，全球化之于中国艺术的作用当然也必须包括这些发展所带来的影响。

　　在某些方面，中国先锋派艺术的出现也与西方美学的介绍相关，它们同时在 20 世纪早期进入中国。高建平先生关于这个问题发表于 2004 年第 8 卷的《国际美学年刊》的文章《全球化语境中的中国美学》以及别处的文章都为 20 世纪的西方美学对中国美学发展所带来的影响提供了当代的阐释。

　　在深入探讨中国先锋艺术这个主题之前，有必要考虑一下这个问题，即在什么程度上与在什么条件下，我们可以把西方艺术的概念如先锋派运用到非西方的艺术上？对记载这种发展的重要性而言，我们可以找到关于西方先锋派美

---

* 作者单位：澳大利亚马奎特大学哲学系。

学与中国的先锋派的大部头著作。本质上，关于这个问题的研究区分了两个关键概念，先锋派理论与实践：一个集中讨论艺术作为激进的社会变革的手段，而另一个存在于先锋派美学中，主要关注艺术本身作为自律整体以及它在概念与风格发展过程中的改变。把先锋派作为激进社会变革的一种手段的支持者与建立在美学基础上关于先锋派的思考，这二者之间的区别在 19 世纪早期就已经存在了，这一点在亨利·圣西门（1760—1825）与夏尔·波德莱尔（1821—1867）及其他人的著作中得到了反映。圣西门把艺术家视为社会变革的一种代理人，而波德莱尔则在 1851 年撰文谴责了"为艺术而艺术"的观念。①

关于先锋派的社会应用，彼得·比格尔在 20 世纪晚期的著作中将其视为资产阶级社会中艺术与生活实践相脱节的解毒剂。继于尔根·哈贝马斯之后，比格尔把 20 世纪早期欧洲的先锋派艺术看成是对自律艺术的打击，而且他认为先锋派艺术主要存在于资产阶级社会的麻醉状态下。② 比格尔发现存在于资产阶级社会而从自律艺术机制中消失的社会参与要求产生激进的社会变革。他认为，当艺术与生活相联系时，能够对残酷的政治和经济发展产生积极的力量，也能够帮助实现自由和公平。③

20 世纪 20 到 30 年代，巴黎统治着世界艺术中心，先锋派达到了它的顶峰，西方先锋派在达达主义与超现实主义中得到了最全面的彰显。据说 20 世纪 20 年代与 30 年代的超现实主义者真正把资产阶级颠倒的生活进行了有序的调整，介绍了一种以解放全部思想为目标的新的神话形式。④ 同时，这些艺术发展代表了西方艺术史上观念与风格发展的重要转变。因此可以说像达达主义与超现实主义这类运动既包括了在艺术概念和艺术形式进行实验的先锋派美学，也包括了他们对资产阶级生活进行打击的先锋派社会运动。

关于西方先锋派美学的大部头著作可谓汗牛充栋。其中包括克莱门特·格

---

① Henri de Saint-Simon, *Opinions Litteraries, Philosophiques et Industrielles*, Paris：1825；Oeuvres de Saint-Simon, in et d'Enfantin , 1865-1879, Vol. 39, Reprint, Aalen, 1964.

② Peter Bürger, *Theory of the Avant-garde*, Minneapolis, Minnesota：University of Minnesota Press, 1984, p. 49.

③ For further discussion on art and social change, see Herbert Marcuse, *An Essay on Liberation*, Boston：Beacon Press, 1969, and Herbert Marcuse , *Counter-revolution and Revolt*, Boston：Beacon Press, 1972.

④ See Patrice Higonnet, *Paris：Capital of the World*, trans. by Arthur Goldblammer, Cambridge, Massachusetts & London：Harvard University Press, 2002, pp. 383-397.

林伯格、哈罗德·罗森堡、罗瑟琳·克劳斯、赫尔·福斯特和其他理论家的著作。① 相对于社会学的方法，这些理论家主要关注先锋派在西方现代主义中的概念发展，就像它表明自己在风格方面的改变：以巴黎及后来的纽约为中心的印象主义、未来主义、立体主义、达达主义、超现实主义及其他的现代发展。在这些作者当中，克劳斯提议，由于批评理论的改变与后现代主义艺术的出现，先锋派这个概念不能用来阐释现代主义与20世纪70年代后的艺术。克劳斯的观点并没有得到广泛支持，因为在东西方的先锋派继续得到长足的发展。②

接下来的问题是，把先锋派艺术理论运用到中国的艺术发展的理论基础是什么？尽管先锋派这个词在西方现代艺术中已因其发展得到了主流的认同，但依然有必要在中国艺术与中国文化中确认与其相应的要素。在过去10年中，中国先锋派艺术已经成为很多重要的中国学者所关注的焦点，如巫鸿《中国实验艺术十年》（2000）、唐小兵《中国先锋的起源：现代木刻运动》（2008）、高名潞《中国20世纪艺术中的整一现代性与前卫》（2011）③。每一位作者都讲述了始于20世纪的中国先锋派所呈现的一个方面。

唐小兵描述了西方先锋派与中国在20世纪二三十年代的现代木刻运动语境的联系。这期间中国木刻实践的发展处在中国的政治与体制变革的语境中。唐小兵认为中国的木刻运动部分植根于西方表现派木刻运动中，具有先锋派的特质，因为它挑战了中国盛行的美学观念，并引起了艺术与国家政治议程之间的联系。继比尔格分析了先锋派之后，唐小兵提出："中国木刻运动至少有两

---

① Clement Greenburg, "Culture in General: Avant-garde and Kitsch," in *Art and Culture: Critical Essays*, Boston: Beacon Press, 1961, University of Minnesota Press, 1984; Harold Rosenberg, "Avant-garde," in *Quality*, edited by Louis Kronenberger, New York: Atheneum, 1969, pp. 418-449; Rosalind Krauss, *The Originality of the Avant-garde and Other Modernist Myths*, Cambridge, Massachusetts: The MIT Press, 1985, p. 156; Hal Foster, *The Return of the Real: The Avant-garde at the End of the Century*, Cambridge, Massachusetts: The MIT Press, 1966, pp. 5-15; See also, Renato Pogg Ioli, *The Theory of the Avant-garde*, trans. by Gerald Fitz, Cambridge, Massachusetts: Harvard University Press, 1981.

② 哈尔·福斯特认为，应该反对"先锋派的过早放弃"，他指出，20世纪70年代中期先锋派批评理论本身就是一个隐秘的持续过程。See Hal Foster, *The Return of the Real: The Avant-garde at the End of the Century*, Cambridge, Massachusetts: The MIT Press, 1966, pp. 5-15.

③ Wu Hung, *Exhibiting Experimental Art in China*, Chicago: The Smart Museum of Art, University of Chicago, 2000; Tang Xiaobing, *Origins of the Chinese Avant Garde: The Modern Woodcut*, Berkeley and London: University of California Press, 2008.

个特征与历史上 20 世纪早期欧洲的先锋派运动有共同之处，比如达达主义：作为一个机构或社会子系统，它表达了激烈的艺术批评，它的目标是重新使艺术与生活实践成为一个有机整体。"① 如唐小兵所言，这意味着中国艺术家既遭遇着"一个新兴的艺术价值与实践的现代体系"，也遭遇着"一个根深蒂固的传统美学秩序与情感"。

与唐小兵关注中国 20 世纪早期的先锋派不同，高名潞主要关注中国过去 30 年先锋派的作用与特点。如果真如克劳斯所言，在 20 世纪 70 年代之后先锋派对西方艺术的影响业已消失的话，一个相反的真实情形则是中国先锋派在此时大放异彩。如同高名潞所指出的那样，随着新的艺术生产与艺术展览空间的出现，艺术家工作室、艺术村与现在的艺术社区的扩大，中国出现了越来越多的先锋派萌芽。此外，对艺术自由的政治宽容日渐进步，在艺术院校实验艺术的训练日益完善，当代全球商业艺术系统为艺术家与观众之间扩大对话所创造的条件，都为中国先锋派艺术的繁荣提供了土壤。②

我们可以在这些文章中发现一个共同的主题，那就是试图将艺术与政治联系起来（唐小兵），或者是说一个新的中国现代性整合了政治、美学与社会生活（高名潞）。对唐小兵而言，这个目标可以通过融合西方与中国的美学与艺术实践来实现，例如木刻艺术，可以为应对不断变化的政治或社会愿望锻造一种新的工具。

高名潞理解中国的先锋派与现代性相关，他采用了一种更为广阔的理论方法。高名潞认为，西方现代性以时间性历史时期为基础（前现代、现代与后现代），而先锋派出现在寻求个人创作自由的审美自律与资本主义社会资产阶级唯利是图的价值观的冲突之中，这种情况与中国当代文化的"整一现代性"形成了鲜明对比。据高名潞所言，中国历史并不适用于西方体系的线性周期化。像高名潞所提出的，整一现代性由"特殊的时间、特殊的空间与我的真理"构成，代表了中国一个世纪以来通过专注于特定的物理空间和社会环境将理想环境现实化的努力。

中国当代的先锋派艺术应置于"整一现代性"的语境中进行理解，通过艺术与社会事业的联合，同时考虑到社会与政治环境的变化，因此其目标在于

---

① Tang Xiaobing, *Origins of the Chinese Avant Garde：The Modern Woodcut*, Berkeley and London：University of California Press, 2008, p. 5.

② Gao Minglu, *Total Modernity and the Avant-garde in Twentieth Century Art*, Cambridge：MIT Press, 2011, pp. 2-5.

把艺术与生活融合为一个有机整体。① 诚如高名潞所言，在这些前提下，当代中国的先锋派艺术最好是放置在具体的时空环境与过程中进行理解。但这并不意味着中国的先锋派艺术孤立发生，与西方的外部影响或艺术运动相隔离，高名潞也明确承认达达主义、超现实主义与波普艺术的影响。类似地，他也认同全球化的复杂性与其他变动的社会、政治力量对中国先锋派艺术家的影响。

巫鸿在他的《中国实验艺术展览》一书中对中国当代艺术的研究方法更加关注在艺术公共展览中出现的问题，这些问题始于 1979 年在中国美术馆外面进行的第一次星星实验艺术展。巫鸿所描述的实验艺术，区别于中共支持下的官方艺术，与集中于技法训练和美学标准的学院艺术也有不同，更与以调和国际时尚和商业艺术的城市流行视觉文化艺术相区别。② 相对于"先锋派"（或前卫艺术）他更喜欢"实验艺术"（或实验美术）的概念，也许由于它更激进的历史意义而与当前的发展相区别，或者避免了暗含在先锋派中的对抗性基调。

从以上中国先锋派理论与实践的简短概述中我们可以得知，先锋派这个概念与中国的艺术发展以及欧美艺术发展语境是相关的。

二

在这篇论文的以下内容中，我将为先锋派提供另外一个视角，并对这个概念从 20 世纪早期到现在如何出现在中国艺术中给予一个简短的解释。我的目的并不是要排斥中国以及其他学者对这个问题先前思考的见解，而是要通过对这个过程更切近的考察来扩充他们的分析，即先锋派建立在西方与中国文化的基础上。

这样，主要的任务就是考察即兴创作在先锋派艺术的美学实践与实验艺术出现过程中作为核心价值所发挥的作用，以及即兴创作与中西方艺术发展的相关性。一开始，即兴创作挑战并试图取代业已存在的艺术创作等级系统。它提供了包括开放形式（open form）在内的很多新概念。开放形式欢迎挑战，并提供取代传统形式的重复与预先设定结构的可能性。在这样的语境中理解开放形式，它成为压制历史意识的一种手段。在压制历史意识的过程中，先锋派的

---

① Gao Minglu, *Total Modernity and the Avant-garde in Twentieth Century Art*, Cambridge：MIT Press，2011, pp. 3–4.

② Wu Hung，"*Exhibiting Experimental Art in China*," Fathom Archive：University of Chicago Library Digital Collection，http://fathom. lib. uchicago. edu/1/7777771224731.

实践服务于打破依赖于现存艺术传统的链条，鼓励发现新的观念。通过即兴创作，艺术家发现如果仅依赖于现存艺术实践是什么希望都没有的。运用到这里的实验不仅仅是新媒介和新风格的发明，而且要求对艺术产品新尺寸的选择、展览形式和地点等的重新反思。同时，基于即兴创作的先锋派也要求对基础问题进行反思，如艺术的概念、艺术教育实践，甚至艺术在社会中的角色这类更广泛的问题进行反思。

因此，我关于先锋派的历史角色及其当代应用的观点，既涉及创新与实验的美学，也包括它作为激进社会变革代理人的角色。从这些角度来看，先锋派艺术的概念不仅限于一个特定的艺术史时期，也不限于一种特定的文化。相反，我提出这样一种观点，即先锋派在社会与美学的意义上，在整个艺术史上是一种重复发生的现象，它至少始于19世纪，甚至有更早的实验与变革的历史片段可以称得上先锋派。无论如何，每当艺术观念的创新或者实践它们的必要技术手段得到发展的时候，先锋派总是持续不断地在历史中重现。在某些情况下，像全球化这样的巨大社会变革也召唤着挑战并寻求取代现存艺术的新艺术。正如我们在20世纪的中国所看到的那样，巨大的社会发展甚至迫使我们重新审视艺术与社会和政治环境变革之间的关系。

尽管西方现代主义（在这里我遵循各位的实践，对"现代主义"并不大写）对理解先锋派的一个阶段来说代表了一个重要的历史语境，然而它并没有定义其未来的表现将会如何。因此，先锋派与西方现代主义既没有与其始也没有与其终，虽然现代主义曾是先锋派的一个重要表现。然而如我们所见，在不同的意义上理解现代性是可能的。高名潞提出中国艺术和历史的现代性有不同的意义，即我们应该在特定时间、空间去理解艺术，而不是在普遍意义上理解中国的现代性。无论如何，面对新旧艺术的辩证法持一种开放的态度，这对理解先锋派艺术的转变是非常重要的，这种转变或者发生在一种文化的不同阶段中，或者发生在一种文化向另一种文化的过渡中。

三

据我们此处的分析，似乎可以保证得出这样的结论：西方美学与社会先锋派的发展都对中国先锋派艺术的出现和发展起到了推动作用。如果我们考虑到这样一个事实，有着深厚传统的中国艺术实践如书法、水墨画都非常善于模仿大师的作品，那么我们会惊喜地发现基于先锋派的艺术创作在当代中国也有着强劲的生命力。然而，在当代西方影响中国之前，甚至更早，17世纪的中国艺术家专著中就曾提出（具有先锋性质的观点），并不是所有的中国艺术家都满足于仅仅简单模仿大师的作品，比如石涛、髡残、恽寿平以及朱耷（八大山人）。先锋派的精神也许在石涛与髡残各自的著作中都得到了暗示：

> 我之为我，自有我在。古之须眉不能生我之面目，古之肺腑不能入我之腹肠。我自发我之肺腑，揭我之须眉。纵有时触着某家，是某家就我也，非我故为某家也，天然授之也。我于古，何师而不化之有？（石涛）

> 世界婆娑，安居是他。问我来甚，不知云何，处上视下，身寄高柯。栖息无虑，乃在鸟窠。人说我险，我说你魔。（髡残）①

通过对中国传统的以鱼、花、鸟、石为特色的山水画、卷轴画的概览，如刚才我们谈到的个人艺术家（石涛、髡残、恽寿平与朱耷）都可以为我们证明，在20世纪以前，中国艺术已有了创新的实验。这些艺术家以笔、颜色、情感表现、抽象以及对绘画态度的转变进行实验，向他们前辈的传统艺术惯例进行挑战。尽管这些艺术家熟谙传统的艺术实践，但他们选择以独创性与自由性来利用传统，并以自己的发展而远离传统。他们对于大师级画家传统画作的反叛主要是由风格创新来构成新的美学。然而，像八大山人这样的画家也通过加入僧侣行列来传达其对社会不满意的信号。

无论如何，以上我们所概述的这些与业已存在的艺术传统相区别的美学及社会差异使得他们在新王朝的皇家官方收藏中被排除在外。② 从这些例证中可以看出，对于更早时候中国艺术的发展它们不能提供19世纪末之前关于先锋派的全面发展的例证。然而，不管从美学还是社会的角度，那些艺术家们的著作和生活都是先锋派实践精神的重要表征。

四

为了对全球化之于中国先锋派艺术的影响中更多的历史细节进行追踪，我现在对这个过程中关键的时刻作一个简短的考察。从20世纪初到现在，中国艺术家参与先锋派的活动是一个复杂的过程。影响中国先锋派艺术发展的重要因素既包括中国内部的文化与历史，也包括外部的西方艺术。从哲学层面来讲，禅宗与先锋派艺术都有一个和谐的世界观。在中国大陆，禅宗"为了追

---

① Sherman E. Lee, *Chinese Landscape Painting*, Cleveland: The Cleveland Museum of Art, 1954, p. 115.

② Sherman E. Lee, *Chinese Landscape Painting*, Cleveland: The Cleveland Museum of Art, 1954, pp. 115–125.

寻启蒙，鼓励具有讽刺意味的感性而拒绝任何教义的特权"①。通过对"成为"过程而不是"存在"状态的强调，禅宗以不断变化的视角来接近艺术。②这个态度本质上是把艺术家的思维从艺术中任何特定传统的附属中解放出来，创造了对先锋派的创新和变化特征的自然接受能力。

另外一种来自中国内部的因素是发生在社会与政治气候中的剧烈变革。1911 年，随着皇权统治体系的终结，孙中山及其追随者建立了一个全新的共和国，社会与政治体系的改革呼声伴随着人们对新艺术的追求。改革者的精神，例如，与文学相关的内容就在陈独秀的言论中表达了出来："我愿意勇敢地与全国所有的迂腐学者为敌……曰推倒雕琢的阿谀的贵族文学，建设平易的抒情的国民文学；曰推倒陈腐的铺张的古典文学，建设新鲜的立诚的写实文学。"③ 类似代表视觉艺术的激进观点反映在进步的艺术家与艺术教育家林风眠的言论中，他在 1927 年北京艺术大会上谈到：

> 打倒模仿的传统艺术！
> 打倒贵族的少数独享的艺术！
> 打倒非民间的离开民众的艺术！
> 提倡创造的代表时代的艺术！
> 提倡全民的各阶级共享的艺术！
> 提倡民间的表现十字街头的艺术！④

林风眠离开了气氛较为保守的北京，在杭州建立了一所新的艺术学院，在那里践行他的理想。

然而，在中国先锋派艺术发展过程中，外部的关键因素无可辩驳地是来自

① Gao Minglu, " Conceptual Art with Anti-conceptual Attitude: Mainland China, Taiwan, and Hong Kong," in *Global Conceptualism*; *Points of Origin* 1950*s* – 1980*s*, Catalogue, Queens Museum of New York, 1999, p. 127; Also, see reference to Xu Bing in Gao Minglu, *Total Modernity and the Avant-Garde in Twentieth Century Chinese Art*, Cambridge, Massachusetts and London, 2011, pp. 228–232.

② Kenneth K. Inada, "The Buddhist Aesthetic Nature: A Challenge to Rationalism and Empiricism," *Asian Philosophy*, Vol. 4, No. 2, 1994; See also Gao Jianping, *The Expressive Act in Chinese Art: From Calligrahy to Painting*, Uppsala: Acta Universitatis Upsaliensis: Aesthetica Upsaliensia 7, 1996, p. 192.

③ Michael Sullivan, *Art and Artists of Twentieth Century China*, Berkeley and London: University of California Press, 1996, p. 33.

④ *Meichu* (1986: 4) 64n. 2. Cited in Michael Sullivan, *Art and Artists of Twentieth Century China*, Berkeley and London: University of California Press, 1996, p. 44.

西方全球化的影响。尽管早在 17 世纪，西方的构图手法就已为中国职业的商业艺术家所熟谙，但这些发展对中国其他方面的艺术家的影响就微乎其微了。西方对中国先锋派艺术家的影响很可能始于 20 世纪初期中国艺术家留学日本，始于日籍教师来华介绍西方创作艺术的技法，通过日本人的视角把这些知识传播给中国的研习者和艺术家。日本艺术家对西方艺术与亚洲文化之间的成功协调吸引了大批中国艺术家留学日本，也吸引了很多日籍教师赴华讲授艺术。

在众多从留学日本受益的中国艺术家中，高奇峰（1889—1933）与高剑父（1879—1951）这对兄弟对 20 世纪早期中国先锋派艺术的创作影响尤为重要。这对兄弟与陈树人一道，被认为把融日本艺术与西方艺术风格为一体的新日本风格的绘画带入广州，创立了中国绘画中的岭南画派。这种新风格的绘画以中国绘画中的新国画而闻名。在作为一位艺术家的同时，高剑父也是一位教育家，他的努力包括创办《真相画报》，这是一份致力于提倡新艺术与进步的社会政治理念的杂志。

高剑父的绘画在提高当时中国艺术家西方绘画理念方面影响深远。他的目标是基于中西绘画的融汇而为中国绘画创造一种新的图画语言。他致力于肖像画，他将西方绘画中发现的光、影和线性透视法等因素运用到中国传统文人画的笔法、构图、用墨、着色中。① 在使艺术能够为大众所理解的努力中，高剑父主要关注从日常生活中提炼的当代主题。

高剑父的方法超越了绘画本身，而致力于人性的提高与社会的改善。他认为传统的绘画只能服务于少数精英学者与贵族文人，而缺乏社会功能。② 他试图以服务于改革社会各阶层思想意识的艺术来挑战和取代传统艺术。这意味着要以包含中西图画元素、具有视觉冲击力、吸引力并包含一种震撼人心力量的艺术来取代反映性的、带有诗化意味的卷轴画和诗歌。高剑父《雨中飞行》（1932）描绘了一队双翼飞机飞过宝塔的烟雨迷蒙的水墨风景图。这幅画采用中国卷轴画的形式，据说已经采用了从飞机上鸟瞰的视角和素描方法。20 世

---

① Christina Chu, "The Lingnan School and Its Followers: Radical Innovations in southern China," in Julia F. Anderson and Kuiyi Shen, *A Century in Crisis: Modernity and Tradition in the Art of Twentieth Century China*, New York: Guggenheim Museum Foundation, 1998, p. 68.

② 相对于高剑父努力使绘画接近人民的革命性方法，贵族传统则基于社会地位而限制民众对名画的接近。由于如何观赏绘画和如何对绘画进行思考的规则和相对应的方法，观赏重要的绘画作品被认为是一种"限定性的和紧张的"社会经验。See Craig Clunas, *Pictures and Visuality in Early Modern China*, London: Reaktion Books Ltd., 1997, p. 112, pp. 114–117。

纪 20 年代还是航空史的早期阶段，对一个画家而言，从高空俯瞰大地已经是
非常勇敢的行为了。①

这样的画作对当时的文人画家来说毫无疑问是极其令人讨厌的东西。② 改
革的反对者根本不认为新绘画是基于西方艺术的观念，而是中国传统意义的绘
画。相反，西方绘画最初被认为可以归类于"远离艺术的地图、图表、机械
的与几何的图画"③。

高剑父在政治上非常认同孙中山的革命政治运动。他是当地同盟会的负责
人，组织暗杀满清官员的行动，并为革命武装提供炸药。在远离政治之后，他
投身于实践他的理念——在上海审美书馆践行他所认同的"艺术在形成人类
本性与社会方面所发挥的作用"，在广州他供职于国民党工业艺术委员会，并
担任省立艺术学校的领导人。后来他与他的弟弟创办春睡画院，在这里可以有
更大的自由来实现他们关于改革中国艺术的理念。

鉴于 20 世纪初期中国绘画的状况，岭南画派的新国画构成了中国审美先
锋派发展的重要阶段。更进一步讲，这种新国画以推翻当时的满族政权为目
标，发挥着社会变革手段的功能。在这方面，岭南画派的新国画同样具有我们
先前所阐释的社会先锋派的特质。

由岭南画派所发起的变革在什么样的意义上可以名正言顺地称为先锋派？
西方观察者从原创的角度看来，并不是当时中国所有的艺术变迁都有资格被称
为是风格的创新。例如，我们可以认为，西方现实主义对中国绘画的介绍借鉴
了西方艺术发展史上已有的绘画风格与绘画技法。从这个角度而言，高剑父的
艺术挪用（appropriation）了业已存在的西方绘画与中国传统绘画。然而，无
论在西方还是在中国，挪用都被认为是将先锋派介绍到中国绘画的过渡手段
之一。

这里所使用的挪用概念涉及使用作品中已经存在的概念、形象或手段，并

---

　　① 　Michael Sullivan, *Art and Artists of Twentieth Century China*, Berkeley and London：U-
niversity of California Press, 1996, pp. 52–55.

　　② 　迈克尔·苏立文承认了他对岭南绘画的厌恶，他认为这个画派基于对自然和绘画
目的的错误概念，对形式缺乏激情。他提出，由于日军侵华所造成的中国反日情绪以及岭
南画派坐落于广东而远离京沪这两大中心，其影响也是有限的。See Michael Sullivan, *Art
and Artists of Twentieth Century China*, Berkeley and London：University of California Press, 1996,
p. 32。

　　③ 　Michael Sullivan, *Art and Artists of Twentieth Century China*, Berkeley and London：Uni-
versity of California Press, 1996, p. 57.

在另一种语境中为了艺术目的来运用它们的做法。例如，毕加索挪用非洲部落的形象发展了自己的绘画，后来这被称为是先锋派。同样，在20世纪晚期的西方后现代艺术中，挪用也是被大家一致认同的做法。中国传统艺术家也可以在他们自己的艺术中自由地挪用早期艺术大师的作品及手法。然而，当我们在中国传统艺术中看待挪用时，对基于西方与中国艺术元素合并而成的新艺术所进行的介绍中，认定什么是艺术的过程本身，就构成了激进先锋派的一种转变。

西方对每个中国艺术家的影响各自迥异，也有中国艺术家把他们在巴黎以及其他地方的影响带回到中国的情形。例如，徐悲鸿（1895—1953）偏爱18世纪保守的浪漫现实主义。他以此创造了风景肖像画来对抗现代主义的影响。① 20世纪另外一位中国艺术史家高美庆，看到了包括"莫奈、塞尚、梵高、德兰、弗兰曼克等个人风格"在内的全部派别，均可以从中甄别以备选择。② 在这些选择中随后就是先锋派风格系列——后印象主义、立体主义、野兽派、超现实主义、达达主义——所有这些作品都改变了西方传统艺术的程式。林风眠在把先锋派现代主义带入中国的过程中选择了追随现代派艺术家马蒂斯和莫迪利亚尼。

对中国而言，在所有这一系列能够接触到的全新的实验艺术中，也许我们可以假定巴黎所产生的先锋派的影响是非常大的。与预期相反的是，巴黎先锋派在中国的成功是非常有限的。这一点也许是中国艺术家排斥的结果，似乎也是巴黎先锋派与中国的社会与政治变革需求相关性较少的结果。

第一次以西方影响的先锋派艺术为特色的官方国民艺术展于1929年在上海举办，对此各方褒贬不一。③ 1935年，中华独立美术协会的新星展览（NO-VA exhibition）也遭到了来自各方媒体的批评，这些艺术家来自中国、日本以

---

① 迈克尔·苏立文：《20世纪中国艺术与艺术家》，伯克利与伦敦：加利福尼亚大学出版社，1996年，第59、71、72页。另见沈揆一：《西方的诱惑》，载安雅兰、沈揆一编《危机中的一个世纪：20世纪中国艺术中的传统与现代》，纽约：古根海姆博物馆展览会讲演，1998年，第177-178页。

② See Michael Sullivan, *Art and Artists of Twentieth Century China*, Berkeley and London: University of California Press, 1996, p. 59, p. 71, 72; Kuiyi Shen, "The Lure of the West," in Julia F. Andrews and Kuiyi Shen, *A Century in Crisis*: *Modernity and tradition in the Art of Twentieth-Century China*, New York: The Guggenheim Museum, 1998, pp. 177-178.

③ 我们注意到很有趣的现象是，1929年是纽约现代艺术博物馆开放的日子。就在几年前的1913年美国军械库展对欧洲先锋派艺术的接受也产生了类似的负面反应。

及其他一些地方，都受到野兽派和超现实主义运动启发，新星展最终还是结束了。然而，《艺风杂志》的主编对这次展览进行了报道，（报道中）包含了安德烈·布勒东1924年《宣言》的副本。

尽管这些分散的努力建立了先锋派，但事实证明吸收由西方现实主义主导的变化所带来的挑战是令人气馁的，更遑论质疑西方传统现实主义的各个先锋派运动的结果了。如同迈克尔·苏立文所注意到的那样，没有基于中国传统艺术所依赖的学术、诗歌与文学文化的支持，单个中国艺术家会发现难以通过自己的方式来创造新的艺术风格。对中国艺术家而言，超越基于社会与文化和谐的"认同性或符号性主题"的绘画的开放性带来了主要的问题。例如，以裸模与裸体画为主题的绘画对中国艺术家与艺术消费者而言都是非常不舒服的。因此，这些因素与中国文化中对西方创新支持的普遍缺乏阻碍了各种先锋派的发展。① 阻碍中国先锋派艺术的因素还包括一些中国批评家，像陈依范认为，现代先锋派艺术一定受到了革命的和民主的民族主义启发，因为它能够推进中国社会与政治目标的实现。② 对中国人而言，如何让巴黎的先锋派适应和参与到新中国的建立、应对日本人的占领这些正在中国发生的社会革命的目标并不能立刻清晰起来。

最后，简单看一下全球化与先锋派的出现给中国艺术带来的改变类型是有好处的。迈克尔·苏立文在他的书《20世纪中国艺术与艺术家》中以这样的文字描述了新艺术与传统艺术之间的分裂：

> 发生在中国20世纪的艺术革命对未来最深刻的影响并不是对新媒介和新风格的介绍，甚至也不是从程式化的传统到现实主义的改变，而是对中国传统信念的质疑以及许多彻底的放弃——艺术的目的是表达人与自然的和谐，坚持传统，并给予乐趣。③

苏立文的观点是，由全球化与先锋派所引发的中国艺术革命比艺术实践中的改变和新艺术理念主导的实验要深刻得多。更确切地说，它从根本上是对中国传统文化审美价值的挑战。

---

① Michael Sullivan, *Art and Artists of Twentieth Century China*, Berkeley and London: University of California Press, 1996, p. 66.

② Che'en I-Fan, "The Modern Trend in Contemporary Chinese Art," *T'ien Hsia Monthly*, January 1937, p. 47; Also cited in Michael Sullivan, *Art and Artists of Twentieth Century China*, Berkeley and London: University of California Press, 1996, p. 67.

③ Michael Sullivan, *Art and Artists of Twentieth Century China*, Berkeley and London: University of California Press, 1996, p. 26.

在"文化大革命"期间，全球化与先锋派的故事依然在继续，但它的关注点却有变化。西方的影响由于随后来自俄国的社会主义现实主义而暂时却步。直到20世纪80年代，全球化所激发的先锋派艺术才以更大的开放性继续前进。在此期间，一些中国艺术家选择远涉重洋到西方发展他们的艺术，但很多依旧留在中国，继续探索全球化和先锋派所开辟的可能性。这些发展则是另外场合所讲的故事了。

我们对全球化之于中国先锋派发展影响的简单扫描初步涉及全球化在一种具体文化中对艺术影响的强度和有限性。从这个角度而言，中国文化本来正经历着大量变革，同时又试图吸收由全球化所带来的力量，因此它成为高度发展、丰富且复杂艺术文化的代表。

从此番对这个话题的研究可以看出，全球化在这个例证中是作为变革的催化剂而发挥作用，它使中国艺术先锋派在很久以前的推进保存在20世纪80年代之后有了更明显的发展。中国艺术的最终变革结果是全球化的力量与基于中国艺术悠久历史的现存实力的共同产物。中国文化与中国艺术中的现存实力为接受外来新观念和保存现有中国艺术传统的完整性提供了一个强大的基础。无论在美学还是经济事务中，对来自西方全球力量创造性的吸纳已经毫无疑问地提升了中国艺术在世界范围内的地位。全球化与先锋派之于中国艺术的影响还在继续发展。21世纪在中国各大艺术院校对艺术家训练依然包括对中国传统艺术技法的学习。而且它们的用途经常延伸到当代的艺术实践中，例如对水墨画的创新。同时，主流艺术院校像位于北京的中央美术学院也会提供与此并行的西方艺术实践研习的课程。①

我们所谈论的将艺术与社会和政治目标相联系的这一类艺术家，并不是中国现在所有的先锋派艺术家都能很容易地被归入其中。相反，像中国17世纪的艺术先辈（如石涛和髡残），以及那些主要致力于美学的欧洲先锋派前辈，今天有很大一部分人转而将内在主体作为先锋派艺术表现的内容。这些艺术家把他们创造性的精力主要集中于更加个人化的审美特性，关注个人尊严和可能的精神自主权，以此作为对抗压迫性社会斗争的契机。当今的艺术家不再怯于通过运用身体和暴力表现的行为艺术去公开表达他们的关切，去探讨那些承载着人类意义的广大范围的话题。② 也有一些人从艺术自身的形式美学方面专心

---

① 潘公凯，xanoxing展览图录，北京：中央美术学院，2010年。潘公凯，中央美术学院院长，建议对中国当代艺术专业的学生同时进行中国和西方艺术的训练。

② Lv Peng, Zhu Zhu, Kao Chienhui, eds. , *Thirty Years of Adventures*：*Art and Artists from* 1979, Hongkong：Timezone 8, 2011, pp. 149, 175–178.

致力于先锋派艺术。伴随着当代中国先锋派艺术的持续发展，艺术家们在回应创新精神呼唤的同时，也依然保持着对寻找将自己的艺术植根于中国历史与文化中之途径的持久兴趣。

中国的先锋派艺术在主流媒体和学术研究上都成为热议话题。2012 年 3 月 4 日出版的《中国日报》发表了题为《先锋派走过了头?》的文章，其观点似乎模棱两可。文章的题目，提出了对先锋派艺术的限制问题，然而与此同时，文章又聚焦于当局对于裸露、抽象派艺术、色情文学和摇滚乐不断增加的容忍度，这也许标志着对于创作自由的更大容忍。① 当前时刻，富有革新意识的艺术家正在面临着中国文化变革和源于西方的艺术实践的挑战。如此考量的中心问题也许是中国先锋派艺术一个世纪以来的发展历程中所体现出的目标悖论。一方面，在发展艺术和完善社会的目的之下，寻求艺术与政治相联结的乌托邦因素不断发展。另一方面，显明体现在当代中国艺术中的创造性表达方式又向人们展示着与全球化思潮相一致的创新方法的繁荣。通过这些分析，艺术的商品化和表现的自由依然是先锋派艺术家始终关注的问题。

（安静　译，高建平　校译）

（《社会科学战线》2013 年第 6 期）

---

① Melinda Liu, "The Avant – garde Goes too Far," *China Daily*, March 4, 2012, http://www.chinadaily.com.cn/English/doc/2012/03/04.

传统与未来的节点：
今日英国哲学

〔英国〕 罗伯特·斯蒂恩*

一、英国哲学研究概况

英国哲学有着辉煌的历史，在其不同时刻，曾经有多个哲学思想流派被冠之以"英国"的名称，比如洛克、贝克莱和休谟的英国经验主义，以及 Bradley、Green and McTaggart 的英国唯心主义。在哲学史的重要时刻，英国一直处于中心位置，这表现在边沁和穆勒对功利主义的发展，以及摩尔、罗素和维特根斯坦对于分析哲学的贡献。尽管当前英国的哲学状况已经不及往昔的辉煌程度，但是，同历史上的任何时刻相比，今日英国哲学在研究和教学上却更具广度和活力，英国哲学也因而处于健康状态，能够在西方思想传统中占据引人注目的重要位置。下面我将详细地描述一下今日英国哲学的状况。

也许从建制上（institutional information）开始介绍当前的英国哲学是有意义的。大体上，英国的哲学是在大学院系里开展的，总共大约有 40 个专门的哲学系，雇用了大概 575 位科研人员。平均起来，每个哲学院系差不多有 12 位研究人员。牛津大学哲学系的情况有些例外，它比其他一般哲学系拥有更大的规模，原因在于牛津大学有采用经典作品教授哲学的历史。最近，更是成功地把哲学教学与政治学和经济学相结合（PPE），PPE 也成为近年来很多首相和政要的选择。在各个哲学系中修读哲学专业的本科生数目不一，一般会有 60 名左右的哲学专修生，还会有 60 名学生在修读哲学之外，辅修艺术、社会科学和自然科学。大多数哲学系还会开设供研究生攻读硕士和博士学位的课

---

* 作者单位：英国圣菲尔德大学哲学系。

程，这些学生中的大部分将来会从事学术研究。总体上看，这些级别的所有课程都进展良好，修读本科和研究生课程的申请者数目众多，也不乏高级别的申请者申请学术研究岗位。近来，一个明显趋势是，越来越多的中小学生接触到哲学，越来越多的 16 到 18 岁的高中生选择哲学作为考试科目，尽管与历史、英文和自然科学等其他学科相比，哲学还是小众科目。

要了解英国哲学的现状，还有一个由来已久的因素值得一提，那就是哲学学科在大众眼里以及在一般的文化和政治话语中的位置。在一些欧洲国家，哲学和哲学家一般受到政策制定者们和社会相对高的尊重，因此哲学家们扮演着有影响力的"公共知识分子"角色。在英国，情况通常不是这样。（在英国，最后一个具有这样影响力的哲学家可能是波特兰·罗素在 1920 到 1960 年代末的时候）。因此，英国的哲学家在媒体和政府的讨论中很少起到引导和塑造的作用，为大众所知的通常是那些可以把哲学研究通俗化的人，而不是那些从事纯哲学研究的大哲学家。一些哲学家确实扮演重要的公众角色（比如 Onora O'Neill，是议会上院的成员），还有一些人从事诸如政策咨询等工作（比如 Mary Warnock 和 Bernard Williams，分别担任寻找人类胚胎学委员会和电影审查委员会主席），但总体来说，在英国，哲学家不会处于公共争论的中心点，这个位置通常是被政治家、经济学家和历史学家所占据的（这也许是优点，也许是缺点）。毫无疑问，这其中原因众多，兼具历史和习俗的原因。比如，在其他欧洲国家，哲学被更广泛地在学校教授，以至于大众的普通理解程度一直比较高。但是另一个重要的因素可能是英国哲学自身性质的问题。在很大程度上，英国哲学没有尝试关注身边的紧迫的政治和社会问题，也没有以存在主义或现象学的方式提供一种"生活哲学"，因而可能显得太过专业和令人费解，与人们的日常关注关系不大。

二、英国哲学研究的传统问题

接下来我将描述一下英国哲学的当前状况以及它在全球的哲学格局中的位置。在这里，英国哲学的状况与英国一般政治和经济状况更为相似，也就是说，它既与北美也与欧洲大陆其他国家有紧密联系，与世界其他国家的哲学思想虽然联系不多，但呈现日益增加的趋势。

西方哲学，同样反映出政治和经济现实，美国现在是哲学超级大国，大部分的主要当代哲学家都来自美国——比如奎因、普特南、戴维森、罗尔斯和其他一些人。美国哲学的形式主要是分析哲学。对"分析"两个字下定义极为困难，只能说，这是一种与直到最近在大部分欧洲都可以看到的"大陆"哲学在风格上殊异的哲学。也许描述欧洲大陆哲学和美国分析哲学不同的一个方法是从这两大学派各自整体规则（canons）的角度看：分析哲学家通常严格地采用英国经验主义哲学，也许也采用了康德的风格，之后到米尔、弗雷格、罗素、摩尔和卡尔纳普；大陆哲学家们更关注黑格尔、尼采和海德格尔，因此，产生了一系列不同的关注问题。

现在，鉴于英国哲学介于北美哲学和欧洲其他哲学之间，因此，尽管其分析哲学的传统还是占主导地位的，北美哲学和其他欧洲哲学还是都影响到了英国哲学（当然，在美国也有重要的大陆哲学流派；而在欧洲大陆也存在分析哲学）。这就已经意味着，哲学学科的某些领域已经成为英国哲学的基础，特别是形而上学、语言哲学、认识论以及心灵哲学，在这些领域英国哲学家近年做了重要贡献，比如说迈克尔·杜梅特（Michael Dummett），戴维·威金斯（David Wiggins），迪梅斯·威廉姆森（Timothy Willianmson）。Dumment 因其对现实主义与反现实主义之间的论战的概括方法而出名。Wiggins 复活了一种亚里士多德式的个人即为实体的观点。Wright 因其对真理的本质的研究和对弗雷格数理哲学的一些问题的研究而闻名。Willianmson 有关含混性问题发表的作品是先锋性的，他还在认识论争论中指出知识概念是无法分析的。此外，在美国，因罗尔斯、斯坎伦（Scanlon）、科斯格德（Korsgaard）和其他人的研究，而使政治哲学和伦理学领域的研究兴趣日增，同样，在英国与此相关的领域也有发展，知名的伦理学家有 Derek Parfit、Simon Blackburn、Jonathan Dancy 和 Onora O'Neill。这些哲学家关注伦理学中的现实主义与非现实主义问题、原则在引导伦理行为中的角色问题，以及休谟和康德式方法在伦理学中的价值等问题。

在英国，政治哲学和法哲学也具有很重要的传统。在过去二十几年里，英国一直是非罗尔斯或者说后罗尔斯主义分析哲学的研究中心，G. A. Cohen、Joseph Raz、Jeremy Waldron、David Miller、Raymond Geuss 和 John Dunn 对此都有所研究。尤其是牛津大学，成为英国法哲学的研究中心，从事研究的包括Raz、Waldron、John Finnis、Leslie Green 和 John Gardner。尽管分析哲学的其他领域研究规模小一些，但是在英国也有开展，比如科学哲学和宗教哲学，大部分院系也有美学研究。

同时，尽管总是少数，但是在英国，仍然有研究"大陆"哲学的专业人士，对大陆哲学传统的主要人物如黑格尔、尼采、海德格尔和德勒兹进行研究，对这个领域具有典型性的问题进行探讨。从传统上看，艾塞克斯（Essex）、苏塞克斯（Sussex）和沃里克（Warwick）大学的哲学系在此领域有所专长；今后，大多数院系将会有一些学者在此领域有所建树。

值得一提的是，在英国大陆哲学传统中，一直很重视对哲学史的研究，而分析哲学对此的关注也在不断加强。除了早一点的研究，比如 Michael Dummett 对弗雷格的研究，Michael Ayer 关于洛克的著作，Simon Blackburn 和 Edward Craig 关于休谟的研究，还有 John Skorupski 所著关于米勒的书，近几年对哲学的研究还有 Terence Irwin 的关于伦理学史的三卷本，以及 Sebastian Gardner 和 Graham Bird 关于康德的著述。英国哲学在研究古典哲学方面也有很强的传统，拥有如 Myles Burnyeat、Malcolm Schofield 等学者，而在此，Terence Irwin 我们又要提及了。

三、英国哲学研究的新趋势

其一，实验哲学的兴起。

当然，当代英国哲学讨论的很多话题、选题和内容保留了一些我们一直在讨论的问题，这些问题已经讨论了没有上百年，也有几十年的时间。然而，也有一些新颖的话题和讨论在近些年出现。比如说，所谓"实验哲学"（experimental philosophy）的兴起，已经在如伦理学、认识论、形而上学等很多领域产生影响，在这些领域里，已经有人断言，直到现在，哲学已经太依赖于哲学家的"直觉"，而对那些构成直觉的文化、语境和其他因素就不够"敏感"，因此，他们哲学思维的基础显得不太可靠。首先，是一种美国现象，Joshua Knobe、Edouard Macherey，Shaun Nichols，Steve Stich 还有其他一些人的研究涉猎于此。这些研究对英国也有冲击，比如"英国实验哲学组"的形成。对于一些人而言，这种实验哲学一直被当做反理性主义的一剂良药，而对另外一些人而言，这不过是对假想敌的攻击，是一种尝试将哲学转变为另一种学科的伪装。

其二，女性主义研究的兴起与交叉学科化。

英国哲学除了前面提到的"实验哲学"的兴起外，女性主义哲学也在日益走强，女性主义哲学引发的讨论，已经广泛地超越了伦理学、政治学和社会议题领域，也同样影响了认识论和形而上学领域的讨论。与上一个问题相似，在美国，有一些杰出的女性主义哲学研究者，在英国也有一些重要的人物，如 Miranda Fricker、Rae Langton 和 Jenny Saul。此外，在政治哲学中，有一种转向，从近些年 Rawlsian 正统观点转向关注所谓的"纯理论"（real theory），这种纯理论关注的是，既然我们知道任何事情都不是完美的，那么在非理想条件下，我们应该如何回应政治和社会议题的问题。Raymond Geuss 对罗尔斯的批判是这个领域内的重要研究。

最后，大体来说，英国哲学正在变得越来越交叉学科化，比如说，在心灵哲学领域，现在比以往更为重视认知科学所给出的那些关于大脑的解释。对大脑研究也感兴趣的经验主义哲学家包括 Martin Davies、Naomi Eilan、Stephen Laurence、Fiona Macpherson 和 David Papineau。

其三，研究问题的多元化。

与 50 年前不同，英国哲学当前的另一个特点是，现在研究的议题呈现多元化。这种状况导致没有哪一个研究领域可以像 20 世纪 50 年代的语言哲学那样占据哲学研究的主导位置；没有一种研究方法可以像分析哲学那样自居主导的研究方法；没有一种哲学流派可以像罗素和摩尔在开创分析哲学转向时那样自认为主导学派。这些也许会给我们这样的印象，那就是今天的哲学家们只是用一系列不同的方法和方式做了一系列散乱的研究。我们现在不可能根据所关注的根本问题对哲学家进行阵营性的划分，他们只是对于如何才能最好地解决一些引人关注的具体问题看法各异。那么，在融合了各种不同哲学问题的杂糅面前，是否只会产生五花八门的意见，而不能看清楚哲学在整体上的结构呢？如果很多传统的哲学阵营都已消解，那么，这种状态是否就是哲学的本来面目，将来也与此别无二致呢？

我认为，作出这种定论可能还为时尚早，因为一些确凿的基础性分裂依然纵贯着哲学，即使它们没有以明晰的哲学流派分化表现出来。所以，虽然大多数 20 世纪的研究项目已经消散，但是，对于哲学问题应该如何处理、如何理解，人们的立场仍然是不一致的。比如，对有些人来说，哲学研究必须在与哲学史的密切关联中进行，而在另外一些人看来，哲学研究与哲学史关系不大，正如科学研究与科学史的关系不大一样。

同样，在一些人看来，哲学因为其基础性地位而多少优先于科学；而在另外一些持自然主义立场的人看来，哲学应当处于从属的位置。在一些人看来，哲学问题将会得到消解而非得到解决，因为这些问题代表着一种人的智力所难以克服的困难；而在其他一些人看来，这些问题仍然是可以解决的，只不过要尽可能采用不同的探寻方法。

同样，关于哲学与其他学科之间的关系，也是观点各异。哲学是有些独树一格呢还是与其他学科关系密切？如果是密切相关，那么是与哪个学科密切相关呢？是自然科学，社会科学还是艺术抑或文学？

然后，我们再提及一个此类问题，那就是哲学事业是否有些无法避免遇到语言和思想自身的限制？因此，它是否会企图用一种令人痛苦的但却必然是含糊不清的方式来表达难以表达的事情，或者至少是表达不能言说的事物？哲学是否只是人类研究的一种样式，它与其他研究并驾齐驱，只是比其他学科都更笼统和抽象？当然，个体之间的这些分歧与意见不合，无疑展现了一些极大的不同，这些不同被威廉·詹姆士称作"哲学气质"，它与个人的教养、性格和人生观有关。以我的经验，在表象之下不难发现一个哲学家将会在这些话题上持有怎样的立场，而且，如果他或她在一个问题上选择了某方向，那么在所有的问题上，他将会选择与此相关的立场。自然主义和所谓的超验主义之间的分野就体现了这种情况。

当然，自然主义与超验主义的争论并不局限在英国，整体来说，在美国和欧洲，相似的争论也正在显现。我认为，关于这种争论有助于呈现此时英国以及其他地方哲学轮廓，如果我的看法是正确的，那么，文章的末尾，我们就应该不断追问自然主义与超验主义的争论将会怎样进行，这样下去，未来的哲学形态将会是怎样？对于此，我们可以提出几种假设和猜测。

第一种可能也许会是，其中一方战胜对手而胜出。当然，通常这是一种可能性，但好像不太可能真正发生，从某些基本性的方面看，这是对柏拉图在上帝和巨人、理性主义与经验主义、唯心主义与现实主义之间的斗争的重演。看起来这些争论任何时候都不太可能水落石出。

第二种可能也许会是，其中一方渐弱或者溶解消失。这种可能性又是存在的，但是将会是哪一方被溶解？又为什么会是这一方呢？当然，自然主义者，非常鲜明地认为随着现代科学的不断上升，消失的一方最终将是它在哲学领域内的对手，正如无神论者对宗教所持的看法一样。但是当然，超验论者具有一种内在的特质，这使其倾向于对此种威胁有所免疫，这是因为他们认为哲学与科学起初就在不同层次，所以不管科学如何标榜自己成功，都无法对哲学造成威胁。

第三，还存在着一种更具包容性的乐观看法，就是希望可以以某种方式使争论双方达成共识，或者是彼此发现共同立场，或者是双方以某种方式迈向更高的位置，在那里，他们可以找到某种和谐。但是，前一种选择——双方都放弃分歧，这看起来不太可能；而后一种可能性——彼此发现共同立场也有其困难：这种黑格尔式的"扬弃"企图会使任何一方都不满意，所以敌对会轻易地再次发生；康德式的批判也不能做到对争论的消解，因为康德自己就站在论辩的一方，他也同样未能超越这种争论。

此外，这种争论可能还有两个走向。

其一，其他的议题或者方式会代替这些争论，以至于现在看起来是极重要和紧急的争论，在新形式下，就不会被太认真对待。如同那些全神贯注于哲学神学问题的人之间的争论一样，在这个领域，时过境迁，人们关注的问题不再一样了。当然，这种情形可能会再度发生，但是，考虑到这些问题对于我们而言的无比重要性，考虑到这些问题与哲学的本质和哲学的牵挂如此接近，它们似乎不会随着时间的流逝而被淡忘。

其二，也是最后的可能性是，双方依然故我，忽略对方，把敌手所护卫的立场弃之一旁，熟视无睹。这种选择看来是可行的，事实上也正在很多地方发生着。双方都轻率地从鄙视对方的前提条件开始，而不是正面面对它，探索可能的共同立场，抑或质疑其自身的假定。当然，这并不是要求我们把所有的哲学精力都倾注在这种交锋之中，而只是表明，这种交锋是重要的，应该有其位置，否则就难以避免僵化的教条主义。

毋庸置疑，这些推测也许都不会发生，或是思虑过早，因为哲学的发展方向从来都不能轻易事先预言。此外，关于英国哲学的未来，还有最后一个特点也需要说明：这就是它将必然日益受到来自美国和欧洲之外的思想影响，包括来自中国的。哲学变得越来越全球化，因此这个影响力一定会不断增加。鉴于此，我们就会萌生这样一个希望：未来的英国哲学会如其昔日一样充满生气，虚怀求变。

（华铭　译，邢立军　校译）

（《社会科学战线》2013 年第 7 期）

从艺术的终结到现代性
的终结与超越

〔斯洛文尼亚〕阿莱斯·艾尔雅维茨*

对美学的研究，与对意识形态、马克思主义、精神分析或者民主这些概念的研究类似，即为了严格、正确而专一地阐释其内容、目的和方法而不断努力。

1735 年，鲍姆加登造出了"美学"这个术语，半个世纪之后，康德仍然将其视为关于感觉知识的科学，直到谢林，尤其到了黑格尔，由于他们从哲学角度看待艺术，"美学"才获得了一种不同于以往的内涵和意义，黑格尔将其称为"艺术哲学"。那么，这个转变是如何发生，并且必然会发生的呢？当然因为艺术在 1800 年左右变得十分重要。这不仅因为艺术成为了创造性的一个范例，而且因为产生了"现代"艺术。让我们回忆一下青年马克思的观点，他在 1844 年"浪漫地"将艺术提升为创造性的最佳样本，并且相信在一个没有阶级的社会里，人人都能够发展自己的创造潜力，每个人都是艺术家——他的"拉斐尔"。与此同时，像艺术馆、博物馆、艺术市场和艺术批评这样的制度都发展起来，艺术的这些似乎世俗的"经济"基础和制度基础对当代自明的艺术观念的发展产生了巨大影响。现在，当 20 世纪下半叶所谓"图像转向"已成为传统的一部分，不仅得以存在、获得认可，并且已几乎不再意识到其存在，作为其载体的视觉艺术和视觉文化，霸占了艺术的"现代"概念，从而投射出一个变更过的艺术本体的影像。而今造型（或者正像我们近年来所称呼的那样——"视觉"）艺术成为了艺术的一般性范式，尽管正像我们在前面所提到的，其制度性的运作方式与一个世纪前甚至更早的先辈们已经有很大不同。

浪漫主义时期的情况截然不同，浪漫主义者将诗歌提到最高地位，黑格尔也将浪漫主义诗歌提到最高地位，而不是像今天这样，将建立在技艺的材料直

---

* 作者单位：斯洛文尼亚艺术与科学学院哲学所。

观性上的美术或视觉艺术提到最高地位，而浪漫主义者和黑格尔的做法并非巧合。当康德谈及美和崇高的时候，他所指的是自然的美和崇高，艺术在他的哲学里只具有低一等的意义。在康德的时代和他的哲学里，美和崇高仍然毫无障碍地跨越了在现代主义看来已经不言自明的艺术与自然的边界。这场从启蒙主义和古典主义到浪漫主义的转变，在黑格尔那里达到了巅峰，黑格尔将美学阐释为艺术哲学，将美从自然界置换到艺术中。艺术自此成为了美的范式，一直到 19 世纪下半叶丑在艺术中出现。这种转变不仅使得艺术和哲学之间关联起来，有时甚至会使艺术和邪恶产生关联，例如查尔斯·波德莱尔就将他著名的诗集命名为《恶之花》。

浪漫主义带来了将艺术和哲学联系在一起的观念，因为两者都将主体性放到了至高无上的位置。现代艺术在两个世纪前已开始发展，黑格尔在《精神现象学》中就已声称，在他所处的那个时代，过去的艺术即古典艺术，已经丧失其真实性，"矗立的雕像而今已成为石块中的尸体，因为生动的灵魂业已飞走，赞歌亦成为空洞的文字，因为信仰业已不在。我们喜欢却并非崇敬它们，而只有通过崇敬我们才获得完满的真理并因此感到完全的满足，因此我们的行为是外在的；这些行为只是拂去果实上的雨滴或者灰尘那样的动作，它代替内在元素组成了道德生活的实在，这个实在环绕、创造并激发了这些工作，在冗繁的琐屑中，我们用外部世界那些死气沉沉的元素建造起脚手架——语言、历史环境，等等，我们所作的这一切，不是为了进入它们的生活本身，只是在我们自身之中观念化或者图像化地去再现它们"①。从那以后，黑格尔式的对过去艺术的谴责成为了现代艺术的主题，艺术的直观性和真实性被放在首要位置，胜过它在博物馆或者艺术档案里的制度化。

过去的艺术由于不能被放入它所产生并存在的时代的原创性直接性之中，从而失去了存在的真实性。失去历史真实性的过去的艺术只留下对它的观照实践，还可以说，它成为了作为观照性哲学学科的美学的对象，美学的研究主题是艺术和美，而不是席勒对艺术所要求的感性和理性的直观：他把艺术放置在特别高的地位，认为艺术能使人和人性本身获得救赎。

黑格尔在《精神现象学》里谈到了艺术是如何在现代性之中变成了观照的对象：今天我们面对艺术品，只能做一些扫除雨滴和灰尘的事儿，因为这些作品已经成为以博物馆和艺术史为代表的制度和档案中不可或缺的一部分，它

---

① G. W. F. Hegel, *The Phenomenology of Mind*, New York: Harper & Row, 1967, pp. 753–754.

们不再有常见的神秘的直观性和真实性，对于从温克尔曼到黑格尔这些拥护"现代"的人来说，这种真实性和直观性存在于古代的古典世界里。20世纪的阿多诺和海德格尔都认为当代艺术品仍然有表达真实性的能力，阿多诺尤其强调这一点，他们称之为"真"的这种真实性超越了艺术品的直观独特性。这之所以成为可能，仅仅是由于艺术具有一种本质，即使无法预先定义它，却在历史的长河中，经历种种变化，依然能辨识出来，保持其不变性。正因为艺术的这种特殊性，美学也面临着一项不断反复并永不可能完成的任务：正像阿多诺在《美学理论》里宣称的那样，美学的问题恰恰就存在于这样的事实之中，它必须坚持不懈地应对总是变化着的艺术的内涵。

黑格尔已经注意到艺术的历史性，随着时间的流逝，艺术很难保持其历史地位和意义（用弗德里克·詹姆逊的话说，这种艺术不再在文化上占据统治地位），艺术品在这个过程中失去了真实性，只留下了美。历史和社会的非语境化也就导致了艺术的审美化。

20世纪的海德格尔延续了黑格尔的思想，他相信"美是一种让真理从本质上去蔽的方式"①。海德格尔同意黑格尔的观点，认为艺术在浪漫主义那里走到了终点，"现代艺术，或者更为严格地说，艺术在现代性中的位置，表示着艺术的审美观的胜利……海德格尔问到，为什么在现代社会中我们认为审美经验有价值？随后他用一种不那么积极的语气，给出了一种实际上是叔本华式的答案：我们认为艺术有价值，因为它能让人得到'休息和放松'。我们喜爱审美状态因为它是释放压力的形式，它是忙碌中偶尔的一首抒情曲，是欲望和工作焦虑中的一段假期"②。对海德格尔来说，让艺术变得伟大的不仅仅是艺术品的精良，还在于它是对今天已经不存在的"绝对需要的一种回应，相反，古希腊艺术回应了这种需要，因为，毫无疑问，我们都需要知道怎样去生活。释放压力尽管是愉悦的，却并非绝对必要……海德格尔说，由于是审美，艺术从属于艺术工业，艺术工业的目标是向鉴赏家提供愉悦经验……海德格尔抱怨道，荷马和索福克勒斯的艺术加起来在一道，就使一种文化凝聚在一起，而现代性的艺术之存在仅为了某些行业的人群的享乐"③。

---

① Martin Heidegger, "The Origin of the Work of Art," in *Basic Writings*, San Francisco: Harper, 1976, p. 178.

② Julian Young, *Heidegger's Philosophy of Art*, Cambridge: Cambridge University Press, 2001, p. 11.

③ Julian Young, *Heidegger's Philosophy of Art*, Cambridge: Cambridge University Press, 2001, pp. 11, 12.

虽然接受了黑格尔的许多观点，海德格尔还是相信艺术并未终结。黑格尔将艺术逐渐变成科学（哲学）的过程，看成向真理的更高的形式迸发。海德格尔将这样一种转化看作是对存在的另一种遗忘，海德格尔以及朱利安·杨（Julian Young）并没有看到黑格尔所说的历史规律，这也是为什么海德格尔没有排除艺术出现的另一种可能性，它意味着对我们的历史性存在具有决定性意义的真理以本质而必要的方式出现。①

黑格尔和海德格尔都认为艺术具有一种特别的意义，然而他们对此的论述有所不同。其中的关键之处在于他们两人都认为艺术从根本上依赖历史的阐述。在他们看来，如果我们通观历史，就会发现不仅仅艺术在变化而且我们与艺术的关系也在变化，无论是现在还是过去都是如此。毫无疑问，黑格尔比海德格尔更加影响深远，也更加前后一致，在《美学讲演录》（1835）里他仍然坚持他在1807年的《精神现象学》里对艺术及其历史功能的阐述，而海德格尔的观点在后期已发生变化，他甚至计划写作《艺术作品的本源》的第二部分，这部分以现代艺术为出发点，在其中论述里尔克、布拉克、克利、塞尚等人。海德格尔的哲学（当然并非黑格尔对此所作的科学的理解）的关键之处在于，他认为黑格尔那种认为思维活动有终极答案的观点是不成立的。

在黑格尔根据先验图式划分了历史和艺术史之后，出现了许多现代主义理论和艺术哲学：从先锋派和无政府主义到包括海德格尔和阿多诺在内的现代主义艺术哲学。海德格尔和阿多诺都认为，就算在当代，艺术也有特殊意义，他们都认为艺术的特色在于真实、表现和真理的展露，或许还应该提到梅洛—庞蒂和瓦尔特·本雅明的哲学，后者已经成为后现代文化的标杆。

从理论上而不是编年意义上来看，瓦尔特·本雅明出现在现代性向后现代性过渡的界点上，因此他能满怀热情地接纳并宣传由电影和摄影所展现出来的新的艺术表现形式，例如俄国先锋派爱森斯坦或吉加·维尔托夫所制作的电影，这些新的表现形式在作者、新公众的集体性、灵韵的消失等方面引起了一系列根本变化。从阿多诺和本雅明的通信中②，可以很清楚地看到他们之间的差异，阿多诺赞同灵韵正在衰微，但同时也辩解说它仍然存在。

艺术终结的问题与本雅明在《机械复制时代的艺术》一文中的观察有关。他在文中声称："在历史的长河中，人类感知模式随着人类群体的整个生存模

---

① Julian Young, *Heidegger's Philosophy of Art*, Cambridge: Cambridge University Press, 2001, p. 14.

② Theodor Adorno, Walter Benjamin et al., *Aesthetics and Politics*, London: Verso, 1977.

式的变化而变化。"①

现代艺术，即近 200 年的艺术，被认为是"理念的感性显现"（黑格尔）。观念艺术的出现（例如杜尚第一次公开展览现成品），第一次发出了与过去艺术决裂的信号（尽管当时并没有意识到）。杜尚在现成品中发现了一种"人类感知"的变化，20 年后的本雅明对其进行了表述。本雅明察觉了人类感知的一种类似的变化，只是就他而言，这种变化是与十月革命一同发生的，这就是他为何在一件可能被机械复制的艺术品的基本潜力里发现了这种变化，一件艺术品并不因为灵韵的消失就不再是艺术。它的灵韵特质或许会消失，但是这件艺术品却适合于人类群体存在的新感知方式。

这正是本雅明和杜尚这两位当代艺术的重要理论家产生分歧的地方：本雅明发现了灵韵的消失，杜尚却在艺术制度的支持下反常地建立、巩固并强化了灵韵：一旦一件艺术品放置在一个艺术制度里，它就会永远地贴上"艺术性"的标签，杜尚因此剪断了现代主义和先锋艺术与传统艺术相连的脐带。后者以一种象征性意义在马列维奇或者康定斯基等人的作品里延续着。②

是什么将一件物品变成一件艺术品？对阿瑟·丹托来说，这就等于问，是什么将一个人变成公民？又是什么使得耶稣与一个拥有全部神的属性而唯独缺乏神性本质的复制耶稣不同？

艺术制度论对这个问题的答案是，艺术界所认可的事物就是艺术。某种制度将艺术性的候选资格授给某件作品。例如，1893 年的汉堡艺术馆的摄影展意味着照片第一次作为艺术品被展览。艺术馆所代表的制度因此将艺术性的候选资格授给了摄影作品：允许它们进入它所表现的象征性的艺术空间，即进入一个艺术制度的展示空间。类似的情况还包括 1917 年杜尚在军械库展览会上展出了第一个现成品，以及 1964 年纽约的画廊展出了沃霍尔的布里洛盒子。这两件事给丹托论述制度授予艺术地位的候选资格提供了最好的例证，这个制度就是展览会或者艺术馆。当然，这种候选资格的授予本身并未体现出作品的任何艺术价值，只是说明了艺术的价值和市场价值没有直接关系。上面这些例子实际上表明的是，一件现代或当代产品一旦进入叫做"艺术"的领域就几乎再也不会离开。

阿瑟·丹托并没有在艺术作品中去寻找浪漫主义艺术家和哲学家们所看到的那种形而上学和超验的意义，他感兴趣的是艺术制度以及艺术作品进入制度

---

① Walter Benjamin, *Illuminations*, New York: Schocken Books, 1968, p. 222.

② Ale Erjavec, *Love at Last Sight*, *Avant-Garde*, *Aesthetics*, *and the End of Art*, Ljubljana: ZRC, 2004, p. 238.

的方式。他关注的是艺术品的意义，而不是被海德格尔或阿多诺置于最高位的真实。意义善变，因此对它的解惑就成了理论和美学的工作。正是意义和对意义的追寻使得某件产品成为了艺术品，从而与另一件产品区别开来。

今日，丹托因艺术终结论而被人们熟知，它曾在 1980 年代产生过巨大影响。丹托的艺术终结论涉及理论（哲学）取代了艺术的位置，因此他将目光再次投向黑格尔。但黑格尔的目的与丹托有本质上的不同，黑格尔寻求的是艺术的目的论特征，而丹托的目的是描述并分析艺术的现状，艺术中的意义和形式是无限的，并共同构成了艺术制度，它们以可阐释性为特征并因此产生意义。阿多诺也捍卫艺术需要哲学的观点，因为只有哲学才能赋予艺术以意义，"任何一件艺术品，如果想完整地体验它，就需要思考，因而也就需要哲学"①。作为现代主义理论家，阿多诺注意的是哲学与艺术的差异，而丹托则描绘出了两者之间的共同标志。阿多诺让哲学帮助我们阐释艺术，而丹托则将二者视为同一，在他看来，理论与艺术不可区分，甚至可以说艺术成为了哲学，这个观点与阿多诺大相径庭。丹托相信艺术品（安迪·沃霍尔的作品表达了资本主义世界的异化和商品化）不再表现真实，而只表现意义，这意义最初就是审美和愉悦的——这一点产生出让日常性审美化的波普艺术，这种艺术具有更大的装饰性、愉悦感和吸引力。

丹托在他 1980 年代的作品里集中地研究了艺术终结的问题，激发了关于这个问题的广泛讨论，最后甚至导致了艺术"死亡"的说法。丹托从经验性事实出发，指出近来的艺术越来越不符合古典主义的以及现代主义的艺术标准，它们正在失去历史的、艺术的和美学的意义。实际上丹托是在分析判断一些更为广泛、更为全球性的现象，证明在艺术的当代地位这个问题上，其他作者（Gianni·Vattimo、彼得·比格尔、汉斯·贝尔廷）也得到了类似的结论，从而使"终结"的话题被移植到一般历史和艺术理论的领域。

在最近几十年中，我们对艺术的理解和阐释实际上已经发生了变化，正是这个原因，我们必须用更为复杂的方法来分析（黑格尔和丹托）艺术终结的概念，因为直到现在黑格尔和丹托所提出的两种"终结"还是被简单地等同。我所想要强调的是"艺术终结"这个话题应该放在现代性观念及其范式的框架下思考。更准确地说，"终结的话语从根本上说存在于现代性话语的框架之

---

① Theodor W. Adorno, *Aesthetic Theory*, Minneapolis: University of Minnesota Press, 1997, p. 262.

中，同时产生于现代性的范式——这是现代话语的一部分"①。

　　黑格尔和丹托提出的论题现在似乎被克服了，就像一些人宣称的那样，今天我们面对的不再是现代艺术而是当代艺术。"如果我们能将后现代艺术阐释为现代性的另一张面孔……那么，艰难地离开现代性范式的当代艺术就从属于艺术的时代"②，这就意味着被黑格尔和丹托理论化了的关于艺术终结的论题，在我们的当代性中已经过时了：今天，艺术是新的不同的东西，不能归结为黑格尔和丹托那种理论和美学的范式以及他们关于"终结"的论述，在这种转变中（阿多诺在前面所引到的《美学理论》中也谈到），艺术并没有被证明是终结了，而是有着持续不断的力量，去保持自身的生命力与生活的关联性。因此显示出，在过去几十年里有重要意义和必要性的艺术终结论，同时作为论题至今已经过时了，因为当代艺术从本质上说不同于黑格尔和丹托所想的那样。当代艺术再度在历史中超越了艺术自身过去的范式。我们的美学故事因此跨越了现代性的两个世纪，它始于浪漫主义，终于现代性的终结。第一个章节发生于黑格尔：是他第一次提出艺术终结的论题，并将此视为历史性的积极事件。第二个章节发生于丹托，对他来说，艺术的终结是一件值得哀悼但同时无法避免的事件。今天，我们应该超越黑格尔和丹托，假设我们从不同的视角来关注当代艺术——将它视为另一个新纪元，即一个从概念和时间上超越了现代主义和后现代主义的时期，在这个时期里，现代主义和后现代主义已崩溃，并且部分地转化成了当代艺术。从这个观点来看，我们或许可以说本雅明的论断："在历史的长河中，人类感知模式随着人类群体的整个生存模式的变化而变化"能再次被应用于历史的某个新纪元，现在这个新纪元叫作当代，它的艺术叫作当代艺术。③

（李天　译，高建平　校译）

（《社会科学战线》2013 年第 10 期）

---

　　①　Polona Tratnik, *Konec umetnosti. Genealogija Modernega Diskurza: od Hegla k Dantu* (*The End of Art. Genalogy of the Modern Discourse: From Hegel To Danto*), Koper, 2009, p. 425.

　　②　Polona Tratnik, *Konec umetnosti. Genealogija Modernega Diskurza: od Hegla k Dantu* (*The End of ArtGenalogy of the Modern Discourse: From Hegel To Danto*), Koper, 2009, p. 425.

　　③　On contemporary art see for example Terry Smith, *What is Contemporary Art*, Chicago: Chicago University Press, 2009.